Biologie

Klasse 7/8
Thüringen

VOLK UND WISSEN

Herausgegeben von: Engelhardt Göbel, Magdala; Dr. Volker Vopel, Oettersdorf

Beratung: Dr. Günther Posse, Erfurt

Autorinnen und Autoren: Ekhard Bruns, Julia Budde, Thomas Freiman, Engelhardt Göbel, Gabriele Gräbe, Dr. Udo Hampl, Patrick Handschuh, Simone Jentsch, Dr. Walter Kleesattel, Wolf Kraus, Dr. Wulf-Dieter Lepel, Gabriele Menzel, Dr. Martin Otteni, Dr. Ursula Pälchen, Dr. Peter Pondorf, Wolfgang Ruppert, Dirk Schnelle, Dr. Dankwart Seidel, Harald Seufert, Prof. Dr. Ulrike Spörhase, Dr. Ruth Stützel, Silke Telschow-Malz, Dr. Volker Vopel, Josef-Johannes Zitzmann

Redaktion: Sabine Klonk, Antje Schregel

Bildredaktion: Kathrin Kretschmer

Illustrationen: Stefan Birker, Günther Biste, Ulrike Braun, diGraph, Peter Hesse, Katharina Knebel, Kurt Krischke, Jörg Mair, Karin Mall, Heike Möller, Lutz-Erich Müller, Michael Schrörs, Karl-Heinz Wieland

Layout und technische Umsetzung: Burkhard Kehl

Inhalt

4

Zellen als Lebensbausteine

Menschen, Tiere und Pflanzen nehmen wir meist nur als Ganzes wahr. Wir stellen fest, dass ihr Äußeres sehr unterschiedlich gestaltet ist. Und trotzdem haben alle Lebewesen etwas gemeinsam: Sie bestehen aus vielen einzelnen Zellen, die das bloße Auge nicht wahrnehmen kann.

Mit dem Mikroskop können wir die Zellen betrachten und ihre Unterschiedlichkeit in Form und Gestalt sehen.

1 Sind Zellen von Pflanzen, Tieren und Menschen gleich aufgebaut?

2 Wie arbeitet man mit dem Mikroskop?

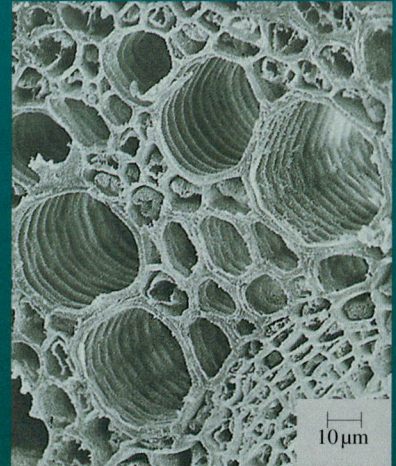

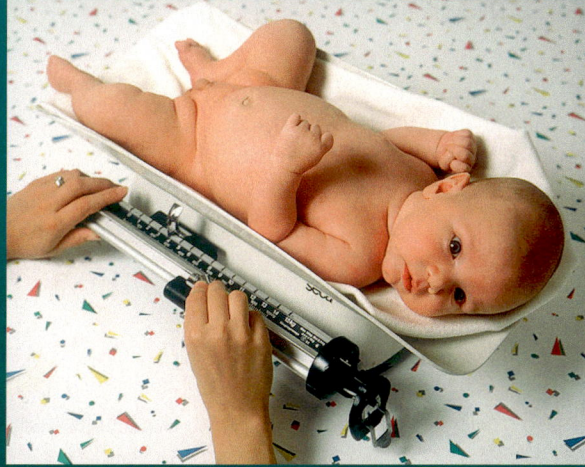

3 Wie groß sind Zellen?   4 Wie wächst ein Lebewesen aus einer einzigen befruchteten Eizelle heran?

5 Woraus bestehen Zellen?   6 Was ist ein Gewebe?

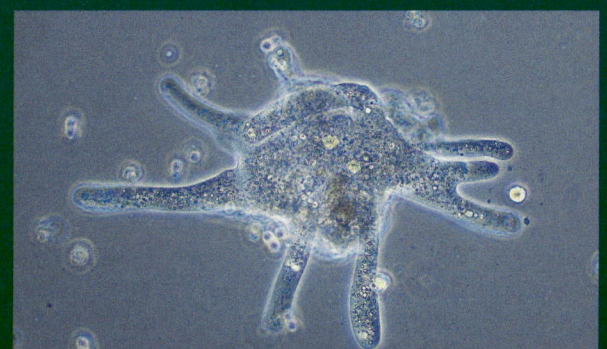

7 Können einzelne Zellen auch allein leben?

Eine Reise in die Welt des Kleinen

Eine Pflanze von Silvias Mutter hat Blattläuse. Silvia versucht zu erkennen, wie die Tiere genau aussehen. Mit bloßem Auge ist das schwierig. Sylvia holt eine Lupe, um besser sehen zu können.
Was kann man zusätzlich sehen, wenn man eine Lupe benutzt? Was macht das Mikroskop sichtbar?

1 Blattläuse auf einer Pflanze

GRUNDLAGEN: Sehen mit Augen, Lupe und Mikroskop

Grenzen unserer Augen Je näher wir einen Gegenstand an unser Auge heranbringen, umso mehr Einzelheiten können wir erkennen. Unterschreitet der Abstand von Gegenstand zum Auge eine bestimmte Grenze, wird das Bild unscharf. Wir können nun keine weiteren Details deutlich sehen. ↑2
Zwei Punkte, die wir gerade noch getrennt voneinander erkennen können, sind etwa 0,1 Millimeter voneinander entfernt. Dies ist die Auflösungsgrenze unseres Auges. Punkte, die näher beieinanderliegen, nehmen wir nicht getrennt, sondern nur als einen Punkt wahr.

Lupenvergößerung Lupen sind Sammellinsen aus Glas. Je stärker eine Linse gewölbt ist, desto stärker vergrößert sie. Leselupen vergrößern 2- bis 6-fach. ↑3 Detaillupen ermöglichen bis zu 20-fache Vergrößerungen. Mit einer Lupe kann man sich einem Gegenstand stärker nähern und ihn größer sehen, ehe das Bild unscharf wird.

Mikroskope Mithilfe von Mikroskopen lassen sich sehr stark vergrößerte Bilder eines Gegenstands erzeugen. Dies geschieht durch die Kombination mehrerer Linsen. Dabei wird ein Objekt von Licht durchleuchtet. Die Linsen lenken das Licht so, dass es vom Auge aufgenommen werden kann. ↑4,5
Elektronenmikroskope verwenden statt Licht Elektronenstrahlen. Damit sind 600000-fache Vergrößerungen möglich. Dazu müssen Ultradünnschnitte hergestellt werden, durch die die Elektronenstrahlen hindurchtreten können. Diese speziellen Geräte heißen Transmissionselektronenmikroskope. Es gibt auch Elektronenmikroskope, sogenannte Rasterelektronenmikroskope, die die Oberfläche von Objekten abtasten. Sie zeichnen ein dreidimensionales Bild einer Obefläche. Die Oberfläche wird dafür mit einer hauchdünnen Goldschicht bedampft, die elektrisch leitfähig ist. Mit dem Tunnelstrommikroskop erreicht man die größten Vergrößerungen und kann sogar Atome sichtbar machen.

2 Wasserpest, mit bloßem Auge betrachtet

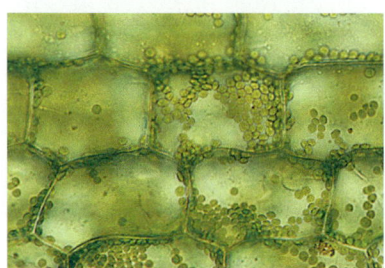

3 Wasserpest, mit der Lupe betrachtet

4 Wasserpest, im Lichtmikroskop betrachtet

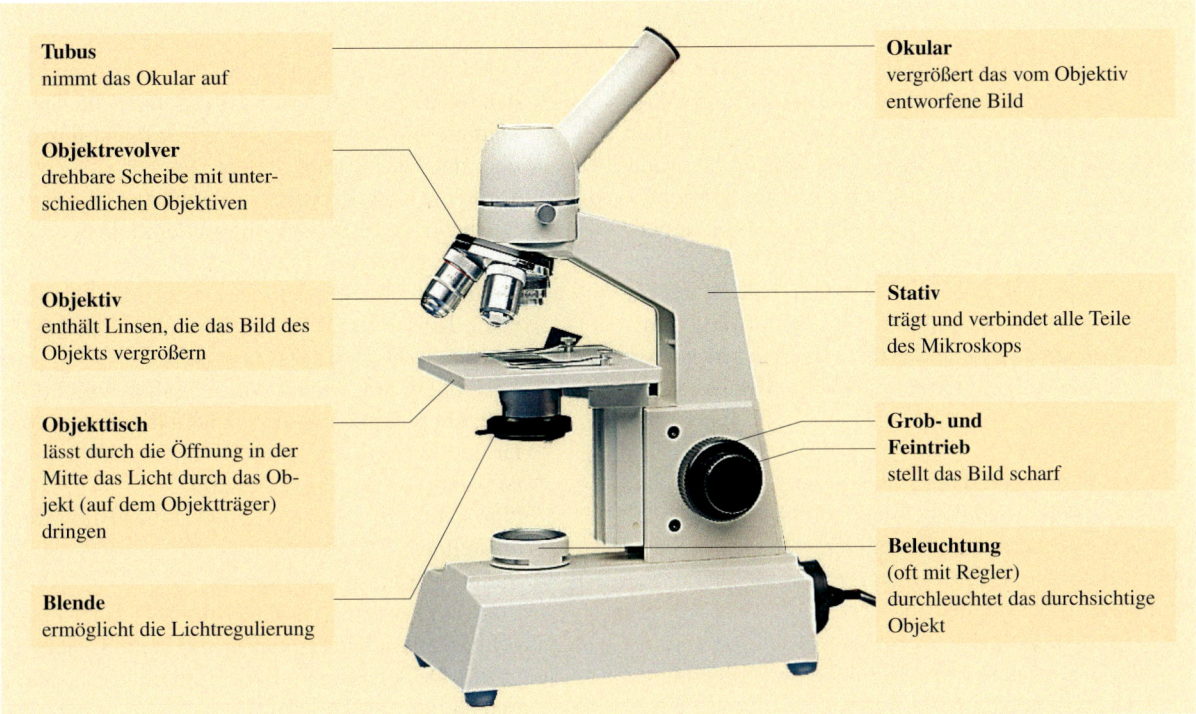

Tubus
nimmt das Okular auf

Objektrevolver
drehbare Scheibe mit unterschiedlichen Objektiven

Objektiv
enthält Linsen, die das Bild des Objekts vergrößern

Objekttisch
lässt durch die Öffnung in der Mitte das Licht durch das Objekt (auf dem Objektträger) dringen

Blende
ermöglicht die Lichtregulierung

Okular
vergrößert das vom Objektiv entworfene Bild

Stativ
trägt und verbindet alle Teile des Mikroskops

Grob- und Feintrieb
stellt das Bild scharf

Beleuchtung
(oft mit Regler) durchleuchtet das durchsichtige Objekt

5 Aufbau des Lichtmikroskops

Das mikroskopische Präparat Zum Mikroskopieren eignen sich nur dünne, durchscheinende Objekte. Dickere Objekte müssen erst präpariert werden. Dazu werden sie beispielsweise in feine Scheiben geschnitten. Mit einer Pinzette gibt man so ein Objekt in einen Wassertropfen auf einen Objektträger. Mit einem Deckglas wird das Objekt abgedeckt und zum mikroskopischen Betrachten auf den Objekttisch gelegt. ↑5
Man unterscheidet verschiedene Präparateformen. Frischpräparate werden immer neu hergestellt und sind nicht lange haltbar. Bei Feuchtpräparaten werden die Objekte in eine Flüssigkeit z. B. Wasser eingebettet. In Trockenpräparaten fehlt die Flüssigkeit. Zur Herstellung von Dauerpräparaten werden die zu untersuchenden Objekte in Harz eingebettet und so konserviert. Um bestimmte Zellstrukturen besser sichtbar zu machen, werden sie mit verschiedenen Färbemethoden eingefärbt.

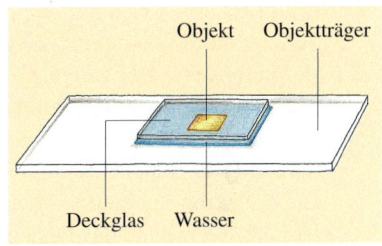

6 Mikroskopisches Präparat

Kurz und knapp Unsere Augen haben nur ein begrenztes Auflösungsvermögen. Um sehr kleine Details zu erkennen, brauchen wir technische Hilfsmittel. Mit einer Lupe oder dem Mikroskop lassen sich der Bau und die Bestandteile von Zellen untersuchen.

Arbeitsaufträge

1 Berechne, wie stark das Lichtmikroskop im Biologieraum ein Objekt maximal vergrößern kann.

2 Die wenigsten Objekte sind durchlässig für Licht. Überlege, wie man sie dennoch mit dem Lichtmikroskop untersuchen kann.

3 Fertige eine Übersicht über die verschiedenen Präparateformen und ihre Eigenschaften an.

Präparateform	Eigenschaften
Frischpräparat	…

Methode

Mikroskopieren

Mit dem Mikroskop lassen sich der Bau und die Bestandteile von Zellen untersuchen. Da das Mikroskop ein wertvolles und empfindliches Gerät ist, muss man damit sehr sorgsam umgehen. Ganz wichtig ist es, darauf zu achten, dass das Mikroskop immer aufrecht steht und getragen wird, sodass das Okular nicht herausfällt.

Das Mikroskopieren ist eine anspruchsvolle Untersuchungsmethode. Hier findest du alle notwendigen Informationen zu Bau und Funktion eines Mikroskops und nützliche Regeln für erfolgreiches Mikroskopieren.

Wie ermittelt man die Vergrößerung des Mikroskops?

Auf dem Okular und den Objektiven ↑1 steht, wievielmal sie vergrößern. Die Gesamtvergrößerung ergibt sich, wenn man die Objektivvergrößerung mit der Okularvergrößerung multipliziert.

1 Achte vor dem Mikroskopieren auf folgende Grundeinstellung:
Das kleinste Objektiv ist eingeschwenkt. ↑S. 9
Der Objekttisch ist weit nach unten gedreht. Die Blende ist zu etwa einem Drittel geöffnet.
Schalte die Beleuchtung zu Beginn des Mikroskopierens ein. Bei vielen Mikroskopen kann man die Helligkeit der Lampe einstellen.

2 Lege das Präparat auf.
Schneide aus einer Zeitung einen Buchstaben aus. Lege ihn in einen Wassertropfen auf den Objektträger. Lege das Deckglas auf. Lege den Objektträger mit dem Deckglas nach oben auf den Objekttisch und schiebe ihn unter die Halteklammern. Das zu beobachtende Objekt muss über der Tischöffnung liegen. ↑1

3 Stelle die Vergrößerung und Schärfe ein.
Betrachte den Buchstaben mit der kleinsten Objektivvergrößerung.
Drehe den Objekttisch so weit wie möglich nach oben. Kontrolliere von der Seite. Das Objektiv darf nicht das Deckglas berühren.
Vergrößere nun wieder durch Drehen am Grobtrieb bei gleichzeitigem Schauen durch das Okular den Abstand zwischen Objekt und Objektiv so weit, dass ein Bild erscheint.
Nun kannst du mit dem Feintrieb das Bild scharf einstellen. ↑2, 3

4 Stelle die richtige Blende ein.
Lege etwas zerfaserte Watte mithilfe einer Pinzette in einen Wassertropfen auf einen Objektträger. Decke ab und mikroskopiere bei mittlerer und starker Vergrößerung.
Drehe vorsichtig am Feintrieb. Woran erkennst du die räumliche Tiefe des Präparats?
Öffne und schließe die Blende. Was ändert sich dadurch? Wodurch kannst du den besten Kontrast bei der besten Ausleuchtung erhalten?

5 Durchmustere das Präparat.
Verschiebe das Präparat vorsichtig auf dem Objekttisch, bis in der Bildmitte eine günstige Stelle erscheint. Halte beim Mikroskopieren beide Augen offen.

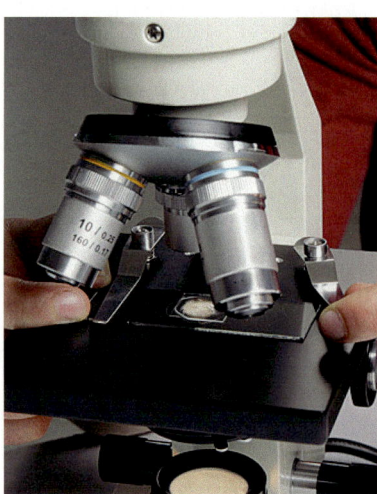

1 Auflegen und Befestigen des Objektträgers

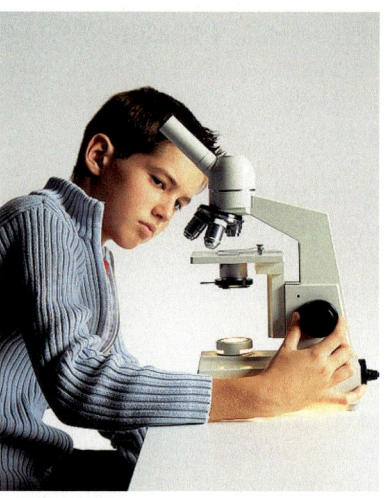

2 Hochdrehen des Objekttischs

3 Einstellen der Schärfe

Historisches Die Entdeckung des Mikrokosmos

Microscopium

Woraus bestehen Lebewesen? Diese Frage bewegt die Naturforscher seit Jahrtausenden.

Um 1600 wurde ein Instrument entwickelt, bei dem mehrere Linsen für eine starke Vergrößerung sorgten. Die mehrlupigen Geräte nannte man „Winzigseher" oder *microscopium*.

ROBERT HOOKE und die „little boxes or cells"

ROBERT HOOKE (1635–1703), ein englischer Naturforscher, untersuchte mit einfachen mehrlinsigen Mikroskopen Pflanzenteile wie Kork oder Farnblätter.

1665 veröffentlichte er in seinem Buch „Micrographia" Zeichnungen und Beschreibungen von Zellen, die er „little boxes or cells" nannte.

LEEUWENHOEK und die Welt der kleinsten Lebewesen

Der Holländer ANTONY VAN LEEUWENHOEK gilt als Begründer der Mikrobiologie. ↑4,7 Er schliff Linsen aus Bergkristall und Diamant, die er zwischen zwei Metallplatten klemmte.

Mithilfe einer Schraube konnte er das Untersuchungsobjekt in den richtigen Abstand zur Linse bringen. Mit diesen Vergrößerungsgeräten entdeckte er „little animals", Kleinstlebewesen wie Einzeller und Bakterien, aber auch Blut- und Spermienzellen.

5 THEODOR SCHWANN (1810–1882)

Die Zellentheorie

Die deutschen Forscher THEODOR SCHWANN (1810–1882) und MATTHIAS SCHLEIDEN (1804–1881) untersuchten die mikroskopische Struktur von zahllosen Pflanzen und Tieren. ↑5,6 Sie stellten die Behauptung auf, dass alle Lebewesen aus Zellen aufgebaut sind. Diese Erkenntnis nannten sie Zellentheorie.

6 MATTHIAS SCHLEIDEN (1804–1881)

VIRCHOW untersuchte die Zellteilung

Der deutsche Arzt RUDOLF VIRCHOW (1821–1902) beobachtete, dass Zellen sich teilen und neue Zellen immer durch Teilung einer Mutterzelle entstehen. ↑8 Er formulierte aufgrund seiner Untersuchungen den Satz: „Omnis cellula e cellula", was so viel bedeutet wie: Jede Zelle stammt von einer Zelle ab.

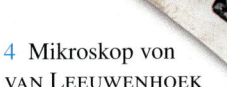

4 Mikroskop von van LEEUWENHOEK

7 ANTONY VAN LEEUWENHOEK (1632–1723)

8 RUDOLF VIRCHOW (1821–1902)

Wie sind pflanzliche Zellen gebaut?

In der neuen Ausstellung im Naturkundemuseum gibt es ein riesiges Modell einer Pflanzenzelle. Eva und Merle bestaunen die leuchtenden Ballons und bunten Kugeln im Innern des dunklen Raums.

Sehen Zellen tatsächlich so aus? Aus welchen Teilen bestehen sie? Welche Funktion haben die Bestandteile?

1 Modell einer Pflanzenzelle im Museum

Beobachten **Untersuchen** *Experimentieren*

Pflanzenzellen mikroskopieren

Die Wasserpest ist eine Wasserpflanze, die aus Nordamerika stammt. Bei uns kann man sie in Aquariengeschäften kaufen. Ihre zarten Blättchen eignen sich sehr gut zum Mikroskopieren. ↑2

Material: Spross der Wasserpest, Pinzette, Pipette, Objektträger, Deckglas, Mikroskop
Durchführung: Zupfe mit der Pinzette ein Blättchen der Wasserpest ab. Gib es in einen Wassertropfen auf den Objektträger und decke es so mit einem Deckgläschen ab, wie in Bild ↑2 gezeigt.
Stelle zunächst bei der kleinsten Vergrößerung scharf. Vergrößere dann stärker.

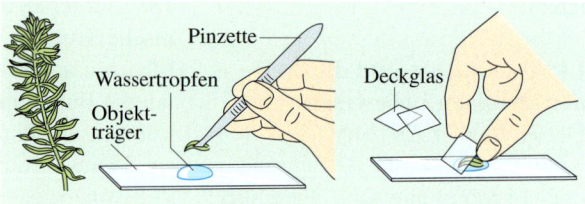

2 Herstellen eines Präparats vom Blättchen der Wasserpest

Auswertung: Versuche die Bestandteile der Pflanzenzelle zu erkennen. ↑3
Suche dir in der Blattmitte in der Nähe der Blattadern eine gut zu erkennende Zelle aus. Achte auf die Chloroplasten. Beschreibe deine Beobachtung.

Basiskonzept

Zelle als System
Die Bestandteile einer Zelle haben jeweils eine spezielle Funktion, sie sind kleine Funktionseinheiten. Alle Bestandteile stehen miteinander in Beziehung und arbeiten so zusammen, dass ein funktionierendes Ganzes entsteht: ein System.

GRUNDLAGEN: **Bau und Funktion pflanzlicher Zellen**

Vielfalt pflanzlicher Zellen Die mikroskopische Untersuchung von Pflanzen zeigt, dass sich die einzelnen Zellen entsprechend ihrer Funktion in Form und Größe unterscheiden. Ebenso unterscheiden sich auch die Zellen verschiedener Pflanzenarten. Dennoch haben alle Pflanzenzellen einen typischen Grundaufbau.

Bau einer Pflanzenzelle Die Zellwand umgibt die Pflanzenzelle als feste äußere Hülle. Sie besteht hauptsächlich aus Cellulose. Es können aber auch zusätzliche Stoffe, wie Holzstoff oder Korkstoff, eingelagert sein.

An einigen Stellen wird die Zellwand von winzigen Poren durchbrochen. Über diese Tüpfel stehen die Zellen untereinander in Verbindung.

An der Zellwand anliegend befindet sich die Zellmembran, die im Lichtmikroskop nicht sichtbar ist. Sie umgibt das Zellplasma, ist für Wasser und gelöste Stoffe durchlässig und ermöglicht so den Stoffaustausch zwischen benachbarten Zellen. ↑4

Das Zellplasma ist eine zähflüssige, von Körnchen durchzogene Masse. Durch ständige Bewegung transportiert es Stoffe durch die Zelle. Im Zellplasma liegen die Zellorganellen wie Zellkern, Chloroplasten und Zellsaftvakuolen, die spezielle Aufgaben haben.

Der Zellkern enthält die Erbinformation und steuert die Lebensvorgänge der Zelle. In den Zellsaftvakuolen können Wasser und darin gelöste Stoffe gespeichert werden.

Schon gewusst?

Chloroplasten

Die Zellen aller grünen Pflanzenteile enthalten Chloroplasten. Diese Zellbestandteile – auch „Blattgrünkörner" genannt – enthalten einen grünen Farbstoff. Mit seiner Hilfe kann die Pflanze Lichtenergie aufnehmen.

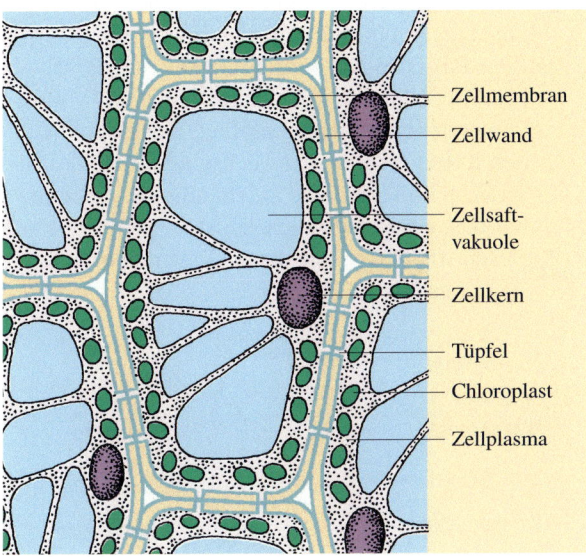

Zellmembran
Zellwand

Zellsaft-
vakuole

Zellkern

Tüpfel

Chloroplast

Zellplasma

3 Bau von Pflanzenzellen (schematisch)

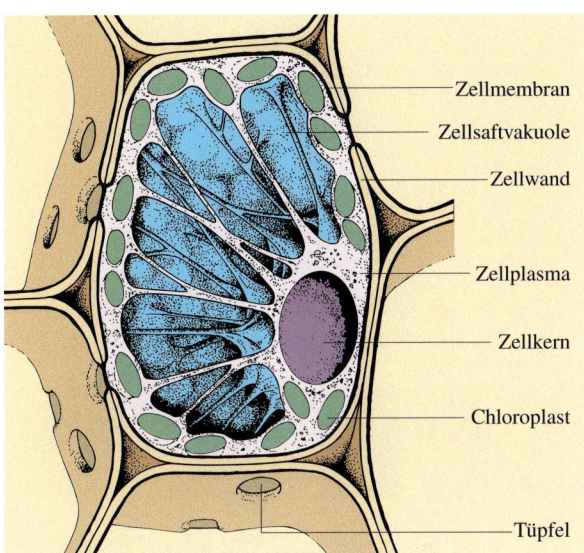

Zellmembran

Zellsaftvakuole

Zellwand

Zellplasma

Zellkern

Chloroplast

Tüpfel

4 Räumliches Schema einer Pflanzenzelle

Arbeitsaufträge

1 Im mikroskopischen Bild erscheinen uns Zellen oft nur als Flächen, obwohl es beispielsweise kugel- oder quaderförmige Körper sind. Erkläre.

2 Vergleiche die mikroskopische Aufnahme von Pflanzenzellen mit dem Schema. ↑3,5 Erkläre die Unterschiede.

3 Beschreibe die in Bild ↑6 gezeigten Zellen. Stelle Vermutungen über ihre Funktion an. Beachte dabei, aus welchem Teil der Pflanze sie stammen.

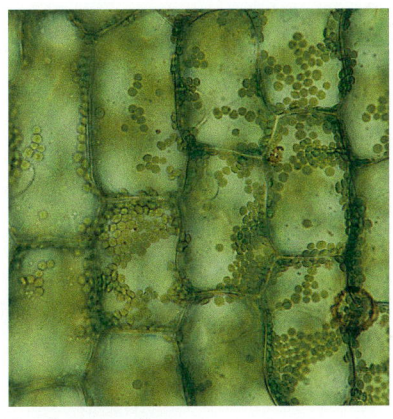

5 Pflanzenzelle
(Mikroaufnahme)

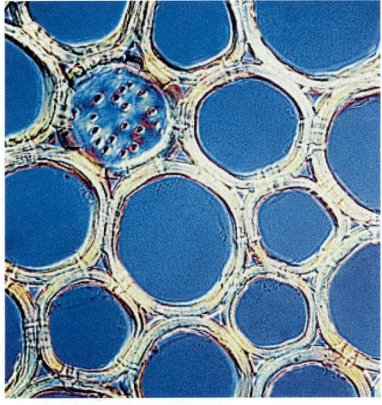

6 Zellen der Sprossachse einer Sonnenblume

Methode *Mikroskopische Zeichnungen anfertigen*

Mikroskope, die in der Forschung eingesetzt werden, sind oft mit einer Kamera verbunden. So können Aufnahmen von mikroskopischen Präparaten angefertigt werden. Dennoch sind Zeichnungen nach wie vor ein wichtiges Arbeitsmittel. Denn beim Zeichnen kann man gezielt die Einzelheiten darstellen, auf die es ankommt.

Eine Zeichnung nach einem mikroskopischen Bild anzufertigen ist nicht einfach. Die folgenden Arbeitsschritte zeigen dir, wie du dabei vorgehst.

1 Verwende für deine mikroskopische Zeichnung weißes, unliniertes DIN-A4-Papier. Zeichne und beschrifte stets mit einem Bleistift mittlerer Stärke und drücke beim Zeichnen nicht so fest auf. Deine Zeichnung sollte nicht zu klein sein. Nutze deshalb das gesamte DIN-A4-Blatt.

2 Notiere auf dem DIN-A4-Papier im rechten oberen Rand deinen Namen, Datum, Bezeichnung des Untersuchungsobjekts und die von dir gewählte Vergrößerung.

3 Durchmustere nun dein Präparat und suche nach einem geeigneten Bildausschnitt.

4 Lege das DIN-A4-Blatt direkt neben dein Mikroskop. Halte beim Zeichnen wie beim Mikroskopieren beide Augen geöffnet. Schaue, ohne den Kopf zu drehen, abwechselnd durch das Mikroskop und auf deine Zeichnung. ↑1 Zeichne nur das, was du wirklich siehst.

5 Beschrifte alle gezeichneten Teile deines Untersuchungsobjekts. ↑2

1 So wird eine mikroskopische Zeichnung angefertigt.

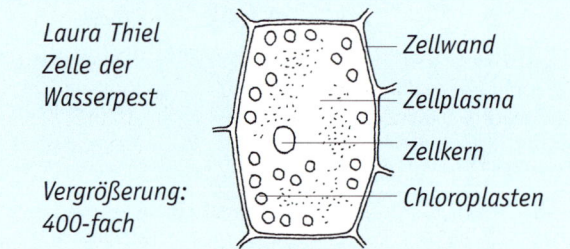

Laura Thiel
Zelle der
Wasserpest

Vergrößerung:
400-fach

Zellwand
Zellplasma
Zellkern
Chloroplasten

2 So könnte deine mikroskopische Zeichnung aussehen.

Beobachten Untersuchen Experimentieren

Eigenschaften von Pflanzenzellen untersuchen

1 Zwiebelhautzellen untersuchen und zeichnen
Material: Küchenzwiebel, Messer, Korken, Rasierklinge, Pinzette, Pipette, Methylenblaulösung, Papiertaschentuch, Mikroskop und Zubehör
Durchführung: Schneide eine Zwiebel mit einem Messer in Viertel und löse eine Zwiebelschuppe ab. Ritze mit einer

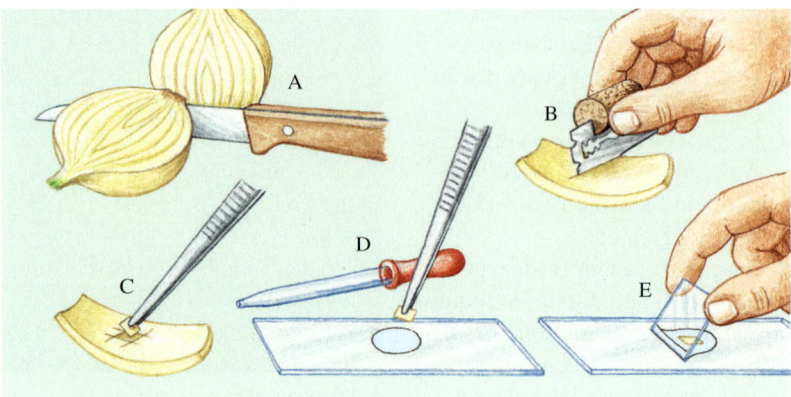

3 Herstellen eines Zwiebelhautpräparats

Rasierklinge in die nach innen gewölbte Seite kleine Quadrate von etwa 3 mm Seitenlänge ein. ↑3 (Achtung, eine Schneide z. B. mit Kork umgeben!) Löse mit einer Pinzette ein solches Zwiebelhautstückchen ab. Lege es in einen Wassertropfen auf den Objektträger, decke ab und mikroskopiere zunächst bei 50-facher Vergrößerung, dann bei stärkerer Vergrößerung.

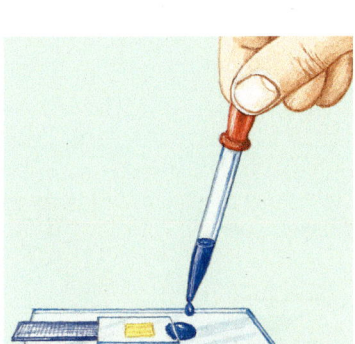

4 Anfärben der Zwiebelhaut

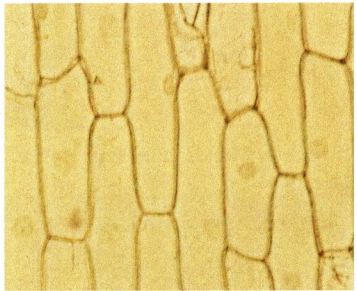

5 Ungefärbte Zwiebelhautzellen, 150-fach vergrößert

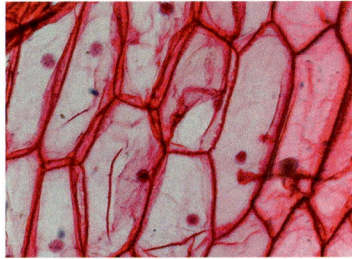

6 Angefärbte Zwiebelhautzellen, 150-fach vergrößert

Gib einen Tropfen Methylenblau an den Rand des Deckglases und ziehe die Färbelösung mit einem Papiertaschentuch bis zur anderen Seite des Deckglases. ↑4
Auswertung: Zeichne einen Ausschnitt mit wenigen Zellen in dein Heft. Benenne und beschrifte die Zellbestandteile, die du erkennst. Vergleiche gefärbte und ungefärbte Zellen. Worin unterscheiden sie sich?

2 Wir bauen ein Zellmodell
Das mikroskopische Bild vermittelt zunächst den Eindruck, die Zellen seien flächige Gebilde. Mithilfe eines Modells lässt sich die räumliche Struktur von Zellen darstellen. Modelle sind Hilfsmittel der Wissenschaft, die dazu dienen, Objekte und Erscheinungen der Natur zu veranschaulichen und besser zu verstehen.

a Überlege, welche Teile ein Zellmodell enthalten muss. Wähle geeignetes Material aus und ordne es so an, dass es den Bau der Zelle veranschaulichen kann. ↑7 Füge dann die Teile zusammen. ↑8

b Vergleiche dein Modell mit einer wirklichen Zelle. Welche Eigenschaften der Zelle kannst du mit diesem Modell veranschaulichen, welche nicht?

c Demonstriere die Scharfeinstellung des Mikroskops an einem durchsichtigen Zellmodell, das du auf den Tageslichtprojektor legst. Bilde durch Drehen an der Scharfeinstellung die verschiedenen Teile der „Zelle" nacheinander scharf ab. Erkläre, warum nie alle Bereiche einer Modellzelle gleichzeitig scharf abgebildet werden.

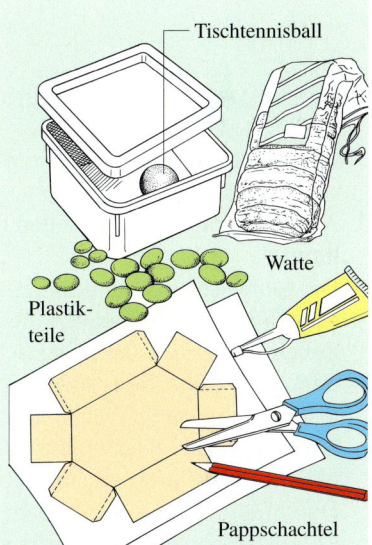

7 Materialien zum Bau von Zellmodellen

8 Tinas Modell einer Pflanzenzelle

Auch du bestehst aus Zellen!

Deine Haut erneuert sich ständig. Neue Zellen wachsen nach, abgestorbene Zellschichten werden abgestoßen. Das merkt man zum Beispiel daran, dass sich nach dem Baden Hautribbelchen ablösen.

Wie sehen diese Zellen aus? Sehen alle Zellen im menschlichen Körper gleich aus? Unterscheiden sich menschliche von pflanzlichen Zellen?

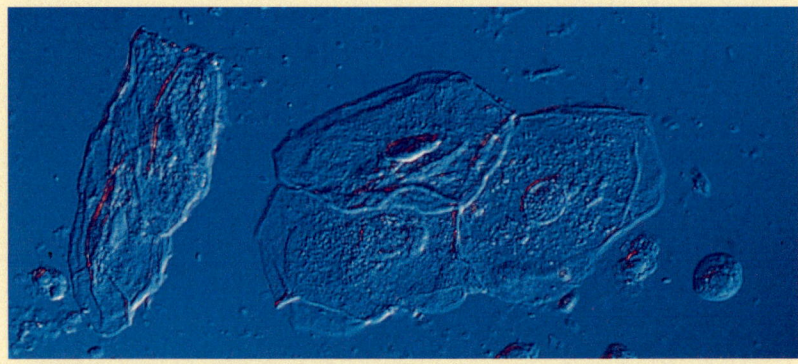

1 Zellen aus der menschlichen Mundschleimhaut, 400-fach vergrößert. Auch die Mundschleimhaut erneuert sich ständig.

Beobachten **Untersuchen** Experimentieren

Tierische Zellen mikroskopieren

1 Abstrichpräparat von Zellen der Mundschleimhaut

Die Mundschleimhaut des Menschen kleidet die Mundhöhle aus und schützt die unter ihr liegenden Zellen. Die Lebensdauer der Schleimhautzellen beträgt nur wenige Tage, sodass ständig Zellen abgelöst werden, die man leicht untersuchen kann.

Material: Spatel oder Teelöffel, Pipette, Methylenblaulösung, Mikroskop und Zubehör

Durchführung: Schabe mit dem Spatel oder dem Löffelstiel vorsichtig an der Innenseite deiner Wange entlang. Stelle von dem Abstrich ein Präparat her und mikroskopiere es. ↑2

Färbe es dann an und mikroskopiere wieder.

Auswertung: Versuche jeweils die im Bild ↑1 sichtbaren Bestandteile der Zellen zu erkennen. Fertige bei stärkster Vergrößerung von zwei bis drei Zellen eine Zeichnung an und beschrifte sie.

2 Zupfpräparat von Leberzellen

Material: Skalpell, Präpariernadel, Pinzette, Pipette, Methylenblaulösung, Mikroskop und Zubehör, frische Schweineleber

Durchführung: Schneide mit dem Skalpell ein stecknadelkopfgroßes Stück Leber ab und zerzupfe es mit Präpariernadel und Pinzette im Wassertropfen auf dem Objektträger. Lege ein Deckglas auf und mikroskopiere bei starker Vergrößerung. ↑3

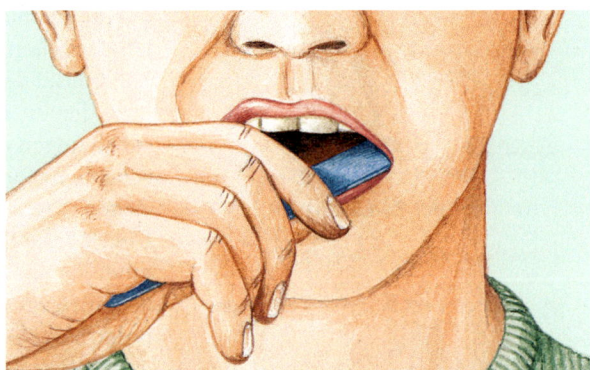

2 So wird ein Abstrich von der Mundschleimhaut gemacht.

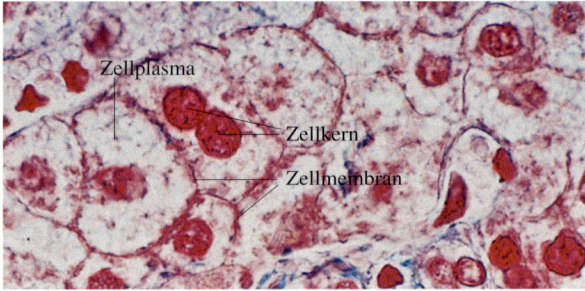

3 Angefärbte Leberzellen, 800-fach vergrößert

Färbe die Zellen mit einem Tropfen verdünnter Methylenblaulösung an.

Auswertung: Vergleiche dein Präparat mit Bild ↑3. Zeichne einen geeigneten Ausschnitt und beschrifte die Zeichnung.

GRUNDLAGEN: Bau und Funktion der Zellen von Tier und Mensch

Bau einer Tierzelle Die Zellen von Tieren und auch die des Menschen haben wie die Pflanzenzellen eine Zellmembran, Zellplasma und einen Zellkern. Die Zellmembran kontrolliert den Stoffaustausch mit benachbarten Zellen. Tierische Zellen haben keine Zellwand. ↑4,5 Das körnige Zellplasma füllt die Zelle völlig aus. Darin eingebettet liegt der Zellkern. Er enthält wie bei den Pflanzenzellen die Erbinformation und steuert die Lebensvorgänge der Zelle.

Anders als Pflanzenzellen besitzen Zellen von Tier und Mensch keine zentralen Zellsaftvakuolen. Speicherstoffe werden stattdessen in winzigen, von Membranen umschlossenen Tröpfchen im Zellplasma eingelagert. Im Gegensatz zu den Pflanzen haben tierische Zellen keine Chloroplasten.

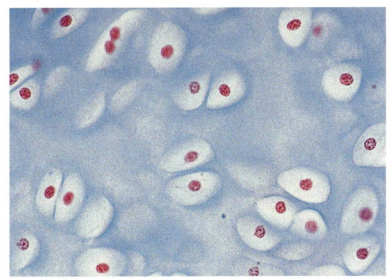

6 Knorpelzellen (angefärbt)

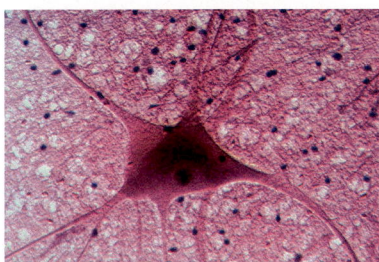

7 Nervenzelle (angefärbt)

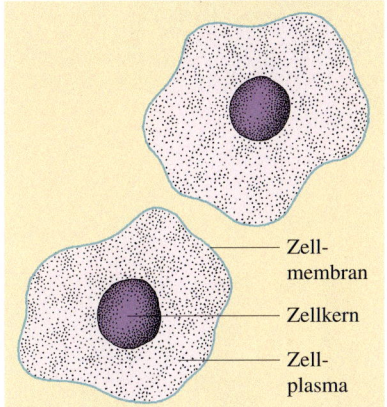

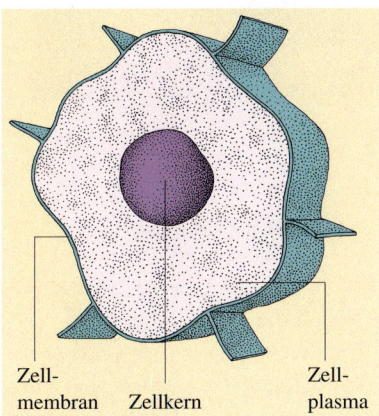

Zell-
membran

Zellkern

Zell-
plasma

Zell-
membran   Zellkern   Zellplasma

4 Bau einer Tierzelle (schematisch)   5 Räumliches Bild einer Tierzelle

Vielfalt der Zellformen bei Tier und Mensch Die Zellen eines tierischen oder menschlichen Organismus sind so uneinheitlich, dass die Unterschiede oft mehr auffallen, als gemeinsame Baumerkmale zu erkennen sind. Neben verzweigten Nervenzellen mit langen, dünnen Fortsätzen gibt es spindelförmige Muskelzellen, fast runde, bauchige Drüsenzellen, zylinderartige Zellen bei Deckgeweben, dropsförmige rote Blutzellen und vieles mehr. ↑6–9

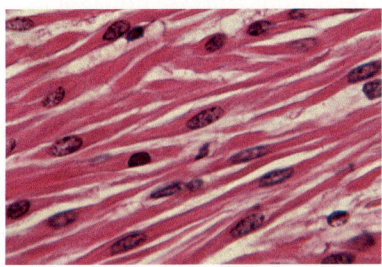

8 Muskelzellen (angefärbt)

Kurz und knapp **Zellen sind die Bausteine aller Lebewesen. Sie unterscheiden sich entsprechend ihrer Aufgabe in Größe und Form. Alle Zellen werden von einer Zellmembran umhüllt, enthalten durchsichtiges, zähflüssiges Zellplasma sowie einen Zellkern, der die Erbinformation enthält. Pflanzenzellen besitzen zusätzlich eine stabilisierende Zellwand, Zellsaftvakuolen und häufig auch Chloroplasten.**

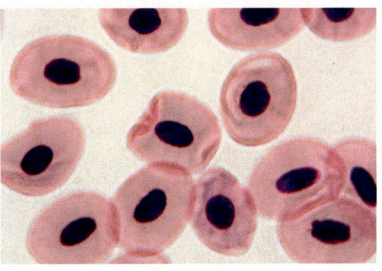

9 Froschblutzellen (angefärbt)

Arbeitsaufträge

1 Vergleiche die Abbildungen der verschiedenen Zellen. ↑6–9
Welche Zellorganellen kann man im Foto leicht erkennen, welche weniger gut?

2 Lege in deinem Heft eine vierspaltige Tabelle an, aus der Unterschiede und Gemeinsamkeiten der Zellen von Pflanze, Tier und Mensch hervorgehen. Trage in die vierte Spalte die Aufgaben der jeweiligen Zellorganellen ein.

Wie wachsen Lebewesen?

Die Nachbarin hat Stangenbohnen gepflanzt. Kaum waren die ersten grünen Blättchen zu sehen, steckte sie drei Meter lange Stangen in die Erde, an denen die Pflanzen hochranken sollten. Werden Bohnenpflanzen tatsächlich so hoch? Wie lange dauert es, bis sie so groß gewachsen sind? Was passiert mit den Zellen, wenn die Pflanzen wachsen?

1 Bohnenkeimlinge (Nahaufnahme)

Beobachten **Untersuchen** Experimentieren

Wachstumsprozesse untersuchen

Untersuche anhand von Abbildungen, wie sich die Anzahl und die Größe von Zellen verändern, wenn Pflanzen und Tiere wachsen. Diese Vorgänge liegen dem Wachstum aller Lebewesen zugrunde.

1 Die Sprossspitze ist einer der Bereiche, in der eine Blütenpflanze am stärksten wächst. ↑2 Beschreibe die Gestalt der Zellen in diesem Bereich. Vergleiche mit älteren Zellen der Sprossachse weiter unten im Bild. Halte das Ergebnis in einem Satz fest. Beginne beispielsweise so: „Eine Pflanze wächst dadurch, dass …"

2 Die meisten Tiere entwickeln sich aus einer befruchteten Eizelle. Beschreibe die ersten Schritte dieser Entwicklung. ↑3 Achte auch hier besonders auf Veränderungen von Zellanzahl und -größe. Leite daraus ab, welcher Vorgang bewirkt, dass der Embryo wächst.

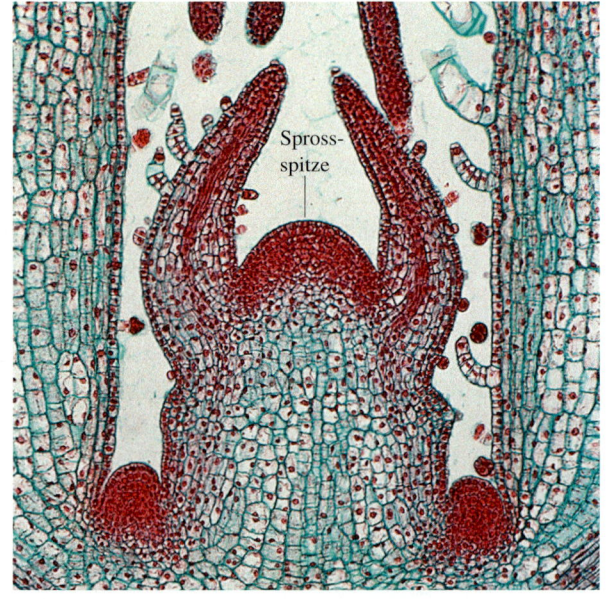

Spross-spitze

2 Sprossspitze der Buntnessel (Längsschnitt)

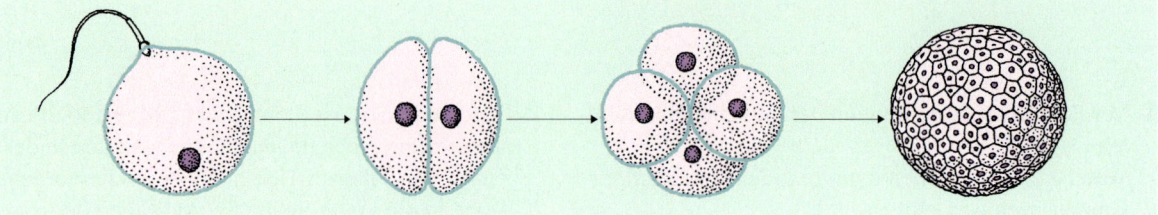

3 Die ersten aufeinanderfolgenden Teilungen der befruchteten Eizelle

GRUNDLAGEN: Zellteilung und Differenzierung

Wachstum Lebewesen, die sich geschlechtlich fortpflanzen, gehen aus einer einzigen Zelle hervor, der befruchteten Eizelle. Die Entwicklung zum fertigen Organismus beruht darauf, dass sich die Zellen vermehren, größer werden und sich spezialisieren.

Zellteilung Zellen vermehren sich durch Zellteilung. Dabei bilden sich aus einer Zelle, der Mutterzelle, zwei identische Tochterzellen. ↑4 Bei der Zellteilung teilt sich der Zellkern, alle anderen Bestandteile der Zelle werden mit dem Zellplasma gleichmäßig auf die Tochterzellen verteilt. Die Zellteilung läuft bei Pflanze, Tier und Mensch gleich ab.
Die Tochterzellen wachsen nach der Zellteilung bis zur Größe der Mutterzelle heran. Das geschieht vor allem dadurch, dass sich die Menge des Zellplasmas erhöht. Zwischen den Tochterzellen bildet sich eine neue Zellmembran. Bei Pflanzenzellen entsteht zunächst eine dünne Zellwand, die Primärwand. Später werden vom Zellplasma aus neue Zellwandlagen abgeschieden.

Differenzierung Aus den ursprünglich gleich gestalteten Zellen entwickeln sich unterschiedliche Zellformen, die im Organismus verschiedene Funktionen übernehmen. Welcher Zelltyp jeweils entsteht, hängt von der Lage der Zelle im Organismus ab. Man nennt die verschiedenartige Entwicklung der Zellen Zelldifferenzierung.

Kurz und knapp **Zellen vermehren sich durch Zellteilung. Aus einer Zelle, der Mutterzelle, entstehen zwei identische Tochterzellen, die zur Größe der Mutterzelle heranwachsen. Je nach ihrer Lage im Organismus entwickeln sich die Zellen verschieden weiter und erfüllen unterschiedliche Funktionen entsprechend ihrem Bau. Die verschiedenartige Entwicklung von Zellen nennt man Zelldifferenzierung.**

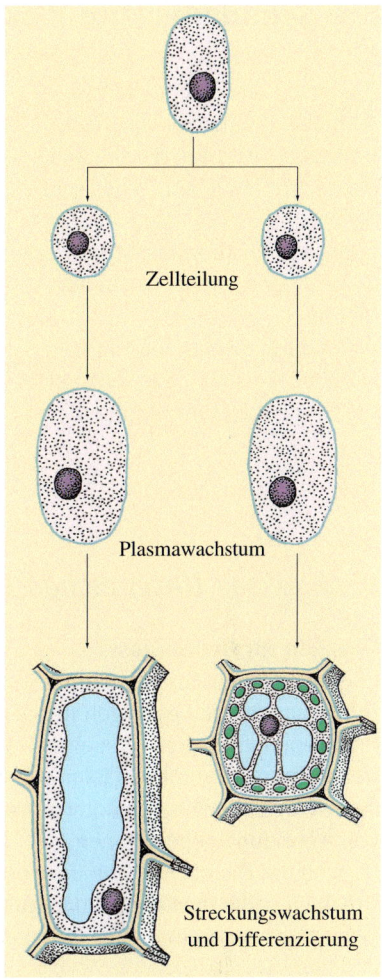

Zellteilung

Plasmawachstum

Streckungswachstum und Differenzierung

4 Teilung, Wachstum und Differenzierung bei Pflanzenzellen

Arbeitsaufträge

1 Beschreibe die in Bild ↑4 dargestellten Vorgänge mit eigenen Worten.
2 Aus einem Bohnensamen keimt eine neue Bohnenpflanze und wächst heran. ↑5 Überlege, welche Vorgänge bewirken, dass die Pflanze wächst. Besprich deine Ideen mit deinem Nachbarn.
3 Lege einige Bohnensamen über Nacht in Wasser und pflanze die gequollenen Samen in einen Blumentopf. Protokolliere einige Tage lang das Wachstum der Keimpflanze.
4 Beschreibe die Entwicklung des Bohnensamens mit eignene Worten. ↑5 Verwende dabei diese Begriffe: Wurzel, Keimblatt, Laubblatt, Wachstum, Sonnenenergie.

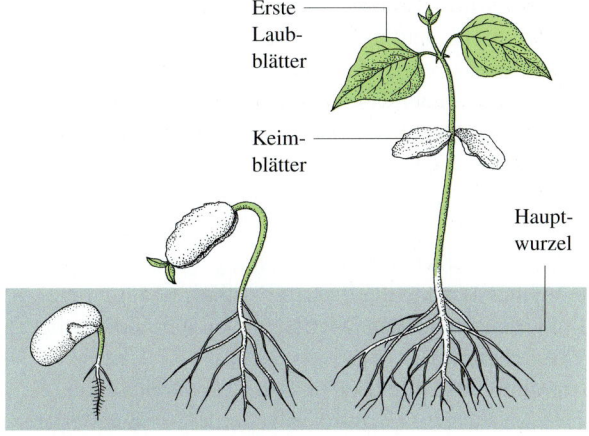

Erste Laubblätter

Keimblätter

Hauptwurzel

5 Eine Bohne keimt und wächst.

Die geheimnisvolle Welt der Einzeller

Ich habe noch nichts Vergnügli-
cheres gesehen als die vielen
Tausend Kreaturen, die in einem
Wassertropfen leben." Dies schrieb
ANTONY VAN LEEUWENHOEK nach
seiner Entdeckung der Mikroorga-
nismen vor mehr als dreihundert
Jahren.
Welche Lebewesen hat LEEUWEN-
HOEK beobachtet? Wie sehen sie
aus? Und wie „funktionieren" sie?

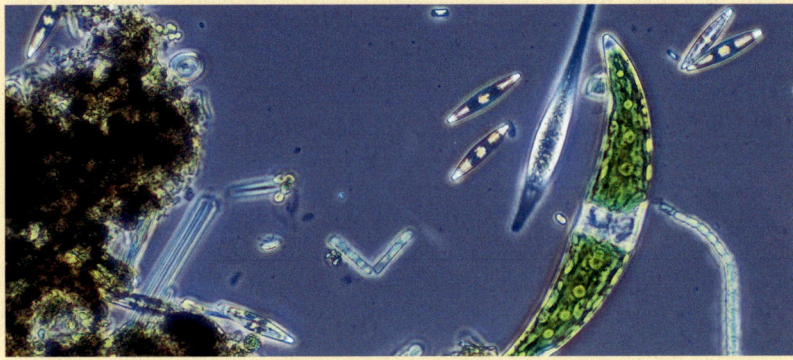

1 In einem einzigen Wassertropfen können unzählige Lebewesen vorkommen.

Beobachten *Untersuchen Experimentieren*

Was lebt im Heuaufguss?

In einem Heuaufguss kann man wasserlebende Einzeller züchten. Sie gelangen mit dem Wasser oder
Pflanzenteilen in den Versuchsansatz und vermehren
sich darin recht schnell. Unter dem Mikroskop kann
man verschiedene Arten unterscheiden und anhand
von Abbildungen bestimmen.
Da sich die Beobachtungen über mehrere Wochen er-
strecken, sollte man den Heuaufguss mindestens eine
Woche vor der eigentlichen Untersuchung ansetzen.

Material: Glasgefäß (ca. 25 cm Höhe, 15 cm Durchmesser), eine Handvoll frische oder bereits in Zerset-
zung befindliche Pflanzenteile (z. B. Heu, Stroh,
welkes Laub, Salatblätter), Pipette, Mikroskop und
Zubehör

Durchführung: Gib eine Portion Pflanzenmaterial in
das Glasgefäß und übergieße es mit abgestandenem
Leitungswasser. ↑2 (Wenn du etwas Tümpel-, Teich-
oder Regentonnenwasser hinzugießt, entsteht jeweils
ein etwas anderer Versuchsansatz.)
Decke das Gefäß mit einer Glasplatte lose ab und lass
es in einem warmen Raum am Fenster stehen. Wenn
sich nach einigen Tagen an der Oberfläche eine weiß-
lich trübe Schicht, die Kahmhaut, gebildet hat, kann
die Untersuchung beginnen. (Die Kahmhaut ist ein
Bakterienfilm an der Oberfläche von nährstoffhaltigen
Flüssigkeiten.)
Entnimm etwa alle drei Tage mit der Pipette einen
Tropfen Flüssigkeit aus dem Kahmhautbereich oder
unmittelbar darunter und bringe ihn vorsichtig auf ei-

2 Ansetzen eines Heuaufgusses,
frischer Ansatz und Probenentnahme

nen Objektträger. Du kannst zum Vergleich auch Was-
serproben aus tieferen Schichten oder vom Bodensatz
entnehmen. Mikroskopiere beginnend mit der kleinsten Vergrößerung.

Auswertung: Lege einen Protokollbogen an. Gib die
Häufigkeit in Form von Häufigkeitsklassen an, z. B.
0 = nicht vorhanden, 1 = selten, 2 = regelmäßig zu beobachten, 3 = Massenvorkommen. Du kannst deine
Notizen durch Skizzen ergänzen.
Vergleiche die entdeckten Einzeller mit den Bildern ↑4–6 und versuche sie namentlich zuzuordnen.

Nutze auch Bestimmungsbücher. Stelle die Häufigkeiten der fünf auffälligsten Vertreter im Verlauf von vier bis sechs Wochen in einem Säulendiagramm dar.

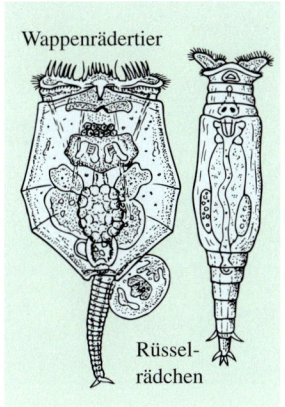

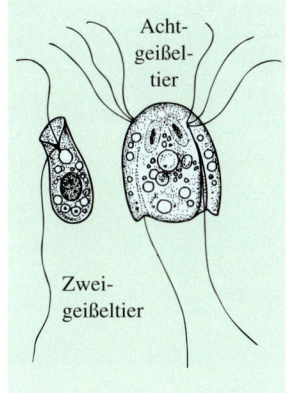

3 Rädertiere (250-fach)   4 Geißelträger (800-fach)

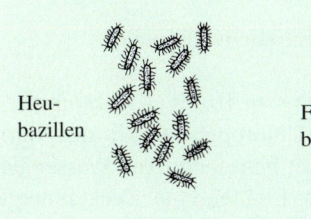

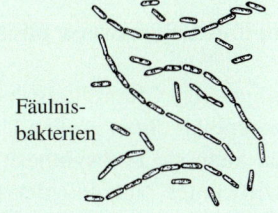

5 Bakterien (2000-fach)

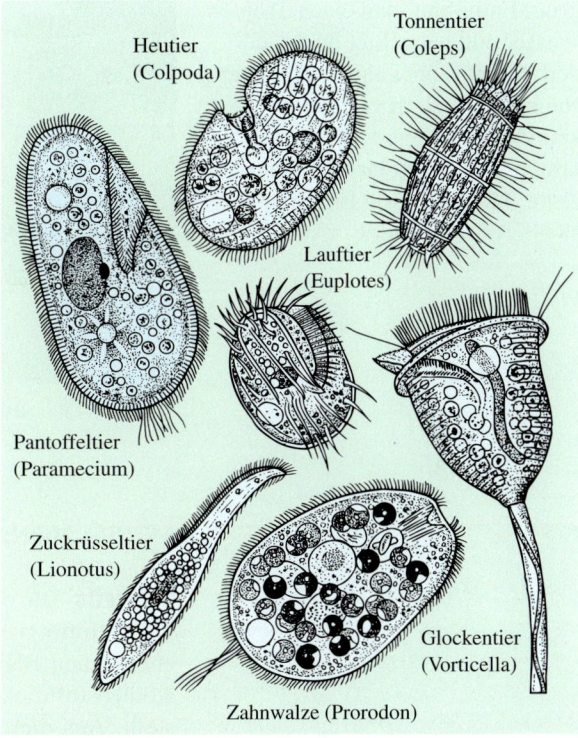

6 Wimpertiere (500-fach)

1 Informiere dich im Lexikon, was Einzeller ausmacht. Suche auch nach Informationen zur Lebensweise und zum Lebensraum der von dir gefundenen Arten.

2 Warum ist es günstig, den angesetzten Heuaufguss unter Lichteinfluss am Fenster und in einem warmen Raum stehen zu lassen?

3 Wie kann es sein, dass der Heuaufguss mehrere Wochen lang „lebt", obwohl du kein Futter hineingibst? Stelle Vermutungen an, welche Beziehungen zwischen den Lebewesen bestehen. Welche Bedeutung hat möglicherweise die Kahmhaut?

4 Bild↑7 zeigt das Ergebnis einer längerfristigen Untersuchung eines Heuaufgusses.
Beschreibe mithilfe der Abbildung, in welcher Reihenfolge die einzelnen Gruppen gehäuft auftreten, und vergleiche mit deinen eigenen Beobachtungen. Stellst du Unterschiede fest?

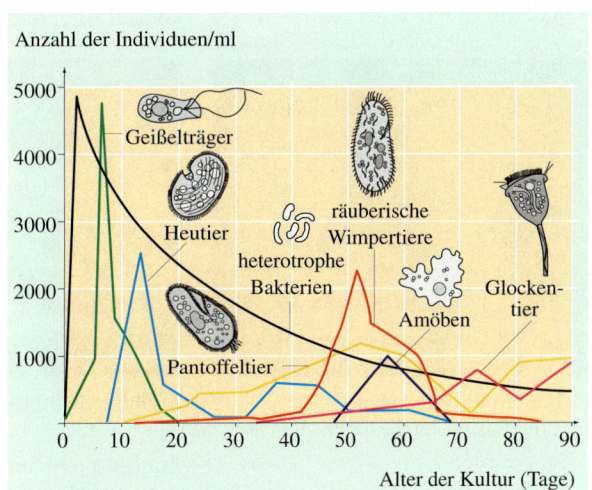

7 Häufigkeit verschiedender Organismen in einem Heuaufguss

Einzellige Lebewesen

Im Sommer, wenn die Temperaturen steigen, werden viele Pfützen, Tümpel, Teiche und Seen grün: Entnimmt man einen Tropfen Wasser und betrachtet ihn unter dem Mikroskop, kann man eine erstaunliche Vielfalt von Leben erkennen. Viele dieser Lebewesen bestehen aus nur einer einzigen Zelle. Man nennt sie Einzeller. Wie leben Einzeller?

1 Tümpel mit grünem Wasser

GRUNDLAGEN: Bau und Lebensweise pflanzliche Einzeller

Chlorella Die einzellige Alge Chlorella ist bis zu 10 µm (1 Mikrometer = 1/1000 mm) groß. Sie enthält einen großen Chloroplasten. Mit dem darin enthaltenen Blattgrün kann sie Fotosynthese betreiben: Aus Wasser und Kohlenstoffdioxid wird unter Nutzung der Lichtenergie Zucker hergestellt. Aus diesem Zucker werden weitere organische Stoffe aufgebaut, beispielsweise Eiweißstoffe. Dafür sind außerdem noch bestimmte Mineralsalze nötig. Lebewesen, die sich ausschließlich von anorganischen Stoffen ernähren, bezeichnet man als autotroph.

Chlorella kann sich selbstständig nicht fortbewegen. Sie pflanzt sich ungeschlechtlich durch Zellteilung fort. ↑1–4

2 Baumrinde mit Algen

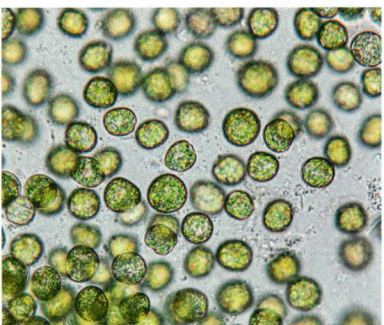

3 Chlorella im Lichtmikroskop

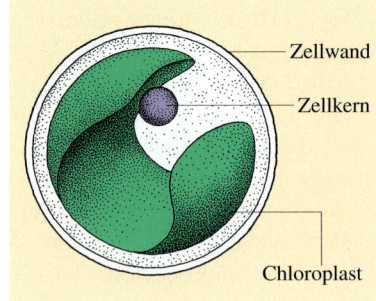

Zellwand
Zellkern
Chloroplast

4 Bau von Chlorella

Euglena Die einzellige Alge Euglena (Augentierchen) ist durch eine Geißel in der Lage, sich selbstständig zu bewegen. Durch kreisende Bewegungen, ähnlich einem Propeller, zieht die Geißel die Zelle hinter sich her. Die Zelle dreht sich dabei um ihre Längsachse.

Euglena lebt in nährstoffreichen Teichen und Tümpeln. Mit ihrem rötlichen Augenfleck kann sie hell und dunkel unterscheiden und sich zum Licht bewegen. Bei Lichtmangel kann sie sich für kurze Zeit von organischen Stoffen anderer Lebewesen ernähren. Diese Ernährungsweise bezeichnet man als heterotroph. So können Euglenen beispielsweise Bakterien aufnehmen. Durch den Wechsel zwischen autotropher und heterotropher Ernährungsweise kann Euglena wechselnde Lebensbedingungen besser überdauern. Wie andere Einzeller vermehrt sich Euglena durch Zellteilung. ↑5,6

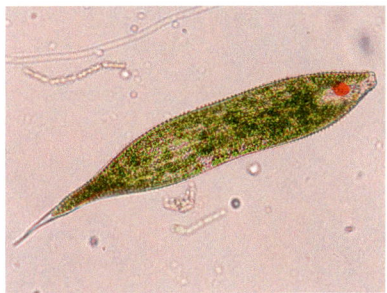

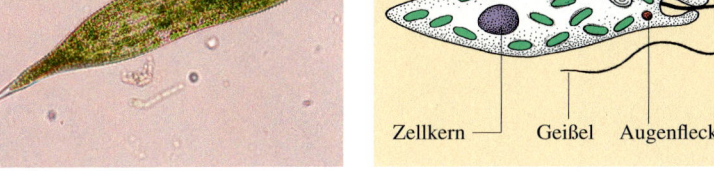

Chloroplast   Pulsierende Vakuole

Zellkern   Geißel   Augenfleck

5 Euglena im Lichtmikroskop

6 Bau von Euglena

7 Ein See kippt um

GRUNDLAGEN: Bedeutung pflanzlicher Einzeller

Mit ihrer autotrophen Ernährungsweise bilden die pflanzlichen Einzeller die wichtigste Grundlage für die Nahrungsketten in allen Gewässern. Gelangen zu viele Mineral- und Nährstoffe durch Abwässer und Düngemittel in einen See, so kommt es zu einem extremen Algenwachstum. Das Licht kann die Pflanzen in den unteren Wasserschichten nicht mehr erreichen, der Sauerstoffgehalt sinkt. Bald sterben auch die anderen Lebewesen ab, man sagt, das Gewässer ist „umgekippt". ↑7

Auch der Mensch nutzt immer mehr die Leistungen dieser Einzeller. So werden in Algenfarmen Produkte hergestellt, die als Zusatzstoffe in Futtermitteln oder Nahrungsmitteln Verwendung finden. ↑8,9

Die Gewinnung von Treibstoffen aus Algen ist bereits ebenfalls gelungen. Nebenbei wird Trinkwasser gewonnen und das Treibhausgas Kohlenstoffdioxid verbraucht, das bei der Verbrennung fossiler Brennstoffe wie Kohle, Erdöl und Gas entsteht.

Kurz und knapp **Pflanzliche Einzeller ernähren sich autotroph und pflanzen sich durch Zellteilung fort. Sie zeigen alle Lebensfunktionen wie Stoffwechsel, Fortbewegung, Wachstum, Reizbarkeit und Fortpflanzung. Der einzellige Körper ist daher ein vollständiger Organismus.**

8 Algenfarm

9 Algenprodukte als Nahrungsergänzung

Arbeitsaufträge

1 Beschreibe am Beispiel des pflanzlichen Einzellers Euglena, wie eine einzelne Zelle als Organismus alle Lebensfunktionen ausübt!

2 Vergleiche den Aufbau von Chlorella und Euglena und arbeite die wesentlichen Unterschiede heraus.

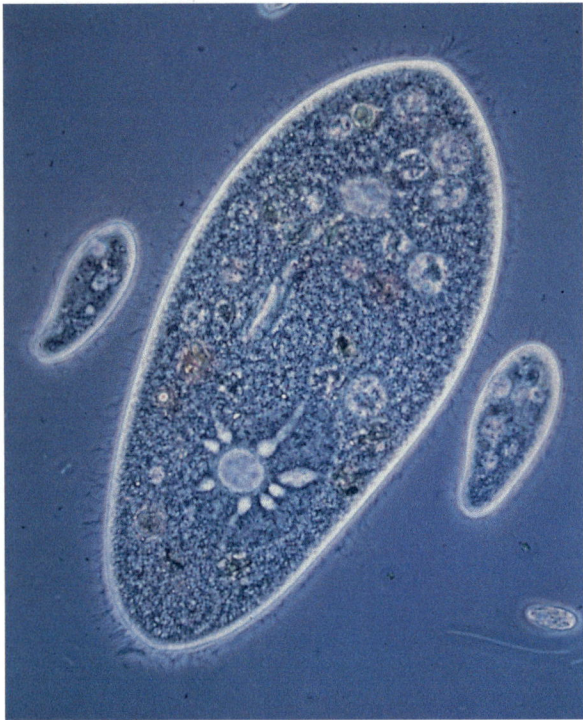

1 Pantoffeltier (200-fache Vergrößerung)

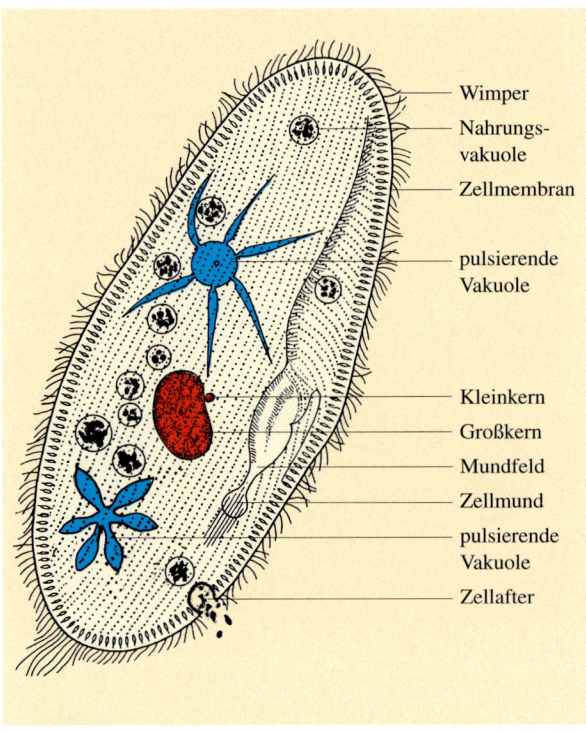

Wimper
Nahrungs-
vakuole
Zellmembran

pulsierende
Vakuole

Kleinkern
Großkern
Mundfeld
Zellmund
pulsierende
Vakuole
Zellafter

2 Bau des Pantoffeltierchens

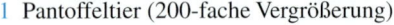

3 Ungeschlechtliche Fortpflanzung
eines Pantoffeltierchens

GRUNDLAGEN: Bau und Lebensweise tierische Einzeller

Pantoffeltierchen Das Pantoffeltierchen besteht aus einer einzigen Zelle. Sie beinhaltet verschiedene Zellbestandteile, die Zellorganellen. Diese haben verschiedene Funktionen: Der Zellkern steuert alle Lebensvorgänge der Zelle. Er besteht aus einem Großkern und einem Kleinkern. Eine Besonderheit sind die pulsierenden Vakuolen. Mit ihnen wird zudem überschüssiges Wasser aus der Zelle entfernt. Mit dem Zellmund werden Stoffe aufgenommen. Unverdaute Stoffe werden über die Zellmembran oder den Zellafter ausgeschieden. ↑1,2

Pantoffeltierchen leben im Süßwasser. Dort finden sie ihre Nahrung, zum Beispiel Bakterien, die sie mithilfe der Wimpern über den Zellmund aufnehmen. In den Nahrungsvakuolen werden diese verdaut. Pantoffeltierchen ernähren sich also heterotroph.

Mit den Wimpern können sich Pantoffeltierchen auch fortbewegen. Treffen sie auf Hindernisse, ändern sie ihre Fortbewegungsrichtung. Sie sind also reizbar. Pantoffeltierchen pflanzen sich ungeschlechtlich durch Zellteilung fort. ↑3

Amöben Auch Amöben (Wechseltierchen) sind Einzeller. Wie das Pantoffeltierchen besitzen sie alle zum Leben notwendigen Zellorganellen. Sie besitzen ebenfalls pulsierende Vakuolen. In der Gestalt unterscheiden sie sich jedoch deutlich: Im Gegensatz zum Pantoffeltier können Amöben ihre Form ändern: Durch Verschieben von Zellplasma entstehen sogenannte Scheinfüßchen, mit denen sie sich fortbewegen. ↑4,5

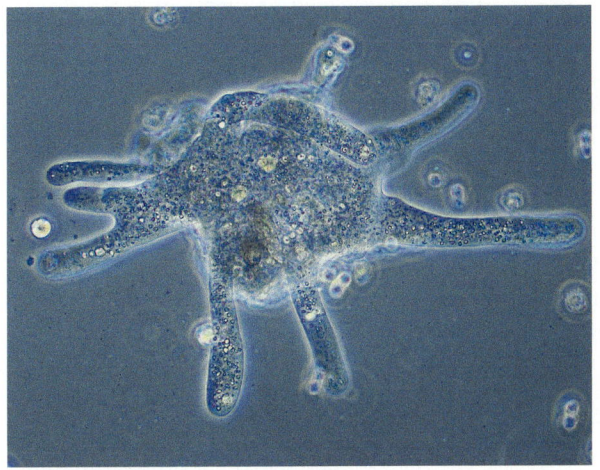

4 Amöbe (150-fache Vergrößerung)

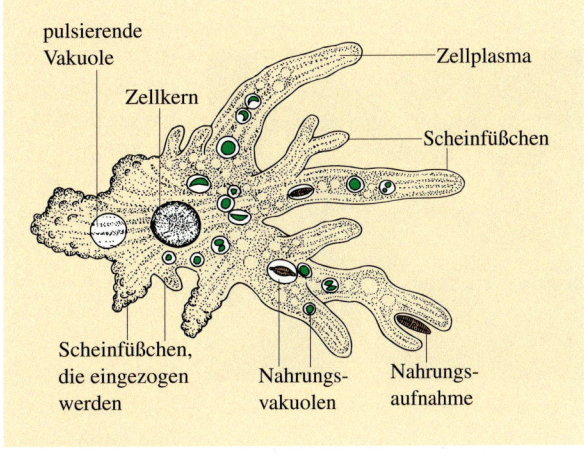

pulsierende Vakuole

Zellkern

Zellplasma

Scheinfüßchen

Scheinfüßchen, die eingezogen werden

Nahrungs-vakuolen

Nahrungs-aufnahme

5 Bau einer Amöbe

Amöben leben im Süßwasser im Schlamm eines Teiches, auf Wasserpflanzen oder im Boden von Aquarien. Sie sind mit bloßem Auge gerade noch erkennbar. Sie reagieren sehr empfindlich auf Umweltverschmutzung.

Amöben sind reizbar: Treffen sie auf Nahrung, zum Beispiel Bakterien, andere Einzeller oder Algen, werden diese mithilfe der Scheinfüßchen umschlossen und als Nahrungsvakuole aufgenommen. ↑6 Verdauungsreste werden über die Zellmembran abgegeben. Amöben ernähren sich also heterotroph. Die Fortpflanzung erfolgt ungeschlechtlich durch Zellteilung. ↑7

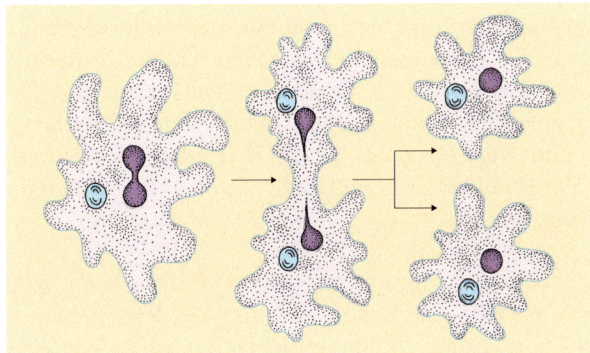

6 Nahrungsaufnahme und Ausscheidung bei einer Amöbe

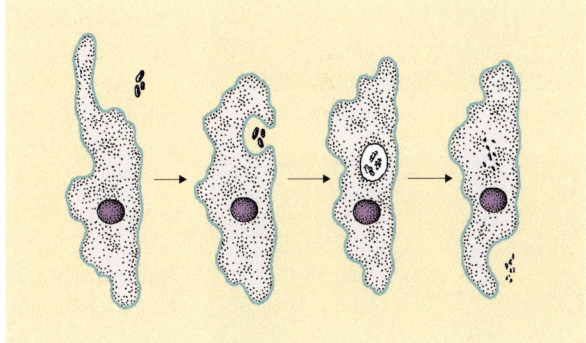

7 Ungeschlechtliche Fortpflanzung einer Amöbe

Arbeitsaufträge

1 Trage die in Bild ↑2 dargestellten Zellorganellen in eine Tabbelle ein und ordne ihnen Funktionen zu.
2 Beschreibe Fortpflanzung und Ernährung des Pantoffeltierchens!
3 Vergleiche den Bau von Pantoffeltierchen und Amöbe.

4 Beschreibe, wie die Amöbe ihre „Beute einfängt" und „verzehrt".
5 Beschreibe die Fortpflanzung der Amöbe.
6 Vergleiche die Lebensweise (Lebensraum, Ernährung, Fortpflanzung, Bewegung, Reizbarkeit, Wachstum) der Amöbe mit der des Pantoffeltierchens.

GRUNDLAGEN: Vielfalt und Bedeutung tierische Einzeller

Mehr als 20 000 verschiedenen Einzeller sind bekannt. Sie leben im Meer, im Süßwasser, in feuchten Böden im Körper anderer Lebewesen oder sogar in heißen Quellen. Schweben sie frei im Wasser zählt man sie zum Plankton.

Foraminiferen Einige Einzeller bilden Kalkskelette, in denen sie Schutz finden. Die Kalkskelette abgestorbener urzeitlicher Einzeller sanken zu Boden und bildeten Sedimente. So entstanden die Kalkalpen oder Kreidefelsen, zum Beispiel auf Rügen. ↑1, 2

Sonnentierchen Die Sonnentierchen leben im Süßwasser und im Meer. Sie besitzen strahlenförmige Fortsätze, mit denen sie ihre Nahrung fangen und ein Absinken im Wasser verhindern. Sonnentierchen ernähren sich heterotroph und pflanzen sich ungeschlechtlich durch Zellteilung fort. Sie sind Teil des tierischen Planktons. ↑3

Strahlentierchen Ähnlich wie Foraminiferen besitzen Strahlentierchen ein Skelett. ↑4 Dieses ist jedoch nicht aus Kalk, sondern aus einer glasartigen Substanz (SiO_2). Strahlentierchen ernähren sich heterotroph und pflanzen sich ungeschlechtlich durch Zellteilung fort. Auch sie sind Teil des tierischen Planktons.

Wimpertierchen Aus der großen Gruppe der Wimpertierchen sind über 7500 Arten bekannt. Ihr Lebensraum kann sehr unterschiedlich sein. Man findet sie im Boden und im Süßwasser. Einige wenige Arten leben im Meer und im Moos. Auch im Wiederkäuermagen von Rindern finden sich Wimpertierchen. Dort helfen sie bei der Verdauung von Pflanzenteilen, zum Beispiel der Zellulose. Andere Wimpertierchen bilden festsitzende Kolonien. Nach ihrer Zellform werden sie als Glockentierchen bezeichnet. ↑5 Da sie sich von Bakterien und toten Pflanzenresten ernähren, tragen sie zur Selbstreinigung der Gewässer bei. Im Boden lebende Wimpertierchen sind an der Humusbildung beteiligt und von großer Bedeutung für die Bodenfruchtbarkeit. ↑6

Malaria Krankheiten, bei denen Erreger übertragen werden, nennt man Infektionskrankheiten. Vielfach sind Bakterien, Viren oder Pilze die Ursache. Der Erreger der Malaria zählt zu den tierischen Einzellern und heißt Plasmodium. ↑8 Die von der Anophelesmücke übertragenen Erreger leben als Parasiten in den roten Blutzellen des Menschen. Sticht eine Anophelesmücke einen bereits infizierten Menschen, so nimmt die Mücke den Einzeller auf. Dieser pflanzt sich im Darm der Mücke geschlechtlich fort, wobei sogenannte Sichelkeime entstehen. Diese wandern in die Speicheldrüse der Mücke. Sticht die Mücke nun erneut zu, kann Plasmodium auf einen Menschen übertragen werden. Der Erreger wandert als Sichelkeim in die Leber, teilt sich (ungeschlechtliche Vermehrung) und wandert dann in die roten Blutkörperchen. In ihnen vermehrt sich Plasmodium so häufig, bis die roten Blutkörperchen platzen. Die Krankheit beginnt mit Kopf- und Gliederschmerzen und langsam ansteigendem Fieber. Dann setzen die für die Kranheit typischen rhythmisch wiederkehrenden, heftigen Fieberschü-

1 Foraminiferen-Skelette

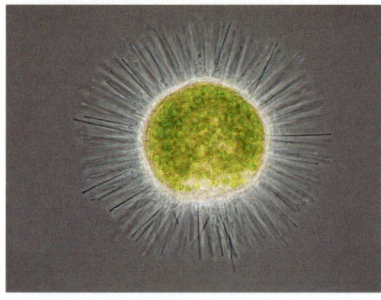

2 Kreidefelsen auf Rügen

3 Sonnentierchen

4 Strahlentierchen

5 Kolonie von Glockentierchen

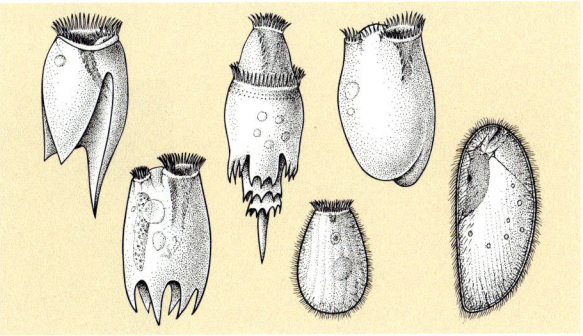

6 Wimpertierchen aus dem Rindermagen

be (bis über 40 °C) ein. Die Mücken können sich nur in Sumpfgebieten warmer Länder vermehren. In tropischen Ländern Afrikas, Asiens und Südamerikas ist die Krankheit deshalb sehr verbreitet. ↑7 Neben dem Leiden der erkrankten Menschen verursacht die Malaria großen wirtschaftlichen Schaden, da Malaria-Kranke nicht arbeiten können und ärztliche Betreuung benötigen. Reisende in tropische Länder sollten sich rechtzeitig über gesundheitliche Gefahren erkundigen und durch geeignete Maßnahmen schützen.

Kurz und knapp Tierische Einzeller ernähren sich heterotroph und pflanzen sich durch Zellteilung fort. Sie zeigen alle Lebensfunktionen wie Stoffwechsel, Fortbewegung, Wachstum, Reizbarkeit und Fortpflanzung. Der einzellige Körper ist ein vollständiger Organismus.

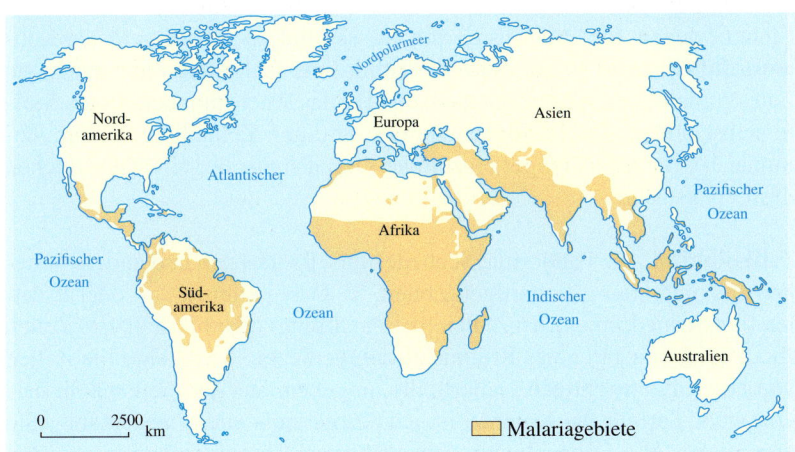

7 Weltkarte mit Malariagebieten

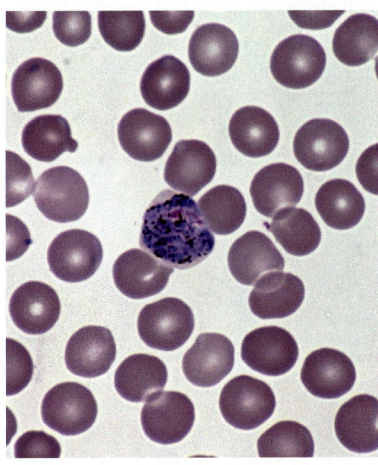

8 Plasmodien in roten Blutzellen

Arbeitsaufträge

1 Vergleiche tierische und pflanzliche Einzeller nach Lebensraum, Fortpflanzung und Ernährung.

2 Erläutere die Begriffe autotrophe bzw. heterotrophe Ernährung.

3 Stelle in einer Tabelle tierische Einzeller und ihre Bedeutung zusammen.

4 Bei Tropenreisen besteht die Gefahr, an Malaria zu erkranken. Infomiere dich, wo Malaria auftritt und wie man sich vor der Seuche schützen kann. ↑7

Vom Einzeller zum vielzelligen Organismus

Der Walhai ist mit über 12 m Länge und 12 t Gewicht der größte Fisch der Erde. Er besitzt keine Zähne. Mit seinem riesigen Maul kann er bis zu 6000 l Wasser pro Stunde filtern. Von dem im Wasser enthalten Plankton ernährt er sich. Was ist Plankton? Kommt Plankton nur im Meer vor? Welche Bedeutung hat Plankton für die Lebewesen im Wasser?

1 Walhai

GRUNDLAGEN: Aus Einzellern entwickeln sich Vielzeller

Einzellige Algen wie Chlamydomonas leben im Süßwasser. Die Zellform ähnelt einem winzig kleinen Ei. Chlamydomonas kann Helligkeit und Dunkelheit unterscheiden und sich mithilfe zweier Geißeln gezielt zum Licht bewegen. Sie ernährt sich von Wasser und im Wasser gelösten Kohlenstoffdioxid und Mineralsalzen. Mithilfe der Chloroplasten betreibt sie Fotosynthese. Die Algenzelle kann alle für das Wachstum benötigten Stoffe selbst bilden. Die Fortpflanzung erfolgt durch Zellteilung. Chlamydomonas ist ein selbständiger einzelliger Organismus, der alle Kennzeichen des Lebens zeigt.

Zellkolonien wie Pandorina, Scenedesmus, Pediastrum und andere bestehen aus mehreren gleichartigen Zellen. ↑2 Dabei können 2, 4 oder 8 Zellen (bei Scenedesmus), 16 Zellen (bei Pandorina) oder bis über 100 Zellen (bei Pediastrum) in einer Kolonie zusammenleben. Meist sind die Zellen von einer durchsichtigen Gallerthülle umgeben, aus der die Geißeln hervorragen. Zerfällt die Kolonie, ist jede Zelle auch allein lebensfähig. Sie kann daher alle Lebensfunktionen ausführen. Durch Zellteilung wächst die Einzelzelle wieder zu einer Kolonie heran.

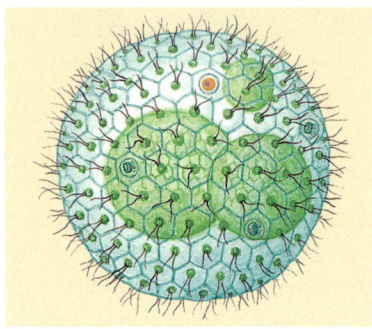

2 Scenedesmus und Pediastrum

3 Volvox

Vielzelliger Organismus Die Kugelalge (Volvox) ist ein etwa 1 mm großer vielzelliger Organismus. ↑3 Sie besteht aus mehreren Tausend Zellen, die Chlamydomonas ähneln und ist mit dem bloßen Auge sichtbar. Die durch Plasmabrücken verbundenen Zellen bilden eine Kugel, die mit Schleim gefüllt ist. So behält sie ihre Form. Plasmabrücken zwischen den Zellen ermöglichen den Stoffaustausch und die Koordinierung der Geißelbewegungen. Die Körperzellen sind für Bewegung und Ernährung zuständig. Sie betreiben Fotosynthese.

Andere Zellen sind für die Fortpflanzung zuständig. Durch aufeinander-folgende Zellteilungen bilden sie Tochterkugeln im inneren der Mutter-kugel, die frei gesetzt werden, wenn diese zerfällt. [3] Neben dieser ungeschlechtlichen Fortpflanzung kann sich Volvox auch geschlechtlich fortpflanzen. Dazu bilden sich Eizellen und Samenzellen. Aus einer be-fruchteten Eizelle entsteht dann eine neue Kugelalge. Kennzeichnend für Volvox ist die Funktionsteilung der Zellen. Die Einzelzellen sind vonein-ander abhängig und nicht mehr jede allein lebensfähig. Jede Zelle ist aber in ihren Aufgaben leistungsfähiger. So kann der Organismus besser auf Umwelteinflüsse reagieren. [6]

Plankton (griech.: das Schwebende) kommt im Süßwasser als auch im Meer vor. Es besteht aus tierischen und pflanzlichen Einzellern und Mehr-zellern sowie aus kleinen Larven und anderen Kleinstlebewesen wie Kleinkrebsen, z. B. dem Krill. [4,5] Pflanzliche Einzeller des Planktons zählen meist zu den Grünalgen. Sie sind häufig Anfangsglieder der Nah-rungsketten in Seen, Bächen, Flüssen sowie im Meer. [7]
Walhaie und auch die riesigen Buckelwale ernähren sich ausschließlich von Plankton. In den kalten antarktischen Gewässern wächst pflanzliches Plankton im Übermaß. Dieses ernährt unvorstellbar große Mengen von Krill. Im Südsommer decken die Buckelwale in nur vier Monaten fast 90 % ihres jährlichen Futterbedarfs mit Krill. Bis zu 70 % des Körperge-wichts werden davon als Fettvorrat angelegt. Buckelwale gehören zu den Schluckfiltrierern. Der Wal schwimmt mit geöffnetem Maul in große Krillschwärme hinein und taucht dann mit gefülltem Maul ab.

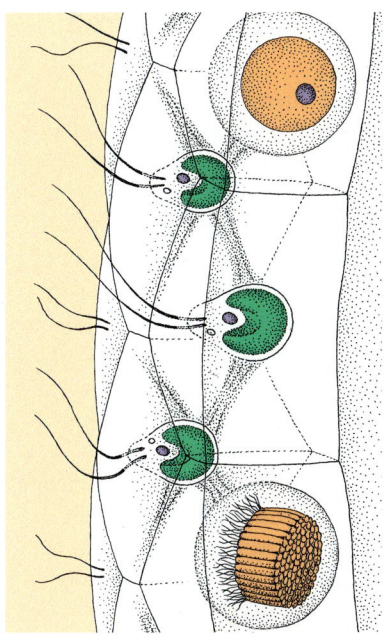

6 Arbeitsteilung bei Volvox

4 Mikroskopisches Bild von pflanzli-chem Plankton

5 Mikroskopisches Bild von tieri-schem Plankton

Hecht

Rotfeder

Kleinkrebse

Grünalgen

7 Nahrungskette

Kurz und knapp **Mehrzellige Organismen unterscheiden sich von Zell-kolonien durch Funktionsteilung zwischen den Zellen. Die Einzeller des Planktons bilden die Basis der Nahrungsketten im Salz- und Süß-wasser.**

Arbeitsaufträge

1 Erläutere die Unterschiede zwischen Einzeller, Ko-lonie und mehrzelligem Organismus!
2 Nenne Vor- und Nachteile, die das Zusammenleben von Zellen in einer Kolonie bzw. in einem vielzelli-gen Organismus bewirken!

3 Betrachte einen Tropfen Tümpelwasser unter dem Mikroskop! Beschreibe, was Du siehst!
4 Beschreibe die Nahrungskette am Beispiel der Ernährung des Hechts. [7]

Bakterien und Viren

Im Mittelalter waren Infektionskrankheiten wie Pest, Cholera oder Pocken weit verbreitet. Viele Menschen starben daran, ohne dass man die Ursache kannte. Mittelalterliche Maler wie PIETER BRUEGEL DER ÄLTERE haben auf ihren Bildern das unermessliche Leid festgehalten, dass die Pest über die Menschen brachte.
Auch heute sind Infektionskrankheiten nicht ausgerottet.
Über Krankheitserreger haben alle schon etwas erfahren. Was sind Krankheitserreger? Wie kann man sie erkennen? Und wie kann man sich vor ihnen schützen?

1 Im Mittelalter forderte die Pest viele Todesopfer.

GRUNDLAGEN: Bakterien

Bau Bakterien sind Einzeller, die sich von anderen Einzellern dadurch unterscheiden, dass ihr Erbmaterial nicht in einem Zellkern eingeschlossen ist. Sie sind wesentlich kleiner als andere Einzeller, ungefähr von 0,1–5 µm. Sie kommen praktisch überall vor, in Boden, Luft, Wasser, in unserem Körper, auf allen Gegenständen, selbst in der Arktis oder in heißen Quellen. Sie haben weder Chloroplasten noch Mitochondrien. Manche sind begeißelt und können sich selbst fortbewegen. Die Zellwand ist bei vielen Formen mit einer Schleimhülle oder Kapsel umgeben. ↑3, 4

Lebensweise Bakterien ernähren sich heterotroph. Sie benötigen die in lebenden oder toten Lebewesen vorkommenden Stoffe wie Eiweiße, Fette oder verschiedene Zucker als Nährstoffe. Als weitere Lebensbedingungen benötigen Bakterien noch Wasser und Temperaturen meist zwischen 20 °C und 40 °C. Manche Bakterien, z.B. der Heubazillus, benötigen noch Sauerstoff. Solche Bakterien nennt man aerobe (lat.: aer = Luft) Bakterien.

2 Spaltung von Bakterien

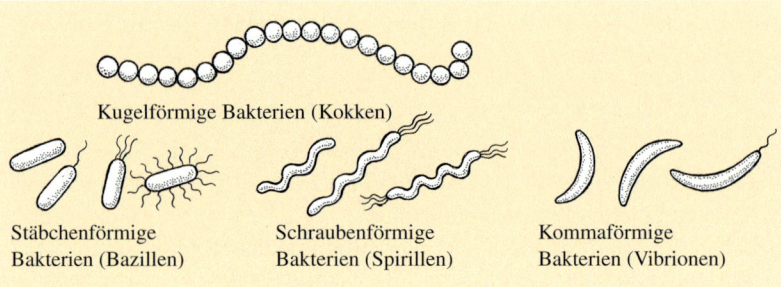

Kugelförmige Bakterien (Kokken)

Stäbchenförmige Bakterien (Bazillen)

Schraubenförmige Bakterien (Spirillen)

Kommaförmige Bakterien (Vibrionen)

3 Verschiedene Bakterienformen

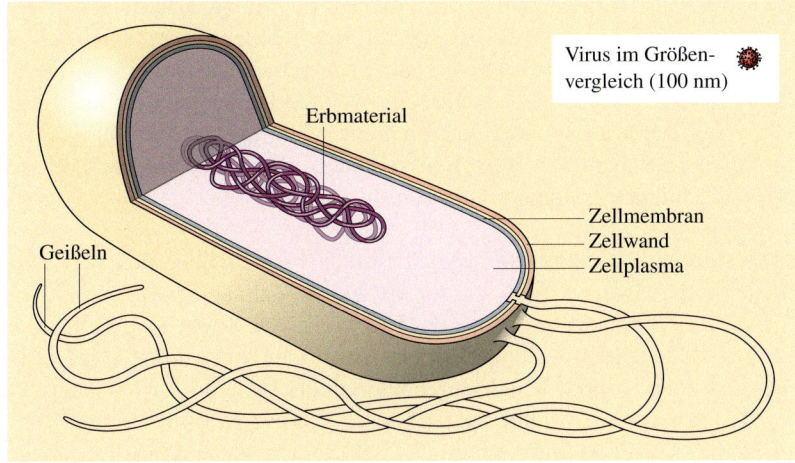

Virus im Größen-
vergleich (100 nm)

Erbmaterial

Zellmembran
Zellwand
Zellplasma

Geißeln

4 Bau eines Bakteriums (Zeichnung)

Milchsäurebakterien kommen ohne Sauerstoff aus. Sie heißen anaerobe (lat.: an aer = ohne Luft) Bakterien. Zum Überdauern ungünstiger Lebensbedingungen können stäbchenförmige Bakterien Dauersporen bilden. Sie geben dazu das gesamte Wasser aus der Zelle ab. Bei günstigen Lebensbedingungen können sie wieder auskeimen und weiter leben.

Fortpflanzung Bakterien pflanzen sich ungeschlechtlich fort. Ihre Zellen teilen sich quer. ↑2 Diese Zellteilung heißt auch Spaltung. Unter günstigen Bedingungen können sich die Bakterien im Abstand von 20 bis 30 min teilen. Häufig bleiben sie, durch eine Schleimhülle verbunden, als Kolonie zusammen. Solche Kolonien sind dann mit bloßem Auge sichtbar.

Die Bedeutung von Bakterien Abgestorbene Pflanzen und Tiere werden durch Verwesung oder Fäulnis zersetzt. ↑5 Es entstehen daraus wieder Nährstoffe für Pflanzen. Bakterien spielen dabei eine wichtige Rolle. Das nutzt der Mensch auch bei der Kompostierung von Gartenabfällen oder bei der biologischen Abwasserreinigung. Seit Jahrhunderten nutzt der Mensch Bakterien zur Lebensmittelherstellung, z.B. von Sauermilchprodukten wie saurer Sahne, Joghurt, Quark, Buttermilch sowie zur Herstellung von Sauerteig für dunkles Brot, von Sauerkraut oder Silage als Viehfutter. Bakterien können aber auch großen Schaden anrichten. Lebens- und Futtermittel können durch Fäulnisbakterien ungenießbar werden. Deshalb entwickelte LOUIS PASTEUR Verfahren zum Abtöten von Bakterien. Durch Pasteurisieren wird u.a. Milch haltbar gemacht. Da bei diesem Verfahren nicht alle Bakterien abgetötet werden, ist die Milch nur begrenzt haltbar. Beim Sterilisieren werden nicht nur alle Bakterien, sondern auch ihre Sporen abgetötet. Das Sterilisieren erfolgt durch hohe Temperaturen, ultraviolette Strahlen oder Chemikalien. ↑6 Besonders medizinische Geräte müssen häufig sterilisiert werden, damit Patienten nicht mit Krankheitskeimen infiziert werden.

Bakterien und Gentechnik Mithilfe von Bakterien werden heute lebenswichtige Medikamente produziert, z.B. Insulin. Dieses wird von Diabetikern benötigt. Bei dieser Krankheit, auch Zuckerkrankheit genannt, kann

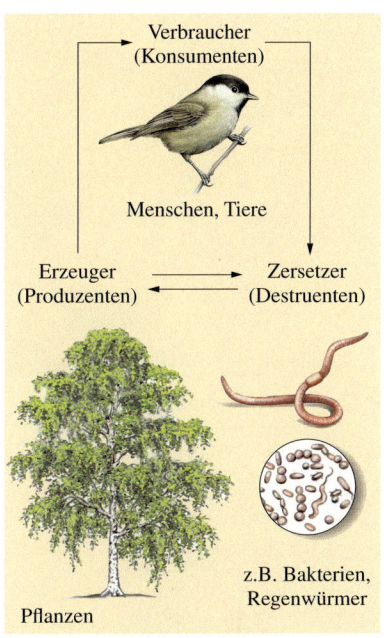

Verbraucher
(Konsumenten)

Menschen, Tiere

Erzeuger
(Produzenten)

Zersetzer
(Destruenten)

z.B. Bakterien,
Regenwürmer

Pflanzen

5 Einfache Darstellung eines Stoffkreislaufes mit Bakterien

6 Sterilisator

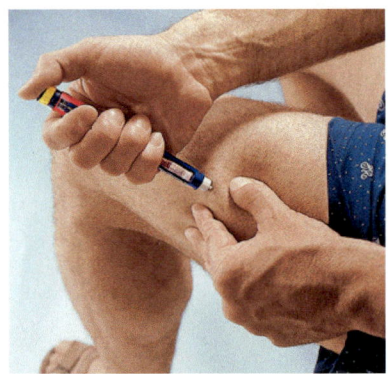

1 Diabetiker bei einer Injektion

2 Bild von ROBERT KOCH

der Körper das Hormon Insulin nicht mehr selbst bilden. Dadurch kann der Zucker nicht mehr aus dem Blut transportiert werden. Unbehandelt kann diese Krankheit zum Tod führen. Diabetiker müssen sich das Hormon Insulin täglich durch Spritzen zuführen. ↑1 Viele Diabetiker vertrugen das früher aus Tieren gewonnene Insulin nicht. Mithilfe der Gentechnik kann man die Erbanlagen von Bakterien verändern und sie so zur Herstellung des menschlichen Insulin veranlassen.

Bakterien als Krankheitserreger Erstmals wurden Bakterien von dem Niederländer ANTONY VAN LEEWENHOEK im Zahnbelag des Menschen entdeckt. Er erkannte sie jedoch noch nicht als Bakterien, sondern nannte sie „levende Dierkens" (lebende Tierchen). Erst 1857 wurden von LOUIS PASTEUR (1822–1895) Milchsäurebakterien als Ursache der Versauerung von Milch erkannt. 20 Jahre später konnte ROBERT KOCH die ersten Bakterien im Mikroskop fotografieren. ↑2 1882 entdeckte er dann die Erreger der Tuberkulose und 1883 die Erreger der Cholera. Das waren entscheidende Voraussetzungen um Mittel gegen Infektionskrankheiten zu entwickeln.

Bekämpfung von Bakterien Nur wenn man Vorkommen und Lebensweise der Erreger kennt, kann man sie bekämpfen. Bakterien kommen praktisch überall vor. Sie können über die Schleimhaut durch Bisse, Verletzungen oder Insektenstiche in den Körper gelangen. Dies nennt man eine Infektion. Immer wieder treten durch Übertragung von Krankheitserregern Epidemien auf. Heute können wir viele bakterielle Infektionskrankheiten mit Antibiotika bekämpfen. Das sind Medikamente, die gezielt den Stoffwechsel der Balkterien stören und daher meist gut vertragen werden.

Kurz und knapp **Bakterien sind einzellige kernlose Organismen. Sie ernähren sich meist heterotroph und pflanzen sich ungeschlechtlich durch Zellteilung fort. Viele Bakterien sind Krankheitserreger.**

Arbeitsaufträge

1 Vergleiche den Bau einer Bakterienzelle mit dem von Euglena.

2 Karies entsteht durch Bakterien im Zahnbelag. Besorge dir in der Apotheke Färbetabletten, zerkaue sie und betrachte den Zahnbelag im Spiegel! Wie sollte man richtig Zähne putzen.

3 Nenne Lebensmittel, die durch Sterilisation oder Pasteurisieren haltbar gemacht wurden.

4 Wie geht man beim Pasteurisieren vor? Erkundige dich im Internet.

5 Begründe, warum man Milch nicht sterilisieren soll.

6 Erkundige dich im Internet über den Begriff Biotechnologie.

7 Bakterien benötigen bestimmte Lebensbedingungen. Will man Lebensmittel haltbar machen (konservieren), muss man den Bakterien diese Bedingungen entziehen. Stelle in einer Tabelle Konservierungsmethoden zusammen und überlege, welche Lebensbedingung den Bakterien entzogen wurden.

8 Stelle in einer Tabelle Nutzen und Schaden von Bakterien einander gegenüber!

9 Erkundige dich nach Infektionskrankheiten, die durch Bakterien verursacht werden!

10 Informiere dich in der Presse oder im Internet über Epidemien!

11 Erkundige dich im Internet über Salmonellen-Vergiftungen und suche nach geeigneten Schutzmaßnahmen!

GRUNDLAGEN: Viren

Früher wurde der Begriff „Virus" (lat.: Gift) für alle krank machenden Stoffe verwendet. Heute wird er für Krankheitserreger verwendet, die eine Größe von 15 bis 400 Nanometer (1 nm = 1/1 000 000 mm) haben. Aufgrund ihrer geringen Größe kommen sie in anderen Zellen vor. Sie können in Bakterien, tierischen als auch pflanzlichen Zellen existieren.

Bau und Lebensweise Der Grundbau aller Viren ist gleich, auch wenn ihre Form sehr verschieden sein kann. Sie bestehen immer aus Erbmaterial, das von einer Eiweißhülle umgeben ist. Um sich zu vermehren, müssen sie in eine Wirtszelle eindringen. Mithilfe seines Erbmaterials kann das Virus die Zelle veranlassen, nur noch Viren zu produzieren bis die Zelle stirbt. Wenn das der Fall ist, werden die Viren frei und können neue Zellen infizieren. ↑3 Da Viren sich nicht ernähren, nicht wachsen, sich nicht bewegen oder allein fortpflanzen können und auch nicht reizbar sind, zählt man sie nicht zu den Lebewesen.

Aids (**A**cquired **I**mmune **D**eficiency **S**yndrome) des Menschen wird von **HI**-Viren (**H**uman **I**mmun **D**eficiency **V**irus = HIV) ausgelöst. Dieses Virus benutzt als Wirtszellen die Blutzellen, die in unserem Körper zur Krankheitsbekämpfung zuständig sind. Nach und nach wird so das Immunsystem des Menschen geschädigt. Die Infektion erfolgt bei der Übertragung infizierten Blutes, durch Samen- oder Scheidenflüssigkeit beim Geschlechtsverkehr, durch infizierte Spritzen Drogenabhängiger oder über verletzte Schleimhäute. Momentan gibt es nur die Möglichkeit, den Ausbruch der Krankheit durch Medikamente zu verzögern. Besser ist es, eine Infektionen, z. B. durch Benutzung von Kondomen, zu verhindern.

Grippeviren treten in den letzten Jahren immer häufiger als Krankheitserreger auf. Grippeviren haben die Eigenschaft, sich sehr schnell zu verändern. Wir können keine dauerhafte Immunität gegen sie aufbauen. Dadurch verbreiten sie sich sehr schnell. Es entsteht eine Epidemie. Weltweite Epidemien bezeichnet man als Pandemie. So hat die Spanische Grippe, eine Grippe-Pandemie von 1918–1920, nach Schätzungen von Wissenschaftlern 25 bis 50 Millionen Tote gefordert. Heute kann man sich durch eine jährliche Impfung vor der Grippe schützen. Auch eine gesunde Lebensweise hilft, mit dem Erreger besser fertig zu werden.

Kurz und knapp **Viren sind keine Lebewesen. Zur Vermehrung sind sie auf andere lebende Zellen angewiesen. Viele Kranheiten werden durch Viren hervorgerufen.**

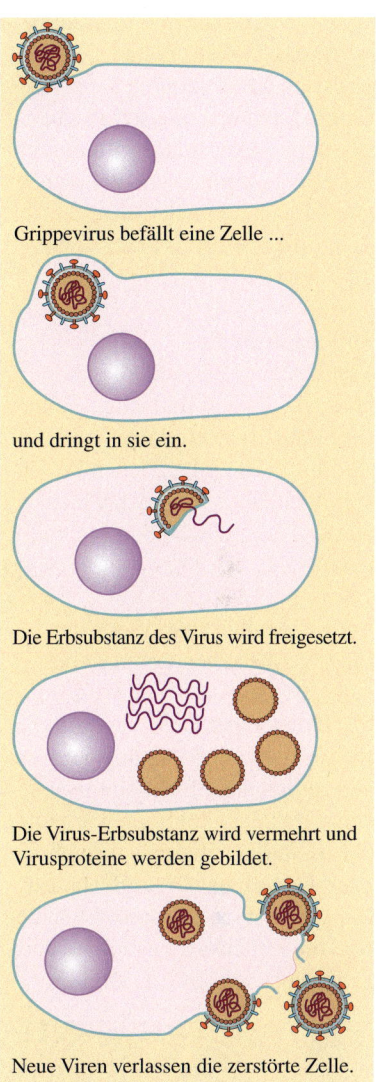

Grippevirus befällt eine Zelle ...

und dringt in sie ein.

Die Erbsubstanz des Virus wird freigesetzt.

Die Virus-Erbsubstanz wird vermehrt und Virusproteine werden gebildet.

Neue Viren verlassen die zerstörte Zelle.

3 Schematischer Ablauf einer Virenvermehrung

Arbeitsaufträge

1 Begründe, warum man Viren nicht zu den Lebewesen zählt!

2 Nenne Maßnahmen sich vor Grippe oder Masern zu schützen!

3 Erkläre, warum zwischen der Infektion mit Grippeviren und dem Ausbruch der Krankheit mehrere Tage liegen können.

Überblick

Zellen – kleinste Bausteine

Alle Lebewesen, Mikroorganismen, Pilze, Pflanzen und Tiere bestehen aus Zellen. Zellen sind die kleinsten lebensfähigen Einheiten. Einige Lebewesen bestehen nur aus einer Zelle. Je nach Bau und Lebensweise unterscheidet man pflanzliche, tierische Einzeller (mit Zellkern) sowie Bakterien (ohne Zellkern).

Zellbestandteile

Gemeinsame Bestandteile aller pflanzlichen und tierischen Zellen sind Zellkern, Zellplasma und Zellmembran. Bei pflanzlichen Zellen kommen außerdem noch Chloroplasten, die Zellwand und Vakuolen mit Zellsaft vor.

Vom Einzeller zum Vielzeller

Einzeller bestehen nur aus einer einzigen Zelle, die daher alle Merkmale eines Lebewesens aufweist. Vielzellige Organismen sind vermutlich aus Einzellern entstanden. Grünalgenkolonien wie Pandorina stellen Übergansformen zum vielzelligen Organismus dar. Bei vielzelligen Organismen haben sich die Zellen auf bestimmte Aufgaben spezialisiert und sind im Aufbau ihrer Funktion angepasst. Vielzellige Organismen unterscheiden sich von Kolonien durch die Funktionsteilung ihrer Zellen.

Bakterien

Bakterien sind Einzeller, die sich von anderen Einzellern durch den fehlenden Zellkern unterscheiden. Die Erbsubstanz befindet sich frei im Zellplasma. Sie pflanzen sich durch Zellteilung (Spaltung) fort. Bakterien sind von großer Bedeutung. In der Natur zersetzen sie als Destruenten tote Organismen, können als Fäulnis- oder Krankheitserreger aber auch großen Schaden anrichten. Der Mensch nutzt sie z. B. zur Herstellung von Sauermilchprodukten.

Viren

Viren sind keine Lebewesen. Ihnen fehlen fast alle Merkmale des Lebens wie eigener Stoffwechsel, Fortpflanzung, Reizbarkeit, Wachstum und Bewegung. Sie nutzen andere Zellen als Wirtzellen, um sich zu vermehren und zerstören diese dabei. Viren sind z. B. Erreger von Grippe und Aids. Vor vielen Viruserkrankungen schützt eine Impfung.

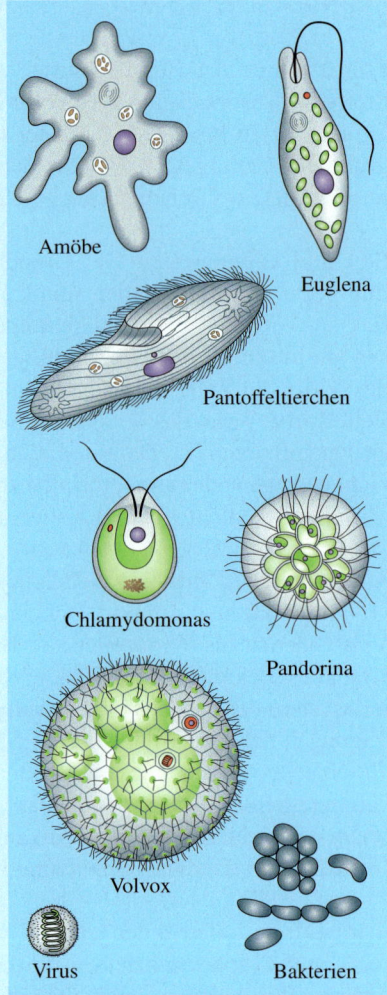

Amöbe

Euglena

Pantoffeltierchen

Chlamydomonas

Pandorina

Volvox

Virus

Bakterien

1 Tierische Einzeller

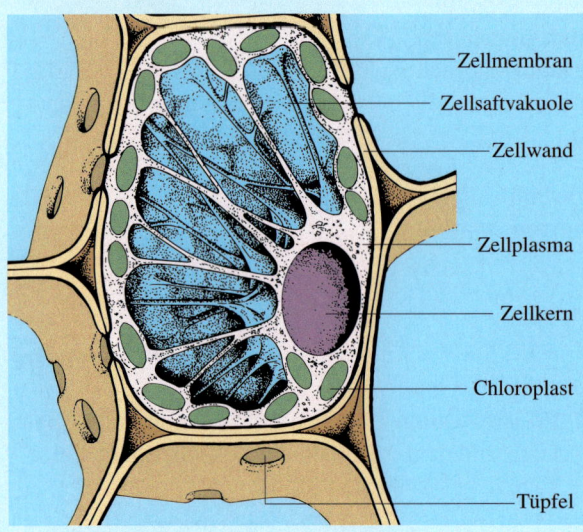

Zellmembran
Zellsaftvakuole
Zellwand
Zellplasma
Zellkern
Chloroplast

Tüpfel

2 Pflanzliche Zelle

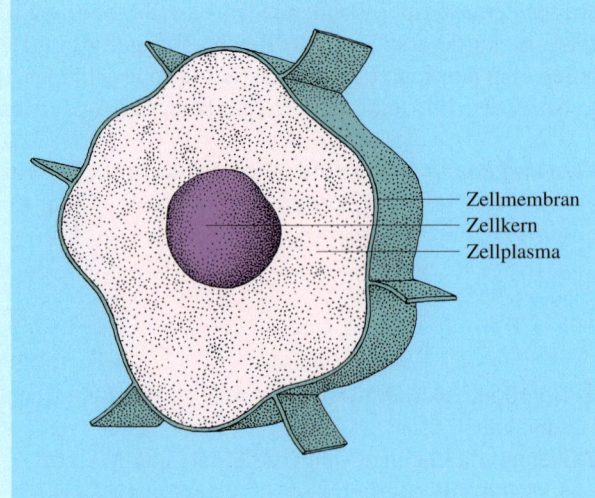

Zellmembran
Zellkern
Zellplasma

3 Tierische Zelle

4 Zellen der Wasserpest

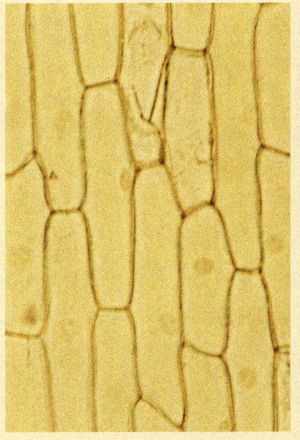
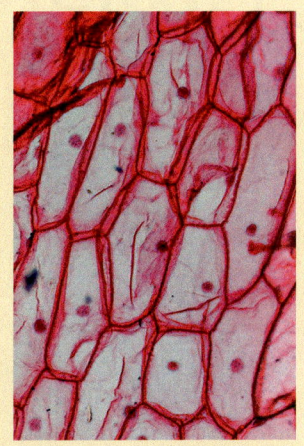

5 Zellen der Zwiebelhaut

1 Vergleiche den Bau einer tierischen und einer pflanzlichen Zelle.

2 Beschreibe den Vorgang der Zellteilung!

3 „Zellen sind die kleinsten Bausteine der Lebewesen." Begründe diese Aussage!

4 Blätter der Wasserpest lassen sich ohne Präparation mit dem Mikroskop betrachten. ↑4

a Woran erkennst du, dass es sich um pflanzliche Zellen handelt?

b Vergleiche Zwiebelhautzellen und Zellen der Wasserpest. ↑5 Erkläre die Unterschiede!

5 An der Sprossspitze von Pflanzen entstehen ständig neue, undifferenzierte Zellen. Die meisten Zellen in tierischen Organismen verlieren hingegen ihre Teilungsfähigkeit.

a Erläutere den Begriff Zelldifferenzierung!

b Auch aus der befruchteten Eizelle bei Tieren entstehen zunächst undifferenzierte, sogenannte Stammzellen, die sich später zu den verschiedenen Geweben und Organen ausdifferenzieren. Stelle Vermutungen an, warum die Stammzellforschung so interessant ist für die Medizin!

6 Beschreibe die Fortpflanzung von Pantoffeltierchen, Euglena und Volvox!

7 Erläutere die Begriffe „autotrophe" und „heterotrophe" Ernährung.

8 Vergleiche Einzeller, Kolonien und mehrzellige Organismen!

9 Stelle in einer Übersicht Krankheiten zusammen, die von Bakterien bzw. Viren verursacht werden!

10 „Antibiotika" übersetzt bedeutet „ Gegen das Lebende gerichtet". Bakterien bekämpft man mit Antibiotika. Begründe, warum man Viren nicht mit Antibiotika bekämpfen kann.

11 Bakterien werden auch in der Biotechnologie vom Menschen genutzt Was versteht man unter Biotechnologie? Trage aus dem Internet Beispiele für biotechnologische Anwendungen zusammen.

12 Warum ist die Bekämpfung des HI-Virus so schwierig?

13 Viren oder Bakterien, z. B. Grippeerreger oder das Cholerabakterium, können Epidemien auslösen. ↑6 Was versteht man darunter? Nenne einige Beispiele für Epidemien!

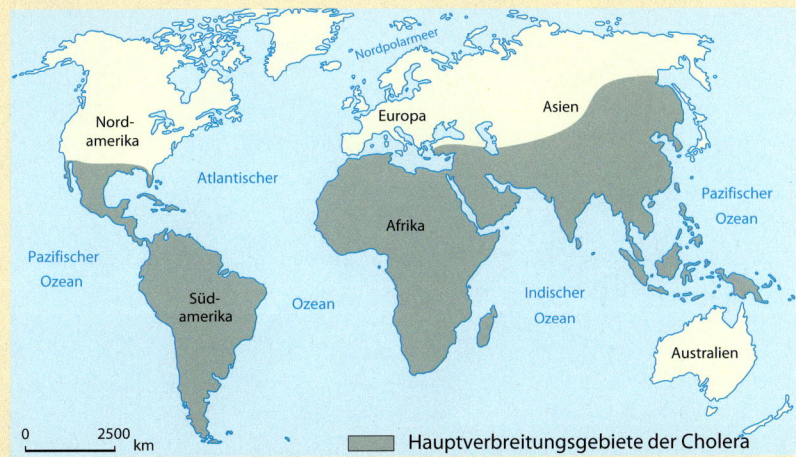

6 Die Cholera tritt gehäuft in Ländern auf, wo Trink- und Abwassersysteme schlecht getrennt sind.

Wirbellose Tiere in ihren Lebensräumen

Wirbellose Tiere sind vielgestaltig und besiedeln alle Lebensräume.
Zu ihnen gehören über 90 Prozent aller Tierarten, das heißt, es gibt etwa ein bis eineinhalb Millionen verschiedene Arten. Sie sind hervorragend an ihre Lebensräume angepasst. Diese Tiergruppe kannst du überall beobachten: Im Garten, im Teich, auf der Wiese und sogar in der Wohnung.

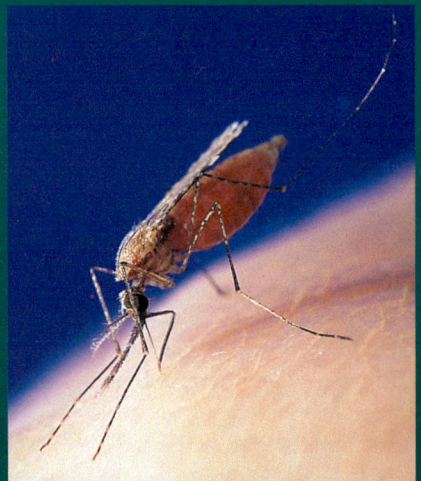

1 Wieso stechen Mücken?

3 Wie sind Käfer an ihren Lebensraum angepasst?

2 Riesenmuscheln (Mördermuscheln) werden bis zu eineinhalb Meter groß und können bis zu 500 Kilogramm schwer werden. Ist es denkbar, dass unvorsichtige Taucher von der Muschel festgehalten werden?

4 Leben Eintagsfliegen wirklich nur einen Tag?

5 Wie heißt dieser Schmetterling? Wieso benötigen die Raupen dieses Schmetterlings Brennnesseln? Wie entwickelt sich ein Schmetterling?

6 Warum bauen viele Spinnen Netze?

7 Welche Bedeutungen haben Regenwürmer für den Menschen?

8 Zu welcher Tiergruppe gehören Krabben?

Wirbellose: von der Assel bis zur Zecke

Spinnen, Fliegen, Regenwürmer – sie alle zählen zu den Wirbellosen. Sollten sie miteinander verwandt sein, obwohl sie so unterschiedlich sind? Viele Tiere aus dieser riesigen Gruppe kann man nicht auf den ersten Blick zuordnen. Was macht Wirbellose aus? Was haben sie gemeinsam? Wodurch unterscheiden sie sich?

1 Die Besonderheiten von Wirbellosen bemerkt man erst auf den zweiten Blick.

GRUNDLAGEN: Die Vielfalt der Wirbellosen

Wirbellose machen über 90 Prozent der heute bekannten Tierarten auf der Erde aus. Zu ihnen gehören sehr unterschiedliche Tiere, die sich nach Verwandtschaft in Gruppen ordnen lassen. Alle Wirbellosen haben etwas gemeinsam: Sie besitzen keine Wirbelsäule.

Weichtiere sind Muscheln, Schnecken und Kopffüßer, zum Beispiel Tintenfische. Die meisten Arten leben im Meer, viele aber auch an Land, bevorzugt in feuchten Gebieten. Viele bilden aus ausgeschiedenem Kalk Gehäuse, Schalen oder Hartteile im Innern des Körpers. Ihr Körper ist unregelmäßig gegliedert. Weichtiere atmen durch Kiemen oder Lungen. Bekannte einheimische Weichtiere sind z. B. die Weinberg-, Garten- und die Hainschnirkelschnecke. ↑2 Die Rote Wegschnecke ist jedem Gartenbesitzer als Schädling bekannt. Im Süßwasser kommen u. a. die Teichmuschel und die seltene Flußperlmuschel vor.

2 Weinbergschnecke

Ringelwürmer leben in feuchten Lebensräumen an Land oder im Wasser. Sie besitzen einen lang gestreckten, gegliederten Körper aus vielen Segmenten oder Ringen. Die äußerlich sichtbare Gliederung findet sich auch im Körperinneren. ↑3 Die Atmung erfolgt über die Haut oder über Kiemen.

3 Regenwurm

Gliederfüßer Zu ihnen gehören Krebstiere, Spinnentiere, Tausendfüßer und Insekten. Gliederfüßer sind meist kleine Tiere, deren Körper in Kopf und Rumpf gegliedert ist. Ihre Beine bestehen aus mehreren Beingliedern. Das harte Außenskelett aus Chitin wird durch regelmäßige Häutungen erneuert. Gliederfüßer atmen durch Tracheen oder Kiemen. Sie sind die artenreichste Wirbellosengruppe.

Krebstiere Die meisten Krebstiere wie Wasserflöhe, Garnelen und Asseln leben im oder am Wasser und atmen durch Kiemen. Sie tragen zwei Antennenpaare am Kopf und ihr Körper besteht aus 10 bis 20 Segmenten, an denen je ein Beinpaar sitzt. ↑4 Viele Arten tragen einen kräftigen Panzer.

4 Flusskrebs

Spinnentiere Zu dieser Gruppe gehören Spinnen, Skorpione, Milben und Zecken. Bei ihnen sind Kopf und Brust miteinander verwachsen. Sie tragen vier Beinpaare, keine Antennen und besitzen mehrere punktförmige Augen. Spinnentiere leben meist an Land und atmen durch Tracheen, die wenigen wasserlebenden Vertreter haben Kiemen. ↑5

5 Vogelspinne

Tausendfüßer Tausendfüßer besitzen mindestens neun Beinpaare, die längsten einheimischen Arten haben etwa 100 Beinpaare. Ihr Körper besteht aus vielen Segmenten. Am Kopf tragen sie ein Paar Antennen und sie atmen durch Tracheen.

Insekten Diese Gruppe umfasst etwa 80 Prozent aller Gliederfüßer. Zu ihr gehören so unterschiedliche Tiere wie Käfer, Bienen und Ameisen. Allen gemeinsam ist die Gliederung des Körpers in Kopf, Brust und Hinterleib, der Besitz von drei Beinpaaren und Tracheenatmung. ↑6

Kurz und knapp **Wirbellose besitzen keine Wirbelsäule. Wichtige Gruppen der wirbellosen Tiere sind die Weichtiere, die Ringelwürmer und die Gliederfüßer. Die größte Gruppe der Gliederfüßer sind die Insekten.**

6 Goldlaufkäfer

Beobachten Untersuchen Experimentieren

1 Wer gehört zu den Wirbellosen?
a Betrachte die Tiere im Bild ↑7 .
b Benenne die Tiere.
c Ordne die Tiere nach ihrer Fortbewegungsweise.
d Ein weiteres Ordnungskriterium ist ihr Lebensraum. Ordne sie diesbezüglich.

e Ordne die Tiere nach Wild-, Nutz- und Heimtieren.
f Ordne nun die Tiere nach Wirbeltieren und Wirbellosen.

2 Halte in einem Satz fest, was wirbellose Tiere kennzeichnet.

7 Wirbeltiere und Wirbellose

Der Regenwurm – ein typischer Vertreter der Ringelwürmer

Der Regenwurm mit seiner wurmförmigen Gestalt und seiner deutlichen Gliederung (Segmentierung) ist ein charakteristischer Vertreter der Ringelwürmer. Wieso kommen Regenwürmer nach starkem Regen an die Oberfläche?

1 Nachts oder nach starken Regenfällen verlässt der Regenwurm seine Erdgänge.

Schon gewusst?

Im humusreichen Waldboden leben pro Hektar etwa 60 000 Regenwürmer. Im fetten Wiesenboden können auf gleicher Fläche sogar bis zu 60 Millionen Regenwürmer vorkommen.
Übrigens: Der in Australien lebende Riesenregenwurm kann über 3 m lang werden und einen Durchmesser von über 3 cm erreichen.

2 Blutegel sind nahe Verwandte der Regenwürmer.

GRUNDLAGEN: Bau und Lebensweise des Regenwurms

Bau Regenwürmer erkennt man an ihrer wurmförmigen Gestalt. Sie sind gleichmäßig gegliedert (segmentiert). ↑3 Am dünnen Körperende befindet sich das Kopfsegment mit der Mundöffnung. Jedes Körpersegment enthält Borsten zur Fortbewegung. Am Körperende befindet sich der After. Der Körper ist von einer dünnen, schleimigen Haut, der Kutikula, bedeckt.
Unter der Haut befinden sich Ring- und Längsmuskeln, welche zusammen mit der Haut den Hautmuskelschlauch bilden. Regenwürmer besitzen ein geschlossenes Blutgefäßsystem. Auf der Bauchseite liegt das Strickleiternervensystem. Dieses besteht aus zwei Nervensträngen, dem Bauchmark. Im Kopfbereich liegen zusätzlich zwei größere Nervenknoten, die das Gehirn bilden.
Ausscheidungsorgane befinden sich in jedem Segment. In der Haut liegen Sinneszellen, mit deren Hilfe sich der Regenwurm orientieren kann.

Fortpflanzung Regenwürmer sind Zwitter. Ihre männlichen und weiblichen Geschlechtsorgane befinden sich in bestimmten Segmenten. Die Samenzellen werden zwischen zwei Tieren ausgetauscht und die befruchteten Eier in Kokons abgelegt. ↑4 Nach einiger Zeit schlüpfen die jungen Würmer.

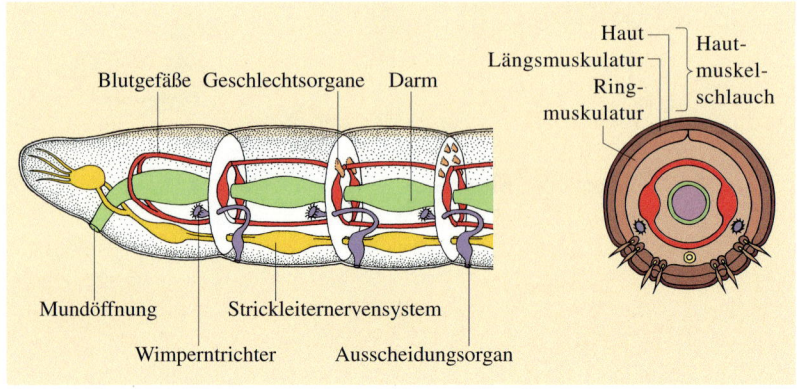

3 Bau eines Regenwurms (schematisch)

Atmung Die Atmung erfolgt über die gesamte Haut. Deshalb benötigen Regenwürmer immer eine feuchte Umgebung, die sie in der Erde vorfinden. Trocknet der Körper aus oder liegen die Regenwürmer im Wasser, dann ersticken sie. Deshalb kommen die Tiere bei starken Regen an die Oberfläche. Regenwürmer sind Feuchtlufttiere.

Ernährung Als Bodenbewohner ernähren sich Regenwürmer von Pflanzen- und Tierresten, welche sie in der Erde finden. Sie ziehen auch Blätter und andere Pflanzenteile in ihre Erdhöhlen. Auf ihrem Weg durch den Boden nehmen Regenwürmer ständig Erde auf. Die darin enthaltenen Nährstoffe werden im Darm entzogen und der Rest wird als Erdhäufchen ausgeschieden.

Bedeutung Unter einem Quadratmeter fruchtbarer Erde können sich 1500 bis 2000 Regenwürmer aufhalten, die zusammen rund ein Kilogramm wiegen. Durch die Lebensweise der Würmer wird der Boden durchlüftet und gut durchmischt. ↑5 Der ausgeschiedene Kot bildet einen hochwertigen Dünger, der die Bodenfruchtbarkeit erhöht. Für viele Tiere, wie zum Beispiel Erdkröte, Amsel, Igel und Spitzmaus, sind sie eine wichtige Nahrungsgrundlage.

Kurz und knapp Regenwürmer gehören zu den Ringelwürmern. Ihr Körper ist von einer dünnen schleimigen Haut bedeckt und gleichmäßig gegliedert. Da Regenwürmer den Boden durchmischen und durch ihren Kot düngen, verbessern sie die Bodenqualität.

4 Regenwürmer bei der Paarung

Arbeitsaufträge

1 Fange dir einige Regenwürmer und halte sie in einem Gefäß mit feuchter Humuserde. Lege einige Blätter auf die Erde und beobachte im Tagesabstand eine Woche lang. Bringe danach die Regenwürmer in ihren natürlichen Lebensraum zurück! ↑5

2 Lasse einen Regenwurm über Papier kriechen und halte ein Ohr in die Nähe des Tieres. Erkläre deine Wahrnehmung!

3 Nimm einen Regenwurm in die Hand und streiche vorsichtig von hinten nach vorn über den Körper. Beschreibe, was du fühlst!

4 Betrachte einen Regenwurm mit der Lupe. Achte dabei auf die Körperringe, die Borsten und das Blutgefäß in der Rückenregion!

5 Beobachte, wie sich ein Regenwurm fortbewegt. Erkläre, wie die Bewegungsabläufe zustande kommen!

6 Überlege dir, wie man erkunden kann, ob Regenwürmer auf Licht reagieren. Führe dann deinen Versuch durch und notiere das entsprechende Ergebnis!

7 Warum kommen Regenwürmer nach einem starken Regenfall aus ihren Erdröhren an die Erdoberfläche?

8 Warum halten sich Regenwürmer im Winter in größerer Bodentiefe auf?

9 Stelle eine Nahrungskette mit mindestens vier Gliedern zusammen, in der Regenwürmer ein Mitglied bilden!

5 Regenwürmer durchmischen den Boden.

Krebstiere sind Delikatessen

Hummer, Garnelen, Langusten und Flusskrebse sind Delikatessen, die bevorzugt zu Silvester oder zu Festtagen verspeist werden. Wusstest du, dass Wasserflöhe und Kellerasseln auch zu den Krebstieren gehören?

1 Flusskrebs

GRUNDLAGEN: Bau und Lebensweise des Flusskrebses

Bau Der Flusskrebs verbirgt sich tagsüber auf dem Gewässergrund und in selbstgegrabenen Höhlen. Der Körper des Flusskrebses ist in Kopfbrust und Hinterleib gegliedert. Er ist von einem festen Panzer umgeben, der aus Chitin und Kalk besteht. Diese Körperhülle bezeichnet man als Außenskelett. Sie gibt ihm Halt und Schutz. Da das Außenskelett nicht mit wächst, müssen Flusskrebse sich mehrfach häuten. ↑2 Den frisch gehäuteten Krebs bezeichnet man als Butterkrebs, da das Tier weich ist wie Butter. In dieser Zeit stellt er für Raubfische eine leichte Beute dar. Er zieht sich in ein Versteck zurück, bis der Panzer ausgehärtet ist.

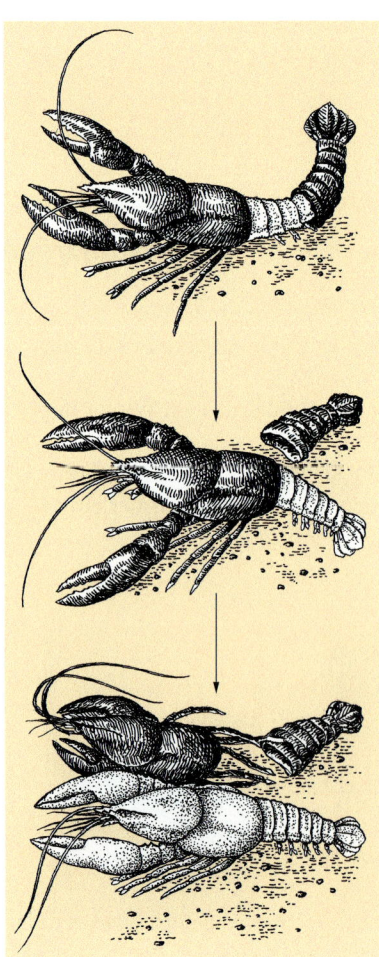

2 Häutung eines Flusskrebses

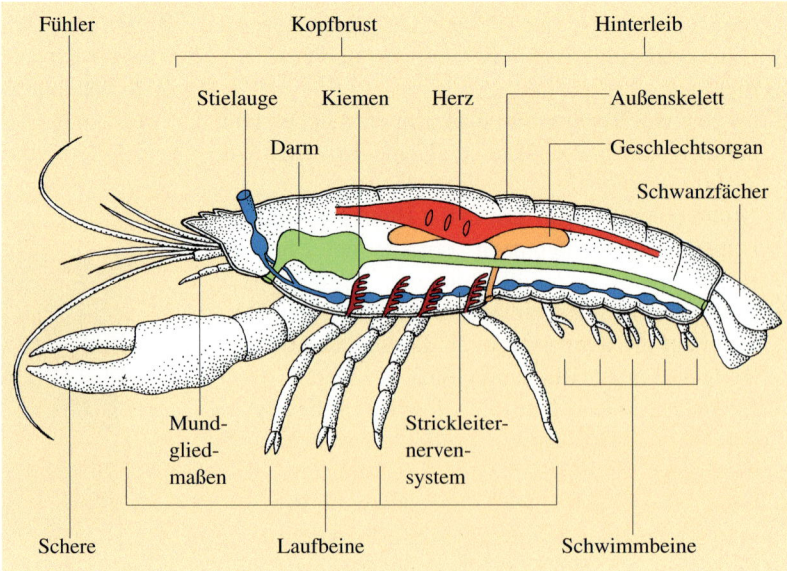

3 Äußerer Bau und Atmungsorgane des Flusskrebses

An der Kopfbrust befinden sich die Stielaugen, zwei Paar Fühler und die Mundgliedmaßen sowie fünf Paar gegliederte Laufbeine, wobei das erste Laufbeinpaar zu den Scheren umgebildet ist. Die gegliederten Beinpaare begründen die Zuordnung der Krebstiere zu den Gliederfüßern. Mithilfe der Stielaugen wird die Umgebung beobachtet. Am deutlich gegliederten Hinterleib befinden sich die Schwimmbeine und der Schwanzfächer. In Anpassung an das Wasserleben besitzt der Flusskrebs Kiemen. ↑3 Flusskrebse können gut vorwärts und rückwärts gehen. Wenn Gefahr droht, schlagen sie den Hinterleib mit dem Schwanzfächer nach unten ein und schwimmen dabei ruckartig rückwärts.

Fortpflanzung und Entwicklung Flusskrebse sind getrennt geschlechtlich. Das Weibchen laicht im Spätherbst und trägt die Eier einige Monate mit sich umher. Im Frühjahr schlüpfen die Jungen, die schnell heranwachsen.

Ernährung Flusskrebse haben ein vielseitiges Nahrungsangebot. Sie ernähren sich von tierischer und pflanzlicher Nahrung. Schnecken, Muscheln, Insektenlarven, Fische, Molche, Wasserpflanzen, aber auch Aas gehören zu ihrem Beutespektrum.

Bedeutung der Krebstiere Krebstiere haben eine große Bedeutung als Glieder von Nahrungsketten. So sind zum Beispiel Wasserflöhe eine Nahrungsgrundlage für viele Fische. ↑4 Da sich viele Krebse von totem Tier- und Pflanzenmaterial ernähren, sorgen sie dafür, dass die Mineralstoffe dieses Materials wieder in die Nahrungskette gelangen. ↑5 Sie haben somit eine große Bedeutung im Kreislauf der Natur. Auch der Mensch nutzt Krebstiere als Nahrungsmittel, zum Beispiel Garnelen und Hummer.

Kurz und knapp **Der Körper des Flusskrebses ist in Kopfbrust und Hinterleib gegliedert. An der Kopfbrust befinden sich die Stielaugen, zwei Paar Fühler und die Mundgliedmaßen sowie fünf Paar gegliederte Laufbeine. Am Hinterleib sitzen die Schwimmbeine und der Schwanzfächer. Der Panzer besteht aus Kalk und Chitin. Flusskrebse atmen durch Kiemen und pflanzen sich geschlechtlich fort. Sie ernähren sich von pflanzlicher und tierischer Nahrung.**

4 Wasserfloh

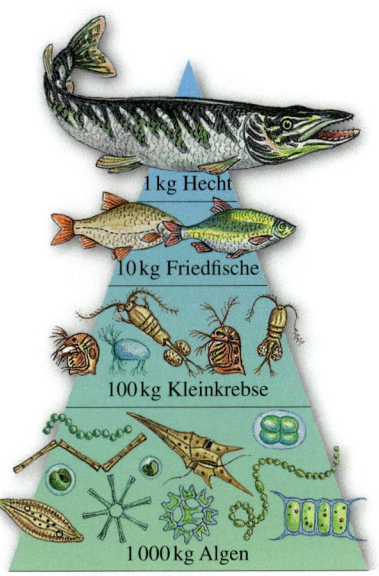

5 Nahrungspyramide

Arbeitsaufträge

1 Betrachte Bild ↑5.
a Erstelle aus einigen Lebewesen eine Nahrungskette. Achte darauf, dass ein Krebstier dabei ist.
b Erläutere die Bedeutung der Wasserflöhe im Gewässer.
c Was verstehst du unter einem Nahrungsnetz? Erläutere.
d In trübe (grüne) Gartenteiche sollte man Wasserflöhe setzen. Stelle dazu eine begründete Vermutung an.

2 Beschreibe einen Flusskrebs.
3 Erläutere die Bedeutung der Krebstiere für den Menschen.
4 Stelle eine viergliedrige Nahungskette mit einem Flusskrebs auf.
5 In welchen Lebensräumen kommen Krebstiere vor? Ordne Artbeispiele zu.
6 Begründe an zwei Beispielen die Angepasstheit der Krebstiere an ihren Lebensraum.

Was ist so besonders an Insekten?

Eine Fliege, die nachts in deinem Zimmer herumfliegt – das nervt! Endlich hat sie sich hingesetzt, du versuchst sie zu fangen und schon landet das Tier mit einem blitzschnellen Wendemanöver an der Decke. Wie macht sie das eigentlich? Wie kommt es, dass sie dir fast immer eine „Nasenlänge" voraus ist? Was macht Insekten zu so hervorragenden Fliegern? Welche Merkmale kennzeichnen Insekten?

1 Stubenfliegen sind ungeliebte Gäste in der Wohnung.

GRUNDLAGEN: Bau und Lebensweise der Insekten

2 Manche Insekten wie diese Wespe zeigen die typische Dreiteilung des Körpers besonders deutlich.

Bau Der Körper der Insekten ist ungleichmäßig gegliedert. Man kann deutlich drei Abschnitte, den Kopf, die Brust und den Hinterleib erkennen. [↑2,3,4] Am Kopf befinden sich die Mundwerkzeuge, die Fühler und die Komplexaugen. An der Brust befinden sich meist zwei Paar Flügel. Insekten besitzen ein Außenskelett aus Chitin. Es schützt sie vor Feinden und dient als Ansatzstelle für die Muskeln. [↑5]

Atmung Insekten nehmen Sauerstoff durch Atemöffnungen auf, die seitlich an den Brust- und Hinterleibssegmenten liegen. Von den Atemöffnungen ausgehend durchziehen Röhrensysteme den gesamten Körper, die Tracheen. Einige Wasserinsekten bzw. ihre Larven atmen durch Kiemen. [↑5]

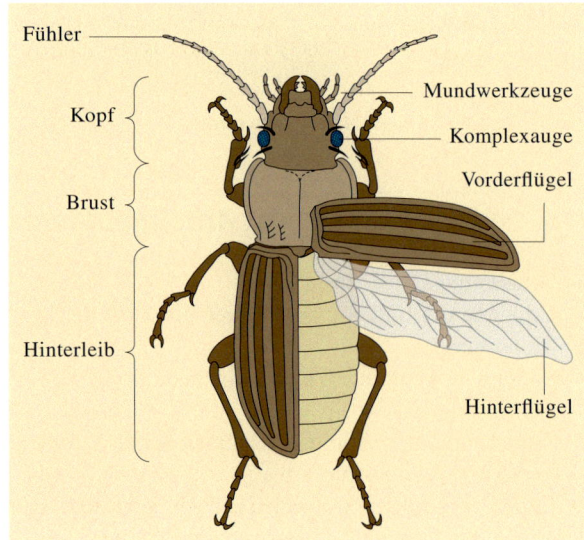

Fühler — Mundwerkzeuge
Kopf
Komplexauge
Vorderflügel
Brust
Hinterleib
Hinterflügel

3 Grundaufbau eines Insekts (Rückenansicht)

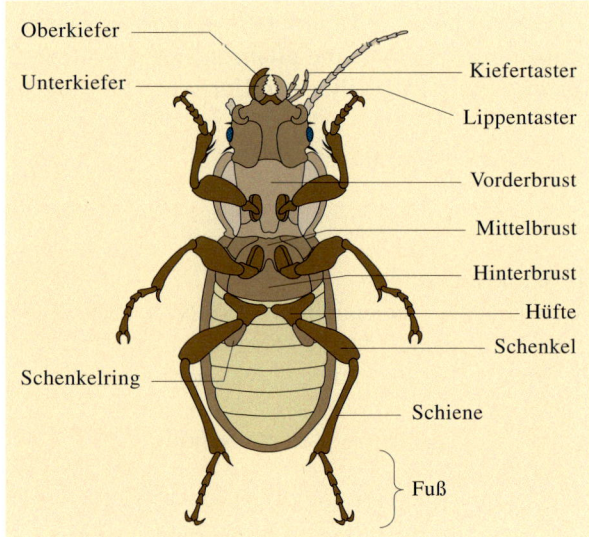

Oberkiefer
Unterkiefer
Kiefertaster
Lippentaster
Vorderbrust
Mittelbrust
Hinterbrust
Hüfte
Schenkel
Schenkelring
Schiene
Fuß

4 Grundaufbau eines Insekts (Bauchansicht)

Offener Blutkreislauf Das Blut der Insekten ist farblos. Es fließt nicht in Adern, sondern strömt frei durch den Körper. Der Blutkreislauf wird durch das röhrenförmige Rückenherz in Fluss gehalten. Durch Pumpbewegungen wird das Blut angesaugt und zum Kopf gedrückt. Von hier gelangt es wieder in den gesamten Körper.

Nervensystem Insekten besitzen ein Strickleiternervensystem. Im Kopfbereich konzentrieren sich Nervenzellen zu einem Oberschlundganglion, dem Gehirn. Bauchseits befinden sich zwei Nervenstränge, die das Bauchmark bilden.

Lebensweise Insekten haben sich hervorragend an ihre Umwelt angepasst. Mit ihren Flügeln, den drei Beinpaaren und ihren Sinnesorganen besiedeln sie die Lebensräume Luft, Wasser und Land. Sie sind die vielfältigste Tiergruppe der Erde.

Schon gewusst?

Chitin
Das Außenskelett aller Gliederfüßer besteht hauptsächlich aus Chitin. Chitin ist wie Cellulose ein Kohlenhydrat, das aus sehr langkettigen Molekülen besteht. Zusammen mit Eiweißen bildet es in der Außenschicht des Insektenkörpers ein stabiles Netzwerk. Diese Bauweise verleiht der Außenhülle Härte, Festigkeit und Biegsamkeit bei geringem Gewicht.

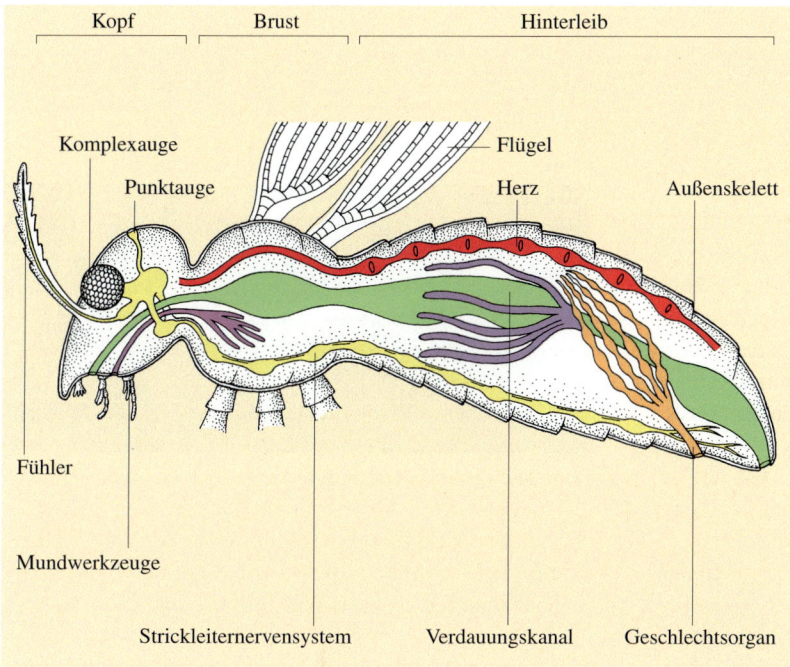
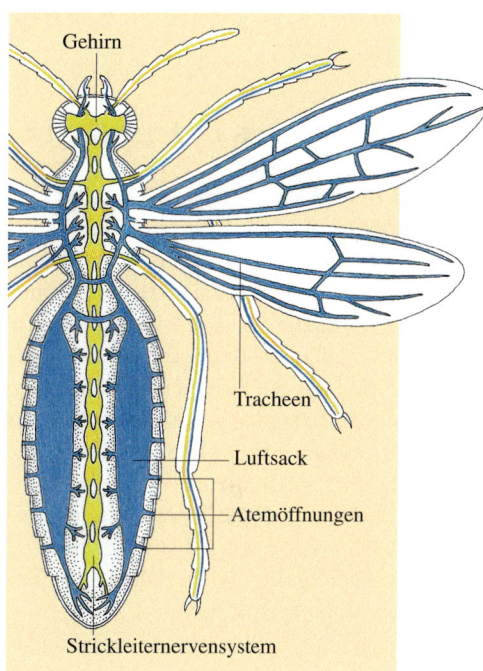

5 Körpergliederung und innere Organe eines Insekts, rechts Tracheen- und Nervensystem

Kurz und knapp **Insekten sind ungleichmäßig gegliedert. Der Kopf, die Brust und der Hinterleib sind deutlich zu erkennen. Am Kopf befinden sich die Mundwerkzeuge, die Fühler und die Komplexaugen. Am Brustabschnitt sieht man die Flügel und die drei Paar Gliedmaßen. Sie besitzen ein chitinhaltiges Außenskelett.**

Arbeitsaufträge

1 Nenne fünf einheimische Insektenarten.
2 Beschreibe den äußeren Bau eines Maikäfers.
3 Nenne die Aufgaben des Außenskeletts.

4 Vergleiche den äußeren Körperbau eines Insekts mit dem von Ringelwürmern und Krebstieren. Suche nach geeigneten Kriterien.

Wie entwickeln sich Insekten?

Die Raupen des Tagpfauenauges findet man in der Regel auf Brennnesseln. Die Falter hingegen ernähren sich vom Nektar der verschiedensten Blüten. Raupe und Schmetterling sind verschiedene Stadien derselben Art. Wie entwickelt sich aus der Raupe das fertige Insekt? Gibt es noch weitere Stadien? Kommen diese Entwicklungsstadien bei allen Insekten vor?

1 Raupe des Tagpfauenauges

2 Tagpfauenauge (Falter)

Beobachten **Untersuchen** *Experimentieren*

Entwicklung bei Stabschrecken

Die Entwicklung eines Insekts kannst du gut an Stabschrecken untersuchen. Man bekommt sie in Zoogeschäften. Sie lassen sich in der Schule oder zu Hause leicht halten, beispielsweise in einem leeren Aquarium, das mit sehr engem Drahtgeflecht bedeckt wird. Achte auf Sauberkeit im Zuchtkasten und darauf, dass die Tiere stets frisches Futter bekommen, am besten Brombeer-, Efeu- oder Ligusterblätter.

1 Beobachte die Tiere in ihrem Gehege.
a Versuche möglichst viele Tiere zu entdecken. Beschreibe ihr Verhalten und überlege, welchen Sinn es hat.
b Nimm ein einzelnes Tier heraus und betrachte es genauer. Verwende auch die Lupe. Welche Merkmale sind für ein Insekt typisch? Zeichne ein großes Tier und beschrifte die Körperteile.
c Informiere dich im Internet über Stabschrecken. Schreibe einen ausführlichen Steckbrief.

2 Nach einiger Zeit findest du auf dem Boden des Käfigs Eier. Nimm einige heraus und beobachte deren Entwicklung in einem zweiten Gefäß. Besprühe sie etwa zweimal wöchentlich mit etwas Wasser. Vermeide Schimmelbildung.
a Wie lange dauert es, bis die Larven schlüpfen? (Hinweis: Hier musst du eventuell etwas Geduld haben!)

3 Stabschrecke in Terrarium

b Zeichne eine frisch geschlüpfte Larve. Vergleiche mit der Zeichnung, die du von einem erwachsenen Tier angefertigt hast. Was fällt dir auf?

3 Drei junge Stabschrecken werden mit einem wasserfesten Stift auf Brust und Hinterleib gekennzeichnet und in ein weiteres Zuchtgefäß mit Futter gegeben. Miss täglich ihre Länge und protokolliere die Entwicklung in einer Tabelle. Erstelle eine Wachstumskurve. Anmerkung: Wenn bei einem Tier die Farbmarkierung fehlt, dann hat es sich in der Nacht gehäutet und die abgestreifte Haut gefressen.

4 Zeichne einen Entwicklungszyklus von der Stabschrecke in Kreisform und beschrifte ihn. Gib an, wie lang die einzelnen Stadien dauern.

5 Formuliere einen Text, der die Entwicklung der Stabschrecke vom Ei zum fertigen Insekt beschreibt.

GRUNDLAGEN: Fortpflanzung und Entwicklung der Insekten

Unvollkommene Verwandlung Bei einigen sehr alten Insektengruppen wie den Stabschrecken, Heuschrecken, Grillen und Libellen unterscheiden sich die Larven nur durch die Größe vom fertigen Insekt. Bei ihnen schlüpfen aus den Eiern kleine Tiere, die allmählich heranwachsen und sich dabei mehrfach häuten. Ursprünglich flügellose Insenkten (Urinsekten) wie das Silberfischchen häuten sich mehrfach bis zum erwachsenen Zustand. ↑7 Die Jungtiere (Larven) sehen den erwachsenen Tieren sehr ähnlich. Nach der letzten Häutung sind die Fortpflanzungsorgane funktionsfähig. Bei geflügelten Arten haben die Flügel dann ihre volle Größe erreicht. Das fertige Tier nennt man Imago oder Vollinsekt. Diese Art der Entwicklung wird als unvollkommene Verwandlung bezeichnet. ↑4

| Ei | mehrere Larvenstadien | Vollinsekt |

4 Unvollkommende Verwandlung bei der Feuerwanze

Vollkommene Verwandlung Bei Schmetterlingen und anderen „modernen" Insektenordnungen wie Käfern, Fliegen und Mücken sowie Hautflüglern unterscheiden sich Larve und Vollinsekt in Körperbau und Lebensweise völlig. Larven, die mithilfe von Stummelfüßen kriechen, nennt man Raupen, Larven ohne Beine wie die von Fliegen bezeichnet man als Maden. Die Verwandlung besteht immer aus vier Phasen: Ei, Larve, Puppe und Vollinsekt. ↑5 Dann spricht man von vollkommener Verwandlung.

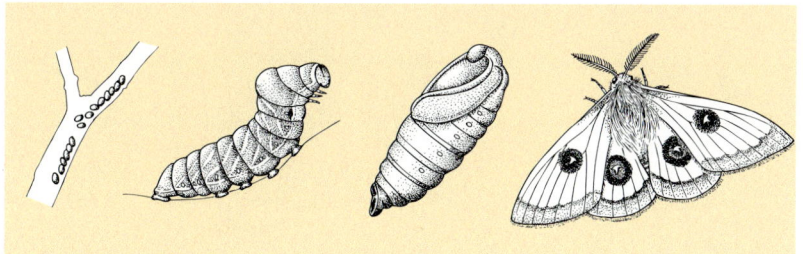

5 Schema der vollkommenen Verwandlung beim Schmetterling

Kurz und knapp **Während der Entwicklung vom befruchteten Ei bis zum erwachsenen Insekt durchlaufen die Insekten eine Verwandlung. Unterscheiden sich die Larven nur wenig vom Vollinsekt spricht man von unvollkommener Verwandlung. Bei der vollkommenen Verwandlung unterscheiden sich die Larven oftmals sehr im Aussehen und der Ernährungsweise vom erwachsenen Insekt.**

Schon gewusst?

Unter **Metamorphose** versteht man die Entwicklung eines Lebewesens von der befruchteten Eizelle bis zum erwachsenen Lebewesen über Larvenstadien. Dabei unterscheiden sich die Larven oftmals in der Ernährungsweise und im Aussehen vom Vollinsekt. Während der Entwicklung durchlaufen sie eine Verwandlung.

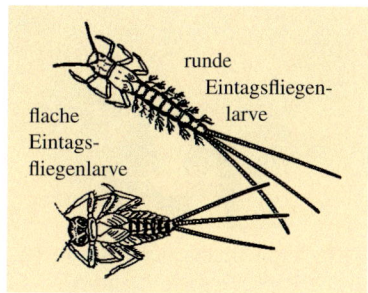

6 Eintagsfliegenlarven

Eintagsfliegenlarven leben ein bis mehrere Jahre im Wasser bis die erwachsenen Eintagsfliegen schlüpfen. Diese haben eine Lebenserwartung von ein bis wenigen Tage.

7 Silberfischchen

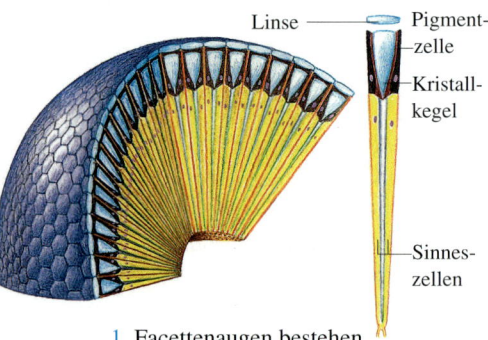

1 Facettenaugen bestehen aus vielen Einzelaugen.

2 Nachtfaltermännchen mit gefiederten Antennen. Insekten nehmen Geruch mit den Antennen wahr.

GRUNDLAGEN: Angepasstheiten der Insekten an den Lebensraum

Insekten haben leistungsstarke Sinnesorgane Sie können zum Teil dieselben Reize wahrnehmen wie wir: Licht, Geschmack, Geruch, Berührung, Erschütterung usw. ↑1,2 Die Sinnesorgane der Insekten sind jedoch ganz anders gebaut als unsere. Zum Beispiel bestehen ihre Facettenaugen aus unzähligen Einzelaugen. Sie liefern ein unscharfes Bild der Umgebung, ermöglichen aber ein sehr genaues Bewegungssehen. Die Stubenfliege zum Beispiel kann 300 Einzelbilder pro Sekunde unterscheiden, unsere Augen dagegen nur 30.

Das Nervensystem besteht aus dem Gehirn und zwei Nervensträngen, die in jedem Segment zwei miteinander verbundene Verdickungen bilden. Seine Struktur erinnert an eine Strickleiter. Daher kommt auch die Bezeichnung Strickleiternervensystem.

Mundwerkzeuge – angepasst an die Ernährungsweise Insekten haben die unterschiedlichsten Nahrungsquellen erschlossen. Entsprechend vielfältig sind auch die Mundwerkzeuge. Fleisch- und pflanzenfressende Arten haben Beißkiefer. Blütenbesucher haben Mundwerkzeuge zum Lecken und Saugen. Pflanzensaftsauger und Parasiten, aber auch einige räuberische Arten haben stechend-saugende Mundwerkzeuge. ↑3

Wie Insekten sich fortbewegen Die Beine der Insekten sind sehr unterschiedlich konstruiert. Im Laufe der Evolution haben sich die Beine spezialisiert: So sind manche besonders zum Laufen und Springen, andere wiederum zum Klettern oder Schwimmen geeignet. Andere sind so gebaut, dass die Tiere sogar auf dem Wasser laufen können. ↑4

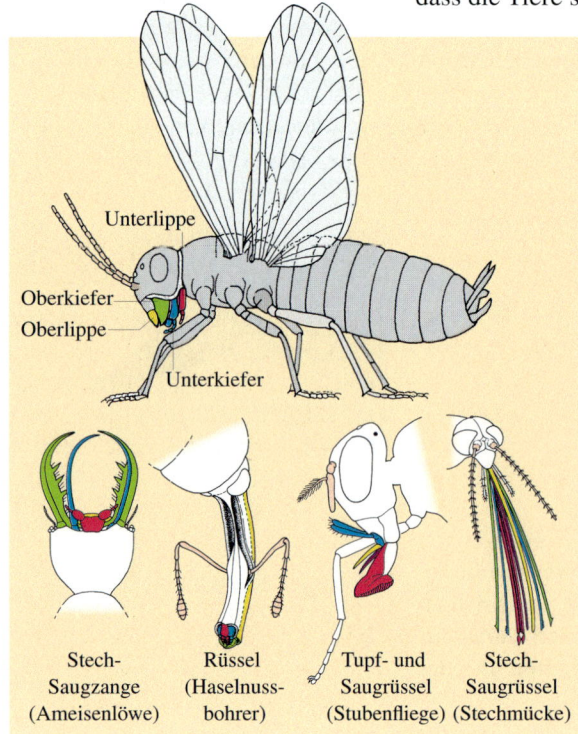

3 Mundwerkzeuge: Grundbau und Abwandlungen

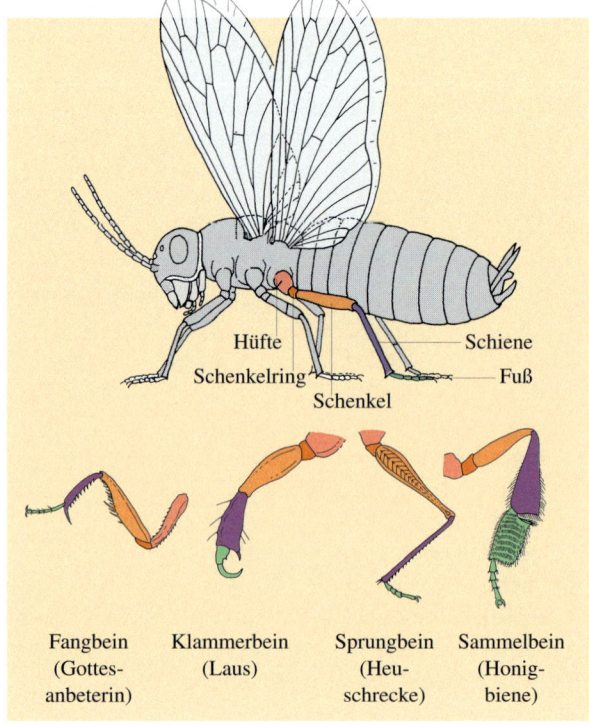

4 Insektenbein: Grundbau und Abwandlungen

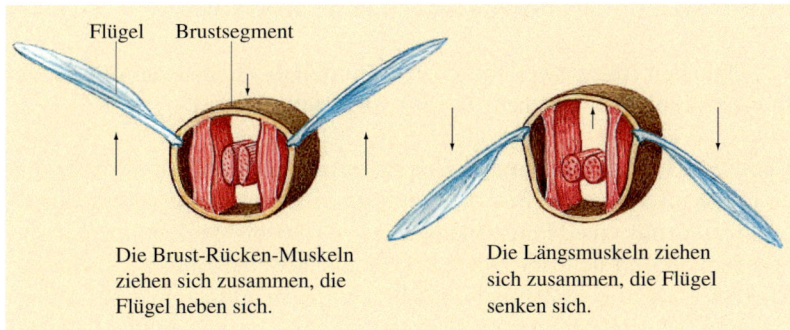

Flügel   Brustsegment

Die Brust-Rücken-Muskeln ziehen sich zusammen, die Flügel heben sich.

Die Längsmuskeln ziehen sich zusammen, die Flügel senken sich.

5 Die Flügel werden indirekt durch die Verformung des Außenskeletts bewegt.

Flügelantrieb Bei den meisten Fluginsekten kommt die Flügelbewegung durch Längs- und Quermuskeln in der Brust zustande. Diese ziehen sich abwechselnd zusammen. Dadurch wird der Brustpanzer flach, die Flügel werden nach oben gedrückt. Anschließend hebt sich der Brustpanzer, die Flügel klappen nach unten. ↑5

Bau der Flügel Insektengruppen lassen sich aufgrund des Baus der Flügel unterscheiden. Nicht alle haben vier häutige Flügel wie Libellen und Hautflügler. ↑6 Zu den Hautflüglern gehören u.a. Bienen, Hummeln und Wespen. Zweiflügler wie Schwebfliegen, Mücken und Fliegen besitzen nur zwei häutige Flügel. ↑7 Die Hinterflügel sind zu Schwingkölbchen reduziert. Käfer haben zwei harte Vorderflügel (Deckflügel), die die zwei häutigen Hinterflügel abdecken. Schmetterlinge besitzen vier schuppige Flügel. Einige Insekten wie Silberfischchen sind flügellos.

Kurz und knapp **Insekten sind hervorragend an ihren Lebensraum angepasst. Entsprechend ihrer Nahrungsaufnahme haben sich unterschiedliche Mundwerkzeuge ausgebildet. Auch die Gliedmaßen sind entsprechend ihres Lebensraumes abgewandelt. Mit ihren Komplexaugen orientieren sie sich in der Umwelt.**

Schon gewusst?

Flugtechnik der Libellen
Libellen zählen zu den schnellsten und wendigsten Fliegern unter den Insekten. Sie können sicher durch dichtes Pflanzengewirr manövrieren, wie ein Hubschrauber auf der Stelle stehen und sogar rückwärtsfliegen. Das ist dadurch möglich, dass bei ihnen an jedem Flügel direkte Flügelmuskeln ansetzen. Deshalb können sie ihre Flügelpaare getrennt voneinander, also auch gegenläufig auf und ab bewegen. ↑6

6 Blaugrüne Mosaikjungfer im Flug

7 Schwebfliege

Arbeitsaufträge

1 Erläutere an drei Beispielen die Angepasstheit der Insekten an ihren Lebensraum.
2 Die Mundwerkzeuge von Insekten sind unterschiedlich, je nach der Nahrung, die sie nutzen.
a Finde heraus, wovon sich die in Bild ↑3 genannten Insektenarten ernähren.
b Ordne die im Buch abgebildeten Insekten nach Ernährungstypen.
c Versuche verschiedene Mundwerkzeuge nachzubauen.
3 Beschreibe, wie sich das Hinterbein einer Laubheuschrecke vom Grundbauplan des Insektenbeins unterscheidet. ↑4, 8 Versuche zu erklären, wie der Bau des Heuschreckenbeins und ihre Fortbewegungsweise zusammenhängen.

4 Erkläre anhand von Bild ↑5, wie die Flügel nach oben und nach unten bewegt werden.
5 Vergleiche die Flügel eines Vogels mit denen eines Insekts.

8 Der Warzenbeißer, eine Laubheuschrecke

GRUNDLAGEN: Lebensweise ausgewählter Insekten

Im Folgenden sollen zwei besondere Tierarten des Lebensraums See und ihre speziellen ökologischen Nischen vorgestellt werden.

1 Blaugrüne Mosaikjungfer

Blaugrüne Mosaikjungfer Sie lebt als erwachsenes Tier am Wasser und als Larve im Wasser und ist die häufigste in Deutschland vorkommende Großlibelle mit einer Flügelspannweite von 10 bis 11 Zentimetern. Ihr Lebensraum sind stehende Gewässer wie kleine Seen, Tümpel, Teiche und Baggerseen. Ein charakteristisches Erkennungsmerkmal sind bei Männchen und Weibchen die beiden blaugrünen Schrägstreifen auf der Seite des Brustabschnitts. Der lang gestreckte Hinterleib ist dunkel mit blaugrünen Punkten gezeichnet, woher diese Libelle auch ihren Namen hat. Am Hinterrand der Augen hat sie eine kleine Delle, das macht sie unverwechselbar mit anderen Arten. ↑1

2 Libellenlarve mit Fangmaske

Lebensweise Die erwachsenen Tiere fliegen in atemberaubender Geschwindigkeit in 1 bis 2 Metern Höhe über der Wasseroberfläche auf der Suche nach Beute, vor allem Insekten. Ihre Jugendstadien, die Larven, gehen am Boden des Gewässers auf Beutefang. Die Larven jagen mit einer ausklappbaren Fangmaske ↑2 andere Insektenlarven und sogar kleine Fische oder Kaulquappen.

Fortpflanzung und Entwicklung Männchen und Weibchen führen vor der Paarung einen Balztanz auf. Anschließend bilden sie ein für Libellen typisches Paarungsrad aus. Nach der Paarung fliegt das Weibchen zu einem Eiablageplatz in der Röhrichtzone und legt unter Wasser die Eier ab, die dort überwintern. Aus den Eiern schlüpfen die Larven. Nach einem oder zwei Jahren im Wasser, entwickeln sich aus den Larven erwachsene Tiere, die dann wieder fortpflanzungsbereit sind. ↑3

3 Fortpflanzung und Entwicklung der Blaugrünen Mosaikjungfer

Gelbrandkäfer Die Larven werden bis zu 6, die erwachsenen Tiere bis zu 3,5 Zentimeter groß. Das hintere Beinpaar der Käfer ist zu Schwimmbeinen umgebildet, mit denen sie sich ruckartig und sehr schnell im Wasser fortbewegen können. Gelbrandkäfer und ihre Larven fressen vor allem Wasserinsekten, aber auch Kaulquappen, junge Frösche und Aas. ↑5,6

4 Fortpflanzung und Entwicklung des Gelbrandkäfers

5 Gelbrandkäfer (Weibchen)

Feindabwehr Der Gelbrandkäfer wehrt sich gegen Fressfeinde, indem er eine giftige Substanz absondert. Wenn ein Fisch einen Gelbrandkäfer verschluckt hat, wird er kurze Zeit danach bewusstlos und speit den Käfer wieder aus. So lernt er, dass der Käfer ungenießbar ist.

Fortpflanzung Die Gelbrandkäfer paaren sich in der Regel im Herbst und die Weibchen legen im darauffolgenden Frühjahr, über mehr als 2 Monate verteilt, schubweise bis zu 1000 Eier ab. Sie verfügen über einen Legebohrer, mit dem sie die Eier tief in Stängel und Blätter von Wasserpflanzen hineinlegen. Nach dem Schlüpfen entwickeln sich in einem Zeitraum von etwa 6 Wochen drei verschiedene Larvenstadien. Die ausgewachsene Larve begibt sich an Land und verpuppt sich in einer Puppenwiege, in die sie sich etwa 15 Zentimeter tief im Erdboden eingräbt. Nach dem Schlüpfen leben die Käfer etwa 5 Jahre. ↑4

6 Gelbrandkäferlarve mit Beute

Kurz und knapp **Am und im Wasser lebende Tiere sind durch spezielle Körpermerkmale und Verhaltensweisen an ihren Lebensraum angepasst. Die verschiedenen Arten besetzen dabei unterschiedliche ökologische Nischen. So können sie nebeneinander existieren.**

Arbeitsaufträge

1 Vergleiche Lebensweise und Fortpflanzung von Blaugrüner Mosaikjungfer und Gelbrandkäfer miteinander. Lege dazu eine Tabelle an.

2 Besetzen die Larven und die erwachsenen Tiere derselben Art ein und dieselbe oder unterschiedliche ökologische Nischen? Begründe.

3 Finde Stellen im Leben der Libelle, an der sie schutzlos ist und selber zur Beute werden kann.

4 Informiere dich im Internet oder in Sachbüchern über weitere Insekten, die an ein Leben im Wasser angepasst sind.

Leben im Insektenstaat: die Honigbiene

Bienen sind besondere Insekten. Bei schönem Wetter schwärmen sie zu Hunderten aus ihrem Stock aus und sammeln an Blüten in der Umgebung Nektar und Pollen. Die Arbeiterinnen eines Volkes tragen gemeinsam rund 140 Kilogramm Nektar und 50 Kilogramm Pollen pro Jahr ein.

Wie transportieren sie Nektar und Pollen zum Bienenstock? Was geschieht dort damit? Wie verständigen sich die Arbeiterinnen untereinander, dass sie so erfolgreich zusammenarbeiten können?

1 Sammelbienen kehren mit Pollenhöschen in den Stock zurück.

Beobachten *Untersuchen* Experimentieren

Bienen sind an die Sammeltätigkeit angepasst
Honigbienen sind die einzigen Insekten, die Pollen und Nektar sammeln und in den Stock tragen. Untersuche die Körpermerkmale, die zeigen, dass die Tiere an diese Tätigkeit angepasst sind.

1 Arbeiterinnen, die von Frühling bis Herbst schlüpfen, leben nur etwa 6 Wochen lang. Aus diesem Grund lassen sich vor Bienenstöcken häufig tote Arbeiterinnen finden. Besorge dir welche beim Imker. Untersuche mit der Lupe die Körperoberfläche und den Kopf. Was fällt dir auf?

2 Sammelbienen werden oft am ganzen Körper mit Blütenstaub eingepudert. Mit Mittel- und Hinterbeinen kämmen sie den Pollen aus, um ihn dann – zu Paketen zusammengeschoben – auf der Außenseite der Hinterbeine in den Stock zu transportieren. Vergleiche das Hinterbein einer Schabe mit dem einer Arbeiterin der Honigbienen. ↑2 Versuche zu erklären, wie die Pollenkörner vom Bienenkörper in die Sammelkörbchen gelangen.

3 Bienen tasten, riechen und orientieren sich mit den Antennen. Die Putzscharte dient dazu, sie zu reinigen. ↑3 Erläutere, wie das funktionieren könnte.

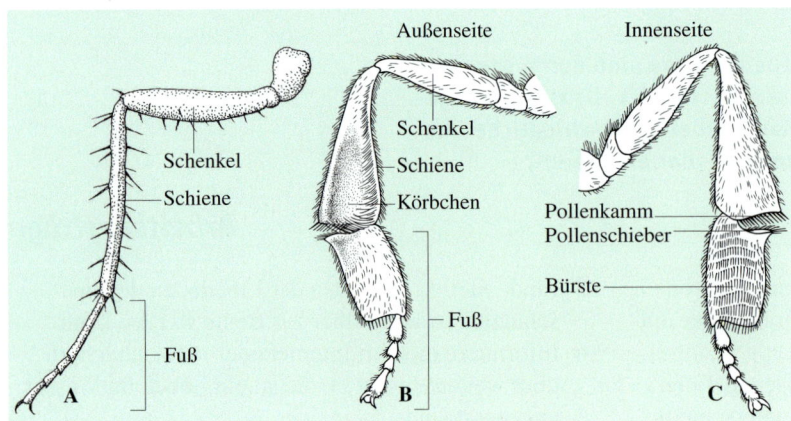

2 Hinterbein einer Schabe (A) und einer Honigbiene (B+C)

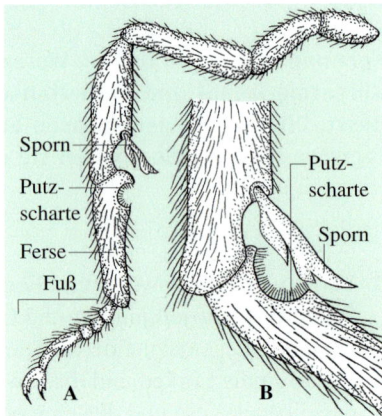

3 Vorderbein einer Honigbiene

GRUNDLAGEN: **Die Honigbiene ist ein soziales Insekt**

Das Bienenvolk Honigbienen leben während des ganzen Jahres in einer Gemeinschaft zusammen, die sich aus Arbeiterinnen, Drohnen und einer Königin zusammensetzt. ↑4 Im Sommer besteht ein Volk oder Bienenstaat durchschnittlich aus 40 000 Arbeiterinnen. Meist überwintern weniger als 10 000 Bienen im Stock.

5 Eine Arbeiterin scheidet Wachsplättchen aus.

4 Königin, Drohn und Arbeiterin eines Honigbienenvolkes

Die Bienenwabe Die Waben stellen den Mittelpunkt des Bienenstocks dar und sind wichtig für das Überleben des Volkes. Hat ein Bienenschwarm ein neues Zuhause gefunden, werden zuerst Waben angelegt. Sie bestehen aus Wachs, das die Arbeiterinnen aus Drüsen am Hinterleib ausscheiden. ↑5,6 Daraus bauen sie sechseckige Zellen dicht aneinander, sodass Platten aus zwei Schichten von Zellen entstehen: die Waben. Der Imker hängt an Holzrähmchen befestigte Wachsplatten mit eingedrucktem Wabenmuster in den Stock. Damit können Arbeiterinnen in viel kürzerer Zeit fertige Waben bauen.
Die Zellen enthalten die Vorräte an Pollen und Nektar. Die Brut wird darin großgezogen. Für untätige Bienen und nachts bieten sie einen geschützten Aufenthaltsort.

6 Senkrecht hängende Waben aus dem Bau eines wild lebenden Bienenvolks

Arbeitsteilung Damit ein Bienenstaat funktioniert, müssen vielfältige Arbeiten erledigt und aufeinander abgestimmt werden. Die Königin legt Eier und sorgt damit als einziges Weibchen für Nachkommen. Außerdem erzeugt sie die Königinnensubstanz, die von Biene zu Biene weitergegeben und somit ans ganze Volk verteilt wird. Diese sorgt für den festen Zusammenhalt innerhalb des Volkes.
Drohnen sind die männlichen Bienen. Sie sind nur von Frühjahr bis Sommer im Stock zu finden. Während des Hochzeitsfluges begatten sie die Jungköniginnen.
Arbeiterinnen übernehmen je nach Alter verschiedene Aufgaben. Dies ist jeweils mit Änderungen im Verhalten und im Körperbau verbunden. Kaum geschlüpft, kümmern sie sich um Reinigung und Verschließen von Brutzellen. Einige Tage später, wenn sich die Futtersaftdrüsen vollständig entwickelt haben, pflegen und füttern sie die Bienenbrut. Später arbeiten sie als Wächterbienen, als Heizerinnen oder – sobald ihre Wachsdrüsen entwickelt sind – als Baubienen. Nach 20 Tagen im Stock beginnt ihre Sammeltätigkeit. ↑7

7 Arbeitsbienen beim Honigeintrag

Schon gewusst?

Bienenprodukte als Heilmittel
Bienenprodukte werden in der Naturheilkunde als Heilmittel eingesetzt. Honig unterstützt zum Beispiel die Wundheilung. Dünn aufgetragen reinigt er die Wunde und unterstützt den Aufbau von Bindegewebe. Propolis enthält Stoffe, die Bakterien und Pilze abtöten. Propolistinktur, der alkoholische Auszug des natürlichen Antibiotikums, wirkt gegen Hals- und Mandelentzündung, Pilzerkrankungen und bei entzündetem Zahnfleisch.
Die neue Heilrichtung wird als Apitherapie bezeichnet.

1 KARL VON FRISCH (1886–1982)

2 Im Bienenmuseum Weimar erfährt man viel Interessantes über die Bienenzucht.

Nie durchläuft eine Biene alle Tätigkeiten und die Arbeiterinnen gehen den einzelnen Aufgaben unterschiedlich intensiv nach. Zudem können spezialisierte Arbeiterinnen bei Bedarf andere notwendige Arbeiten wieder übernehmen.

Sammeltätigkeit Sammelbienen tragen Nektar, Pollen, Propolis und Wasser in den Stock ein. Nektar wird hauptsächlich zu Honig weiterverarbeitet. Die Sammlerinnen transportieren ihn in einer Art Vorratsbehälter in ihrem Körper, dem Honigmagen. Honig dient den Bienen und ihrer Brut als Nahrungsvorrat, ebenso wie Pollen. Propolis ist eine von Blütenknospen stammende harzartige Substanz, mit der die Waben beschichtet und kleinere Ritzen abgedichtet werden. Als natürliches Antibiotikum hemmt es das Wachstum von Mikroorganismen.

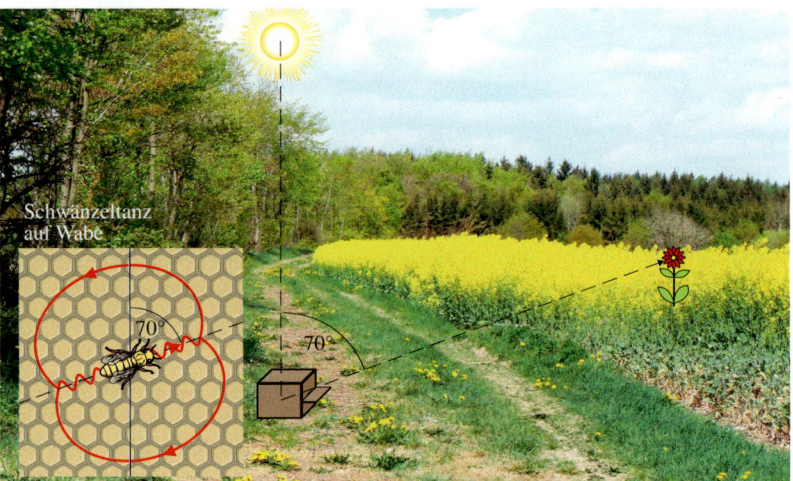

3 Richtung und Entfernung der Futterquelle werden in die Tanzsprache übersetzt.

Lernfähigkeit Honigbienen sind außerordentlich lernfähige Tiere und nehmen unter den Insekten eine Sonderstellung ein. Beim Sammeln erkennen Arbeiterinnen die Blüten anhand ihres Duftes und der Blütenfarbe. Blütenfarbe und Duft können sich die Bienen merken und unter vielen Düften und Farben wiedererkennen. Darüber hinaus sind sie in der Lage zu behalten, zu welcher Tageszeit welche Blumen Nektar bieten, und sind zur richtigen Zeit am richtigen Ort.

Tanzsprache und Orientierung Bienen sind nicht nur lernfähig, sie „sprechen" auch miteinander und teilen Stockgenossinnen mit, wo sich eine gute Futterquelle befindet. So werden freie Sammelbienen angeworben, um ebenfalls an dieser Futterquelle zu sammeln.
KARL VON FRISCH [1] hat entdeckt, dass Arbeiterinnen einen Rundtanz aufführen, wenn die Futterquelle sich in der Nähe des Stocks befindet. Ist die Futterquelle weiter als 70 Meter entfernt, so tanzt die Arbeiterin einen Schwänzeltanz. [3] Dabei teilt sie ihren Stockgenossinnen die Richtung und die Entfernung der Futterquelle mit. Dies ist möglich, weil Bienen den Winkel zwischen Bienenstock, der Sonne und der Futterquelle messen können. Rund- und Schwänzeltanz finden an einer bestimmten Stelle auf der Wabe, dem Tanzboden, statt.

Ohne Wärme kein Überleben Im Unterschied zu vielen anderen Insekten sind Honigbienen in der Lage, Wärme zu erzeugen. Dazu lassen die Arbeiterinnen die Flugmuskeln im Brustbereich zittern. ↑4 Diese Wärme wird gebraucht, weil sich die Brut nur bei 35–36 °C entwickeln kann. Auch den Winter kann ein Honigbienenvolk auf diese Weise überstehen. Damit wenig von der erzeugten Wärme verloren geht, lagert sich das ganze Volk dicht zu einer Wintertraube zusammen.

Kurz und knapp Der Körper der Honigbienen ist durch vielfältige Merkmale an die Sammeltätigkeit angepasst. Ihr hohes Lernvermögen, die Kommunikation der Tiere untereinander und ihre Fähigkeit, Wärme zu erzeugen, ermöglichen das Dasein als Bienenvolk. Aufgrund von Arbeitsteilung können unterschiedliche Arbeiten wie Nektar- und Pollensammeln, Wabenbau und Brutaufzucht im Stock gleichzeitig verrichtet werden.

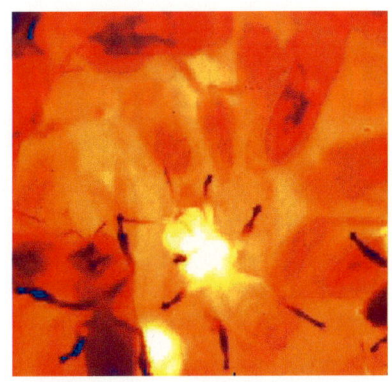

4 Wärmebild einer Heizerbiene (blau: niedrige Temperatur, weiß: hohe Temperatur)

Schon gewusst?

Bienenstich – was tun?
Bienenstiche sind schmerzhaft und rufen eine starke Schwellung an der Einstichstelle hervor. Der Stachel mit der Giftblase bleibt in der Haut stecken.
– Entferne den Stachel mit einem Fingernagel und niemals mit zwei Fingern, da du sonst das restliche Gift aus der Giftblase in die Wunde drückst.
– Kühle die Einstichstelle, notfalls mit Spucke.

Insektengiftallergie
Für Allergiker sind Bienenstiche besonders gefährlich. Ungefähr 2,5 Millionen Menschen in Deutschland reagieren allergisch

auf Insektengifte. Jährlich sterben 20 Menschen an Insektenstichen. Bei Allergikern dehnen sich Rötungen und Schwellungen weit über die Einstichstelle hinaus aus. Der ganze Körper kann reagieren, beispielsweise mit Juckreiz, Schüttelfrost, Übelkeit oder Atemnot. Notfallmedikamente, die vom Arzt zusammengestellt sind, lindern die Symptome innerhalb kurzer Zeit. Tritt eine allergische Reaktion zum ersten Mal auf, sollte man sofort einen Arzt aufsuchen oder den Notarzt verständigen. Insektengiftallergien lassen sich medizinisch behandeln. Welche Methode geeignet ist, muss sorgfältig abgewogen werden.

5 Nach einem Bienenstich

Arbeitsaufträge

1 Oft wird gesagt, dass Honigbienen während ihres Lebens unterschiedliche „Berufe" haben.
a Erkläre, was damit gemeint ist.
b Erläutere, warum dieser Begriff nicht ganz zutreffend ist.
c Stelle zusammen, wann eine Biene im Lauf ihres Lebens welcher Tätigkeit nachgeht.
2 In einem Versuch werden in einem Bienenvolk alle Sammelbienen entfernt. Würde das Volk deiner Ansicht nach verhungern? Begründe.

3 Suche im Buch und in Sachbüchern nach weiteren Beispielen für soziale Insekten. Finde heraus, welche Vorteile das Staatenleben für die Tiere hat.
4 Erkundige dich in der Apotheke oder beim Arzt, was Allergiker tun können, um Bienen- und Wespenstiche zu vermeiden.
5 Erläutere, welche weiteren Produkte der Mensch außer dem Honig von der Biene nutzt.

Leben im Staat:
die Kleine Waldameise

Die Kleine Rote Waldameise lebt in Nesthügeln. Oft befindet sich im Zentrum ein toter Baumstumpf. Aus toten Nadeln und kleinen Holzstückchen wird der Nesthügel errichtet, der bis zu 2 m Höhe erreicht und einen Umfang von 30 m haben kann. In dem Nest lebt ein Ameisenvolk, das im Fall der Kleinen Waldameise leicht aus 5 Millionen Arbeiterinnen und 5000 Königinnen besteht.

Die Arbeiterinnen übernehmen unterschiedliche Aufgaben. Es gibt Außendienstameisen, die Nahrung und Baumaterial herbeischaffen, und Innendienstameisen für die Brutpflege, Versorgung der Königinnen, die Reparatur und Belüftung des Nestes sowie Wächterinnen, die Feinde abwehren und sich durch etwas größere Kiefer auszeichnen.

Eine wichtige Nahrungsquelle der Kleinen Waldameise sind Blattläuse. Diese werden von den Ameisen in „Herden" gehalten und beschützt. Die Ameisen betrillern die Blattläuse mit ihren Fühlern, woraufhin diese zuckerhaltigen Honigtau ausscheiden, den die Ameisen aufnehmen.

Im Zentrum des Nestes über dem Waldboden herrscht auch bei Minusgraden außerhalb immer eine Temperatur von 27 °C. So liegen auch im Winter optimale Lebensbedingungen vor.

Außerhalb des Nestes hinterlassen Ameisen Duftspuren, um den Weg zurückzufinden. Diese Duftstoffe sind nestspezifisch. So erkennen Ameisen, ob eine andere Ameise zum selben Nest gehört, am Duft. Wenn bestimmte Strecken von vielen Ameisen begangen werden, bilden sich Ameisenstraßen.

Königin, Arbeiterin und Männchen der Kleinen Waldameise

③

Als Nahrung benötigen die Ameisen tote Insekten und deren Larven, wobei sie nicht nur tote Tiere auf dem Waldboden beseitigen, sondern auch Beutetiere angreifen und töten können. Die Beute wird ins Nest transportiert, wobei eine Ameise durchaus das Zwanzigfache ihres eigenen Körpergewichts tragen kann.

④

Arbeitsaufträge

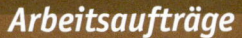

1 Die grün unterlegten Kästen beschreiben die Entwicklung der Waldameise. Bringe sie in die richtige Reihenfolge und ordne sie den Abbildungen 1–4 zu.
2 Viele Merkmale belegen, dass die Ameise zu derselben Familie gehört wie die Honigbiene. Nenne Gemeinsamkeiten dieser beiden Arten, die die nahe Verwandtschaft belegen.
3 Die Kleine Waldameise ist streng geschützt, weil sie im Ökosystem Wald eine sehr wichtige Rolle spielt. Erkläre mithilfe der Informationen im Text, warum die Waldameise so nützlich ist.

A
Die Arbeiterinnen transportieren die Eier in spezielle Kammern im Nesthügel, wo sich die Eier entwickeln können. Hier herrschen eine hohe Luftfeuchtigkeit und eine gleichbleibende Temperatur.

B
In den Puppenkammern findet in den Puppen die Metamorphose statt. Aus unbefruchteten Eiern schlüpfen Männchen, aus befruchteten Eiern Arbeiterinnen. Königinnenlarven erhalten spezielles Futter, entwickeln sich aber auch nur aus befruchteten Eiern.

C
Die Larven werden von den Arbeiterinnen gefüttert und sauber gehalten, bis sie sich verpuppen, dann transportieren die Arbeiterinnen sie in die Puppenkammern.

D
Jede der 5000 Königinnen im Nest legt viele Eier pro Tag. Sie wurde im Frühjahr auf dem Hochzeitsflug von Männchen begattet. Danach kann eine Ameisenkönigin bis zu 20 Jahre lang Eier legen.

Insekten: Nützlinge oder Ungeziefer?

Im Erbsenbeet ranken die ersten Pflänzchen am Gitter nach oben. Die zarten Blätter sind übersät mit Blattläusen. Eine Florfliege landet auf einem Blatt und frisst eine Blattlaus nach der anderen. Pflanzensaftsauger wie Blattläuse können Nutzpflanzen schädigen. Insektenfresser wie die Florfliege lassen sich nutzen, um die Zahl der Pflanzenfresser zu begrenzen. Sind Insekten also Schädlinge oder Nützlinge? Welche Bedeutung haben Insekten für den Menschen?

1 Die Florfliege und ihre Larven sind wichtige Blattlausfresser.

GRUNDLAGEN: Bedeutung der Insekten

Insekten als Glieder von Nahrungsketten und Nahrungsnetzen Zwischen den Lebewesen eines Lebensraums bestehen vielfältige Nahrungsbeziehungen. Am Anfang einer Nahrungskette steht ein Produzent, also eine Pflanze. Darauf folgen die Konsumenten in aufsteigenden Ordnungsstufen. In Wirklichkeit sind die Nahrungsbeziehungen jedoch viel komplexer. So ernähren sich die wenigsten Lebewesen nur von einer bestimmten Beuteart. Dadurch werden verschiedene Nahrungsketten zu einem Nahrungsnetz verknüpft. ↑2, 4

Insekten als Bestäuber Ein Großteil aller Pflanzen wird durch Insekten bestäubt. Dabei spielen neben der Honigbiene viele weitere Insekten wie Hummeln, Fliegen, Schmetterlinge und Wildbienen eine große Rolle. ↑3 Ihre Mundwerkzeuge sind jeweils an den Bau der Blüten angepasst.

Sperber	End-konsument
Rotkehlchen	Konsument 2. Ordnung
Weiden-Blattkäfer	Konsument 1. Ordnung
Pappel	Produzent

2 Nahrungskette

3 Hummel auf Flockenblume

4 Nahrungsnetz

Insekten als biologische Schädlingsbekämpfer Räuberische Insekten ernähren sich von anderen Lebewesen – auch von anderen Insekten. So vernichten Florfliegen, Marienkäfer, Ohrwürmer, Schlupfwespen und Laufkäfer viele schädliche Wirbellose wie Blattläuse und Insekten. ↑5

Insekten als Rohstofflieferanten Einige Insektenarten liefern Rohstoffe und Nahrungsmittel, beispielsweise liefert die Honigbiene Wachs und Honig, die Seidenspinnerraupe Seide und die Cochenille-Schildläuse natürliche Farbstoffe.

Insekten als Heimtiere Einige Menschen halten ausländische Insekten wie Gespenst- und Stabheuschrecken oder Rosenkäfer als Heimtiere.

Insekten als Pflanzenschädlinge Viele Insekten oder deren Larven ernähren sich von Pflanzen, die der Mensch nutzt. So fressen Kohlweißlingsraupen die Blätter von allen Kohlsorten und der Kartoffelkäfer und dessen Larven verringern durch ihren Blattfraß die Kartoffelernte. ↑6 Apfelwicklerraupen ernähren sich vom Fruchtfleisch des Apfels.

Insekten als Haushalts- und Vorratsschädlinge Einige Insekten und ihre Larven sind Schädlinge im Haushalt, weil sie Nahrungsvorräte und Kleidung zerstören. So fressen Kornkäfer und ihre Larven Getreidekörner und Backwaren. Auch die Larven des Mehlkäfers (Mehlwurm) ernähren sich von Mehl. Die Larve der Kleidermotte frisst Löcher in Wolle, Stoffe und Pelze. Lästige Hausgesellen sind Küchenschaben. ↑7

Insekten als Parasiten des Menschen Lebewesen, die auf Kosten von anderen leben, bezeichnet man als Parasiten. Bekannte Parasiten des Menschen sind die Stechmücken. Sie besitzen stechend-saugende Mundwerkzeuge, also einen Stechrüssel. Die weiblichen Stechmücken brauchen das Blut zur Entwicklung ihrer Eier. Männliche Stechmücken haben verkümmerte Mundwerkzeuge und können nicht stechen. Haarläuse können sich mit ihren Klammerbeinen im Haar des Menschen festsetzen. Ihre Eier, die Nissen, kleben an den Haaren fest. Der Menschenfloh ist ebenfalls ein Parasit des Menschen und saugt dessen Blut. ↑8

Kurz und knapp **Insekten spielen als Bestandteil von Nahrungsketten und Nahrungsnetzen in den verschiedenen Lebensräumen eine wichtige Rolle. Sie haben für den Menschen als Pflanzenbestäuber, Schädlingsbekämpfer, Rohstofflieferant und Heimtier eine große Bedeutung. Insekten bringen für den Menschen aber auch Schaden, zum Beispiel als Pflanzen- und Vorratsschädlinge sowie als Parasiten.**

5 Marienkäfer

6 Kartoffelkäfer

7 Küchenschabe

8 Menschenfloh

Arbeitsaufträge

1 Nenne zwei Pflanzenschädlinge und ihre Schadwirkung.
2 Beschreibe an zwei Beispielen die nützliche Wirkung von Insekten für den Menschen.
3 Erstelle eine viergliedrige Nahrungskette mit einem Insekt.

4 Kopfläuse sind Parasiten des Menschen.
a Erkundige dich bei deinen Eltern bzw. in der Apotheke wie man diese Schädlinge bekämpft.
b Nenne zwei weitere Parasiten des Menschen, die Insekten sind.

Die Kreuzspinne – ein typischer Vertreter der Spinnentiere

Wenige Tiere lösen beim Menschen soviel Unbehagen aus wie die Spinnen. Einige Menschen haben eine Spinnenphobie. Jedoch haben diese Wirbellosen eine große Bedeutung im Kreislauf der Natur. Bei genauer Betrachtung sind sie eine faszinierende Tiergruppe. Eine bekannte Spinnenart unserer Heimat ist die Kreuzspinne. Wovon ernähren sich Spinnen und wie bauen sie ihr Netz?

1 Kreuzspinne

GRUNDLAGEN: Bau und Lebensweise der Kreuzspinne

Bau Wie Insekten und Krebstiere gehören die Spinnentiere zu den Gliederfüßern, da ihre Beine mehrfach gegliedert sind. Der Spinnenkörper ist in zwei Abschnitte gegliedert, die Kopfbrust und den Hinterleib. Am Kopfbruststück befinden sich die acht Punktaugen, die Kieferklaue, die Kiefertaster und vier Paar Beine. ↑2–6 Am Hinterleib befindet sich die Spinndrüse. Spinnentiere haben ein chitinhaltiges Außenskelett. Der Sauerstoff der Luft wird über die Fächertracheen aufgenommen. ↑3

2 Weberknecht

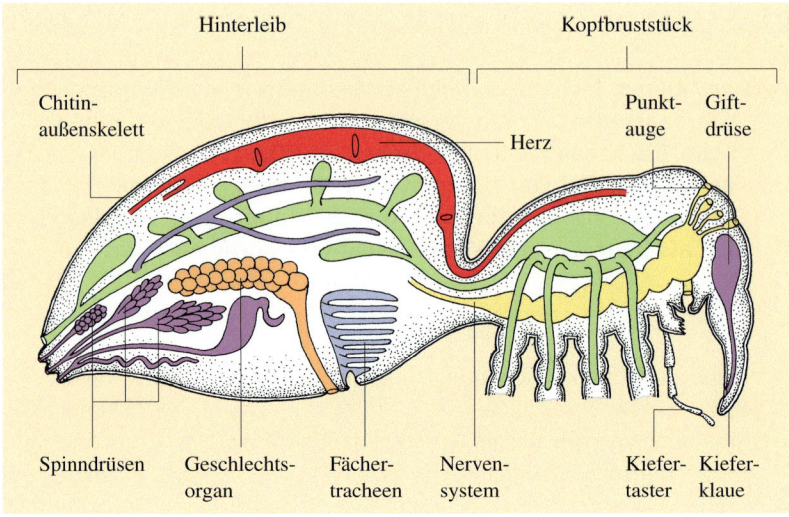

3 Bauplan einer Kreuzspinne

4 Wespenspinne

5 Wasserspinne

6 Spinnennetz mit Morgentau

Ernährung Spinnen fressen ausschließlich tierische Nahrung wie Fliegen, Grashüpfer, Schmetterlinge. Hat sich ein Tier in ihrem Netz verfangen, lähmt die Spinne ihre Beute mit dem Gift aus ihrem Kiefer und spinnt die Beute ein. Das Gift bewirkt eine Verflüssigung der Bestandteile der Beute, die anschließend durch die Mundöffnung aufgesaugt werden.

7 Kreuzspinne mit Jungen (oben rechts das Gelege)

Fortpflanzung und Entwicklung Das geschlechtsreife Männchen baut kein Fangnetz, sondern begibt sich auf die Suche nach einem geschlechtsreifen Weibchen. Am Netz eines Weibchens erkundet das Männchen, ob das Weibchen paarungsbereit ist, sonst würde das Männchen als Beute enden. Nach der Paarung legt das Weibchen im Herbst Eier, die es in Eikokons einspinnt. Im kommenden Frühjahr schlüpfen die Jungspinnen, die sich mehrmals häuten, bevor sie erwachsen sind. ↑7

Netzbau Am Hinterleib der Spinne kann man die Spinndrüsen erkennen. Aus ihnen tritt eine Flüssigkeit aus. Diese Spinnflüssigkeit erstarrt an der Luft sofort zum Spinnfaden, aus welchem die Kreuzspinne ihr kunstvolles Netz baut. Mithilfe der Klebefäden in der Fangzone des Netzes fängt sie ihre Beute. ↑6, 8

Kurz und knapp Der Köper der Spinnentiere ist in zwei Abschnitte aufgeteilt, die Kopfbrust und den Hinterleib. An der Kopfbrust befinden sich die Punktaugen, die Kieferklaue, die Kiefertaster und vier Beinpaare. Am Hinterleib sitzen die Spinndrüsen. Spinnentiere besitzen ein chitinhaltiges Außenskelett.

Schon gewusst?

Bei manchen Spinnenarten bringt das Männchen zur Begattung ein „Hochzeitsgeschenk" mit, das aus einer gefangenen und eingesponnenen Beute besteht.

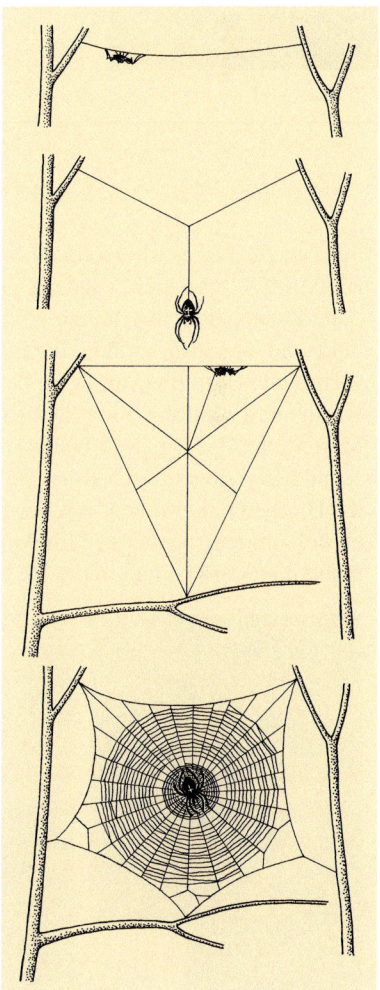

8 Bau eines Kreuzspinnen-Netzes

GRUNDLAGEN: **Blutsauger im Unterholz: Zecken**

Zecken gehören zu einer außerordentlich artenreichen Gruppe innerhalb der Spinnentiere, den Milben. Zecken spinnen keine Netze und haben keine Giftdrüsen. Sie ernähren sich vom Blut ihrer Wirtstiere.

Lebensweise Zecken lauern in Gras und Unterholz auf ihre Beutetiere. Sie kommen nicht nur in Wäldern, sondern auch in Parks und auf Wiesen vor. Sie orten ihre Wirte durch deren Geruch und Körpertemperatur. Dazu klettern sie auf die Spitze von Grashalmen, anderen Blättern oder Zweigen und strecken ihre Vorderbeine, an deren Endgliedern sich ihr Geruchs- und Wärmesinn befindet, weit von sich in die Luft. ↑1

1 Zecke in Lauerstellung

Hat eine Zecke einen Wirt ausgemacht, krabbelt sie schnell auf diesen zu und sucht sich eine besonders gut durchblutete und geschützte Stelle. Beim Menschen sind Zecken daher vor allem zwischen den Beinen, in den Achselhöhlen sowie am Haaransatz hinter den Ohren und im Genick zu finden.

Besonders die Weibchen brauchen für die Produktion ihrer bis zu 3000 Eier eine ausgiebige Blutmahlzeit. Dafür saugen sie bis zu 10 Tage an ihrem Wirt, wobei sie ihr Gewicht mehr als verhundertfachen. Den Zeckenbiss spürt man nicht, weil gleichzeitig eine Betäubungsflüssigkeit abgegeben wird. ↑2, 3

150 µm

2 Stech- und Saugapparat einer Zecke

Fokus Medizin FMSE und Borreliose

Für den Menschen sind Zecken nicht wegen des Blutverlusts schädlich, sondern weil sie sehr gefährliche Krankheiten übertragen können. In Deutschland sind dies insbesondere die mittlerweile überall verbreitete Borreliose und eine bestimmte Form der Hirnhautentzündung, die FSME (Frühsommer-Meningoenzephalitis). In beiden Fällen werden die Krankheitserreger durch Körpersäfte der Zecke in die Blutbahn übertragen. Bei der Borreliose handelt es sich um eine bakterielle Infektion, die sich manchmal durch eine um die Bissstelle fortschreitende Rötung der Haut (Wanderröte) bemerkbar macht. Insbesondere im Anfangsstadium kann Borreliose mit Antibiotika behandelt werden.

FSME hingegen ist eine Virusinfektion, die zu schwersten Schäden am Gehirn und zu Lähmungen führen kann, in manchen Fällen sogar zum Tod. Im Gegensatz zur Borreliose gibt es gegen FSME eine vorbeugende Impfung. Ist die Krankheit jedoch ausgebrochen, können lediglich die Krankheitssymptome bekämpft werden, da es bislang noch keine speziellen Medikamente gegen die FSME-Viren gibt. Grundsätzlich müssen Zecken daher sachgerecht und zügig entfernt werden.

In vielen Kreisen von Thüringen (z. B. Jena, Saale-Holzland- und Saale-Orla-Kreis) konnte man Zecken mit FSME-Viren nachweisen. Deshalb sollte man sich vorbeugend impfen lassen. Der vollständige Schutz baut sich nach mehreren Impfungen auf. Die ersten beiden Teilimpfungen erfolgen innerhalb von 14 Tagen. Nach ca. 9 Monaten erfolgt die nächste Impfung. Um den Langzeitschutz aufrecht zu erhalten, empfiehlt es sich, alle drei Jahre eine Auffrischung der Impfung durchzuführen. Gegen Borreliose gibt es keine Impfung. Bei Zeckenbissen sollte man sich grundsätzlich an einen Arzt wenden.

1 mm   1 mm

3 Zecke vor und nach Blutmahlzeit

GRUNDLAGEN: Bedeutung der Spinnentiere

Milben, Zecken, Weberknechte und Skorpione besitzen wie die Spinnen vier gegliederte Beinpaare. Sie gehören deshalb ebenfalls zu den Spinnentieren. Unsere einheimischen Spinnen fressen viele schädliche Insekten und andere Wirbellose. Sie sind deshalb biologische Schädlingsvertilger. Gleichzeitig sind sie wichtige Glieder von Nahrungketten und Nahrungsnetzen.↑6 Milben, wie zum Beispiel die Rote Spinnmilbe, sind Parasiten an Pflanzen.↑7 Zecken können mit ihrem Biss krankmachende Viren und Bakterien auf den Menschen übertragen, die gefährliche Krankheiten auslösen können. Einige Menschen halten Vogelspinnen und Skorpione als Heimtiere.↑4

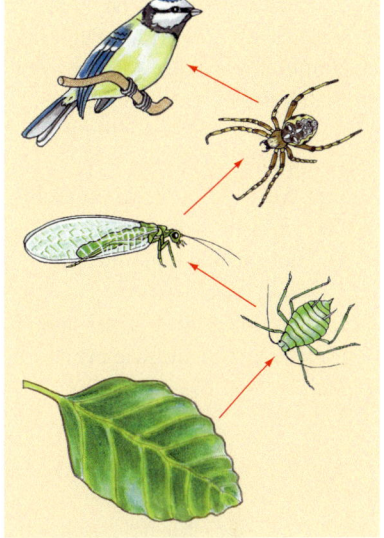
6 Nahrungskette

4 Skorpion

5 Rotbeinvogelspinne

Vogelspinne Beliebte Terrarientiere sind Vogelspinnen. Eine sehr schöne Art ist die in Mexiko lebende und bis zu 8 cm große Rotbeinvogelspinne.↑5 Vogelspinnen besitzen eine auffällige Körperbehaarung. Sie ernähren sich vorwiegend von Insekten und anderen Wirbellosen. Größere Arten fressen auch kleine Echsen und Nagetiere. Sie sind sehr langlebig. Es gibt Arten, die bis 20 Jahre alt werden. Viele Vogelspinnen sind giftig und können unter anderem eine allergische Reaktion auslösen. Oft wird der Biss in seiner Wirkung mit dem Stich einer Biene verglichen.

Kurz und knapp **Spinnentiere haben als Glieder von Nahrungsketten eine große Bedeutung. Sie vertilgen viele schädliche Wirbellose. Milben und Zecken sind Parasiten an Lebewesen.**

7 Rote Spinnmilbe

Arbeitsaufträge

1 Beschreibe den äußeren Körperbau einer Kreuzspinne.

2 Erstelle eine viergliedrige Nahrungskette mit einem Spinnentier.

3 Vergleiche ein Insekt mit einem Spinnentier.

4 Beschreibe die Fortpflanzung der Kreuzspinne.

5 Was ist das Besondere an der Verdauung bei Spinnentieren (der Kreuzspinne)?

6 Nenne vier einheimische Spinnentiere.

7 Was verstehst du unter einer Spinnenphobie?

8 Erläutere an drei Beispielen die Bedeutung der Spinnentiere.

9 Wieso bauen Spinnen Netze?

10 Zecken übertragen Krankheitserreger.

a Welche Krankheitserreger können Zecken (Holzböcke) mit ihrem Biss auf den Menschen übertragen?

b Welche Krankheiten lösen die übertragenen Krankheitserreger aus?

c Wie kann man sich vor Zeckenbissen schützen?

d Gegen die Frühsommerhirnhautentzündung (FSME) kann man sich vorbeugend impfen lassen. Was muss man beachten, bevor man vollständigen Impfschutz hat?

e Informiere dich, wo in Deutschland oder in deiner Region FSME auftritt.

Weichtiere – eine vielgestaltige Wirbellosengruppe

Kaum ein Weichtier ist so bekannt wie der Krake Paul, der im Sommer 2010 den Ausgang der Fußballweltmeisterschaftsspiele voraussagte, so auch die Platzierung von Deutschland.

Zu den Weichtieren gehören nicht nur Tintenfische wie der Krake Paul: Auch Schnecken und Muscheln sind Weichtiere.

Weichtiere leben im Wasser und an Land. Wie atmen sie, wie ernähren sie sich?

1 Der Krake Paul

GRUNDLAGEN: Bau und Lebensweise der Weinbergschnecke

Bau Die Weinbergschnecke ist ungleichmäßig in Kopf, Fuß und Eingeweidesack gegliedert. Der Eingeweidesack mit den meisten inneren Organen wird von einem Kalkgehäuse geschützt. Am Kopf befinden zwei Paar Fühler. An den längeren Fühlerenden sitzen die Augen. Ebenfalls am Kopf befindet sich die Mundöffnung mit einer Raspelzunge. ↑2 Schnecken haben eine feuchte, schleimige und drüsenreiche Haut. Zwischen Gehäuse und Fuß kann man die Atemöffnung erkennen. Die aufgenommene Luft gelangt in die Atemhöhle und somit in die Lunge. ↑3

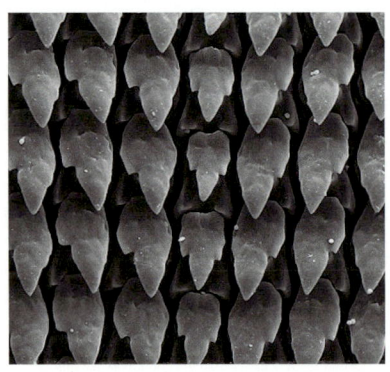

2 Elektronenmikroskopische Aufnahme der Raspelzunge

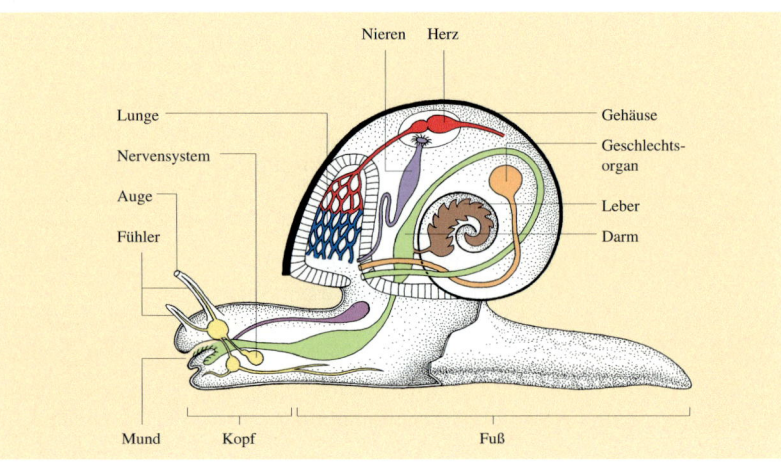

3 Körperbau der Weinbergschnecke

Fortbewegung Die Weinbergschnecke bewegt sich kriechend fort. Durch Absonderung von Schleim und durch wellenförmige Muskelbewegung des Fußes gleitet sie vorwärts. ↑6

Ernährung Weinbergschnecken sind Pflanzenfresser. Mit ihrer Raspelzunge raspeln sie Pflanzennahrung ab. ↑2

Fortpflanzung Weinbergschnecken pflanzen sich geschlechtlich fort. Wie viele Schnecken sind Weinbergschnecken Zwitter. Bei der Paarung tauschen sie gegenseitig Samenzellen aus. Die reifen und befruchteten Eizellen werden in Erdhöhlen und unter Steinen abgelegt. ↑4 Nach einigen Wochen schlüpfen die Jungschnecken.

Überwinterung Zur Überwinterung graben sich Weinbergschnecken in den Boden ein und verschließen ihr Gehäuse.

Bedeutung Schnecken sind Glieder von Nahrungsketten und Nahrungsnetzen. Wenn sie massenhaft auftreten, schädigen sie die Pflanzenbestände. In einigen Ländern gelten Weinbergschnecken als Delikatesse.

Kurz und knapp **Schnecken sind in Kopf, Fuß und Eingeweidesack gegliedert. Der Eingeweidesack wird bei vielen Schnecken von einem Kalkgehäuse geschützt. Landschnecken atmen durch Lungen. Sie ernähren sich von pflanzlicher Nahrung und sind bei massenhaftem Auftreten Pflanzenschädlinge.**

4 Eiablage einer Weinbergschnecke

5 Die Rote Wegschnecke

Beobachten Untersuchen Experimentieren

Schnecken auf den Fuß geschaut
Dass Schnecken sich langsam fortbewegen, ist geradezu sprichwörtlich. Wie die Fortbewegung mit einem Fuß funktioniert, könnt ihr nun untersuchen.
Material: Gehäuseschnecken (am besten abends oder bei Regen sammeln), Glasplatte, Wassersprühflasche

Durchführung: Lasst eine Schnecke auf einer Glasplatte kriechen und beobachtet, wie sie sich fortbewegt. Haltet die Platte dann senkrecht, sodass ihr die Kriechsohle von unten betrachten könnt. Was könnt ihr beobachten? Haltet die Tiere immer feucht und setzt sie nach Abschluss des Versuchs am Fundort wieder aus.
Auswertung: Beschreibt die Fortbewegung der Schnecke.

6 Kriechsohle der Weinbergschnecke

Arbeitsaufträge

1 Beschreibe die Körperbedeckung und Körpergliederung einer Weinbergschnecke.
2 Nenne drei einheimische Schneckenarten.
3 Erläutere die Bedeutung der Schnecken.
4 Vergleiche eine Schnecke mit einem Insekt.

5 Erstelle eine viergliedrige Nahrungskette mit einer Schnecke.
6 Begründe die Angepasstheit der Schnecken an ihren Lebensraum.
7 Wieso kommen Gehäuseschnecken nur auf kalkhaltigen Böden vor?

GRUNDLAGEN: Bau und Lebensweise der Miesmuschel

Bau Die Eingeweide der Miesmuschel werden durch zwei Kalkschalenhälften vor Feinden geschützt. Schließmuskeln halten die Schalenhälften zusammen. Deutlich ist die Ein- und Ausströmöffnung zu erkennen. Zur Fortbewegung dient der Fuß. Die Atmungsorgane der Muscheln sind Kiemen. ↑1, 2

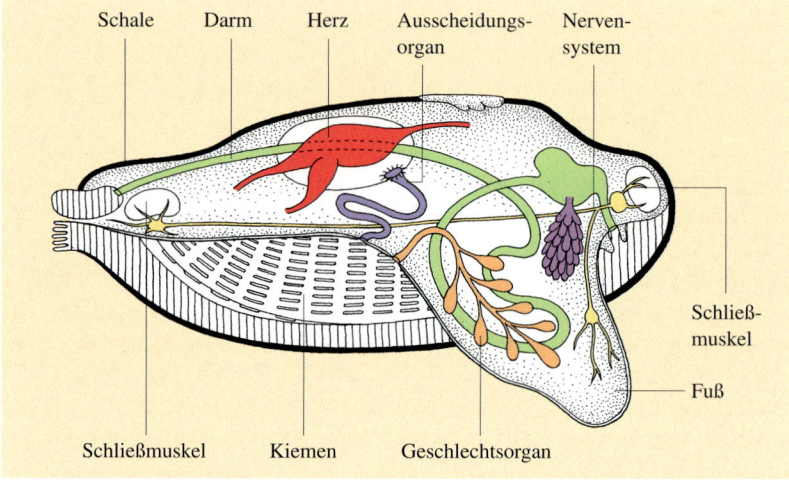

1 geöffnete Miesmuschel

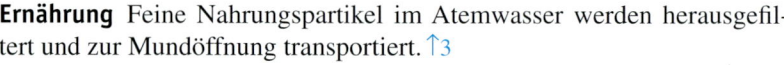

2 Körperbau der Muschel

Ernährung Feine Nahrungspartikel im Atemwasser werden herausgefiltert und zur Mundöffnung transportiert. ↑3

Fortpflanzung Muscheln sind getrenntgeschlechtlich. Sie geben Eizellen und Spermien in das Wasser ab. Aus der befruchteten Eizelle entwickeln sich Larven, die mit der Strömung wegtransportiert werden und sich später festsetzen. Daraus entwickeln sich neue Muscheln.

Bedeutung Muscheln sind wichtige Glieder von Nahrungsketten bzw. Nahrungsnetzen. Viele Vögel der Meeresküsten ernähren sich von Muscheln. Auch der Mensch nutzt beispielsweise Miesmuscheln oder Austern als Nahrungsmittel – sie gelten als Delikatesse. Indem Muscheln feine Partikel aus dem Wasser herausfiltern, tragen sie zur biologischen Reinigung der Gewässer bei. Einige Muscheln können Perlen erzeugen.

3 Muschel beim Filtrieren

Muscheln in Thüringen Muscheln sind nicht nur Meeresbewohner. Sie kommen auch im Süßwasser vor. So gibt es in Thüringen heute 22 Muschelarten. Bekannte Arten sind die Teichmuschel und die Flussperlmuschel. Ein Einwanderer aus dem Schwarzmeergebiet ist die Wandermuschel, welche ein Bioindikator für gute Wasserqualität ist. Sie kommt unter anderem im Hohenwartestausee vor. ↑4

Kurz und knapp **Die inneren Organe von Muscheln werden von zwei Kalkschalenhälften geschützt. Muscheln atmen durch Kiemen. Sie sind Glieder von Nahrungsketten und tragen durch ihre Filtertätigkeit zur biologischen Reinigung der Gewässer bei.**

4 Zebramuscheln

GRUNDLAGEN: Bau und Lebensweise von Tintenfischen

Die meisten heute lebenden Tintenfische, auch Kopffüßer genannt, sind schnelle und gewandte Jäger, die sich von Krebstieren, Muscheln und Fischen ernähren. Den Namen Kopffüßer haben sie von den Fangarmen bzw. „Füßen", die um die Mundöffnung herum angeordnet sind. Je nach Art finden sich acht oder zehn Fangarme, die mit Saugnäpfen besetzt sind. Mit diesen halten sie ihre Beute fest.

Im Gegensatz zu den Gehäuseschnecken und Muscheln ist bei ihnen die starre Schale zurückgebildet. Kopffüßer atmen über Kiemen. Sie besitzen ein hoch entwickeltes Linsenauge sowie ein leistungsfähiges Nervensystem mit einem gut ausgeprägten Gehirn.

Fühlt sich ein Tintenfisch bedroht, so stößt er eine dunkle Flüssigkeit, die Tinte, aus und schwimmt im Schutz des gefärbten Wassers aus der Gefahrenzone. Kopffüßer können sich mit ihrer Körperfarbe an den Meeresboden anpassen.

Lebende Fossilien Nautilus ist die einzige noch lebende Gattung von Kopffüßern, die – ähnlich wie die Ammoniten – ein Gehäuse besaßen. Sie werden auch als Perlboote bezeichnet.

Gewöhnlicher Krake Der Krake Paul ↑1, S. 64 war ein gewöhlicher Krake, wie er in vielen Meeren und auch der Nordsee vorkommt. Er ernährt sich von Muscheln, Schnecken, Garnelen und Fischen. Er kann eine Länge von über zwei Metern erreichen.

6 Sepia, ein Tintenfisch mit 10 Fangarmen

7 Nautilus

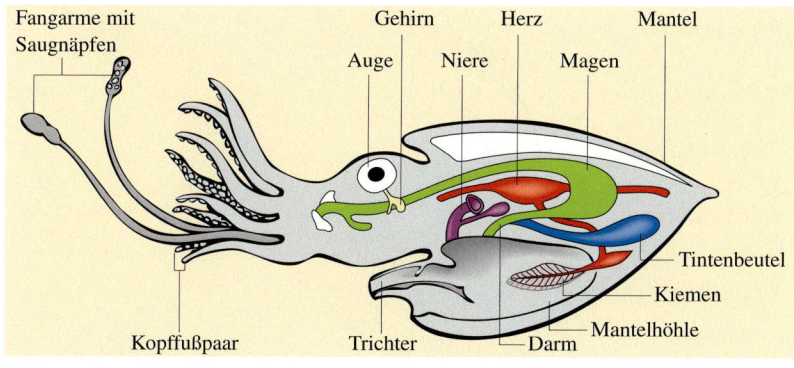

5 Körperbau eines Tintenfisches

Kurz und knapp Tintenfische sind Weichtiere, die im Salzwasser leben. Sie atmen mit Kiemen. Die starke Schale ist bei ihnen zurück gebildet.

Arbeitsaufträge

1 Nenne die Gruppen der Weichtiere und ordne jeweils ein Artbeispiel zu.
2 Begründe, weshalb man Gehäuseschnecken vorwiegend auf kalkhaltigen Böden findet.
3 Erläutere zwei Bedeutungen der Muscheln für den Menschen.

4 Begründe, weshalb der Begriff „Tintenfische" ungeeignet ist.
5 Vergleiche Muscheln und Schnecken.
6 Stelle eine Nahrungskette mit einem Weichtier auf.

Ordnen nach Verwandtschaft

Auf dem Schulgelände wirst du viele unterschiedliche Tiere finden, von denen die meisten zu den Wirbellosen gehören. Wenn du sie einer Verwandtschaftsgruppe zuordnen und herausfinden möchtest, um welche Art es sich handelt, brauchst du einen Bestimmungsschlüssel. Bestimmungsschlüssel dienen Wissenschaftlern dazu, Tiere nach Verwandtschaft zu ordnen. Tiere, die miteinander verwandt sind, haben gemeinsame Merkmale. Bestimmungsschlüssel berücksichtigen Merkmale wie die Zahl der Beine oder die Körperform.

In der Regel entscheidet man sich zwischen zwei Möglichkeiten und gelangt dann zur nächsten Ja-Nein-Entscheidung. Wenn man allen richtigen Aussagen folgt, kann man ein unbekanntes Tier zuordnen.

Werde nun selbst zum Forscher!
Ordne die Tiere in Bild ↑2 mithilfe des Bestimmungsschlüssels der jeweiligen Wirbellosengruppe zu.

1	ohne Bein	**2**
–	mit Beinen	**3**
2	ohne erkennbare Körpergliederung . .	**Weichtiere**
–	mit ringförmigen Gliedern	**Ringelwürmer**
3	mit mehr als 4 Beinpaaren	**4**
–	Tiere mit 4 oder weniger Beinpaaren	**5**
4	mehr als 10 Beinpaare, Körper lang gestreckt und gegliedert	**Tausendfüßer**
–	mit 7 Beinpaaren, Körper abgeflacht	**Krebstiere**
5	4 Beinpaare, keine Antennen	**Spinnentiere**
–	3 Beinpaare, Körper gegliedert in Kopf, Brust und Hinterleib, 1 Paar Antennen, meist geflügelt	**Insekten**

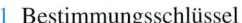 Bestimmungsschlüssel

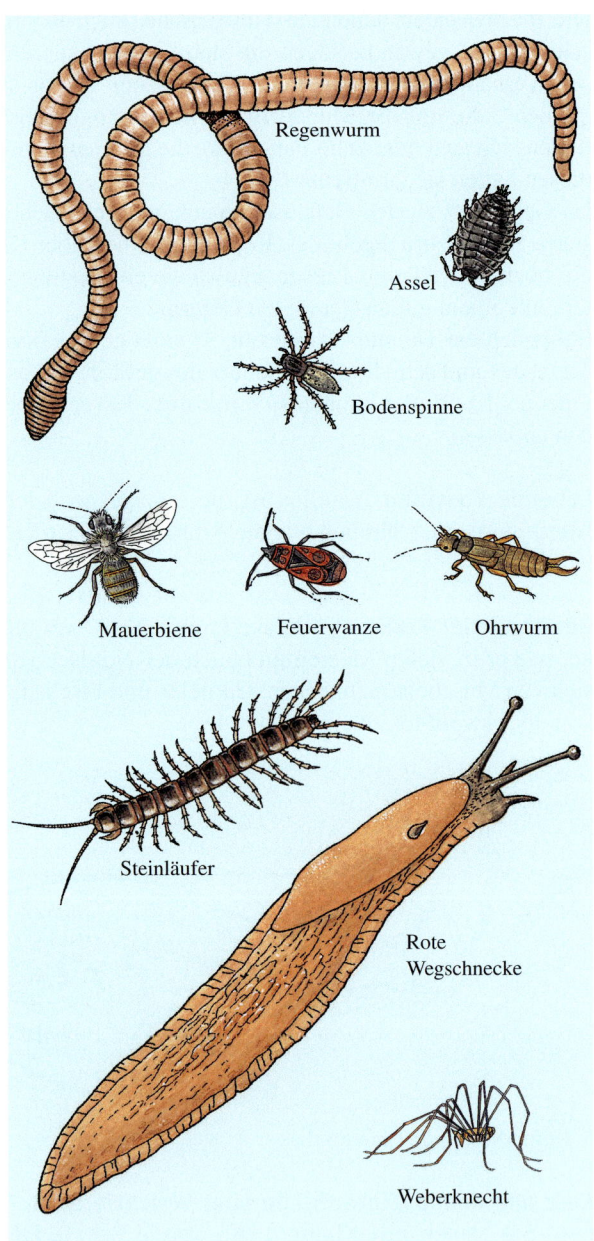
2 Wirbellose Tiere auf dem Schulgelände

Regenwurm
Assel
Bodenspinne
Mauerbiene   Feuerwanze   Ohrwurm
Steinläufer
Rote Wegschnecke
Weberknecht

Arbeitsaufträge

1 Versuche die abgebildeten Tiere auf dem Schulgelände zu finden. Betrachte sie im Fangglas mit der Lupe oder dem Binokular. Achte besonders auf die Anzahl der Beine, die Körpergliederung, die Fühler und Flügel. Bringe die Tiere anschließend an den Fundort zurück.

2 Sammle weitere Kleintiere und finde mithilfe eines Bestimmungsbuchs heraus, zu welcher Wirbellosengruppe sie gehören. Notiere jeweils den Namen der Gruppe oder der Art.

3 Versuche für die drei abgebildeten Insekten einen Bestimmungsschlüssel zu entwickeln.

Schon gewusst? Einteilung der Insekten

Auf der Erde gibt es seit über 300 Millionen Jahren Insekten. In diesem langen Zeitraum haben sie sich zur artenreichsten Tiergruppe entwickelt. ↑3
Um diese Artenvielfalt überschaubar zu machen, kann man die Insekten nach verschiedenen Merkmalen ordnen. Ein mögliches Merkmal für die Einteilung der Insekten sind die Anzahl und die Ausbildung der Flügel. So sind die festen Deckflügel ein Merkmal für alle Käfer, während das Vorhandensein von 2 häutigen Flügelpaaren ein Merkmal für die Hautflügler ist, zu denen Bienen, Hummeln und Wespen gehören. Bei den Zweiflüglern ist ein Flügelpaar zurückgebildet, was man bei der Stubenfliege erkennen kann. Schmetterlinge haben ähnliche, meist beschuppte sowie bunt gefärbte Vorder- und Hinterflügel.

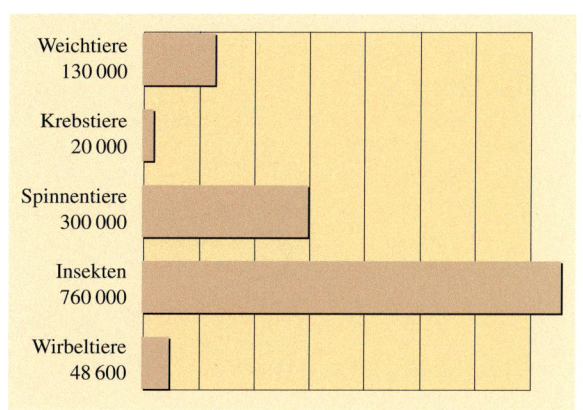

Weichtiere 130 000
Krebstiere 20 000
Spinnentiere 300 000
Insekten 760 000
Wirbeltiere 48 600

3 Artenzahl verschiedener Tiergruppen im Vergleich

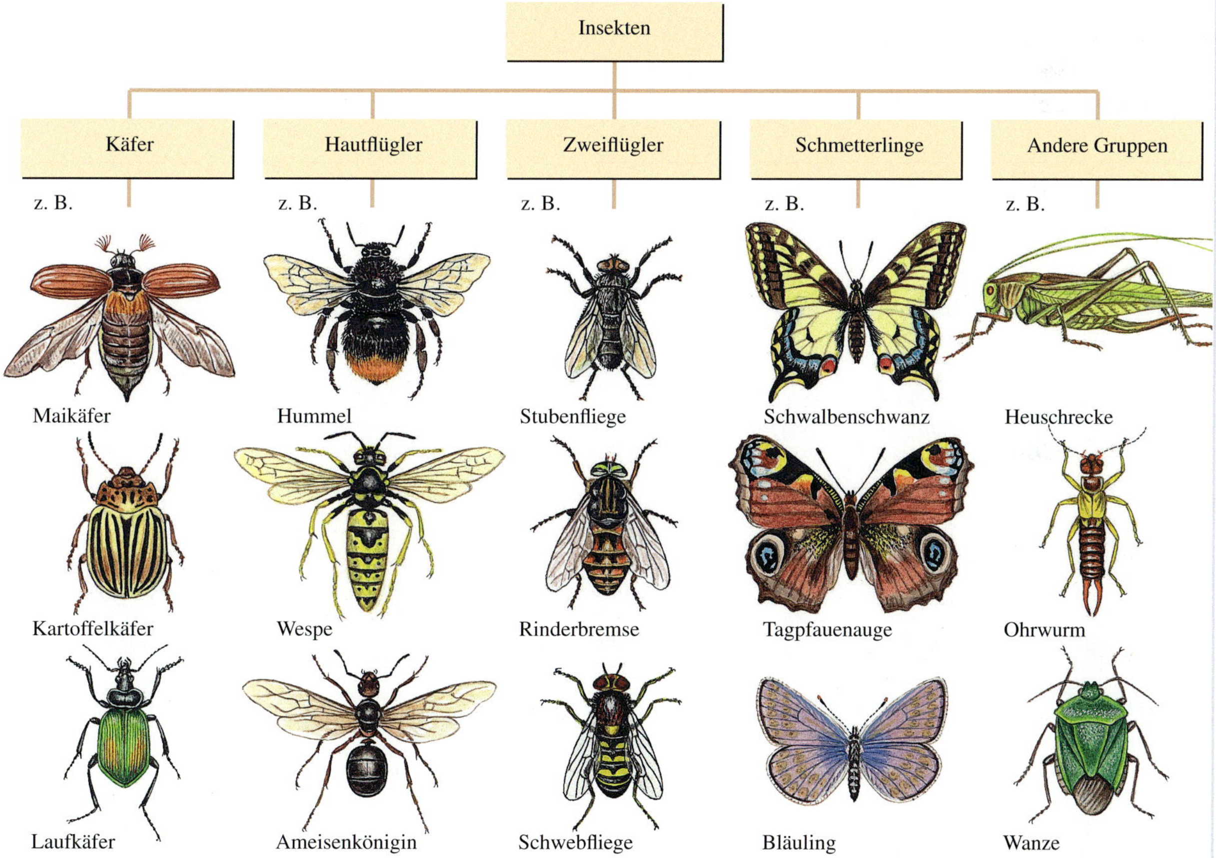

Insekten

Käfer	Hautflügler	Zweiflügler	Schmetterlinge	Andere Gruppen
z. B.	z. B.	z. B.	z. B.	z. B.
Maikäfer	Hummel	Stubenfliege	Schwalbenschwanz	Heuschrecke
Kartoffelkäfer	Wespe	Rinderbremse	Tagpfauenauge	Ohrwurm
Laufkäfer	Ameisenkönigin	Schwebfliege	Bläuling	Wanze

4 System der Insekten

Arbeitsaufträge

1 Definiere die abgebildeten Insektengruppen.
2 Vergleiche Stubenfliege, Maikäfer und Schwalbenschwanz nach selbst gewählten Kriterien.
3 Nenne weitere Käfer- und Schmetterlingsarten.
4 Ordne den von dir genannten Insekten die entsprechenden Mundwerkzeuge zu.

Wirbellose und Wirbeltiere im Vergleich

Tiergruppe	Ringelwürmer	Krebstiere	Insekten
Formenvielfalt	Regenwürmer Egel	Krebse	Libellen Zweiflügler Käfer
Lebensraum	Land, Wasser	Wasser, Land	Land, Wasser, Luft
Körperbedeckung	dünne, schleimige und drüsenreiche Haut	chitinhaltiger Kalkpanzer	Chitinpanzer
Körpergliederung	gleichmäßig gegliedert (Segmente)	ungleichmäßig gegliedert in Kopfbrust, Schwanz	ungleichmäßig gegliedert in Kopf, Brust und Hinterleib
Skelett	kein Skelett	Außenskelett aus Kalk und Chitin	Außenskelett aus Chitin
Atmung	Haut- und Kiemenatmung	Kiemen, Tracheen	Tracheen, Kiemen
Fortpflanzung	geschlechtlich (Zwitter)	geschlechtlich	geschlechtlich
Fortbewegungsarten	Kriechen, Schwimmen	Schwimmen, Laufen,	Laufen, Fliegen, Schwimmen, Springen
Ernährungsweise	heterotroph	heterotroph	heterotroph
Körpertemperatur	wechselwarm	wechselwarm	wechselwarm
Blutgefäßsystem	geschlossen	offen	offen
Nervensystem	Strickleiternervensystem	Strickleiternervensystem	Strickleiternervensystem

Spinnentiere	Weichtiere	Wirbeltiere
Land, (Wasser)	Wasser, Land	Land, Wasser, Luft
chitinhaltiges Außenskelett	weiche, drüsenreiche Haut, oft mit Kalkschale oder -gehäuse	nackte drüsenreiche Haut zum Teil mit Schuppen, trockene Haut mit Horn-schuppen, Federn, Fell
ungleichmäßig gegliedert in Kopfbrust und Hinterleib	ungleichmäßig gegliedert in Kopf, Fuß und Eingeweidesack	ungleichmäßig gegliedert in Kopf, Rumpf, Schwanz
Außenskelett aus Chitin	ohne Skelett	Innenskelett bestehend aus Wirbelsäule, Schädel, Gliedmaßenskelett, Schulter- und Beckengürtel
Tracheenatmung	Kiemen- und Lungenatmung	Haut-, Kiemen- und Lungenatmung
geschlechtlich	geschlechtlich (zum Teil Zwitter)	geschlechtlich
Laufen	Kriechen, Schwimmen	Laufen, Kriechen, Schwimmen, Fliegen u. a.
heterotroph	heterotroph	heterotroph
wechselwarm	wechselwarm	wechselwarm/gleichwarm
offen	offen	geschlossen
Strickleiternervensystem	zentrales Nervensystem (Gehirn und Bauchmark)	zentrales Nervensystem (Gehirn und Rückenmark)

Spinnen

Schnecken

Muscheln

Kopffüßer

Auch Wirbellose brauchen unseren Schutz

Wirbellose in Gefahr Viele Wirbellose und besonders Insekten brauchen unseren Schutz. Durch Zerstörung und Verschmutzung von Lebensräumen sind viele Insekten sehr selten geworden. Interessantes über Wirbellose und ihren Schutz erfährst du in Naturkundemuseen bzw. Naturparkhäusern.

Lebensraum verschwindet Wo gibt es heute noch blühende Wiesen, die eine Nahrungsgrundlage für viele Tagfalter und deren Raupen darstellen? Viele Kleinstflächen, auf denen beispielsweise Brennnesseln gedeihen, werden heute gemäht bzw. kultiviert. Brennnesselblätter sind aber die bevorzugte Nahrungsquelle für die Raupen des Kleinen Fuchses und des Tagpfauenauges. Weil die Tagfalter sehr selten geworden sind, stehen heute fast alle Arten unter Naturschutz und dürfen deshalb nicht gefangen oder getötet werden.

Natur-
schutzgebiet

Es ist nicht gestattet:
Pflanzen zu beschädigen, zu entnehmen
oder Teile von ihnen abzutrennen,
Tiere zu beunruhigen, zu fangen
oder zu töten,
den Zustand des Gebietes zu verändern
oder zu beeinträchtigen, Baumaßnahmen
durchzuführen, Biozide anzuwenden,
die Wege zu verlassen, zu lärmen,
Feuer zu machen, zu zelten oder das
Gebiet zu verunreinigen.
Obere Naturschutzbehörde

1 Zeichen Naturschutzgebiet

2 Auf einer bunten Sommerwiese

3 Verschiedene Insektenhotels

4 Artenschutzzentrum auf dem Preißnitzberg in Ranis

5 Schloss Heidecksburg in Rudolstadt mit naturhistorischer Sammlung

6 Naturparkhaus des Naturparks „Thüringer Schiefergebirge/Obere Saale" in Leutenberg

Landwirtschaft In der Landwirtschaft haben sich in den letzten Jahren großflächige Monokulturen durchgesetzt, die sehr anfällig für den Schädlingsbefall sind. Damit auf den Feldern ein hoher Ertrag erzielt werden kann, werden oftmals Insektizide gesprüht, die nicht nur die schädlichen Insekten töten. Selten findet man Steinhaufen am Rande von Feldern, wo sich Wirbellose und Wirbeltiere verstecken können.

Gewässerverschmutzung Viele Wasserinsekten und ihre Larven, aber auch Krebstiere (z. B. der Edelkrebs) sowie Weichtiere (z. B. die Flussperlmuschel) sind durch Verschmutzung der Gewässer bedroht. Oft ist nicht mehr genügend Sauerstoff im Wasser gelöst, viele Kleinstgewässer wurden auch trockengelegt. Diese sind aber ein wichtiger Lebensraum für Libellenlarven. Alle einheimischen Libellen sind daher im Bestand gefährdet und stehen unter Naturschutz.

Schutzmaßnahmen Einen kleinen Beitrag kann jeder leisten. Ihr könnt z. B. ein Insektenhotel im Garten oder auf dem Schulhof anbringen. Auch ein Kompost- oder Steinhaufen oder eine Trockenmauer dienen Wirbellosen als Lebensraum.

7 Insektenhotel aus Lehm

Arbeitsaufträge

1 Was kannst du für den Schutz von Wirbellosen tun?
2 Nenne Wirbellose, die unter Naturschutz stehen.
3 Begründe, warum viele Wirbellose geschützt sind.

4 Erläutere, was du unter einer Banjeshecke verstehst! Informiere dich ggf. in der Fachliteratur oder im Internet. Welche Bedeutung haben diese Hecken für Wirbellose?

Wirbellose Tiere

Wirbellose Tiere besitzen kein Innenskelett, also keine Wirbelsäule. Der größte Teil der auf der Erde lebenden Tierarten, gehört zu den Wirbellosen. Aufgrund von unterschiedlichen Baumerkmalen lassen sie sich in verschiedene Tiergruppen einteilen. Die größte Gruppe der Wirbellosen sind die Gliederfüßer. Zu ihnen gehören unter anderen Krebstiere, Insekten, Spinnentiere und Tausendfüßer. Sie besitzen ein Außenskelett aus Chitin und ihre Beine sind gegliedert. Weitere wirbellose Tiergruppen sind Ringelwürmer und Weichtiere.

Ringelwürmer

Ringelwürmer sind gleichmäßig segmentiert.
Der bekannteste Ringelwurm ist der Regenwurm.

Krebstiere

Der Körper der Krebstiere ist ungleichmäßig gegliedert. Man kann die Kopfbrust und den Hinterleib erkennen. Sie besitzen fünf Paar Laufbeine. Ihr Körper wird durch einen Kalkpanzer geschützt. Bekannte Vertreter der Krebstiere sind der Flusskrebs, der Wasserfloh und die Kellerassel.

Insekten – Bau

Insekten sind die größte Tiergruppe auf der Erde.
Sie sind in Kopf, Brust und Hinterleib gegliedert. Am Kopf befinden sich die Fühler und Komplexaugen. An der Brust kann man drei Beinpaare und die Flügel erkennen. Insekten besitzen ein Außenskelett aus Chitin. und einen offenen Blutkreislauf. Zur Atmung dienen Tracheen.

Fortbewegung

Das Insektenbein ist ungleichmäßig gegliedert. Als Angepasstheit an den Lebensraum haben sich unterschiedliche Beintypen ausgebildet, zum Beispiel das Laufbein der Laufkäfer, das Sammelbein der Honigbiene, das Schwimmbein der Wasserkäfer und das Sprungbein der Heuschrecke. Viele Insekten besitzen Flügel.

Fortpflanzung und Entwicklung Insekten

Insekten pflanzen sich geschlechtlich fort. Aus den befruchteten Eizellen schlüpfen Larven. Die ausgewachsenen Larven verpuppen sich oftmals. Nach diesem Ruhestadium schlüpft ein Vollinsekt. Diese Entwicklung von der befruchteten Eizelle über Larvenformen zum erwachsenen Insekt bezeichnet man als Verwandlung (Metamorphose). Beispiele dafür sind die Schmetterlinge, Käfer, Heuschrecken und Fliegen.

Spinnentiere

Spinnentiere sind Gliederfüßer. Ihr Körper ist in Kopfbrust und Hinterleib gegliedert. Sie besitzen vier Beinpaare und ein chitinhaltiges Außenskelett.

Weichtiere

Weichtiere kommen an Land sowie im Süß- und Salzwasser vor. Wir unterscheiden drei Gruppen: Schnecken, Muscheln und Tintenfische.↑1

1 Hainschnirkelschnecke

Bedeutung der Wirbellosen

Wirbellose sind wichtige Glieder von Nahrungsketten und Nahrungsnetzen.↑2
Viele Insekten haben außerdem eine große Bedeutung bei der Bestäubung von Pflanzen oder als Schädlinge. Manche übertragen als Parasiten Krankheiten, zum Beispiel Zecken.

2 Nahrungskette

Schutz der Wirbellosen

Durch den Einsatz von Schädlingsbekämpfungsmitteln und die Verringerung der natürlichen Lebensräume sind viele Wirbellose selten geworden und stehen unter Naturschutz. Du kannst aktiv zum Naturschutz beitragen, indem du vielfältige Lebensräume schaffst.↑3

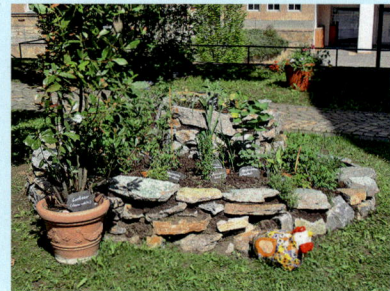

3 Kräuterspirale – ein vielfältiger Lebensraum

1 Das Tierreich lässt sich in zwei große Gruppen einteilen: Wirbellose und Wirbeltiere.

a Durch welche Merkmale sind beide Gruppen gekennzeichnet?

b Nenne jeweils vier Gruppen der Wirbellosen und Wirbeltiere und ordne jeweils zwei Artbeispiele zu.

2 Vergleiche Spinnentiere, Krebstiere und Insekten. Verwende dazu selbst ausgewählte Kriterien. Fertige eine Tabelle an.

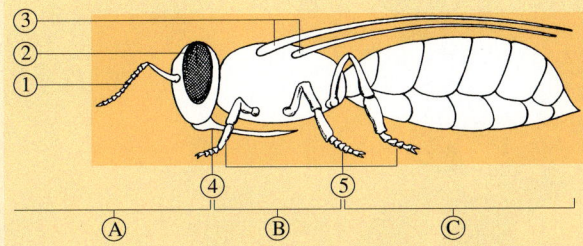

4 Äußerer Bau der Honigbiene

3 Honigbienen sind Staaten bildende Insekten.

a Benenne die Körperabschnitte der Honigbiene.

b Nenne die Mitglieder im Bienenstaat und ihre Funktion.

c Erläutere die Bedeutung der Honigbiene für den Menschen.

d Begründe, weshalb häufig an Klee- oder Rapsfeldern Bienenwagen aufgestellt werden.

4 Beschreibe den äußeren Bau des abgebildeten Schmetterlings.

5 Tagpfauenauge

5 Bei Insekten unterscheidet man verschiedene Typen von Mundwerkzeugen.

a Benenne die Mundwerkzeuge der abgebildeten Tiere. ↑6

Raubwanze	Schmetterling	Totengräber
Nahrung:	Nahrung:	Nahrung:
Insekten (-larven)	Blütennektar	Aas

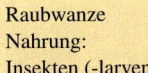 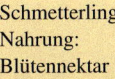

6 Insekten ernähren sich unterschiedlich

b Erläutere, wie die von dir benannten Mundwerkzeuge an die jeweilige Ernährungsweise angepasst sind.

c Schmetterlingsraupen ernähren sich von Blättern. Wie müssen ihre Mundwerkzeuge beschaffen sein?

d Raupen und Falter nutzen unterschiedliche Nahrungsquellen. Begründe.

6 Insekten führen während ihrer Entwicklung einen Gestaltswandel durch.

a Beschreibe die Entwicklung des Kohlweißlings mithilfe der Abbildung ↑7.

b Vergleiche die Entwicklung des Kohlweißlings mit der eines Grashüpfers.

7 Erläutere an zwei Beispielen die Bedeutung der Weichtiere für den Menschen.

8 Viele Wirbellose sind Schädlinge bzw. Parasiten des Menschen. Nenne vier wirbellose Tierarten und ihre Schadwirkung.

9 Viele Wirbellose stehen unter Naturschutz. Beschreibe Maßnahmen, wie man zum Schutz beitragen kann.

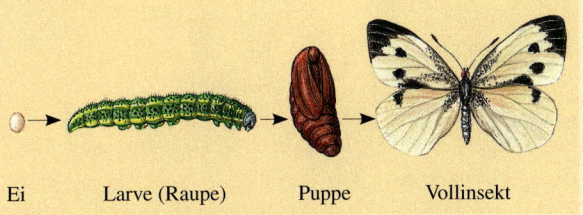

Ei	Larve (Raupe)	Puppe	Vollinsekt

7 Entwicklung eines Kohlweißlings

10 Erläutere den Begriff Nahrungskette anhand eines von dir gewählten Beispiels.

Fortpflanzung, Entwicklung und Sexualität des Menschen

Das Wachsen ist nicht so schwer, das kommt meist von allein. Mit dem Erwachsenwerden sieht das vielleicht schon anders aus, wenn uns in der Pubertät die Hormone einen Streich spielen. Aus Kindern werden Erwachsene, die selbst wieder Kinder bekommen können.

3 Während der Pubertät bilden sich auch die sekundären Geschlechtsmerkmale aus. Welche sind es?

1 Was bin ich: Kind, Jugendlicher oder junger Erwachsener?

2 Eine spannende, aber nicht immer leichte Zeit – das Erwachsenwerden: Wer bin ich? Wie könnte meine Art zu leben aussehen?

4 Was geschieht gerade mit mir?

5 Typisch weiblich, typisch männlich – wie sieht deine Traumfrau oder dein Traummann aus?

6 Schwangerschaftsverhütung – eine Aufgabe beider Partner. Welche Mittel und Methoden gibt es?

7 Verliebtsein? Liebe? Was ist das?

8 Eine Schwangerschaft kann eintreten, wenn Spermien auf eine befruchtete Eizelle treffen. Was passiert im Körper der werdenden Mutter?

In der Pubertät wird alles anders

Anne (14) ist „sauer" auf ihre Mutter. Sie fühlt sich von den Erwachsenen unverstanden und zieht sich in ihr Zimmer zurück, wo sie Musik hört und von ihrem Lieblingssänger träumt. Paul, ihr ein Jahr älterer Bruder, liegt auch oft im Streit mit den Eltern. Er geht dann zum Fußball oder trifft sich mit seiner Clique.

Hat das mit der Pubertät zu tun, dass sich die Einstellungen, Bedürfnisse und Gefühle von Anne und Paul ändern?

1 Pubertät heißt auch Veränderung der Gefühle.

Beobachten Untersuchen *Experimentieren*

2 Kennst du auch diese Situationen?

Typisch!?
Die Pubertät ist keine leichte Zeit. Viele Veränderungen stürmen auf die Jugendlichen ein und müssen bewältigt werden, zum Beispiel neue Freiheiten, andere Ansichten und sexuelle Regungen.

1 Entwerft in Gruppen zu den in den Abbildungen dargestellten Situationen Szenen, aus denen hervorgeht, was die einzelnen Personen sagen und denken. ↑2

2 Führt die Szenen in der Klasse auf. Wertet sie anschließend unter folgenden Gesichtspunkten aus:
– Wie haben sich die Spieler/ Zuschauer gefühlt? Was haben sie empfunden?

GRUNDLAGEN: Veränderungen des Körpers und der Psyche

Der Körper verändert sich Mit dem Beginn der Pubertät treten neben psychischen Veränderungen auch viele Veränderungen im menschlichen Körper auf. Manche dieser Veränderungen erfolgen im Körperinnern, andere sind äußerlich sichtbar. ↑3

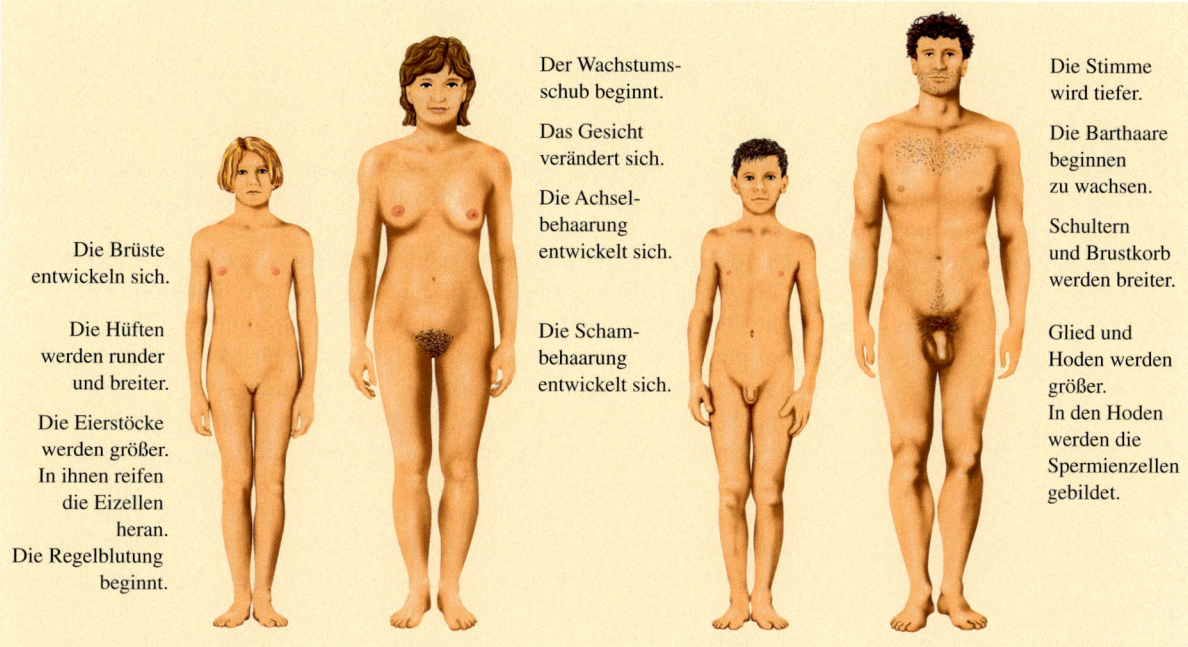

3 Körperliche Veränderungen

Der Wachstums-
schub beginnt.

Das Gesicht
verändert sich.

Die Achsel-
behaarung
entwickelt sich.

Die Scham-
behaarung
entwickelt sich.

Die Brüste
entwickeln sich.

Die Hüften
werden runder
und breiter.

Die Eierstöcke
werden größer.
In ihnen reifen
die Eizellen
heran.
Die Regelblutung
beginnt.

Die Stimme
wird tiefer.

Die Barthaare
beginnen
zu wachsen.

Schultern
und Brustkorb
werden breiter.

Glied und
Hoden werden
größer.
In den Hoden
werden die
Spermienzellen
gebildet.

Die bedeutendste Veränderung findet in den Geschlechtsorganen statt: Sie wachsen und beginnen mit der Reifung von Eizellen oder der Bildung der Spermienzellen.

Was verändert sich noch? Die Pubertät ist eine aufregende, oft auch mit Problemen behaftete Phase der menschlichen Entwicklung. Stimmungs- und Gefühlsschwankungen gehören zum Alltag.
Psychische Merkmale wie Selbstunsicherheit, Aggressivität, das Zurück- ziehen in die eigene Gedankenwelt, Trotz und das Streben nach Selbstbe- stimmung sind kennzeichnend für diese Zeit. Die Worte „himmelhoch jauchzend – zu Tode betrübt" beschreiben diese Schwankungen treffend.

Wer bin ich? Anne unterhält sich mit ihrer Freundin über alles, was die beiden so beschäftigt. In letzter Zeit sind ihnen merkwürdige Fragen durch den Kopf gegangen: „Wer bin ich eigentlich? Was denken die anderen von mir? Was ist wichtig in meinem Leben? Will ich so werden wie meine Eltern? Welchen Sinn hat das Leben überhaupt?" ↑4 Die Entwicklung ei- ner eigenen Identität beschäftigt Jugendliche in der Pubertät oft mehr, als den Erwachsenen lieb ist. Sie probieren Neues aus, entwickeln Neigungen und Abneigungen und entdecken die eigene Sexualität.

4 Wer bin ich eigentlich?

Arbeitsaufträge

1 Beschreibe körperliche Veränderungen während der Pubertät.
2 Vergleiche die körperlichen Veränderungen in der Zeit der Pubertät bei Mädchen und Jungen. Fertige eine Tabelle an. ↑3

3 Welche psychischen Veränderungen hast du bei dir bemerkt?

GRUNDLAGEN: **Körperliche Entwicklung in der Pubertät**

Basiskonzept

Entwicklung

Alle Lebewesen und auch der Mensch verändern sich ständig. Die Entwicklung vom Kind zum Erwachsenen ist mit vielen physischen und psychischen Veränderungen verbunden. In der Pubertät wird dies besonders deutlich.

Marionettentheater? Die Entwicklungsvorgänge bei Mädchen und Jungen werden durch die Zusammenarbeit des Gehirns mit verschiedenen Hormondrüsen geregelt. Die Hirnanhangsdrüse (Hypophyse) wird durch einen Abschnitt des Gehirns, das Zwischenhirn, angeregt, verschiedene Hormone abzugeben, die über den Blutkreislauf zu den Keimdrüsen gelangen. ↑1

Diese Hormone bewirken beispielsweise das Einsetzen des Menstruationszyklus und steuern die Follikelreifung und den Follikelsprung.

Die Eierstöcke beginnen während der Follikelreifung weibliche Sexualhormone, die Östrogene, zu bilden. Diese sind für das Wachstum der Gebärmutterschleimhaut während des Menstruationszyklus verantwortlich und bewirken die Ausbildung der sekundären weiblichen Geschlechtsmerkmale: Die Brüste beginnen zu wachsen, die Schambehaarung wird dichter und das Becken wird breiter.

Bei den Jungen regen die Hormone das Wachstum der Hoden und die Reifung der Spermienzellen an. Bestimmte Zellen in den Hodenkanälchen werden durch Hormone dazu angeregt, das männliche Sexualhormon, das Testosteron, zu bilden. Dieses bewirkt die Ausbildung der männlichen sekundären Geschlechtsmerkmale: Brust- und Schambehaarung nehmen zu, der Penis wächst, Bartwuchs und Stimmbruch setzen ein.

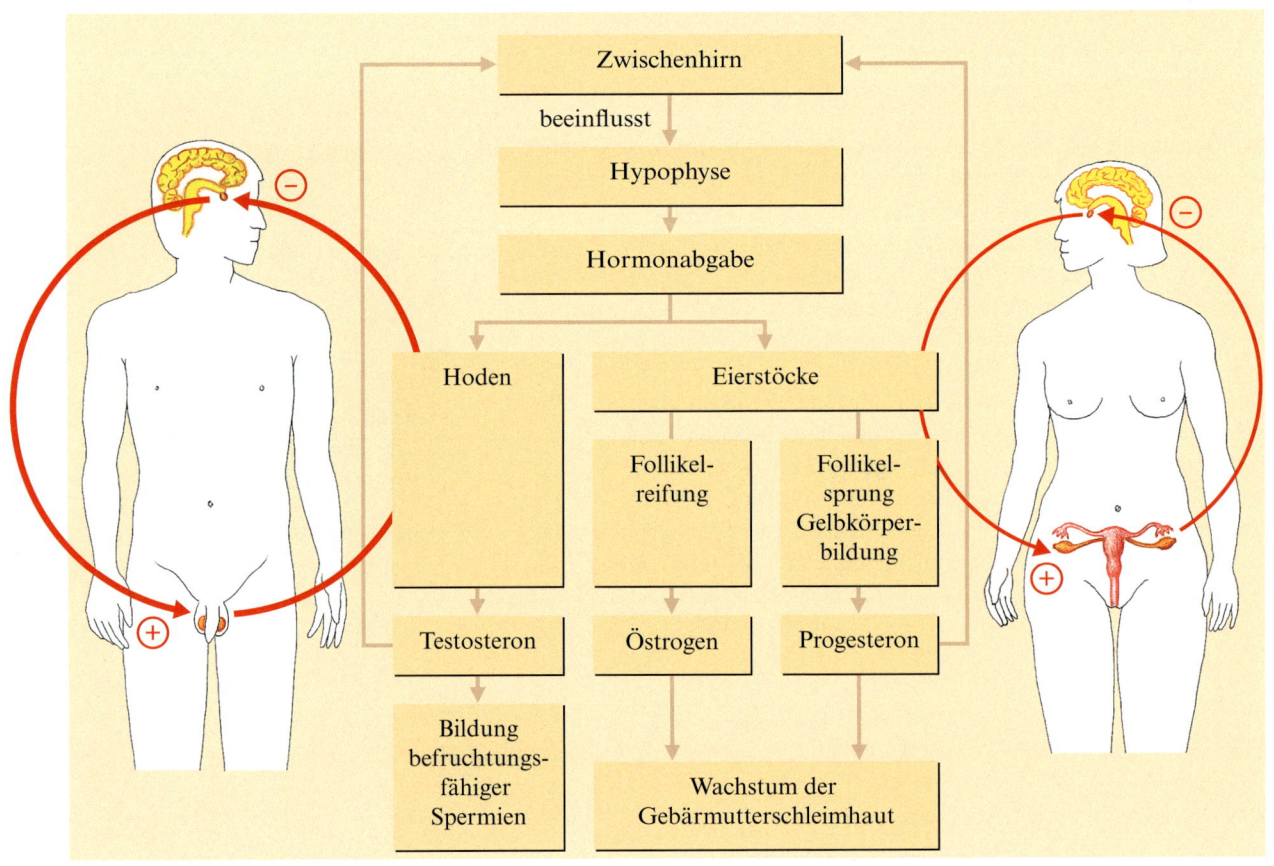

1 Hormonelle Steuerung der Entwicklung

GRUNDLAGEN: Sexualität und Partnerwahl

Sexualität und Geschlecht Die sekundären Geschlechtsmerkmale sind es, die für die wechselseitige Anziehung der Geschlechter und die Wahl des Sexualpartners eine wesentliche Rolle spielen. Wir ziehen durch unser Verhalten, unsere Kleidung, durch eine bestimmte Mimik und Gestik die Aufmerksamkeit eines Partners auf uns: Wir flirten mit ihm. ↑2 Aus einem solchen Flirt kann sich Liebe entwickeln, in der wir Zärtlichkeiten austauschen, die körperliche Nähe suchen, Sehnsucht nacheinander haben und die „Schmetterlinge im Bauch" spüren.

Beim „Hair-flip" fährt das Mädchen mit den Fingern durch das Haar.

„Head-toss" ist eine schnelle Bewegung des Kopfes, die den Hals entblößt.

2 Flirtsignale

3 Gleichgeschlechtliches Paar

Geschlechtliche Beziehungen Die meisten Menschen sind heterosexuell: Sie wählen Partner des anderen Geschlechts.
Es gibt jedoch überall Menschen, die aus bisher noch nicht geklärten Ursachen Sexualpartner des eigenen Geschlechts bevorzugen (Homosexualität). ↑3 Männliche Homosexuelle werden in der Öffentlichkeit als Schwule, weibliche als Lesben bezeichnet. Bisexuelle Menschen fühlen sich gleichermaßen zum eigenen und zum anderen Geschlecht hingezogen.

Wir verstehen uns auch ohne Worte Ein junges Paar hat sich gefunden. Beide haben den Wunsch, miteinander zu schlafen. Sie fühlen sich jedoch nach dem „ersten Mal" nicht so, wie sie sich eine sexuelle Erfüllung vorgestellt haben. Über Hoffnungen, Träume, Wünsche und Ängste zu sprechen fällt oft nicht leicht, ist aber für das Verständnis des Partners nötig. Eine dauerhafte Beziehung verlangt Toleranz, Geduld und gemeinsame Anstrengung.

Der Traum meiner schlaflosen Nächte Wer hat sich nicht schon einmal Traummädchen oder Traumjungen in seiner Fantasie ausgemalt. ↑4 Unbewusst orientieren sich viele an Idolen aus Film, Fernsehen und Musikszene, die voll von gut „gebauten" Stars sind. Tatsächlich entsprechen die wenigsten Menschen im Aussehen solchen Sexsymbolen. So entstehen Leitbilder, die den Blick für die Realität trüben und zu ernsthaften Störungen des Sexualverhaltens oder auch zu Essstörungen führen können.

4 Traumfrau und Traummann?

Keimzellenbildung in den Geschlechtsorganen

Beim Baden kann man häufig nackte kleine Kinder beim Spielen beobachten. Sieht man sie von hinten, dann ist die Frage: „Junge oder Mädchen?" nicht leicht zu beantworten, denn sie unterscheiden sich kaum in ihrem Körperbau. Wenn sich die Kinder umdrehen und man die Vorderseite ihres Körpers sehen kann, fällt die Antwort allerdings nicht schwer. Von Geburt an unterscheiden sich Mann und Frau durch charakteristische Merkmale, die Geschlechtsorgane. Welche sind das? Und welche Funktion besitzen sie?

1 Junge oder Mädchen?

GRUNDLAGEN: Spermienbildung

Bau und Funktion der männlichen Geschlechtsorgane Äußerlich sichtbar sind Penis und Hodensack. ↑2 Im Hodensack liegen geschützt die paarigen Hoden und Nebenhoden. ↑5 Die Hoden sind die männlichen Keimdrüsen. In ihnen werden die männlichen Geschlechtszellen, die Spermien, gebildet und in den Nebenhoden gespeichert. In den Hoden wird außerdem das Geschlechtshormon Testosteron gebildet.

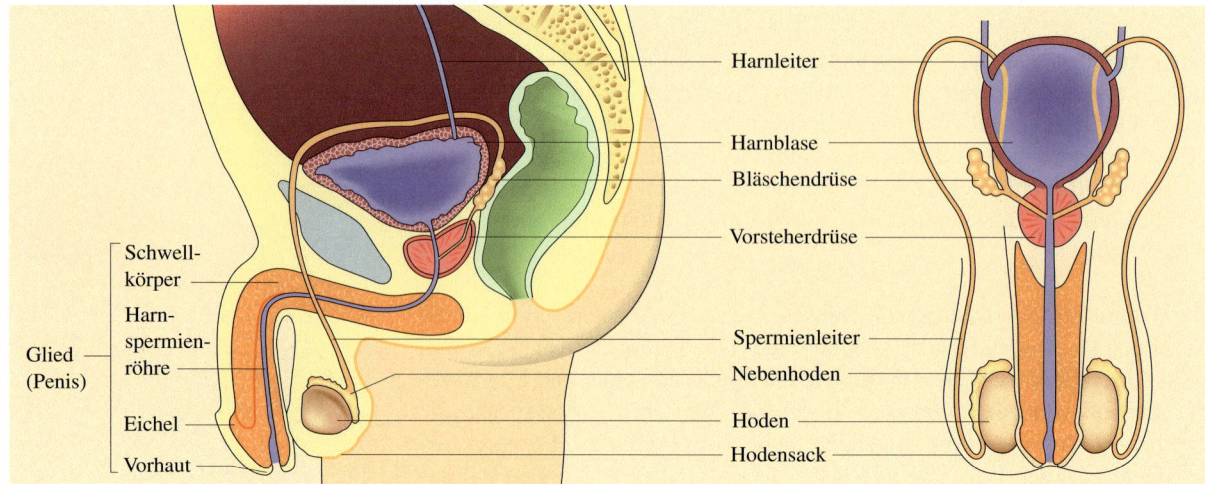

2 Überblick über den Bau und die Lage der männlichen Geschlechtsorgane

Bau und Bildung der Spermien Unter der Wirkung des Testosterons, das mit Beginn der Pubertät in steigender Konzentration gebildet wird, beginnen die Spermien heranzureifen. Aus Vorstadien der Spermien, die sich in den vielfach gewundenen Hodenkanälchen befinden, bilden sich durch Zellteilungen die reifen Spermien. ↑3,4 Diese gelangen in die Nebenhoden, wo sie gespeichert werden und ihre endgültige Gestalt annehmen. ↑4 Ein Mann kann bis ins hohe Alter befruchtungsfähige Spermien bilden. Einen Zyklus wie bei der Frau gibt es nicht.

Beim Orgasmus werden die Spermien durch krampfartige Muskelbewegungen aus den Nebenhoden in die Spermienleiter und von dort durch die Harnspermienröhre nach außen gepresst. Gleichzeitig geben die Bläschendrüsen und die Vorsteherdrüse Sekrete ab, die sich mit den Spermien mischen und zusammen das Sperma bilden.

Schon gewusst?

Reifung der Spermien
Von der Pubertät an kann ein Mann in seinem Leben bis zu 12 Billionen Spermien bilden. Jedes Spermium benötigt zur Reifung etwa 64 Tage. Die Spermienbildung erfolgt am intensivsten bei einer Temperatur von 30 bis 33 °C, also unterhalb der Körpertemperatur. Deshalb ist der Hoden außerhalb des Bauchraums.

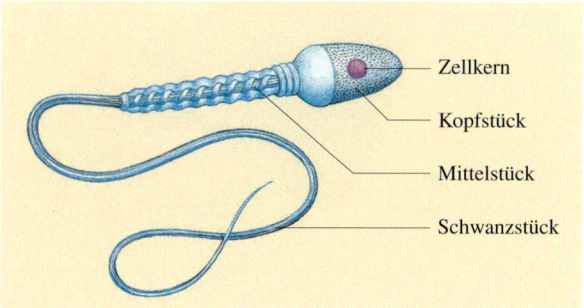

3 Menschliche Spermien im Mikroskop

4 Bau eines Spermiums

Zellkern
Kopfstück
Mittelstück
Schwanzstück

Hygiene In der Pubertät produziert der Körper mehr Talg und Schweiß. Daher sollten das Gesicht, die Achselhöhlen und die Geschlechtsorgane täglich gewaschen werden. Um den Bereich zwischen Eichel und Vorhaut zu säubern, muss man die Vorhaut zurückziehen. Die Vorhaut und die Eichel stoßen Zellen ab, die zusammen mit Talg und Resten von Urin sowie Bakterien das Smegma bilden. Dabei handelt es sich um eine weiße, schmierige Substanz, die sowohl an der Eichel als auch in der Scheide zu Entzündungen führen kann.

Kurz und knapp **Zu den männlichen Geschlechtsorganen gehören der Penis, die Hoden und die Nebenhoden, die Spermienleiter, die Harnspermienröhre, die Vorsteherdrüse und die Bläschendrüsen. Mit Beginn der Pubertät werden in den Hoden befruchtungsfähige Spermien gebildet. Zur täglichen Hygiene gehört es, die Geschlechtsorgane gründlich zu reinigen.**

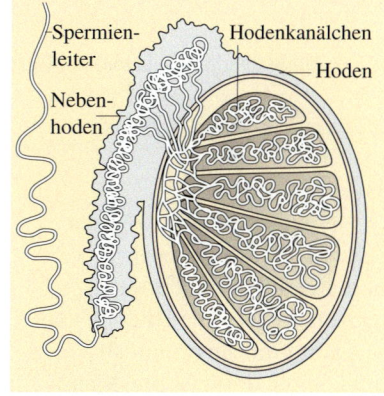

Spermienleiter
Hodenkanälchen
Hoden
Nebenhoden

5 Hoden und Nebenhoden (Längsschnitt)

Arbeitsaufträge

1 Erläutere anhand der Abbildung den Bau und die Funktion der männlichen Geschlechtsorgane. ↑2 Nutze, wenn es notwendig sein sollte, weitere Nachschlagewerke.

2 Beschreibe den Bau eines Spermiums. Schließe vom Bau auf die Funktion der Teile. ↑4

3 Erläutere die Bildung und Reifung eines Spermiums. ↑5

4 Begründe die Notwendigkeit der täglichen Hygiene der männlichen Geschlechtsorgane.

GRUNDLAGEN: Bildung und Reifung von Eizellen

Bau und Funktion der weiblichen Geschlechtsorgane Äußerlich sichtbar sind der Kitzler sowie die großen und kleinen Schamlippen. Diese dienen dem Schutz der inneren Geschlechtsorgane: der Scheide, der Gebärmutter, den Eileitern und den Eierstöcken. ↑1

Die paarigen Eierstöcke, etwa pflaumengroß, sind die weiblichen Keimdrüsen. In ihnen werden die Eizellen gebildet. Außerdem produzieren sie die weiblichen Sexualhormone, die Östrogene und Gestagene.

Die Eizellen, die in den Eileitern befruchtet werden können, werden zur Gebärmutter transportiert und können sich dort – falls eine Befruchtung stattgefunden hat – bis zum geburtsfähigen Kind entwickeln.

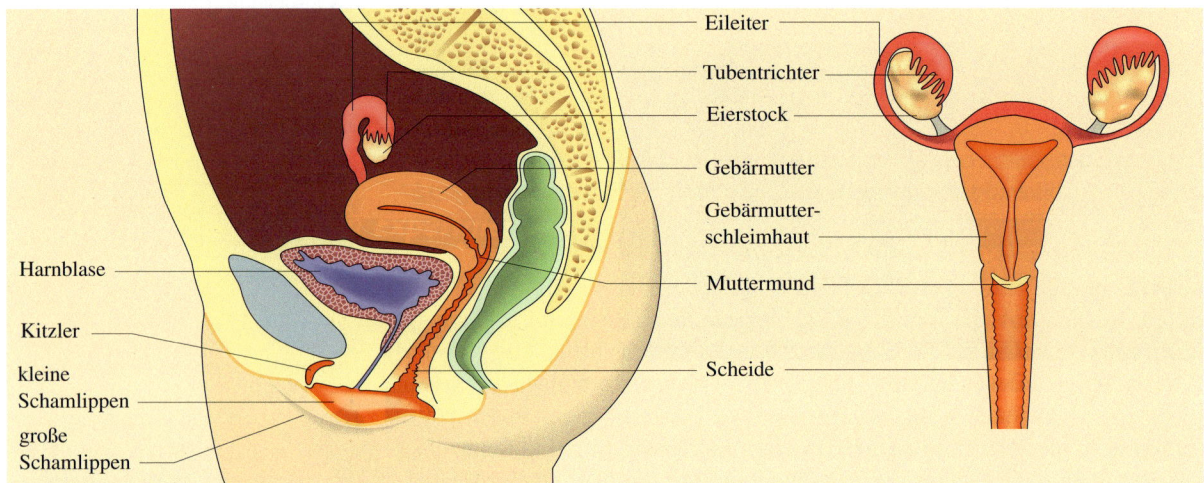

Eileiter

Tubentrichter

Eierstock

Gebärmutter

Gebärmutter-
schleimhaut

Muttermund

Scheide

Harnblase

Kitzler

kleine
Schamlippen

große
Schamlippen

1 Überblick über den Bau und die Lage der weiblichen Geschlechtsorgane

Schon gewusst?

Wechseljahre
In dieser Zeit (meist zwischen dem 45. bis 50. Lebensjahr) verliert eine Frau ihre Fortpflanzungsfähigkeit. Die Bildung von Sexualhormonen nimmt ab. Schließlich erfolgt keine Menstruation mehr. Eine Schwangerschaft ist nicht mehr möglich. Aber auch in und nach den Wechseljahren können Frauen ein erfülltes Geschlechtsleben haben.

Bau der Eizelle Eine Eizelle hat einen Durchmesser von etwa 0,15 mm und ist damit noch mit dem menschlichen Auge sichtbar. Im Zellplasma befindet sich der Zellkern mit den Erbanlagen.

Eine Eizelle kann sich nicht selbstständig bewegen. Durch Flimmerhärchen in den Eileitern und Kontraktionswellen der Eileitermuskulatur wird sie in Richtung Gebärmutter transportiert.

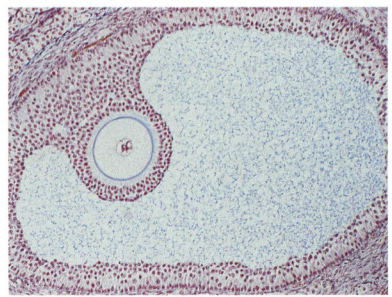

2 Follikel mit Eizelle

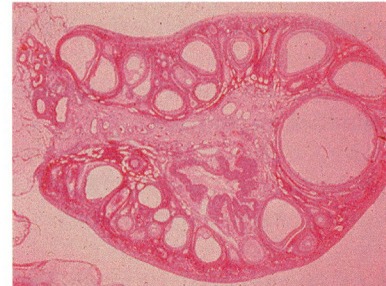

3 Follikelstadien (Eierstockquerschnitt)

Bildung und Reifung der Eizellen Die Entwicklung und Reifung der Eizellen erfolgt in zwei zeitlich getrennten Abschnitten: während der vorgeburtlichen Entwicklung eines Mädchens und nach der Pubertät.

Bereits in einem frühen Embryonalstadium entstehen durch Zellteilungen in jedem Eierstock mehrere Hunderttausend unreife Eizellen. Diese sind jeweils von Hüllzellen umgeben, mit denen sie zusammen als Primärfollikel bezeichnet werden. ↑2–6

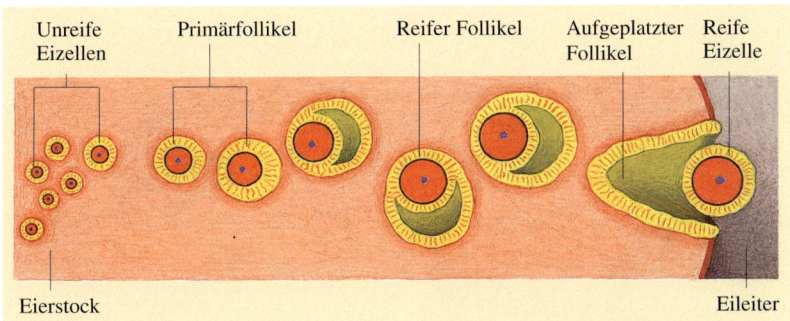

4 Reifung einer Eizelle bis zum Eisprung

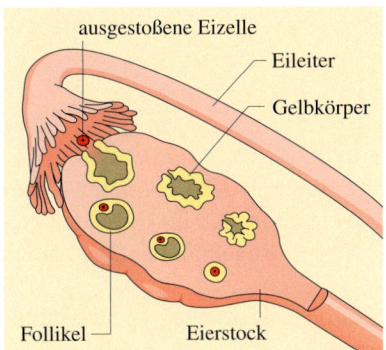

5 Aufnahme der Eizelle in den Eileiter

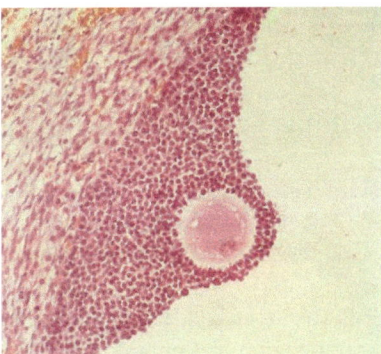

6 Eizelle kurz vor dem Eisprung

Mit Beginn der Pubertät reift monatlich eine Eizelle in einem der beiden Eierstöcke zu einer befruchtungsfähigen Eizelle heran. Dabei teilen sich die Hüllzellen des Primärfollikels und ordnen sich in mehreren Schichten so um die Eizelle an, dass im Innern des Follikels eine Follikelhöhle entsteht. Sie ist mit Follikelflüssigkeit gefüllt. ↑3, 4

Ist die Eizelle reif, kommt es zum Ei- bzw. Follikelsprung. Dabei platzt der Follikel an der Oberfläche des Eierstocks auf und die Eizelle wird mit der Flüssigkeit des Follikels in den Eileiter gespült. Dort kann die Eizelle befruchtet werden. Der Follikel entwickelt sich weiter zum Gelbkörper. Er bildet Hormone, die den Körper auf eine Schwangerschaft vorbereiten.

Kurz und knapp **Zu den weiblichen Geschlechtsorganen gehören die Schamlippen, der Kitzler, die Eierstöcke, die Gebärmutter und die Scheide.**

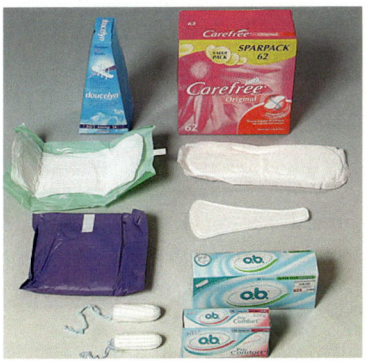
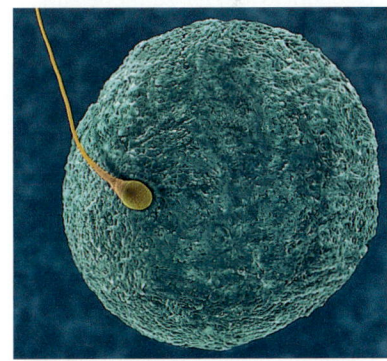

8 Spermium und Eizelle im Größenvergleich

Arbeitsaufträge

1 Nenne die Geschlechtsorgane der Frau. Ordne ihnen wesentliche Funktionen zu.

2 Beschreibe die Wirkung der Hormone im Menstruationszyklus.

3 Vergleiche Ei- und Samenzelle. Nutze dazu Bild ↑8 auf dieser Seite.

Der Menstruationszyklus

Für Mädchen ist die erste Menstruation oder Regelblutung sehr wichtig. Sie signalisiert die Geschlechtsreife: Das Mädchen kann nun Kinder bekommen. Jetzt ist ein Besuch beim Frauenarzt sinnvoll. Er wird unter anderem kontrollieren, ob alle Organe in Ordnung sind, und das Mädchen bitten, einen Regelkalender zu führen.

Was versteht man unter Menstruation? Was passiert während des Menstruationszyklus?

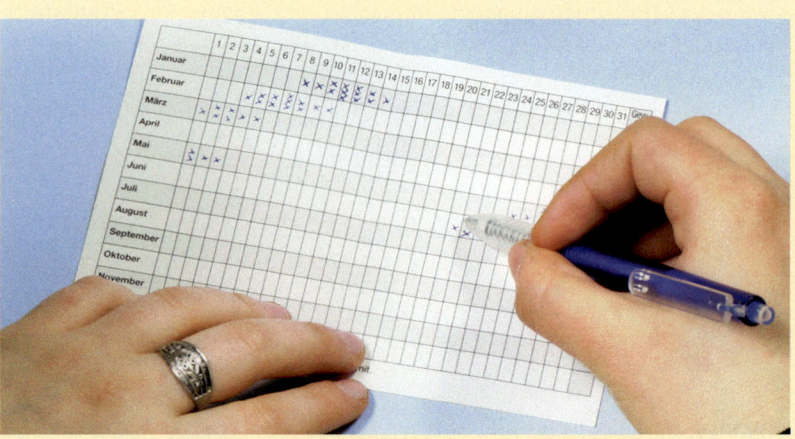

1 Regelmäßiges Führen des Regelkalenders

Schon gewusst?

Beeinflussung der Menstruation

Der Menstruationszyklus ist ein sehr komplexer Vorgang, der durch die Wechselwirkung von Hormonen und Nervensystem gesteuert wird. Der zeitliche Ablauf des Zyklus kann deshalb durch äußere Einflüsse, z. B. Stress, variieren. In einigen Fällen (z. B. bei Essstörungen) bleibt die Regel sogar ganz aus.

GRUNDLAGEN: Menstruationszyklus

Menstruation Bei der Menstruation tritt Blut aus der Gebärmutter über die Scheide nach außen. Diese Blutung wiederholt sich in Abständen von etwa 28 Tagen. Man spricht daher auch von der Regelblutung (Periode).

Menstruationszyklus Er umfasst die Zeit vom ersten Tag der Regelblutung bis zum letzten Tag vor der nächsten Blutung. Während dieser Zeit reift in einem der beiden Eierstöcke eine befruchtungsfähige Eizelle heran. Gleichzeitig wächst die Gebärmutterschleimhaut, um sich auf die Aufnahme der befruchteten Eizelle vorzubereiten.
Nach etwa 14 Tagen erfolgt der Eisprung. Die reife Eizelle wird in den Eileiter abgegeben und kann dort befruchtet werden. Wird sie nicht befruchtet, löst sich die Schleimhaut von der Gebärmutterwand ab. Dabei kommt es zur Menstruation, die etwa 4 bis 6 Tage dauert. Der Blutverlust beträgt insgesamt nur 50 ml bis 200 ml und wird schnell ersetzt.

Hormonelle Steuerung Der Menstruationszyklus wird unter anderem durch die Hormone der Hypophyse, FSH und LH, gesteuert. FSH bewirkt die Reifung eines Follikels. Dieser bildet zunehmend mehr Östrogene, die unter anderem das Wachstum der Gebärmutterschleimhaut fördern. ↑2
Nach dem Eisprung bildet sich der aufgeplatzte Follikel zum Gelbkörper um. Er produziert das Hormon Progesteron. Dieses bewirkt die Vorbereitung der Gebärmutterschleimhaut auf die Einnistung der befruchteten Eizelle. Erfolgt keine Befruchtung, bildet sich der Gelbkörper zurück. Dadurch sinkt die Menge des Progesterons, die Gebärmutterschleimhaut wird unter Blutungen ausgeschieden. ↑2

Kurz und knapp Mit Beginn der Pubertät setzt bei Frauen unter Einfluss von Hormonen der Menstruationszyklus ein. In einem etwa 28-tägigen Rhythmus reifen befruchtungsfähige Eizellen heran.

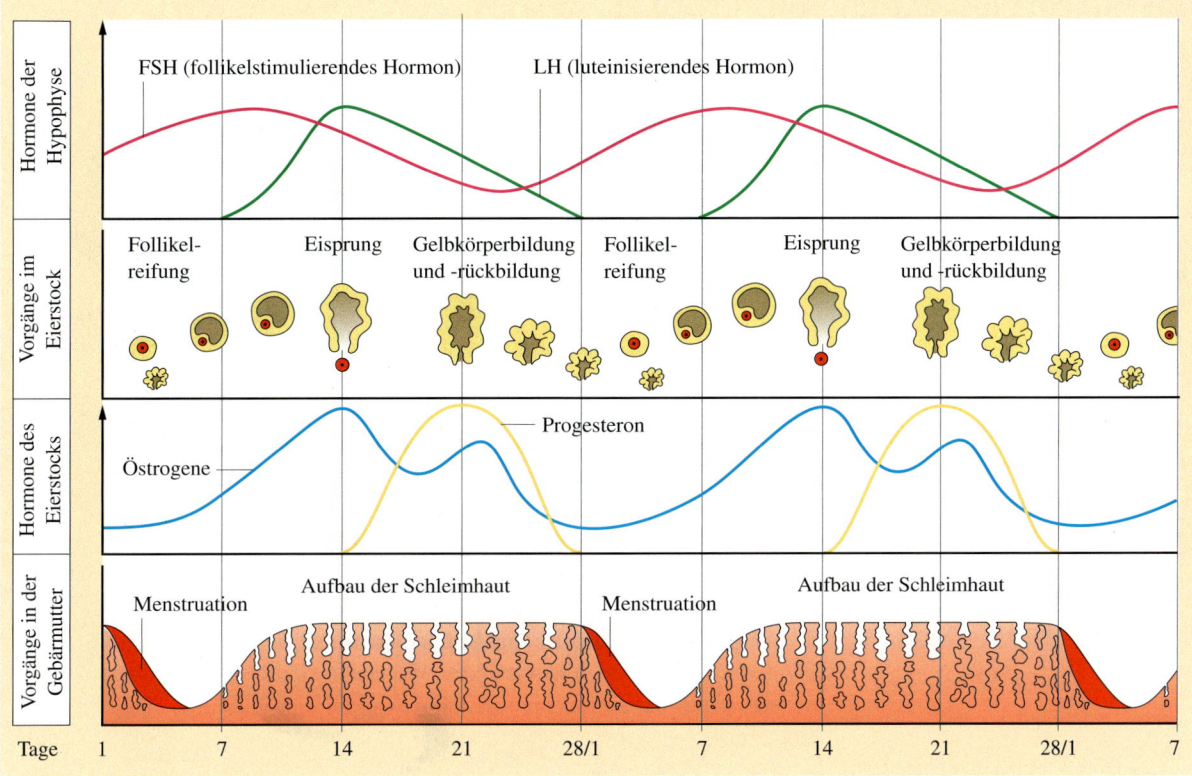

2 Übersicht zu den Vorgängen beim Menstruationszyklus

Beobachten *Untersuchen* Experimentieren

Einen Regelkalender auswerten

In einen Regelkalender wird eingetragen, wann die Menstruation beginnt und endet, ob sie stark oder schwach ist. Bild ↑3 zeigt Ausschnitte aus den Regelkalendern zweier Mädchen.

Bearbeitet in Gruppen jeweils einen Regelkalender (Aufgaben 1, 2).

1 Ermittelt die Tage, an denen vermutlich ein Eisprung stattfand.

2 Gebt für die drei abgebildeten Monate die jeweilige Zyklusdauer an. Was stellt ihr fest?

3 Vergleicht die Zyklen der beiden Mädchen hinsichtlich Zyklusdauer sowie Dauer und Stärke der Menstruation.

4 Begründet, weshalb Mädchen bzw. Frauen einen Regelkalender führen sollten.

3 Beispiele für ausgefüllte Regelkalender

Geschlechtsverkehr und Befruchtung

Zwei Menschen, die sich lieben, sind gern zusammen. Sie fühlen sich zueinander hingezogen und sind auf vielfältige Weise zärtlich miteinander. Sie streicheln, küssen und liebkosen sich. Dabei werden sie sexuell erregt. Häufig entsteht auch der Wunsch, miteinander zu schlafen.

Durch Geschlechtsverkehr kann es zu einer Befruchtung und damit zu einer Schwangerschaft kommen. Was passiert während des Geschlechtsverkehrs? Wie entsteht neues menschliches Leben?

1 Wann ist der richtige Zeitpunkt, um miteinander zu schlafen?

Beobachten **Untersuchen** *Experimentieren*

Das erste Mal

Susanne und Frank sind ein Paar. Am 15. August hat Susanne in ihrem Tagebuch notiert:
„Am Samstag, es war der 13. August, fuhren Frank und ich zum Grundstück seiner Eltern, denn diese waren verreist. Wir hatten also das ganze Wochenende für uns. Wir fuhren Rad, gingen baden und sonnten uns. Am Abend dann ist es passiert. Frank und ich haben das erste Mal miteinander geschlafen. Keiner von uns war darauf vorbereitet. Nun habe ich Angst, dass ich schwanger bin. In einer Woche müsste ich meine Tage bekommen. Wenn ich doch nur schon Gewissheit hätte!"

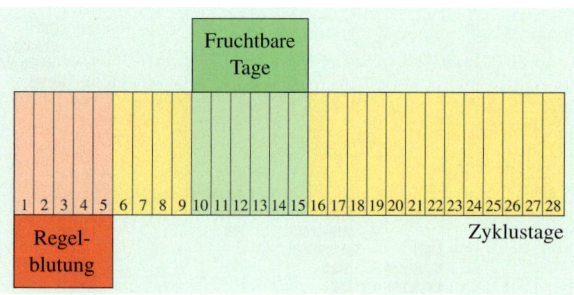

2 Fruchtbare Tage bei einem Zyklus von 28 Tagen

1 Erläutere Bild ↑2.

2 Ist Susannes Angst, schwanger zu sein, berechtigt? Begründe deine Feststellung.

3 Was würdest du Susanne empfehlen, wenn sie tatsächlich schwanger sein sollte?

GRUNDLAGEN: Geschlechtsverkehr und Befruchtung

Geschlechtsverkehr Beim Geschlechtsverkehr gelangen Spermien des Mannes in die Scheide der Frau. Eine Befruchtung und Schwangerschaft sind mögliche Folgen. Wenn ein Mann und eine Frau einander mögen, haben sie auch den Wunsch, zärtlich zueinander zu sein. Sie möchten den anderen berühren, ihn umarmen, ihm zärtliche Worte sagen, ihn streicheln und küssen. Dabei werden beide sexuell erregt. Der Wunsch, den anderen zärtlich zu lieben, wird immer stärker.

Die sexuelle Erregung zeigt sich auch körperlich. Der Penis des Mannes wird steif und richtet sich auf. Bei der Frau vergrößert sich der Kitzler und die Scheide sondert eine Flüssigkeit ab, die sie zur Aufnahme des Penis gleitfähig macht. Durch gegenseitige Bewegungen werden der Kitzler der Frau und der Penis des Mannes immer stärker gereizt, sodass Mann und Frau einen Orgasmus als sexuellen Höhepunkt erleben können. Dabei kommt es beim Mann zum Samenerguss, bei der Frau zieht sich die Muskulatur der Scheide rhythmisch zusammen. Das wird in der Regel als ein intensives Glücks- und Lustgefühl empfunden. Dieser gemeinsame sexuelle Höhepunkt kann die Partnerbindung verstärken. Liegt kein Kinderwunsch vor, sollte unbedingt auf Schwangerschaftsverhütung geachtet werden.

Befruchtung Beim Samenerguss eines Mannes gelangen Spermien in die Scheide. Diese wandern innerhalb weniger Stunden über die Gebärmutter in die Eileiter. Treffen sie dort auf eine Eizelle, dringen einige von ihnen in ihre Schutzhüllen ein. ↑3–5 Vor der Befruchtung vereinigt sich jedoch stets nur ein Spermium mit der Eizelle: Sobald die Zellmembranen von Spermium und Eizelle verschmelzen, wird ein Blockademechanismus aktiviert. Er verhindert, dass weitere Spermien in die Eizelle eindringen. Anschließend verschmilzt der Zellkern des Spermiums mit dem Zellkern der Eizelle. Damit ist die Befruchtung abgeschlossen: Es hat sich eine Eizelle gebildet, deren Zellkern sowohl die Erbanlagen von der Mutter als auch vom Vater in sich trägt. Aus ihr kann sich ein neuer Mensch entwickeln. Nach dem Eisprung, der meist in der Mitte des weiblichen Zyklus erfolgt, ist eine Eizelle nur etwa 24 Stunden lebensfähig. Spermien können in den weiblichen Geschlechtsorganen 4 bis 5 Tage überleben. Die Tage vor und der Tag nach dem Eisprung sind daher die fruchtbarsten Tage im weiblichen Zyklus. Geschlechtsverkehr in dieser Zeit kann zu einer Befruchtung und damit zu einer Schwangerschaft führen.

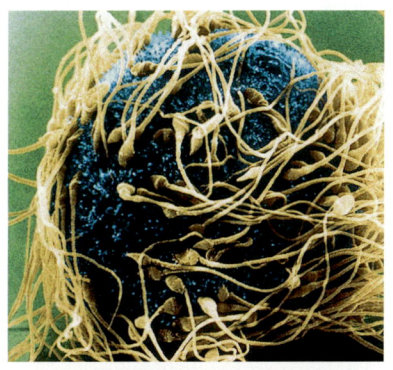

3 Spermien umringen eine Eizelle.

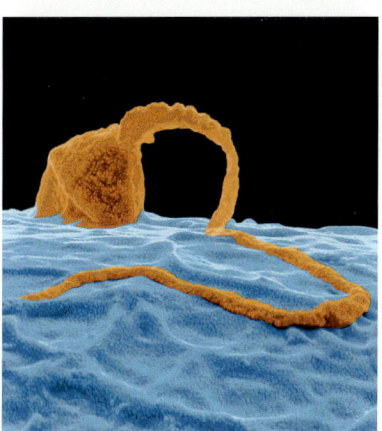

4 Nur *ein* Spermium kann die Eizelle befruchten.

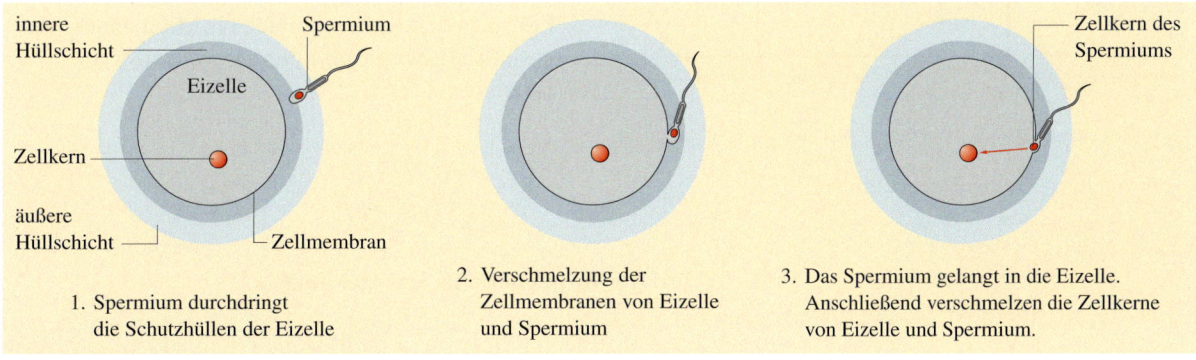

innere Hüllschicht — Spermium

Eizelle

Zellkern

äußere Hüllschicht — Zellmembran

Zellkern des Spermiums

1. Spermium durchdringt die Schutzhüllen der Eizelle

2. Verschmelzung der Zellmembranen von Eizelle und Spermium

3. Das Spermium gelangt in die Eizelle. Anschließend verschmelzen die Zellkerne von Eizelle und Spermium.

5 Die Befruchtung erfolgt im Eileiter.

Kurz und knapp **Beim Geschlechtsverkehr werden Spermien in die Scheide der Frau übertragen. Die Verschmelzung der Zellkerne von Spermium und Eizelle wird als Befruchtung bezeichnet. Dabei entsteht eine befruchtete Eizelle, aus der sich ein neuer Mensch entwickeln kann.**

Von der befruchteten Eizelle bis zur Geburt

Mit großem Aufwand versucht die Forschung eines der größten Rätsel des Lebens zu lösen: die Entstehung eines Menschen.

Moderne Untersuchungsmethoden machen es möglich, die Entwicklung ungeborenen Lebens im Mutterleib zu beobachten und dabei zu neuen Erkenntnissen zu gelangen. Wie entwickelt sich das Kind im Lauf der Schwangerschaft? Was passiert bei der Geburt?

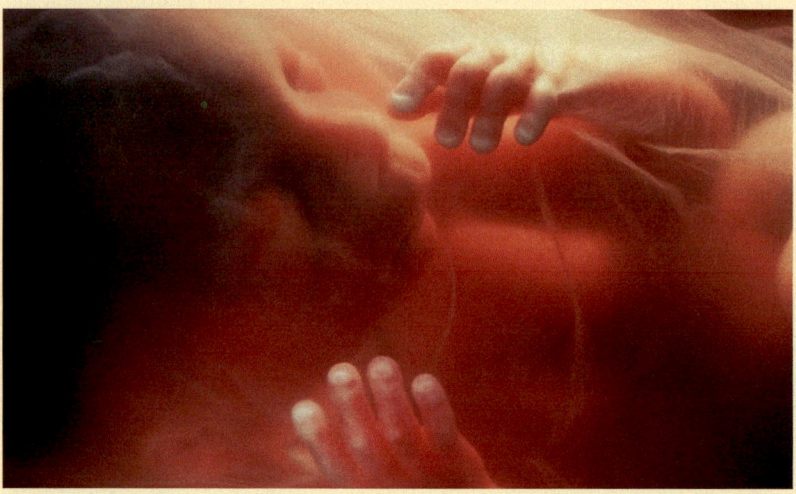

1 19 Wochen alter Fetus

Beobachten *Untersuchen* Experimentieren

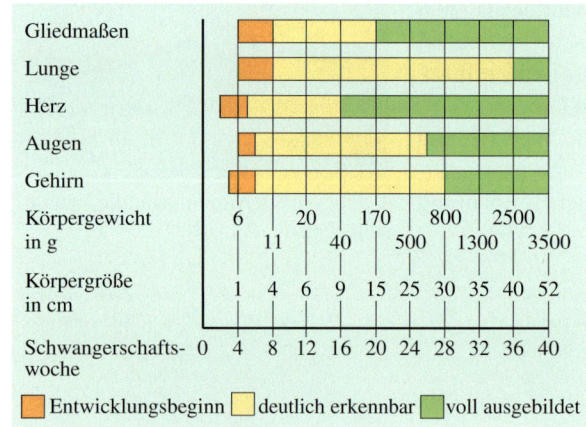

2 Entwicklung des ungeborenen Kindes

Das Kind entwickelt sich

Durch Untersuchungen während der Schwangerschaft gelangte man zu nebenstehenden Erkenntnissen. ↑2

1 Fertige mithilfe der angegebenen Werte für die Körpergröße eine Wachstumskurve an.

2 Werte die Übersicht zur Organentwicklung aus.

3 Leite aus deinen Ergebnissen eine Maßnahme zur gesunden Lebensweise der Schwangeren ab. Begründe.

GRUNDLAGEN: Vorgeburtliche Entwicklung

Sobald die Zellkerne von Spermium und Eizelle miteinander verschmolzen sind, ist die Eizelle befruchtet. Die Entwicklung eines neuen Menschen beginnt. Bereits am Ende der zwölften Schwangerschaftswoche sind alle Organe des Kindes angelegt. Das sich entwickelnde Kind wird nun nicht mehr als Embryo, sondern als Fetus bezeichnet. Die noch verbleibenden Wochen der insgesamt neun Monate dauernden Schwangerschaft sind vor allem durch Wachstum und Reifung der einzelnen Organe gekennzeichnet.

Der Keim nistet sich ein Bereits während des Transports im Eileiter beginnt sich die Eizelle zu teilen. Aus der befruchteten Eizelle werden erst 2, dann 4, 8, 16 usw. Zellen, bis sich ein kugeliger Zellhaufen bildet. Man nennt ihn Keim. Er nistet sich etwa 6 Tage nach der Befruchtung in die Gebärmutterschleimhaut ein. ↑3

Mit der Einnistung des Keims in die Gebärmutterschleimhaut beginnt die Schwangerschaft einer Frau. Das nun gebildete Schwangerschaftshormon hCG sorgt dafür, dass der Gelbkörper bestehen bleibt und weiterhin das Hormon Progesteron bildet. Dadurch wird der Abbau der Gebärmutterschleimhaut verhindert. Die Regelblutung bleibt also aus.

Entwicklung des Embryos Durch weitere Zellteilungen ist aus der beerenähnlichen Zellkugel eine Hohlkugel (Blastozyste) entstanden. ↑3 An einer Stelle der Hohlkugel entsteht eine Ansammlung von Zellen, aus der im weiteren Verlauf der Embryo hervorgeht. Ein Teil der übrigen Zellen bildet später die mit Fruchtwasser gefüllte Fruchtblase aus, in der sich der Embryo geschützt entwickeln kann. Der andere Teil wächst mit feinen Ausstülpungen in die Gebärmutterschleimhaut hinein und bildet zusammen mit der Schleimhaut den Mutterkuchen, die Plazenta. Diese versorgt über die Nabelschnur das sich entwickelnde Kind mit allen lebensnotwendigen Stoffen und entsorgt seine Abbauprodukte.

Basiskonzept

Entwicklung
In der befruchteten Eizelle sind Erbinformationen von der Mutter und vom Vater kombiniert. Aus ihr entwickelt sich ein neuer Organismus mit einer einzigartigen Kobination des Erbmaterials. Bei der ungeschlechtlichen Fortpflanzung, z. B. bei Pflanzen, gibt es keine Befruchtung und damit keine Neukombination der Erbinformationen. Die Erbinfomrationen der Nachkommen stammen nur von einem Elternindividuum.

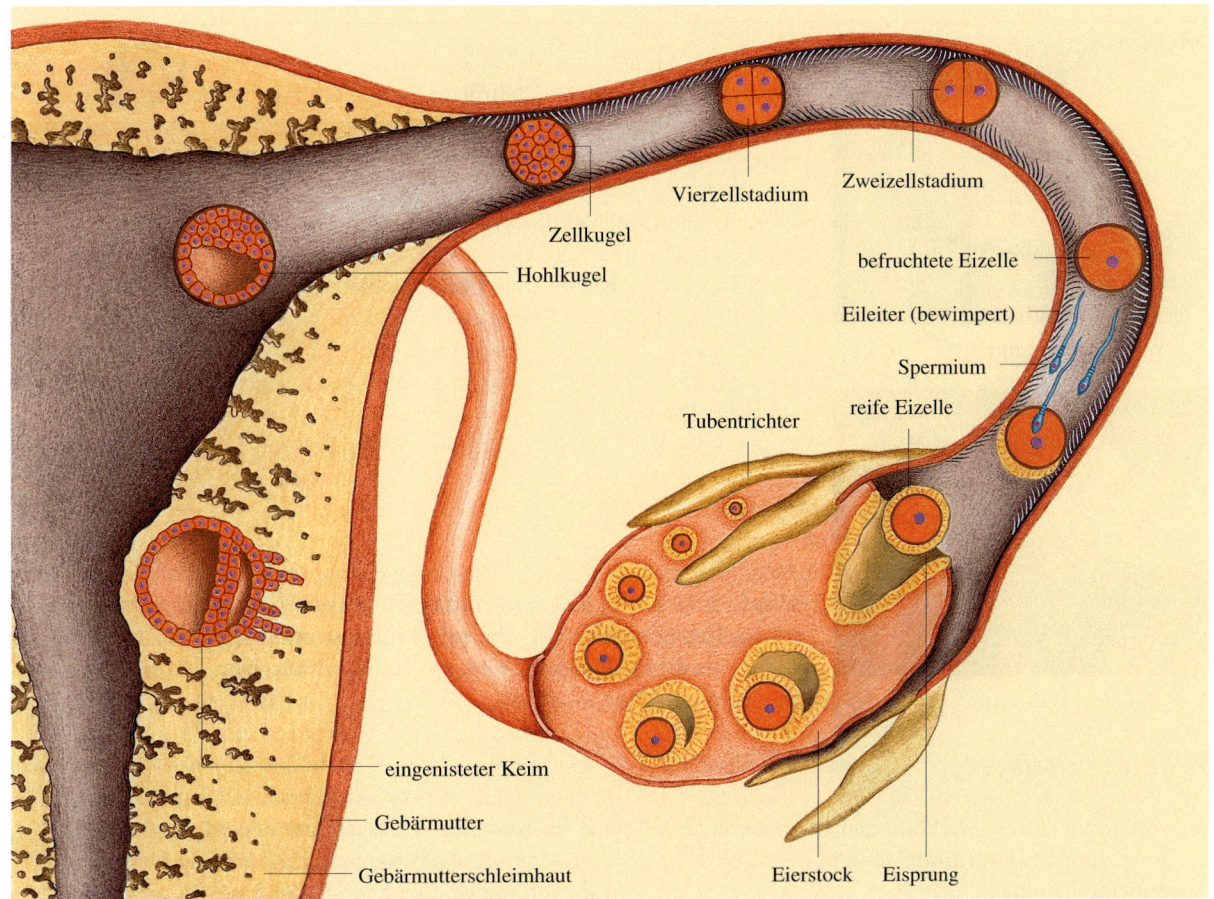

3 Weg einer Eizelle vom Eisprung über die Befruchtung bis zur Einnistung in die Gebärmutterschleimhaut (schematisch)

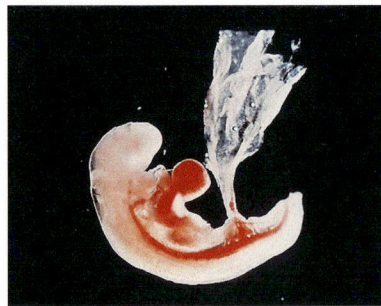

1 4 Wochen alter Embryo

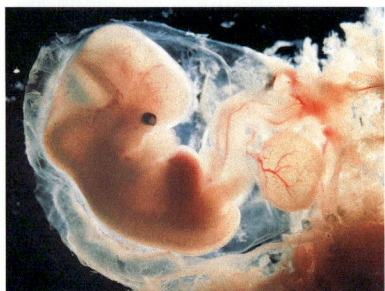

2 6 Wochen alter Embryo

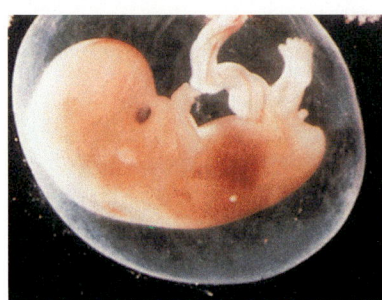

3 8 Wochen alter Embryo

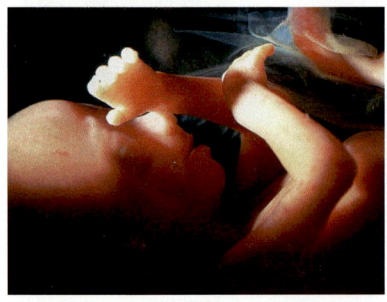

4 15 Wochen alter Fetus

In den ersten zwölf Wochen entwickelt sich der Embryo besonders rasch. Es bilden sich die Wirbelsäule sowie Anlagen für Kopf, Rumpf, Arme, Beine, Finger und Zehen. Alle größeren Organe und Organsysteme werden nun angelegt. Als erstes Organ hat sich das anfangs noch ungekammerte Herz gebildet, das jetzt schon anfängt zu arbeiten. ↑2 Es schlägt etwa 140- bis 150-mal in der Minute. Auch das entstehende Gehirn verarbeitet erste Impulse.

In der Zeit der Organentwicklung ist der Embryo für schädigende Umwelteinflüsse besonders anfällig, zum Beispiel für Umweltgifte, aber auch für Medikamente und Drogen. Die Mutter kann daher durch ihre Lebensweise viel zur gesunden Entwicklung des Kindes beitragen.

Am Ende der zwölften Woche haben Körperform und Gesicht menschliche Züge angenommen. Der Embryo ist jetzt etwa 6 cm groß und alle Organe sind bereits vorhanden. Sie müssen nur noch reifen und sich ausformen.

Entwicklung des Fetus Ab der dreizehnten Woche, also dem vierten Schwangerschaftsmonat, wird das Kind nicht mehr Embryo, sondern Fetus genannt. Er ist am Ende des vierten Monats etwa 15 cm groß und sieht bereits wie ein winziger Mensch aus. Arme und Beine sind voll ausgebildet, auch Finger- und Zehennägel sind vorhanden. Muskeln und Skelett entwickeln sich rasch. Manche Frauen können erste Bewegungen des Kindes bereits spüren.

Im fünften Monat kann der Arzt den Herzschlag von außen abhören. Das Kind reagiert nun auf Schallreize. Bei lauten Geräuschen schrickt es zusammen und sein Herz schlägt schneller. Zu diesem Zeitpunkt sind außerdem die äußeren Geschlechtsorgane gut entwickelt und bei einer Ultraschalluntersuchung sichtbar.

Im sechsten Monat stellt sich ein Rhythmus von Schlaf- und Wachphasen ein. Die Augenlider, die sich bereits in der zehnten Schwangerschaftswoche schützend über die Augen gelegt haben, öffnen sich.

Im siebten Monat ist der Fetus circa 35 cm groß und wiegt etwa 1300 g. Seine Organe, vor allem seine Lunge und sein Nervensystem, sind so weit entwickelt, dass er bei intensiver medizinischer Betreuung als Frühgeburt überleben könnte.

In den letzten beiden Monaten nimmt der Fetus vor allem an Größe und Gewicht zu. Am Ende der Schwangerschaft wiegt er etwa 2800 bis 3400 g und ist circa 50 bis 52 cm groß.

Kurz und knapp **Während der neun Monate dauernden Schwangerschaft entsteht aus der befruchteten Eizelle ein geburtsfähiges Kind. Es wächst geschützt in der mit Fruchtwasser gefüllten Fruchtblase heran. Über die Plazenta und die Nabelschnur wird es mit allen notwendigen Stoffen versorgt.**

Arbeitsaufträge

1 Beschreibe die Entwicklung der Eizelle von der Befruchtung bis zur Einnistung in die Gebärmutterschleimhaut. ↑3 S. 91

2 Erstelle eine Zeitleiste mit den wichtigsten Entwicklungsschritten von Embryo und Fetus.

3 Vergleiche die abgebildeten Entwicklungsstadien. ↑1–4 Nenne erkennbare Veränderungen.

GRUNDLAGEN: Geburt

Gegen Ende der Schwangerschaft nimmt das Kind meist eine für die Geburt günstige Körperhaltung ein. Arme und Beine sind eng an den Körper angelegt, der Kopf zeigt nach unten und das Gesicht ist dem Rücken der Mutter zugewandt.

Die Geburt kündigt sich an Die Geburt beginnt mit dem Einsetzen der Wehen, die mit unterschiedlich starken, krampfartigen Schmerzen im Unterleib verbunden sind. Von Wehen spricht man, wenn sich die Muskulatur der Gebärmutter in immer kürzer werdenden Abständen regelmäßig zusammenzieht. Durch sie wird der Geburtsweg erweitert.

Ablauf der Geburt Bei der Geburt unterscheidet man drei aufeinanderfolgende und mit Wehen verbundene Phasen:
In der Eröffnungsphase, in der die Wehen noch unregelmäßig und in relativ großen Abständen auftreten, weitet sich der Gebärmuttermund. Durch den Druck der stärker werdenden Wehen zerreißt die Fruchtblase und Fruchtwasser fließt aus. ↑5 A, B
Wenn der Muttermund ganz geöffnet ist, beginnt die Austreibungsphase. Starke Wehen in kurzen Abständen drücken das Kind durch die Beckenöffnung und schließlich durch die Scheide nach außen. ↑5 C, D Die Mutter kann diese Wehen durch Pressen unterstützen. Der schwierigste Teil ist die Geburt des Kopfes. Die Knochen des kindlichen Schädeldachs sind jedoch noch nicht fest verwachsen, sodass sie während der Geburt nachgeben können. Der Rest des Körpers wird oft in einer einzigen Wehe geboren. Da der Kontakt zwischen Mutter und Kind besonders wichtig ist, wird das Neugeborene dann erst einmal zur Mutter gelegt, warm zugedeckt und gestillt. Dann wird die Nabelschnur an zwei Stellen abgeklemmt und dazwischen durchtrennt.
In der letzten Phase der Geburt, der Nachgeburtsphase, treten ebenfalls Wehen auf. Sie führen dazu, dass sich die Plazenta von der Gebärmutterwand löst und mit der Fruchtblase und dem Rest der Nabelschnur als Nachgeburt ausgestoßen wird. ↑5 E In der Zwischenzeit untersucht die Hebamme das Kind auf Missbildungen und Verletzungen, wiegt und misst es und überprüft seinen Allgemeinzustand.
Mit dem Ausstoßen der Plazenta ist der Geburtsvorgang beendet. Das Kind atmet und lebt nun selbstständig; es ist vom Blutkreislauf der Mutter unabhängig. Der gesamte Geburtsvorgang dauert bei Erstgebärenden zwischen 8 und 16 Stunden.

Kurz und knapp **Die Geburt beginnt mit dem Einsetzen der Wehen. Sie wird in drei Phasen gegliedert: Eröffnungs-, Austreibungs- und Nachgeburtsphase. Bei der Geburt wird das Kind aus dem Körper der Mutter herausgepresst.**

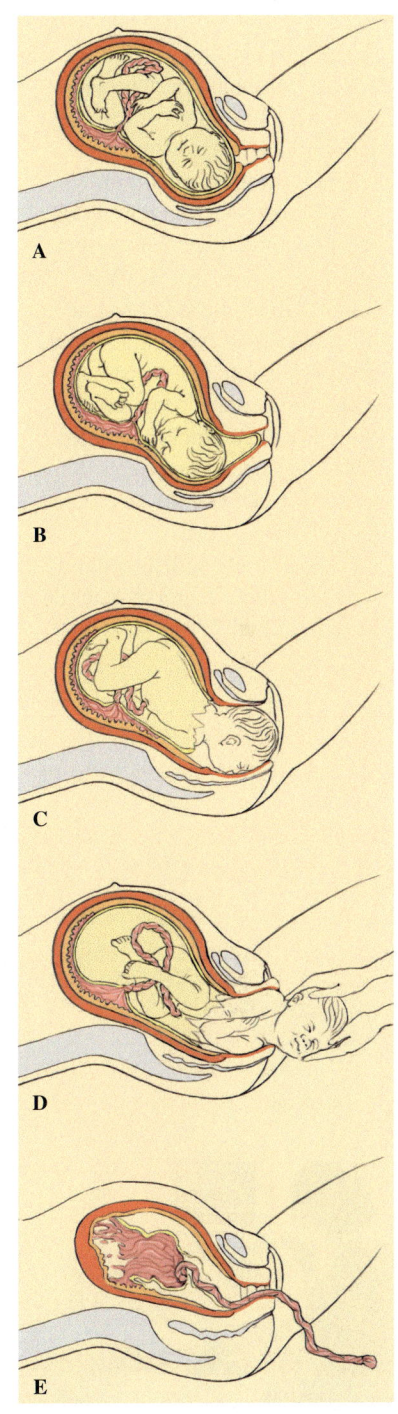

5 Ablauf einer Geburt

Arbeitsaufträge

1 Notiere für jedes Bild in der Randspalte eine passende Bildunterschrift. ↑5

2 Erkundige dich, wie groß und schwer du bei deiner Geburt warst. Vergleiche mit den Werten deiner Klassenkameraden.

Sarah besucht ihre Freundin Katrin. Strahlend berichtet sie, dass sie schwanger ist. Sie zeigt Katrin auch ihren Mutterpass. Darin steht unter anderem, welche Untersuchungen in der Regel während der Schwangerschaft durchgeführt werden. Sarah will aber die vorgesehenen Ultraschalluntersuchungen nicht machen lassen. Katrin ist entsetzt: Sie kennt Eltern, die auf die Ultraschalluntersuchungen verzichtet haben und deren Kind kurz nach der Geburt an einem Herzfehler gestorben ist. Müsste es nicht selbstverständlich sein, diese Untersuchungen durchzuführen?

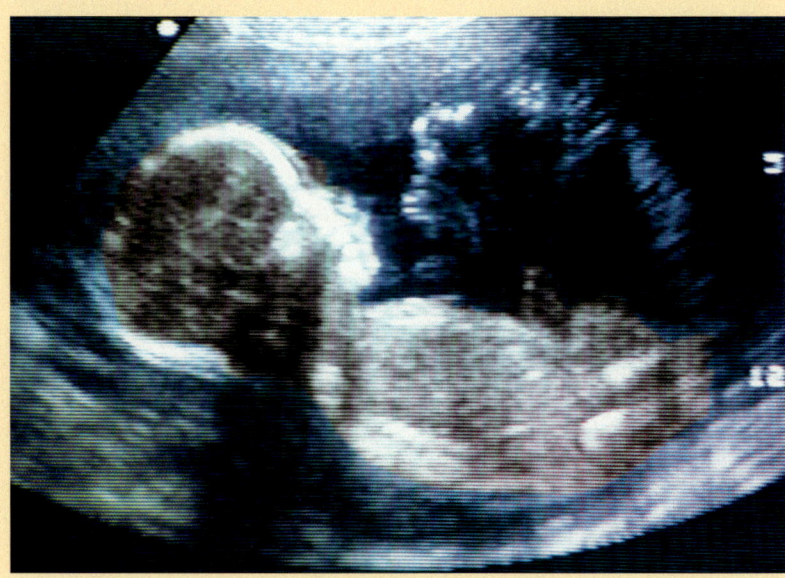

1 „Babyfernsehen" oder Gesundheitsprüfung? – Ultraschallbild eines Fetus im Mutterleib

EXKURS: Vorgeburtliche Untersuchungen

Sarah ist verunsichert: Sicher wäre es toll, wenn sie schon vor der Geburt ihr Baby sehen und seine Entwicklung in ihrem Körper auf dem Bildschirm – sozusagen im „Babyfernsehen" – mitverfolgen könnte. Aber was, wenn mit dem Kind nicht alles in Ordnung ist? Sarah wäre es lieber, nicht alles so genau zu wissen. Sie möchte einfach nur „guter Hoffnung sein" und sich auf ihr Kind freuen. Schon vor der Geburt über eine mögliche Behinderung nachzudenken oder sogar vor die Entscheidung für oder gegen eine Abtreibung gestellt zu werden, würde Sarah sehr belasten. Die meisten Kinder kommen doch gesund zur Welt. Katrin sieht dagegen eine Ultraschalluntersuchung als Chance: Wenn bei einem Kind zum Beispiel ein Herzfehler schon im Mutterleib diagnostiziert wird, kann ihm vielleicht frühzeitig geholfen werden. Die Freundinnen merken, dass sie nicht genau wissen, was sich überhaupt durch vorgeburtliche Untersuchungen feststellen lässt und was die Befunde für das Kind und seine Eltern bedeuten. Sarah möchte sich nun genauer informieren, bevor sie die angebotenen Untersuchungen durchführen lässt.

Schwangerenvorsorge Im Mutterpass sind regelmäßige Blut- und Urinuntersuchungen vorgesehen. Dabei werden der Hämoglobingehalt des Blutes und der Blutdruck bestimmt. Nitrit, Zucker oder Eiweiße im Urin können auf Harnwegsinfektionen, Schwangerschaftsdiabetes oder Nierenprobleme hinweisen. Mögliche Auffälligkeiten werden frühzeitig festgestellt und können entsprechend behandelt werden. Außerdem ertasten Arzt oder Hebamme Lage und Größe des Kindes und beurteilen anhand seiner Herztöne, ob es ihm gut geht.

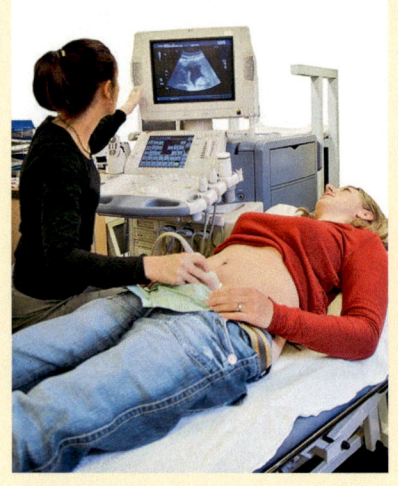

2 Ultraschalluntersuchung

Ultraschalluntersuchung Durch die Ultraschalluntersuchungen lassen sich Lage, Größe, Entwicklungsstand und Geschlecht des Ungeborenen feststellen, aber auch Missbildungen oder bestimmte Auffälligkeiten. Eine verdickte Nackenfalte beispielsweise kann auf geschädigte Erbanlagen hinweisen. Jedoch sind die Ergebnisse der Ultraschalldiagnostik nicht immer zuverlässig.

Erst wenn ein auffälliger Befund vorliegt, würde der Arzt Sarah weitergehende Untersuchungen vorschlagen.

Bei diesen Methoden ist ein Eingriff in den Körper der Frau nötig und es besteht auch ein gewisses Risiko einer Fehlgeburt. ↑3

Chorionzottenbiopsie Eine Chorionzottenbiopsie kann schon relativ früh während der 10. bis 12. Schwangerschaftswoche stattfinden. Dabei werden embryonale Zellen aus dem sich bildenden Mutterkuchen, der Plazenta, entnommen. Die Ergebnisse lassen ähnliche Aussagen zu wie die Fruchtwasseruntersuchung, liegen aber bereits nach 1 bis 8 Tagen vor. Das Risiko einer Fehlgeburt beträgt 0,5 bis 2 Prozent.

Fruchtwasseruntersuchung Diese Untersuchung kann in der 14. bis 20. Schwangerschaftswoche durchgeführt werden. Mit einer dünnen Nadel werden unter Ultraschallkontrolle durch die Bauchdecke der Frau hindurch etwa 20 ml Fruchtwasser aus der Gebärmutter entnommen. Die darin enthaltenen Zellen des Fetus werden anschließend in einer Kulturflüssigkeit vermehrt. An ihnen lassen sich Anzahl und Bau der Erbanlagen untersuchen und durch gezielte Untersuchungen des Erbmaterials auch bestimmte erblich bedingte Stoffwechselkrankheiten feststellen. Auf die Untersuchungsergebnisse muss man etwa zwei Wochen warten. Das Fehlgeburtsrisiko liegt bei 0,5 bis 1 Prozent. Das heißt: Lassen sich 200 Frauen untersuchen, kommt es bei ein bis zwei von ihnen zu einer Fehlgeburt.

Nabelschnurpunktion Ab der 16. Schwangerschaftswoche kann mit einer Nadel aus der Nabelschnur kindliches Blut entnommen werden. Die Blutuntersuchung gibt Auskunft über mögliche Infektionen oder genetisch bedingte Krankheiten sowie eine Rhesusunverträglichkeit. Die Wartezeit beträgt 2 bis 4 Tage und das Fehlgeburtsrisiko liegt bei 1 bis 3 Prozent.

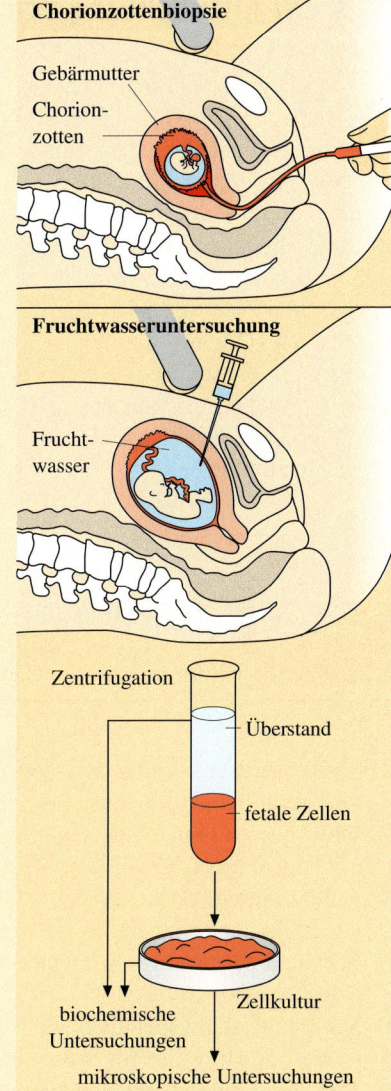

Chorionzottenbiopsie

Gebärmutter

Chorion-zotten

Fruchtwasseruntersuchung

Frucht-wasser

Zentrifugation

Überstand

fetale Zellen

biochemische Untersuchungen

Zellkultur

mikroskopische Untersuchungen

3 Methoden zur Gewinnung embryonaler oder fetaler Zellen für vorgeburtliche Untersuchungen

Arbeitsaufträge

1 Bereitet eine Diskussionsrunde zum Thema vor und führt diese durch.
a Bildet in der Klasse mehrere Pro- und Kontragruppen. Tragt jeweils die Argumente zusammen, die für bzw. gegen die beschriebenen vorgeburtlichen Untersuchungen sprechen.
b Wählt aus jeder Gruppe einen Vertreter oder eine Vertreterin aus, die an einer Diskussionsrunde in der Klasse teilnehmen.

c Wertet den Verlauf der Pro-und-Kontra-Diskussion gemeinsam aus.
2 Informiert euch über Risiken während der Schwangerschaft aufgrund von Infektionen, Medikamenten, Strahlung, Nikotin, Alkohol, anderen Drogen oder Rhesusunverträglichkeit.
3 Recherchiere, was man unter einer Fehlgeburt versteht und wie sie sich auf die betroffenen Frauen und ihr Umfeld auswirkt.

Was der Entwicklung schaden kann

Vom Beginn des Embryonalstadiums bis zur Anlage aller Organe und Gliedmaßen ist die Entwicklung besonders störanfällig. Denn in dieser Phase finden zahlreiche Zellteilungen statt und viele Zellen wandern weite Strecken, um an ihren Zielorten schließlich Gewebe und Organe zu bilden. Worauf muss besonders geachtet werden, um die Embryonalentwicklung vor Störungen und Schädigungen zu schützen?

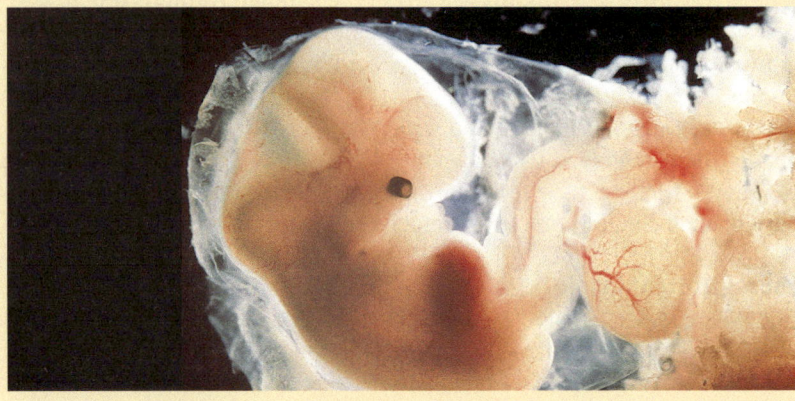

1 Das Herz schlägt schon.

Beobachten Untersuchen Experimentieren

Schädigende Einflüsse auf die Entwicklung des Embryos

1 **Medikamente können den Embryo schädigen**
Offensichtlich wurde dies, als in den 1950er Jahren schwangeren Frauen das Schlafmittel Contergan mit dem Wirkstoff Thalidomid verschrieben wurde. Kinder dieser Frauen kamen mit Missbildungen, vor allem der Arme und Beine, auf die Welt.
a Erkläre die Wirkung von Thalidomid anhand von Bild ↑2.
b Sammle Packungsbeilagen von Medikamenten. Findest du Hinweise für Schwangere?
c Diskutiere mit deinem Nachbarn oder deiner Nachbarin, ob du Medikamente in der Schwangerschaft nehmen würdest. Wenn ja, welche?

2 **Infektionen können den Embryo schädigen**
Eine Rötelninfektion in der frühen Schwangerschaft führt zu verschiedenen Fehlbildungen.
a Beurteile das Ausmaß der Schädigungen durch das Rötelnvirus anhand von Bild ↑2.
b Wie kann man sich vor Röteln schützen? Recherchiere im Internet und mache Vorschläge.
c Recherchiere im Internet, welche weiteren Krankheitserreger und Krankheiten der Mutter die Embryonalentwicklung schädigen können.

3 **Versorgung mit Vitaminen**
In Deutschland wird immer wieder auf eine unzureichende Versorgung der Schwangeren mit Folsäure hingewiesen. Informiere dich über die Bedeutung und das Vorkommen von Folsäure.

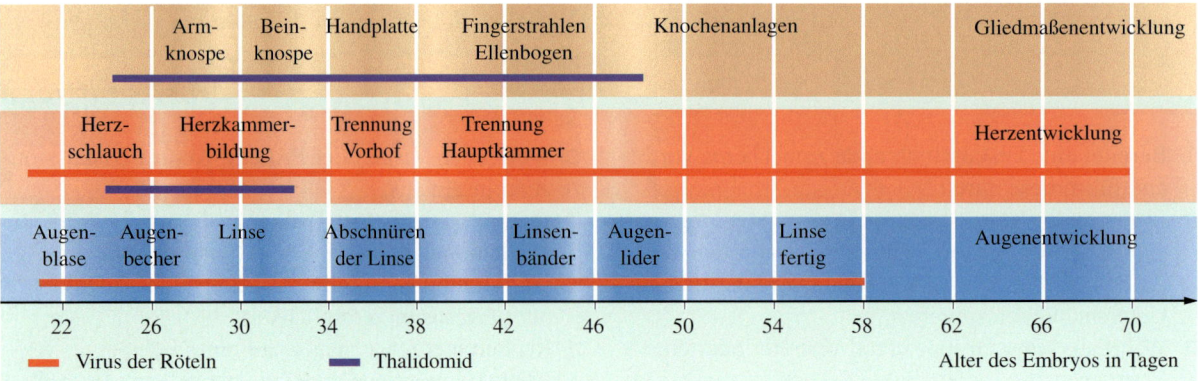

2 Schädigungen durch den Wirkstoff Thalidomid und das Rötelnvirus während der Schwangerschaft

GRUNDLAGEN: Einflüsse auf das Kind im Mutterleib

Lebensweise Ein regelmäßiger Tag-Nacht-Rhythmus der Mutter macht sich bis in die ersten Lebenswochen des Säuglings hinein positiv bemerkbar. Alles, was mit gleichmäßigen, sanften Bewegungen zu tun hat, tut der Schwangeren ebenso gut wie dem Kind, also zum Beispiel Spazierengehen, Radfahren und Schwimmen. Wenn der Kreislauf in Bewegung gehalten wird, bekommt das Kind viel Sauerstoff. Auch mehr Ruhephasen als sonst und Entspannungsübungen tragen zum Wohlbefinden bei. Dagegen beunruhigen wechselhafte Lebensweise, Hektik und Lärm das Kind. ↑3

Ernährung Die Schwangere kann wesentlich zur gesunden Entwicklung ihres Kindes beitragen, wenn sie viel trinkt und sich abwechslungsreich und ausgewogen ernährt. Sie sollte ausreichend Eiweiß, Vitamine und Mineralien zu sich nehmen, bei Fleisch, Wurstwaren und Milchprodukten jedoch auf niedrigen Fettgehalt achten. In der Schwangerschaft ist auch eine ballaststoffreiche Ernährung wichtig. Eine Schwangere muss nicht für zwei essen – sie sollte aber auch keine Diät durchführen.

Genussmittel und Drogen In hohen Dosen kann Koffein zu Wachstumsstörungen oder gar zu einer Fehlgeburt führen. Ob der Genuss von Alkohol in geringen Mengen risikolos ist, lässt sich nicht mit Bestimmtheit sagen. Deshalb ist es sinnvoll, während der Schwangerschaft vollständig auf Alkohol zu verzichten. Besonders in den ersten Monaten kann Alkohol verheerende Schädigungen bewirken, denn in dieser Zeit werden das Nervensystem, die Knochen, die Sinnesorgane und das Herz angelegt. ↑4 Die betroffenen Kinder sind klein und untergewichtig, zeigen Missbildungen und Wachstumsstörungen und haben in schweren Fällen nur geringe Überlebenschancen. Deutlich ist auch der Zusammenhang zwischen Zigarettenkonsum und einer erhöhten Fehlgeburtenrate. Durch jeden Zigarettenzug verengen sich die Blutgefäße, die das Kind mit Sauerstoff versorgen. Raucherinnen gebären deshalb häufig untergewichtige Kinder, die zudem besonders anfällig für Erkrankungen im Säuglingsalter sind. ↑5

Medikamente Auf Medikamente sollte in der Schwangerschaft so weit wie möglich verzichtet werden. Viele Wirkstoffe durchdringen die Plazentaschranke und können die Entwicklung des Kindes stören oder zu erheblichen Schädigungen führen. Die Schwangere sollte zusammen mit ihrem Arzt sehr genau prüfen, ob die Einnahme eines Medikaments unbedingt nötig und welches Präparat am ehesten geeignet ist.

Infektionskrankheiten Besonders gefürchtet sind die Röteln. Diese Virusinfektion tritt meist im Kindesalter auf und verläuft in der Regel ohne Komplikationen. Erkrankt aber eine schwangere Frau, kann es zu schweren Missbildungen beim Kind kommen. Herzfehler, Taubheit, Augenfehlbildung und geistige Behinderung können die Folgen sein. Die vorbeugende Impfung aller Mädchen gegen Röteln ist eine unbedingt notwendige Schutzmaßnahme. Gefährlich ist auch eine Infektion mit Toxoplasma. Dieser Einzeller kann durch rohes Fleisch oder durch Kontakt mit infizierten Haustieren, vor allem Katzen, übertragen werden. Die so verur-sachte Krankheit Toxoplasmose kann zu Hirn- und Augenschäden führen.

Schon gewusst?

Auch wenn die Schwangerschaft eine besondere Zeit für die Frau ist, sollte sie sich so natürlich wie möglich verhalten. Gesunde Lebensführung und gute medizinische Betreuung kommen direkt der Entwicklung des Kindes zugute.

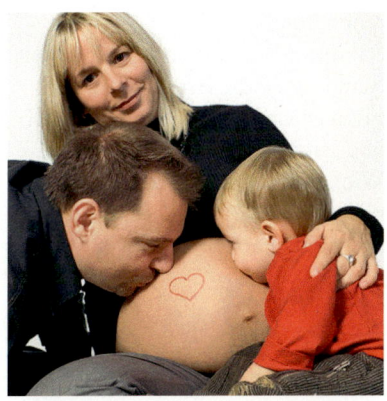

3 Gemeinsame Freude aufs Baby.

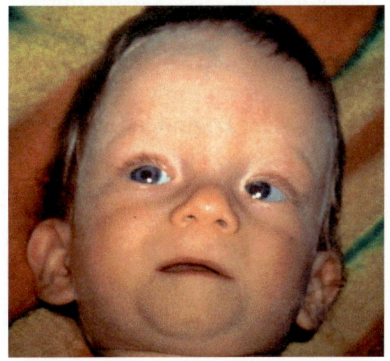

4 Alkoholkonsum der Mutter kann das Kind schwer schädigen. Äußerlich erkennbar sind Fehlbildungen im Gesicht.

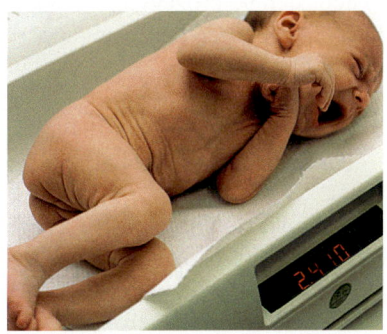

5 Untergewichtiges Neugeborenes

Vom Säugling zum Kleinkind

Sabine sitzt gerade bei den Hausaufgaben. Da beginnt ihre kleine Schwester zu weinen. Schon wieder! Sabine fühlt sich ganz schön genervt. Was hat die Kleine denn nur? Sind die Windeln nass? Hat sie Hunger? Tut ihr irgendetwas weh? Wenn sie doch nur reden könnte!

Sabines Mutti kommt und legt den Säugling an die Brust. Sofort beginnt er zu saugen. Nun ist er still und zufrieden.

Wie „fertig" ist ein Kind, wenn es geboren wird? Wie entwickelt es sich in den ersten Lebensjahren?

1 Der Säugling wird gestillt.

Beobachten **Untersuchen** *Experimentieren*

„Meilensteine" der Entwicklung

Bild ↑2 verdeutlicht durch Farbstreifen das durchschnittliche Alter bei bedeutsamen Entwicklungsschritten. Der Beginn jedes Farbstreifens bezieht sich auf das Alter, in dem 25 Prozent aller Kinder die jeweils dargestellte Fertigkeit erworben haben. Die Position des Kindes bzw. der Punkt auf dem Farbstreifen geben an, mit welchem Alter etwa die Hälfte aller Kinder über das entsprechende Können verfügt. Das Ende des Farbstreifens entspricht dem Alter, in dem sich 90 Prozent aller Kinder die entsprechende Fertigkeit angeeignet haben.

1 Beschreibe die Entwicklung des Kindes im ersten Lebensjahr.

2 Versuche mithilfe deiner Eltern eine ähnliche Übersicht zu erarbeiten, in der deine Entwicklungsschritte angegeben sind. Ergänze durch weitere Beispiele.

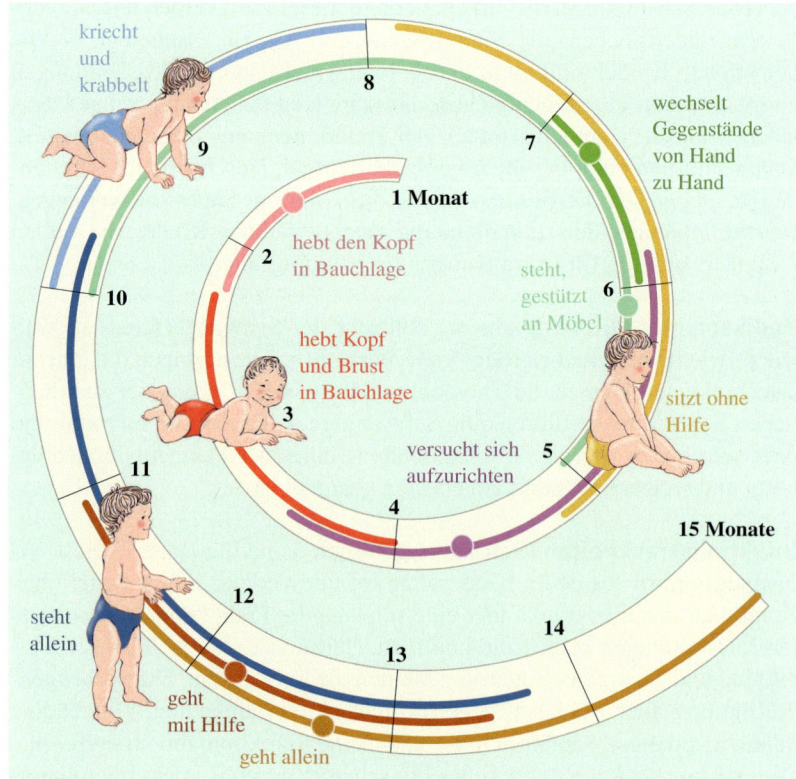

2 Durchschnittsalter bedeutsamer Entwicklungsschritte in den ersten 15 Lebensmonaten

GRUNDLAGEN: Entwicklung nach der Geburt

Nach der Geburt muss sich das Baby auf eine gänzlich neue Umgebung einstellen. Dabei helfen ihm einige wenige angeborene Verhaltensweisen. Viele Fähigkeiten, die es in seinem späteren Leben kann und braucht, muss es jedoch lernen.

Angeborenes Verhalten Das Neugeborene kann unabhängig vom Körper der Mutter existieren. Es hat auch schon vor der Geburt lebenswichtige Fähigkeiten entwickelt, die ihm helfen, seine Bedürfnisse zu erfüllen. So kann es greifen, saugen sowie durch Laute und Schreien kundtun, wie es sich fühlt und was es braucht.
Das Schreien ist für das Kind die einzige Möglichkeit, um auf sich aufmerksam zu machen. Wird es dann gefüttert, gestreichelt oder umhergetragen, beruhigt es sich bald wieder. Sobald der Säugling an die Brust der Mutter angelegt wird, saugt er sich an der Brustwarze fest und trinkt. Saugen und Trinken muss das Neugeborene nicht lernen. Es ist ein angeborener Reflex, ebenso wie das Greifen.↑3 Berührt man die Handfläche des Säuglings mit dem Finger, so packt er zu. Einen ähnlichen Greifreflex zeigen auch die Zehen. Dieses Verhalten weist auf die Entwicklung des Menschen aus tierischen Vorfahren der Primatenreihe hin. Hier werden die Neugeborenen als „Traglinge" mitgeführt, die sich im Fell der Mutter festklammern.

Lernen Mit zunehmendem Alter nimmt das Kind seine Umwelt immer aufmerksamer wahr. Es lernt, seine Körperbewegungen immer besser zu beherrschen, sodass es erst sitzen, dann stehen, später krabbeln und laufen kann. Je mehr es sich selbstständig aufrichten und bewegen kann, desto mehr beginnt das Kind, seine Umgebung zu erforschen. Indem es alles betastet, schmeckt und riecht, lernt es die Welt kennen. Es lernt, Sprache zu gebrauchen, und baut erste soziale Kontakte zu Menschen außerhalb der Familie auf.
Um diese Dinge zu lernen, braucht das Kind vertraute Personen, die es nicht nur liebevoll versorgen, sondern auch mit ihm spielen, sprechen und es berühren. Nur dann kann es ein Urvertrauen ausbilden und sich geborgen fühlen. Kinder, die ohne feste Bezugspersonen aufwachsen, haben es später oft schwer, Vertrauen zu sich und anderen zu entwickeln.↑4

Kurz und knapp **Trotz angeborener Verhaltensweisen wie Saugen, Schreien und Greifen ist das neugeborene Kind hilflos und auf liebevolle Betreuung durch feste Bezugspersonen angewiesen. Nur durch Liebe und Zuwendung kann es ein grundlegendes Vertrauen in sich und andere gewinnen.**

Schon gewusst?

Stillen
Nach der Geburt sondern die Brustdrüsen Muttermilch ab. Mit ihr erhält der Säugling alle für seine Entwicklung notwendigen Nährstoffe und Vitamine. Außerdem schützen die Antikörper der Mutter das Kind vor Infektionen. Stillen bedeutet für das Kind nicht nur die Aufnahme von Nahrung. Durch den engen Körperkontakt mit der Mutter erlebt es Ruhe, Wohlbefinden und Geborgenheit.

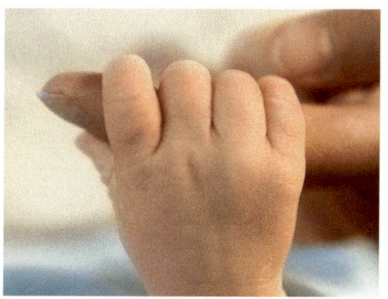

3 Der Greifreflex lässt sich schon beim Neugeborenen beobachten.

4 Das Baby spürt Haut und Duft der Mutter. Es fühlt sich geborgen.

Arbeitsaufträge

1 Nenne wichtige „Meilensteine" in der Entwicklung eines Kindes während der ersten Lebensjahre.
2 Leite aus dem Text Regeln für den Umgang mit Säuglingen und Kleinkindern ab. Begründe.
3 Wechseln die Bezugspersonen von Babys häufig, reagieren sie ängstlich, werden unruhig und schlafen schlecht. Erkläre diese Erscheinungen.

GRUNDLAGEN: Entwicklung in den ersten Lebensjahren

Sich bewegen lernen An der Reaktion der Eltern auf sein Schreien und im Spiel mit ihnen erlebt das Kind die Wirkung seines Handelns. Die Rückmeldung durch die Eltern prägt sein Urvertrauen und lässt in ihm ein Gefühl der Sicherheit wachsen.↑1,2 Es bewegt sich mutiger, intensiver und vielfältiger, wenn jemand dabei ist und sein Bewegungsspiel freundlich begleitet und unterstützt. Diese Erfahrung ist von entscheidender Bedeutung für den Aufbau des Selbstwertgefühls. Ganz von selbst scheint der Säugling etwa ab dem 5. Lebensmonat vom Rücken auf den Bauch zu rollen und umgekehrt. Etwa bis zum Ende des 9. Monats wird er das Sitzen gelernt haben.↑3 Dazu müssen aber – was für alle Entwicklungsschritte gilt – die nötigen körperlichen Fähigkeiten ausgebildet sein. Mit dem Sitzen und erst recht mit dem Stehen und Laufen ab dem 10. bis 12. Monat erlangt das Baby seine erste echte Selbstständigkeit. Jetzt kann es seinen „eigenen Weg" gehen, sich abwenden oder Hilfe suchend zu den Eltern kommen. Die Eltern können sich als echte „Entwicklungshelfer" erweisen, wenn sie ihr Kind bei allen seinen Bemühungen unterstützen, ermutigen, loben und auch trösten, wenn etwas nicht auf Anhieb klappt.

Allein erkunden Vor allem vom 2. Lebensjahr an möchte das Kind vieles selbst ausprobieren. Das Zusammenspiel von Muskeln und Sinnesorganen beim Hantieren mit „Werkzeugen" gelingt immer besser und wird geübt, indem das Kind die Bewegungen häufig wiederholt.
Die Warum-Fragen, mit denen das Kind unermüdlich nach Gründen von Prozessen und Verhaltensweisen forscht, erfordern von den Eltern viel Geduld. Sie sollten auf alle Fragen aufmerksam eingehen und versuchen altersgemäße Antworten zu finden. So lernt das Kind Zusammenhänge in seiner Umwelt kennen und verstehen.

Sein Ich entdecken Die im 3. Lebensjahr beginnende Entdeckung des Ich ist ein weiterer Schritt zur Selbstständigkeit. Das Kind erkennt, dass es etwas wollen und zwischen verschiedenen Möglichkeiten entscheiden kann. Es versucht seinen Willen im Widerstand gegen die Eltern durchzusetzen. Die Eltern stehen vor einer schwierigen Erziehungsaufgabe: Einerseits sollen sie den Willen des Kindes respektieren und fördern, andererseits müssen sie aufzeigen, welche Regeln und Grenzen zu beachten sind. Denn völlige Freiheit würde das Kind orientierungslos und unglücklich machen.

Sprechen lernen Um sprechen zu können, sind eine ganze Reihe körperlicher Voraussetzungen notwendig: Zwerchfell, Mundraum, Zunge, Lippen müssen – koordiniert vom Gehirn – zusammenwirken. Aber auch das Ohr muss gesund sein. Denn nur wer Sprache hört, kann sie auch erlernen. Das Kind muss seine eigenen Laute hören können, um sie mit denen der Erwachsenen zu vergleichen. Sprechen lernt es, indem es viele Sprechvorbilder verarbeitet und aus diesen Beispielen Sprachregeln ableitet. Das Kind muss die Sprachregeln nicht mühsam erlernen – das Gehirn findet sie selbst heraus. Was Kinder also brauchen, sind sehr viele und möglichst klare und richtige Sprachäußerungen. Eltern sind dabei die wichtigsten Sprechvorbilder.

1 Neugeborenes

2 2 Monate alter Säugling

3 10 Monate alt: Spiel mit der Mutter

Wichtige Entwicklungsschritte eines durchschnittlichen Kindes		
Alter	Motorische Entwicklung	Geistige Entwicklung
1 Monat	dreht den Kopf	verfolgt Licht mit den Augen, reagiert auf Ansprache
3 Monate	hält frei den Kopf	fixiert das Gegenüber, erkennt vertraute Personen, lächelt
6 Monate	dreht sich aus der Bauchlage auf den Rücken und umgekehrt, sitzt mit Unterstützung	greift nach vorgehaltenen Gegenständen
9 Monate	sitzt frei, krabbelt, steht mit Unterstützung	kann winken, sagt „da-da"
12 Monate	steht frei, läuft mit Unterstützung	versteht einzelne Worte und Sätze
18 Monate	läuft frei	spricht bis zu 10 Wörter, ist teilweise selbstständig
2 Jahre	rennt und steigt Treppen	spricht 3-Wort-Sätze, baut aus Würfeln einen Turm
3 Jahre	fährt Dreirad	sagt seinen Namen, isst selbstständig, hilft beim Anziehen
4 Jahre		benennt Farben, putzt sich die Zähne, spielt kooperativ mit anderen Kindern
5 Jahre		fragt nach Wortbedeutungen, zählt bis 10, zieht sich selbstständig an und aus

4 Mit einem Jahr: die ersten Schritte

5 Dreijähriger mit Laufrad

6 Beim Malen

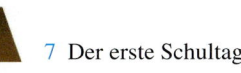

7 Der erste Schultag

Arbeitsaufträge

1 Beschreibe mithilfe der Tabelle, welche Entwicklungsschritte die auf dieser Doppelseite abgebildeten Kinder bereits vollzogen haben.

2 Informiere Dich anhand von Literatur, was Eltern tun können, um die Entwicklung ihres Kindes in den ersten drei Lebensjahren zu fördern.

Ein Menschenleben

Auch für den Menschen ist die Individualentwicklung in den Grundzügen durch genetische Informationen in seinen Erbanlagen vorprogrammiert. Sie beginnt mit der Befruchtung einer Eizelle und der darauf folgenden Embryonalentwicklung.

Die Individualentwicklung wird lebenslang durch das Zusammenwirken von Erbanlagen und Umweltfaktoren bestimmt.

Im Text unten unterscheiden und vergleichen wir die aufeinander folgenden Entwicklungsphasen.

1 Porträts veranschaulichen die Individualentwicklung.

Beobachten *Untersuchen* Experimentieren

Lebenserwartung

Werte das Diagramm (Bild↑2) aus:

a Vergleiche die für die durchschnittliche Lebenserwartung angegebenen Werte.

b Formuliere Vermutungen über die Ursachen des Anstiegs der Lebenserwartung.

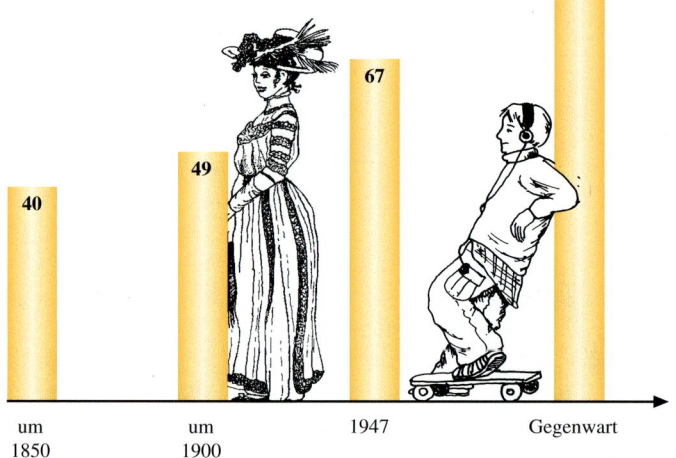

2 Durchschnittliche Lebenserwartung (Jahre) in Deutschland

40 — um 1850
49 — um 1900
67 — 1947
80 — Gegenwart

GRUNDLAGEN: Individualentwicklung des Menschen

Entwicklungsalter Das so genannte Entwicklungsalter beginnt mit der Geburt und endet mit dem Abschluss der Wachstumsvorgänge um das 20. Lebensjahr. Besonders stark wachsen die Röhrenknochen der Arme und Beine, wodurch sich die Größenverhältnisse aller Körperteile völlig verändern. Das Milchgebiss wird durch die bleibenden Zähne ersetzt. Das Gehirn wächst zu seiner endgültigen Größe heran. Die Entwicklung der Großhirnrinde befähigt uns zum lebenslangen Lernen. Besonders auffällig sind die enorme Lernfähigkeit in den ersten Lebensjahren sowie körperliche und seelische Veränderungen in der Pubertät.

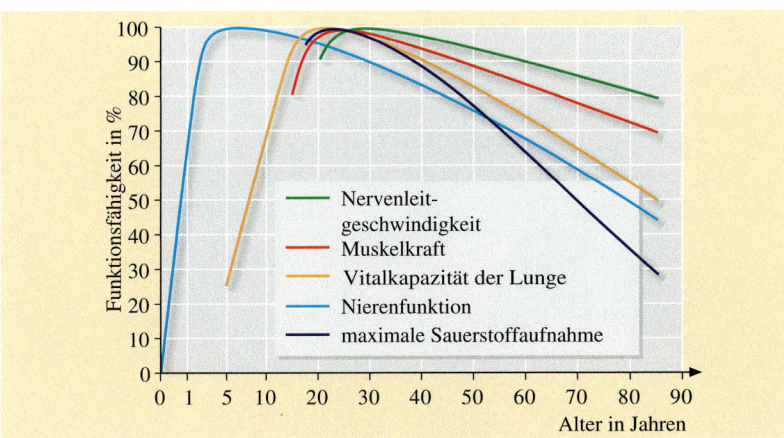

3 Körperfunktionen verändern sich mit dem Alter.

Schon gewusst?

Altern
Altern ist auch für den Menschen ein nicht umkehrbarer, zum Leben gehörender Prozess. Untersuchungen bei isoliert lebenden Volksgruppen in den Anden und im Himalaja ergaben, dass dort für viele Menschen ein Leben von mehr als 100 Jahren bei guter Gesundheit durchaus möglich ist. Wie weit dies von einer qualitativ besseren Umwelt bzw. Lebensweise abhängt oder erblich (genetisch) bedingt ist, lässt sich nicht mit Sicherheit sagen.

Leistungsalter Vom 20. Lebensjahr bis etwa zum 45. Lebensjahr, bei manchen Menschen auch bis zum 55. Lebensjahr, weisen viele Organe den höchsten Stand ihrer Leistungsfähigkeit auf. ↑3
Zum Beispiel erreichen Muskelkraft, Hörschärfe und Reaktionsgeschwindigkeit ihre besten Werte. Die äußerlich feststellbaren Veränderungen sind geringer als in allen anderen Lebensabschnitten. Einsetzender Spannungsverlust der Haut führt zu Falten und Furchen im Gesicht.

Erfahrungsalter und Rückbildungsalter Zwischen dem 45. und 60. Lebensjahr erreichen die geistigen Fähigkeiten durch zunehmende Erfahrung, Einsicht und besseres Urteilsvermögen ihren Höhepunkt: Lebenserfahrungen älterer Menschen können von großem Wert für Jüngere sein. Zwischen dem 45. und 60. Lebensjahr werden auch altersbedingte Abbauvorgänge beschleunigt. ↑4 Körpergewebe verlieren an Substanz und die Anfälligkeit für Krankheiten nimmt zu. Bei Frauen endet in dieser Zeit die Fähigkeit zur Fortpflanzung (Wechseljahre). Wenn körperlicher und geistiger Abbau besonders auffällig werden, beginnt zwischen dem 60. und 75. Lebensjahr das Greisenalter. Es lässt sich nur schwer abgrenzen. Körperlich beeinträchtigend wirken z. B. die Versteifung der Gelenke, Durchblutungsstörungen von Herz und Gehirn und die zunehmende Schwächung der Immunabwehr. Auch psychische Vorgänge spielen beim Altern eine Rolle. Versagen lebenswichtige Organe, sterben wir den Alterstod.

4 Aktivität erhält die körperliche sowie geistige Leistungsfähigkeit.

Kurz und knapp **In der Individualentwicklung kann man die vorgeburtliche Entwicklung, das Entwicklungsalter, das Leistungsalter sowie das Erfahrungsalter und das Rückbildungsalter unterscheiden. Sie wird sowohl durch Erbanlagen als auch durch Umweltfaktoren bestimmt.**

Arbeitsaufträge

1 Nenne die Phasen der nachgeburtlichen Entwicklung des Menschen. Beschreibe sie kurz.
2 Informiere dich über Frauen und Männer, die bis ins hohe Alter schöpferisch tätig waren.

3 Leite aus dem Diagramm 3 und Bild 4 Schlussfolgerungen zur Gestaltung einer gesunden Lebensweise ab.

Verhütung

Keine Ahnung …
„… und es war ziemlich schnell klar: Heute mehr als nur unterhalten. Dann im Bus, ihre Augen, ihr Lachen, rumknutschen. Wir gingen zu mir. Ziemlich aufregend, ein Wahnsinn. Und dann, so ein Mist, war er nun richtig drauf oder nicht? Ob sie die Pille nimmt, weiß ich gar nicht. Sie ist 17. Hoffentlich wird sie nicht schwanger – was dann? Wer zahlt? Meine Eltern flippen aus. Sie bekommt bald ihre Tage, hat sie gesagt. Dann kann ja eigentlich nichts passiert sein, oder doch? Verdammt, was soll ich machen? Ich ruf sie morgen mal an. Auch das mit Aids … – keine Ahnung.“

1 Schwangerschaftsverhütung geht beide Partner etwas an

GRUNDLAGEN: Empfängnisverhütung

Pass auf! Menschen, die sich lieben und zärtlich zueinander sein wollen, möchten auch miteinander schlafen. Um dabei eine ungewollte Schwangerschaft zu verhindern, kann man verschiedene Verhütungsmittel benutzen. Eine Entscheidungshilfe ist der Perl-Index. Er gibt die Sicherheit einer Verhütungsmethode an. Vermerkt wird, wie viele von 100 Frauen, die mit der gleichen Methode verhüten, innerhalb eines Jahres schwanger werden.

Kondome Sie sind dünne Latexhüllen, die über den steifen Penis gerollt werden. ↑4 Kondome schützen vor ungewollter Schwangerschaft und gleichzeitig vor sexuell übertragbaren Krankheiten. Sie haben keine Nebenwirkungen, sind billig und können fast überall erworben werden. Ihre Anwendung ist einfach. Kondome sollten nicht mit fetthaltigen Gleitmitteln oder fetthaltigen chemischen Verhütungsmitteln zusammen angewendet werden. Der Perl-Index bei Kondomen liegt zwischen 3 und 10.

Antibabypille Sie ist die häufigste Verhütungsmethode für junge Mädchen. ↑2 Der Perl-Index ist kleiner 1. Die Pille muss regelmäßig eingenommen werden. Die enthaltenen Hormone bewirken, dass keine Eizelle heranreift. Zudem verfestigt sich der Schleimpfropf im Gebärmutterhals, sodass die Spermien ihn nicht durchdringen können. Die Pille kann eine Reihe von Nebenwirkungen haben (z.B. Übelkeit, Kopfschmerzen und Gewichtsveränderungen). Besonders bei Raucherinnen erhöht sich das Thromboserisiko (Bildung von Blutgerinseln).

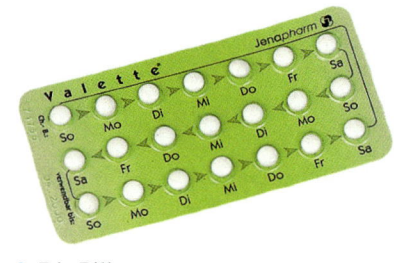

2 Die Pille

Spirale Die Spirale ist ein T-förmiger Kunststoffkörper, der vom Frauenarzt in die Gebärmutter eingesetzt wird und dort bis zu fünf Jahre verbleiben kann. Der Perl-Index beträgt 1 < 2. ↑3

Basaltemperaturmessung Bei dieser Methode wird die morgendliche Körpertemperatur gemessen und in eine Tabelle eingetragen. Diese steigt nach dem Eisprung um etwa 0,5 °C und bleibt bis zur nächsten Regelblutung erhöht. Vom dritten Tag mit erhöhter Temperatur bis zur nächsten Regelblutung kann man von unfruchtbaren Tagen ausgehen. Stress und Fieber können einen veränderten Temperaturverlauf bewirken.

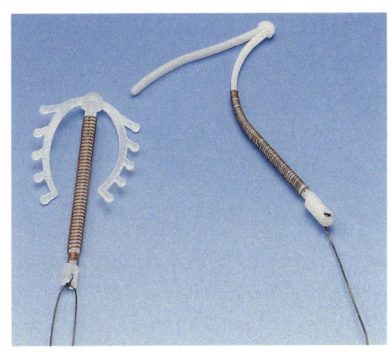

3 Die Spirale

Andere Verhütungsmethoden Es gibt noch eine Reihe eher unsicherer Verhütungsmethoden. Chemische Verhütungsmittel wie Zäpfchen, Tabletten, Gels oder Schaum enthalten Spermien abtötende Substanzen. Das Pessar ist eine schalenförmige Gummikappe, die den Muttermund bedeckt und Spermien daran hindert, in die Gebärmutter zu gelangen. Beim Koitus interruptus („Aufpasser" oder „Rückzieher") wird versucht, kurz vor dem Samenerguss den Penis aus der Scheide zu ziehen.

Pille danach Wenn bei der Verhütung etwas schief gegangen ist, kann man die „Pille danach" anwenden. Sie muss innerhalb von 72 Stunden nach dem ungeschützten Geschlechtsverkehr eingenommen werden. Frauenärzte und Notdienste stellen das notwendige Rezept aus.

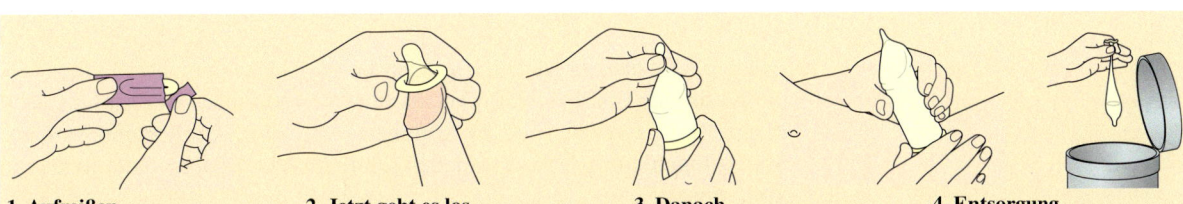

1. Aufreißen
Achtung: Mit scharfkantigen Gegenständen wie zum Beispiel Schmuck oder mit den Fingernägeln kannst du das Kondom beschädigen. Kondome sind nur dann frisch und somit lange haltbar, wenn das Siegelbriefchen nicht geöffnet oder beschädigt ist.

2. Jetzt geht es los
Ganz wichtig: Rolle das Kondom vor der ersten Berührung von Penis und Vagina über den steifen Penis ab. Halte dabei das Reservoir so mit Daumen und Zeigefinger fest, dass dort kein Luftpolster entsteht. Zieh die Vorhaut etwas zurück und rolle das Kondom vom Reservoir her vollständig über den Penis.

3. Danach
Wenn dein Penis nach dem Spermaerguss erschlafft, wird es höchste Zeit für den Rückweg. Um ein Abrutschen des Kondoms zu verhindern, hältst du das Kondom am Penisansatz fest, während du den Penis behutsam aus der Scheide ziehst.

4. Entsorgung
Gebrauchte Kondome gehören in den Abfalleimer, nicht in die Toilette. Bevor du mit dem Liebesspiel fortfährst, wasch dir erst einmal Penis und Hände.
Und: Kondome nur einmal gebrauchen!

4 So benutzt du ein Kondom richtig

Kurz und knapp Zu den am häufigsten angewandten Verhütungsmitteln gehören die Pille und das Kondom. Das Kondom schützt zusätzlich vor sexuell übertragbaren Krankheiten.

Arbeitsaufträge

1 Informiere dich im Internet bzw. in Fachbüchern über Verhütungsmethoden bzw. -mittel, z. B. Verhütungspflaster, Minipille, Hormonimplantat, Sterilisation, Koitus interruptus, Kalendermethode, Femidom.

2 Welche Verhütungsmethoden bzw. -mittel kommen für Jugendliche besonders in Betracht? Begründe.

Wenn Paare unbedingt Kinder wollen

Louise Brown galt 1978 als Weltsensation. Sie war das erste „Retortenbaby" – das erste durch künstliche Befruchtung gezeugte Baby – der Welt und wurde am 25. Juli 1978 in Großbritannien geboren.

Seitdem konnte vielen Paaren, die ungewollt kinderlos blieben, auf diese Weise geholfen werden. Warum können manche Paare kein Kind bekommen? Welche Behandlungsmöglichkeiten bietet die moderne Medizin?

1 Louise Brown: 1979, bei ihrem ersten Fernsehauftritt

GRUNDLAGEN: Ungewollte Kinderlosigkeit

Alles scheint perfekt zu sein: Ein Paar hat sich gefunden und ist glücklich, die Ausbildung ist beendet oder man hat bereits einen Arbeitsplatz. Jetzt könnte das gewünschte Baby kommen. Aber es passiert einfach nichts. Schätzungen zufolge ist etwa jedes siebte Paar in Deutschland ungewollt kinderlos.

Mögliche Ursachen Ungewollte Kinderlosigkeit kann zahlreiche Ursachen haben. Sie lässt sich zu etwa 40 Prozent auf den Mann zurückführen, zu etwa 40 Prozent auf die Frau. Bei etwa 20 Prozent der Paare liegen bei beiden Partnern Hindernisse für das Eintreten der Schwangerschaft vor oder die Ursache kann nicht geklärt werden.

Viele Ursachen sind Folgen von Infektionen, Nachwirkungen von Operationen oder angeborene Fehlbildungen. Bei der Frau können zum Beispiel die Eileiter blockiert oder beschädigt sein. Es können hormonelle Störungen, zum Beispiel bei der Eizellreifung, vorliegen oder Eierstöcke, Eileiter oder Gebärmutter fehlgebildet sein. Beim Mann ist vor allem die Samenqualität entscheidend: Entweder ist die Anzahl der Spermien zu niedrig oder zu viele Spermien sind unbeweglich.

Auch das Alter, die Lebensweise und Umweltbelastungen spielen eine große Rolle für die Fruchtbarkeit. So entscheiden sich viele Paare heute erst spät für ein Kind. Im Alter nimmt jedoch die Fruchtbarkeit ab.

Behandlungsmethoden Die moderne Medizin bietet vielfältige Möglichkeiten, um Paaren, die ungewollt kinderlos bleiben, zu helfen. In Abhängigkeit von der Ursache kann zum Beispiel eine Samenübertragung oder eine künstliche Befruchtung durchgeführt werden.

Wenn die Spermienanzahl des Mannes nicht ausreicht oder die Spermien nur eingeschränkt bewegungsfähig sind, ist eine Samenübertragung oder Insemination möglich. Dabei wird aufbereitetes Sperma mit einem Katheter direkt in die Gebärmutter oder in einen der beiden Eileiter gespült, wo eventuell eine Befruchtung stattfindet. Der Samenübertragung geht in der Regel eine Hormonstimulation voraus, die dafür sorgt, dass mehrere Eizellen gleichzeitig heranreifen.

Bei der In-vitro-Fertilisation (lat.: Befruchtung im Glas) werden die Eizellen der Frau außerhalb des Körpers mit Spermien des Mannes befruchtet. Zur Vorbereitung ist auch hier eine hormonelle Stimulation notwendig. Ist die Befruchtung erfolgt, werden maximal drei Embryonen in die Gebärmutter übertragen.↑2 Dabei besteht die Möglichkeit, dass es zu einer Mehrlingsschwangerschaft kommt.

Die Möglichkeiten der Fortpflanzungsmedizin haben sich in den letzten Jahren ständig erweitert. Dennoch lässt sich auch heute der gewünschte Erfolg – die Geburt eines gesunden Kindes – nicht garantieren. Die tatsächliche Geburtenrate nach medizinischer Behandlung liegt unter 20 Prozent.↑3

Schon gewusst?

Mehrlinge

Im Rahmen der künstlichen Befruchtung werden oft mehrere befruchtete Eizellen in die Gebärmutter übertragen. Dies führt häufig zu Mehrlingsschwangerschaften und -geburten. So waren im Jahr 2005 etwa 21 Prozent der Zwillings- und 53 Prozent aller Drillingsgeburten auf künstliche Befruchtung zurückzuführen.

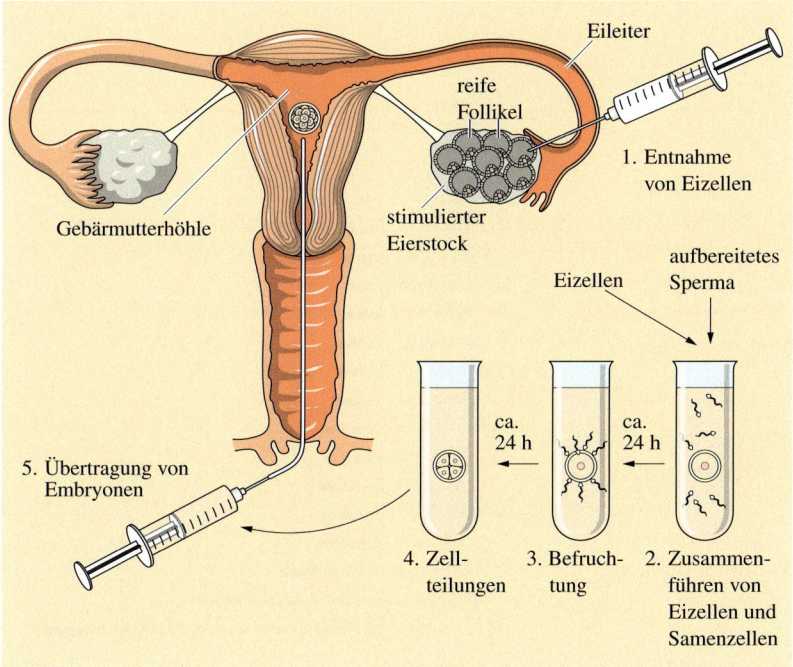

2 Künstliche Befruchtung: So wurden bis 2006 etwa 3 Millionen Babys geboren.

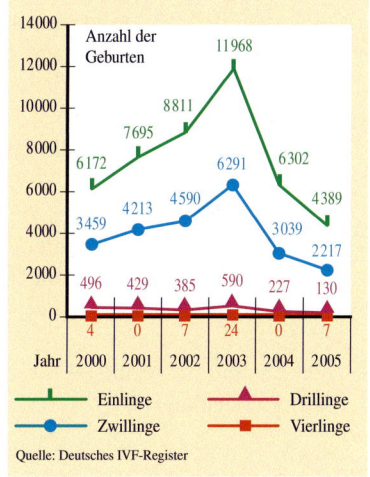

3 Geburten nach künstlicher Befruchtung

Kurz und knapp **Für ungewollte Kinderlosigkeit gibt es zahlreiche Gründe. Die moderne Medizin kann betroffenen Paaren durch verschiedene Methoden helfen, zum Beispiel durch eine künstliche Befruchtung. Ein Behandlungserfolg ist jedoch nicht garantiert.**

Arbeitsaufträge

1 Nenne Ursachen für ungewollte Kinderlosigkeit.

2 Beschreibe mithilfe von Bild↑2 die Vorgehensweise bei der künstlichen Befruchtung.

Sexuell übertragbare Krankheiten

Viele Jahrhunderte lang verbreitete die als „Lustseuche" bekannte Syphilis Angst und Schrecken. Diese Krankheit wurde vermutlich von Seeleuten, die KOLUMBUS begleiteten, 1492 aus dem neu entdeckten Amerika nach Europa eingeschleppt. Schon damals wussten die Menschen, dass man sich die Syphilis hauptsächlich über den Geschlechtsverkehr zuziehen konnte.

Welche sexuell übertragbaren Krankheiten gibt es? Welche sind heute von Bedeutung?

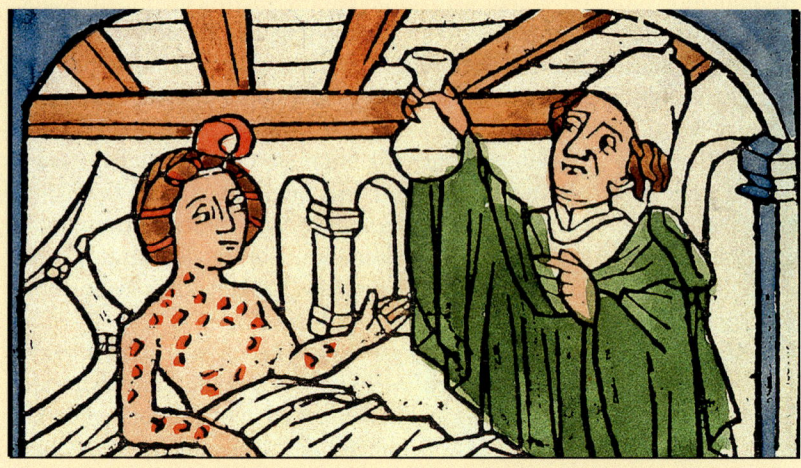

1 Behandlung von Syphiliskranken

Beobachten **Untersuchen** *Experimentieren*

Häufigkeit der Syphilis

Die Syphilis gehört zu den bekanntesten Geschlechtskrankheiten. Bild↑2 zeigt, nach Bundesländern getrennt, die 2004 in Deutschland gemeldeten Syphilisfälle im Vergleich zu den Vorjahren 2001 bis 2003.

1 Vergleiche die Werte für die Jahre 2001 bis 2004. Was stellst du fest?

2 Wie verhalten sich die Zahlen in Berlin und Hamburg im Vergleich zu den anderen Bundesländern? Finde mögliche Erklärungen.

3 Leite Schlussfolgerungen für die Gestaltung deines Sexualverhaltens ab.

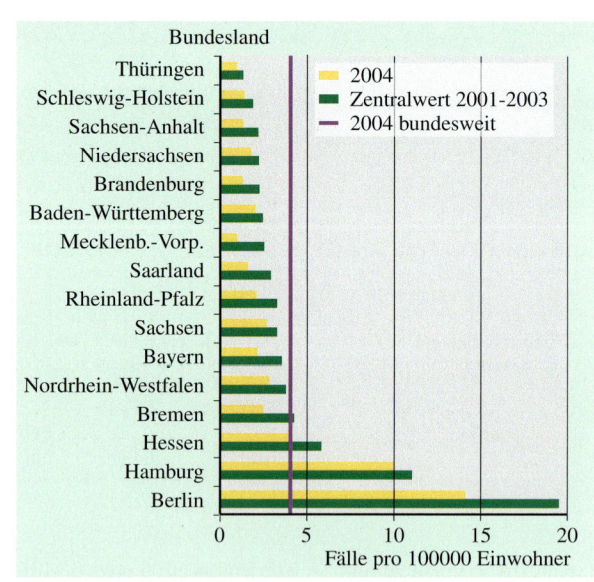

2 Gemeldete Syphilisfälle in Deutschland

GRUNDLAGEN: Sexuell übertragbare Krankheiten

Sexuell übertragbare Krankheiten werden vor allem durch Geschlechtsverkehr und durch andere sexuelle Kontakte, zum Beispiel Petting, übertragen. Erreger dieser Krankheiten können Bakterien, Viren, Pilze oder Einzeller sein. In den letzten Jahren hat die Zahl der Erkrankungen weltweit wieder zugenommen. Neben den „klassischen" Geschlechtskrankheiten wie Syphilis oder Tripper sind heute vor allem Aids, Hepatitis-B oder Chlamydien-Infektionen von Bedeutung. ↑3 Die Benutzung von Kondomen bietet einen gewissen Schutz vor Ansteckung.

Syphilis Die Syphilis wird von Bakterien verursacht. Eine Übertragung erfolgt beim Geschlechtsverkehr bzw. bei Kontakt mit erkrankter Haut oder Schleimhaut. Die Krankheit verläuft in drei Stadien. Die ersten Symptome, etwa drei Wochen nach der Infektion, sind ein Knoten oder ein Geschwür an Geschlechtsorganen, After oder Mund. Einige Wochen später kommt es zu grippeartigen Beschwerden. Außerdem treten großflächige Hautausschläge auf. ↑1 Die beiden ersten Stadien sind durch Antibiotika gut heilbar. Bleibt die Krankheit unbehandelt, können mehrere Jahre nach der Ansteckung auch die inneren Organe und das Nervensystem schwer geschädigt werden.

Gonorrhöe Auch die Gonorrhöe, umgangssprachlich Tripper genannt, ist eine bakterielle Infektion. Sie ist die weltweit häufigste Geschlechtskrankheit. Etwa 4 Tage nach der Ansteckung zeigen sich erste Krankheitssymptome: Brennen beim Wasserlassen, Juckreiz sowie eitriger Ausfluss. Wird die Krankheit nicht behandelt, können sowohl beim Mann als auch bei der Frau die inneren Geschlechtsorgane befallen werden, was häufig zu Unfruchtbarkeit führt. Wird der Infizierte rechtzeitig mit Antibiotika behandelt, kann er geheilt werden. Eine unbehandelte Gonorrhöe kann auch andere Organe befallen. Schwere Herz- und Gefäßschäden sind möglich.

Chlamydien Chlamydien bilden eine Gattung der Bakterien. Eine Chlamydien-Infektion ist in Industrieländern die häufigste sexuell übertragene Erkrankung. Die Zahl der Infektionen in Deutschland wird auf etwa 1 Million jährlich geschätzt. Da die Symptome oft unauffällig sind, bleibt die Erkrankung häufig unerkannt und ansteckend. Man geht davon aus, dass in Deutschland jährlich etwa 80 000 Frauen durch Chlamydien unfruchtbar werden.

Aids Auch Aids, eine durch das HI-Virus verursachte Schwächung des körpereigenen Abwehrsystems, wird häufig durch den Geschlechtsverkehr übertragen. Das HI-Virus befindet sich in allen Körperflüssigkeiten, besonders hoch konzentriert in Blut, Sperma und Scheidenflüssigkeit. Während Syphilis, Tripper und Chlamydien-Infektionen heilbar sind, ist bei Aids bis heute eine Heilung unmöglich.

Kurz und knapp Sexuell übertragbare Krankheiten sind ansteckend und müssen ärztlich behandelt werden, um eine Ansteckung anderer zu vermeiden. Die Benutzung von Kondomen schützt relativ sicher vor einer Infektion.

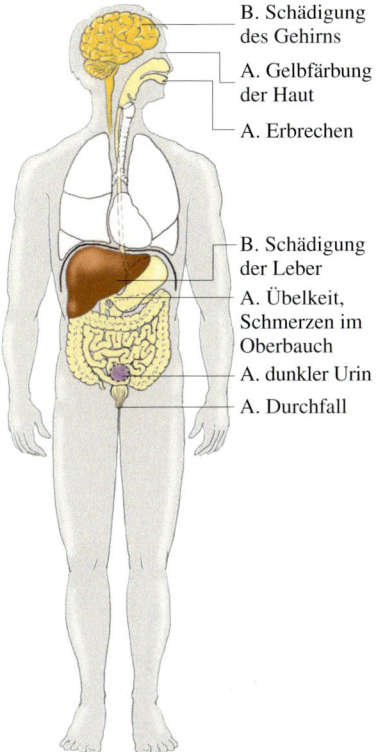

B. Schädigung des Gehirns

A. Gelbfärbung der Haut

A. Erbrechen

B. Schädigung der Leber

A. Übelkeit, Schmerzen im Oberbauch

A. dunkler Urin

A. Durchfall

3 Mögliche Symptome (A.) und Folgen (B.) einer Hepatitis-B-Erkrankung

Arbeitsaufträge

1 Erläutere die „doppelte" Schutzfunktion des Kondoms.
2 Beschreibe mögliche Symptome und Folgen einer Hepatitis-B-Erkrankung. ↑3

3 Informiere dich mithilfe des Internets oder anderer Nachschlagewerke über weitere Geschlechtskrankheiten, zum Beispiel Herpes genitalis oder Feigwarzen.

Sexualität hat viele Seiten

Liebe und Sexualität sind zwei Dinge, die zwar miteinander zu tun haben, aber nicht untrennbar verbunden sind. Man kann einen Menschen lieben, ohne mit ihm „ins Bett zu gehen", man kann aber auch sexuelle Erlebnisse mit jemanden haben, den man nicht liebt.

1 Körperliche Nähe spüren

2 Erste Versuche der Annäherung

3 Total verliebt!

GRUNDLAGEN: Sexualität ist vielfältig

Was ist Sexualität? Sexualität dient aus biologischer Sicht der Fortpflanzung – der Zeugung von Nachkommen. Ihre Bedeutung beim Menschen geht jedoch weit darüber hinaus. Menschliche Sexualität hat nicht nur biologische, sondern auch psychische und soziale Funktionen. Sie ist ein wichtiger Teil menschlicher Kultur und Persönlichkeit und nimmt ein Leben lang Einfluss auf Gefühle, Einstellungen und Verhaltensweisen.

Sexualverhalten Der Mensch ist in der Lage, sein Sexualverhalten zu erlernen und es zu gestalten. ↑2, 3 Das Verhalten, sich selbst zum sexuellen Höhepunkt zu bringen, wird als Selbstbefriedigung bezeichnet. Bei Jugendlichen dient es unter anderem dazu, sich mit den Reaktionen des eigenen Körpers vertraut zu machen. Die früher vertretene Auffassung, dass Selbstbefriedigung ein gesundheitsschädliches Verhalten sei, hat sich als unbegründet erwiesen.

Erste sexuelle Kontakte mit anderen beschränken sich meist auf Liebkosungen des Körpers, die den Geschlechtsverkehr vermeiden. Derartige Verhaltensweisen werden als Petting bezeichnet. Sie sind gut geeignet, den Körper des Partners auch vor dem „ersten Mal" kennenzulernen und ein Gefühl dafür zu entwickeln, was einem selbst und dem Partner gefällt. Petting kann zum Orgasmus, also zum sexuellen Höhepunkt, führen.

Sexuelle Orientierung in der Pubertät Während sich viele Gleichaltrige schon lange für das andere Geschlecht interessieren, sind einige Jugendliche lieber mit ihren Freunden zusammen. Andere wiederum sammeln ihre ersten sexuellen Erfahrungen mit dem jeweils eigenen Geschlecht. Beides kann jedoch zu der offenen Orientierungsphase in der Pubertät gehören und muss nichts mit Homosexualität zu tun haben.

GRUNDLAGEN: Sexuelle Ausrichtungen

Heterosexualität Die meisten Menschen sind heterosexuell, das heißt sie fühlen sich zu einem Partner des anderen Geschlechts hingezogen.

Homosexualität Menschen, die sich gefühlsmäßig und sexuell zu Menschen des eigenen Geschlechts hingezogen fühlen, sind homosexuell. ↑4 Weibliche Homosexuelle werden in der Öffentlichkeit als Lesben, männliche als Schwule bezeichnet. Den Prozess des Bewusstwerdens und des öffentlichen Bekennens der eigenen Homosexualität bezeichnet man als Coming-out. Der rechtliche Status der Homosexualität ist in der Welt recht unterschiedlich. ↑5

Weitere Ausrichtungen Menschen, die sich gleichermaßen zum eigenen und zum anderen Geschlecht hingezogen fühlen, bezeichnet man als bisexuell. Menschen, die sowohl männliche als auch weibliche Geschlechtsmerkmale besitzen, bezeichnet man als intersexuell. Etwa jedes zweitausendste Baby kommt so zur Welt. Es gibt Menschen, die sich im biologischen Geschlecht, in dem sie geboren worden, nicht wohl fühlen. Man bezeichnet sie als transsexuell. Durch Hormongaben bzw. operative Eingriffe kann eine „Geschlechtsumwandlung" unterstützt werden.

4 Recht auf eheliche Gemeinschaft

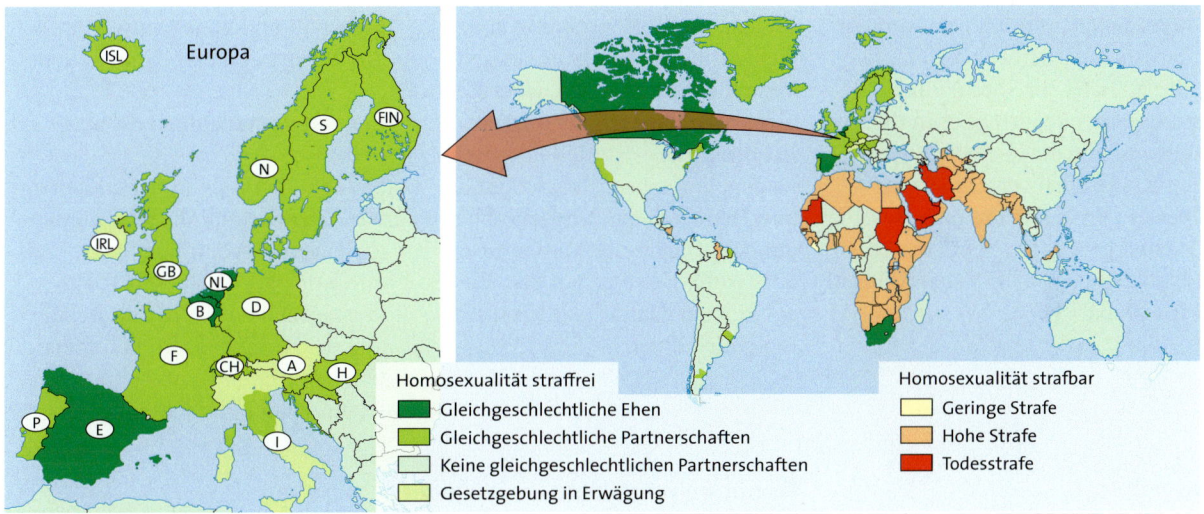

Homosexualität straffrei
- Gleichgeschlechtliche Ehen
- Gleichgeschlechtliche Partnerschaften
- Keine gleichgeschlechtlichen Partnerschaften
- Gesetzgebung in Erwägung

Homosexualität strafbar
- Geringe Strafe
- Hohe Strafe
- Todesstrafe

5 Rechtlicher Status der Homosexualität in der Welt

Kurz und knapp **Sexualität umfasst alle Gefühle, Bedürfnisse und Verhaltensweisen, die mit der Fortpflanzung im Zusammenhang stehen. Menschliche Sexualität dient nicht nur zur Fortpflanzung, sondern trägt zur Partnerbindung bei und äußert sich vielfältig.**

Arbeitsaufträge

1 Welche Formen menschlicher Sexualität sind dir bekannt? Charakterisiere sie kurz.

2 Was ist das Besondere an menschlicher Sexualität?

3 Betrachte Bild ↑5. Erläutere den rechtlichen Status von Homosexuellen auf der Welt und insbesondere in Europa. Äußere deine Meinung dazu.

Pubertät

Darunter versteht man den Zeitabschnitt des Übergangs vom Kind zum Erwachsenen. Neben den körperlichen Veränderungen finden in dieser Zeit auch seelische Veränderungen statt.

Unter dem Einfluss von Hormonen kommt es zur Ausbildung der sekundären Geschlechtsmerkmale wie z. B. Scham- und Achselbehaarung, Stimmbruch, Wachstum der Geschlechtsorgane.

Bei den Mädchen kommt es zur Reifung erster Eizellen und zur ersten Regelblutung. Im Hoden des Jungen reifen Spermienzellen heran und es kommt zum ersten Samenerguss. Nun sind Mädchen und Jungen fortpflanzungsfähig.

Befruchtung

Ungeschützter Geschlechtsverkehr kann zu einer Schwangerschaft führen. Trifft ein Spermium auf eine reife Eizelle, dringt es in die Eizelle ein und die Zellkerne der beiden Keimzellen verschmelzen. Diesen Vorgang nennt man Befruchtung. Aus der befruchteten Eizelle kann sich ein neuer Mensch entwickeln.

Schwangerschaft und vorgeburtliche Entwicklung

Eine Schwangerschaft dauert etwa 40 Wochen.

In dieser Zeit wächst in der Gebärmutter der Frau ein Kind heran. Das Heranwachsende nennt man bis Ende des dritten Schwangerschaftsmonat Embryo, danach Fetus (Fötus). Über die Plazenta und die Nabelschnur wird das Kind mit Nährstoffen und Sauerstoff versorgt. Gleichzeitig erfolgt der Abtransport von Stoffwechselendprodukten über diesen Weg. Einer gesunden Lebensweise der Schwangeren kommt große Bedeutung zu.

Geburt

Die Geburt wird durch Hormone ausgelöst. Sie kündigt sich durch Wehen, durch Kontraktionen der Gebärmuttermuskulatur, an und kann mehrere Stunden dauern. Die Geburt verläuft in drei Phasen: Eröffnungs-, Austreibungs- und Nachgeburtsphase. Nach der Geburt fühlt sich das Neugeborene auf dem Bauch der Mutter besonders wohl. Beim ersten Saugen entwickeln Mutter und Kind eine innige Bindung.

Nachgeburtliche Entwicklung

Nach der Geburt kann man unterschiedliche Entwicklungsabschnitte beobachten, z. B. Neugeborenen-, Kleinkind-, Schulkind-, Jugend-, Erwachsenen- und Rückbildungsalter.

Verhütungsmittel und -methoden

Menschen, die sich lieben, haben den Wunsch miteinander zu schlafen. Nicht immer jedoch besteht Kinderwunsch, deshalb tragen beide Partner Verantwortung zur Empfängnisverhütung. Es gibt eine Vielzahl von Verhütungsmitteln und -methoden. ↑1 Sie unterscheiden sich in ihrer Zuverlässigkeit und Verträglichkeit. Für junge Paare sind Kondome und die Pille geeignete Verhütungsmethoden. Kondome schützen vor Schwangerschaft und gleichzeitig vor sexuell übertragbaren Krankheiten.

Sexuell übertragbare Krankheiten

Sexuell übertragbare Krankheiten wie Tripper, Syphilis oder Hepatitis B werden vor allem durch sexuelle Kontakte übertragen: beim Austausch von Körperflüssigkeiten, die Krankheitserreger enthalten, oder durch Kontakte mit verletzter Haut oder Schleimhaut.

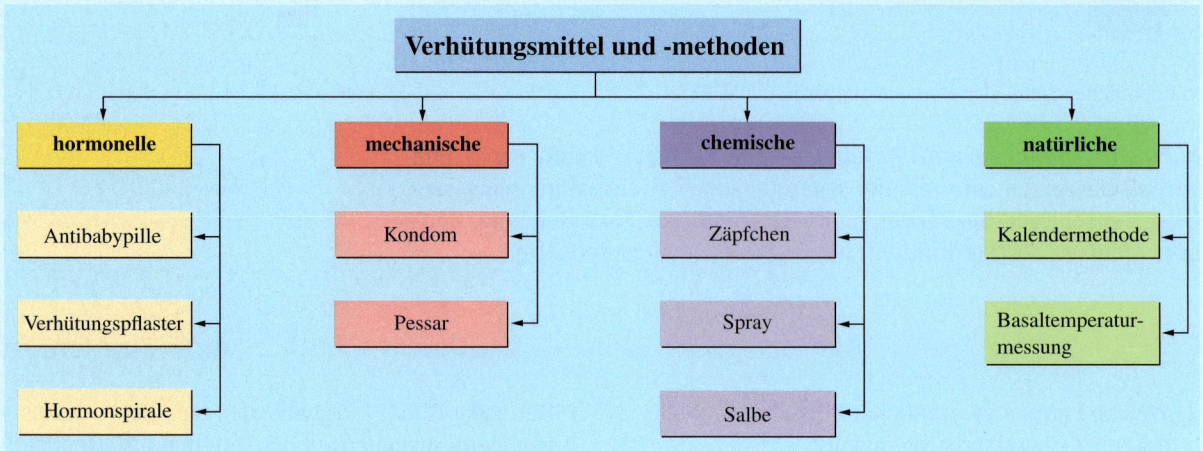

1 Gängige Verhütungsmittel und -methoden im Überblick

1 Vergleiche die sekundären Geschlechtsmerkmale von Mädchen und Jungen. Fertige dazu eine Tabelle an.

2 Erkundige dich, was man unter den tertiären Geschlechtsmerkmalen versteht.

3 Hormone steuern die Entwicklung

a Nenne jeweils ein weibliches und männliches Geschlechtshormon.

b Beschreibe mithilfe der Abbildung, wie die Steuerung der Pubertät durch Hormone erfolgt. ↑2

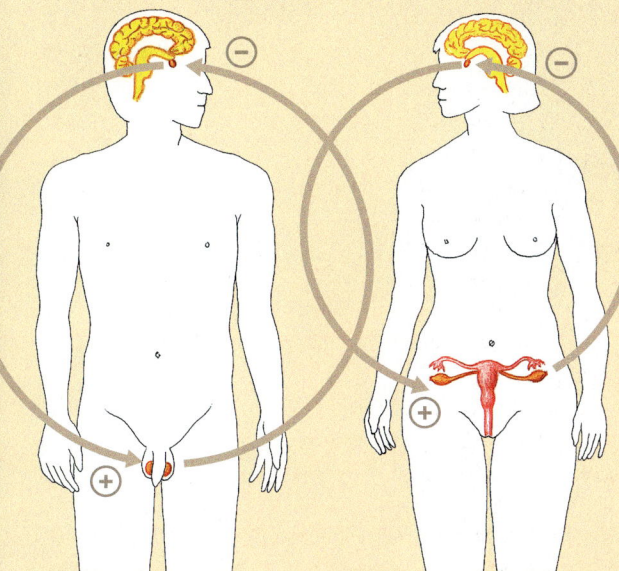

2 Hormone steuern die Pubertät.

4 Benenne die weiblichen Geschlechtsorgane bzw. angrenzende Organe. ↑3

5 Beschreibe den Bau eines Spermiums. ↑5

6 Erläutere Maßnahmen der täglichen Hygiene der Geschlechtsorgane.

7 Befruchtung

a Was verstehst du unter dem Begriff Befruchtung?

b Erläutere, wie ein- bzw. zweieiige Zwillinge entstehen können.

8 Erläutere die Bedeutung einer gesunden Lebensweise für Schwangere.

9 Wie wird der Fetus im Mutterleib ernährt?

10 Erläutere eine vorgeburtliche Untersuchungsmethode.

11 Charakterisiere kurz die einzelnen Phasen der Geburt.

12 Beschreibe wichtige Etappen der nachgeburtlichen Entwicklung.

13 Nenne Verhütungsmittel. Begründe, welche Verhütungsmittel besonders für Jugendliche geeignet sind. ↑4

14 Nenne zwei sexuell übertragbare Krankheiten und wie man sich davor schützen kann.

15 Eine 17-jährige Schülerin hat einen festen Freund, mit dem sie gemeinsam die Zukunft gestalten will. Nach einer Verhütungspanne ist sie schwanger geworden. Diskutiert darüber, ob sie das Kind behalten sollen oder nicht.

16 Erläutere Maßnahmen der täglichen Hygiene der Geschlechtsorgane.

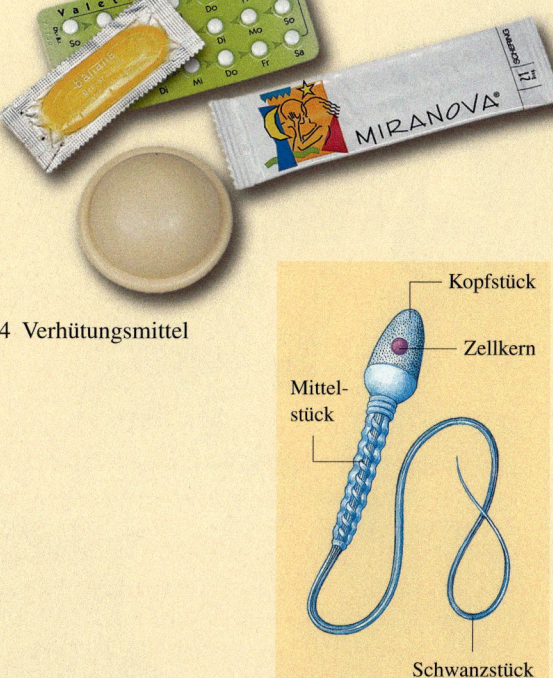

4 Verhütungsmittel

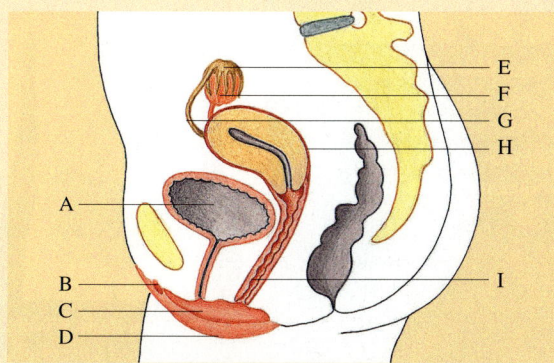

3 Weibliche Geschlechtsorgane

5 Spermium

Kopfstück

Zellkern

Mittelstück

Schwanzstück

Herz-, Kreislauf-, Atmungs- und Verdauungssystem

Unser Körper leistet Teamarbeit: Ohne die richtige Ernährung würden wir rasch schlappmachen – unser Verdauungssystem ist unser Bergwerk, das uns aus der Nahrung energiereiche Stoffe zum Leben gewinnt.

1 Eine gesunde und ausgewogene Ernährung ist für den Menschen lebenswichtig. Doch was macht eine gesunde Ernährung aus?

2 Wir nehmen täglich Nahrung auf. Was passiert anschließend eigentlich im Körper?

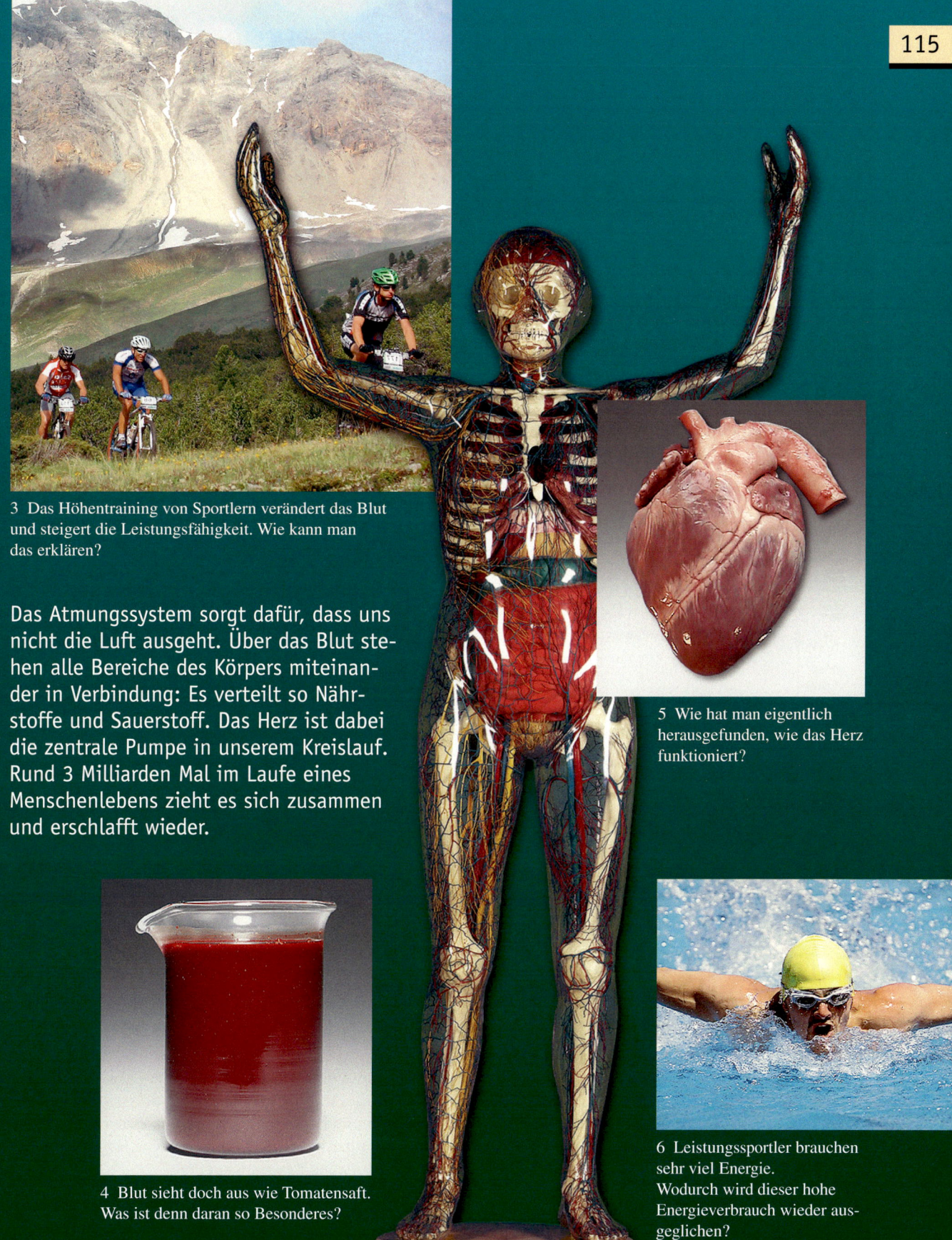

3 Das Höhentraining von Sportlern verändert das Blut und steigert die Leistungsfähigkeit. Wie kann man das erklären?

Das Atmungssystem sorgt dafür, dass uns nicht die Luft ausgeht. Über das Blut stehen alle Bereiche des Körpers miteinander in Verbindung: Es verteilt so Nährstoffe und Sauerstoff. Das Herz ist dabei die zentrale Pumpe in unserem Kreislauf. Rund 3 Milliarden Mal im Laufe eines Menschenlebens zieht es sich zusammen und erschlafft wieder.

5 Wie hat man eigentlich herausgefunden, wie das Herz funktioniert?

4 Blut sieht doch aus wie Tomatensaft. Was ist denn daran so Besonderes?

6 Leistungssportler brauchen sehr viel Energie. Wodurch wird dieser hohe Energieverbrauch wieder ausgeglichen?

Was wir alles essen und warum

„Ich brauche neue Energie", behauptet Julia nach dem Training und beißt in ihre Banane. Ihr jüngerer Bruder hat sogar schon zwei Bananen gegessen. Nach der körperlichen Anstrengung, aber auch nach längerer Kopfarbeit fühlen wir uns schlapp und ohne Antrieb. Woher bekommen wir die notwendige neue Energie? Braucht jeder gleich viel Energie? Benötigen wir auch Energie, wenn wir wachsen und wenn viele unserer Zellen erneuert werden?

1 Bewegung braucht eine Energiequelle.

Beobachten *Untersuchen* Experimentieren

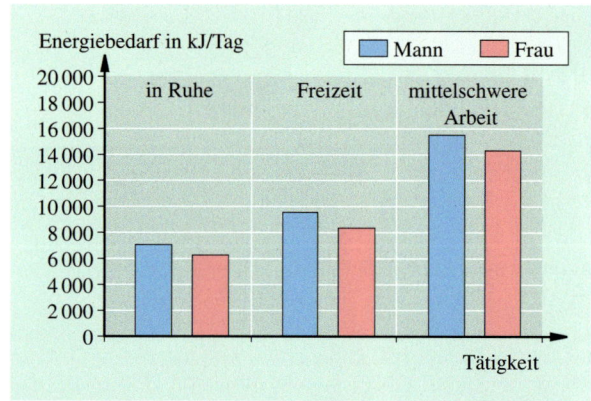

2 Abhängigkeit des Energiebedarfs von Geschlecht und Tätigkeit

Wie viel Energie verbrauchen wir?

Hast du dir schon einmal überlegt, wann dein Körper besonders viel Energie benötigt? Interessant ist sicher auch, ob sich der Energiebedarf von Männern und Frauen unterscheidet. Mithilfe des Diagramms ↑2 kannst du erste Antworten finden.

1 Vergleiche den Energiebedarf von Männern und Frauen. Versuche eine Erklärung für dein Ergebnis zu finden.

2 Wie verändert sich der Energiebedarf bei verschiedenen Tätigkeiten? Vergleiche die links angegebenen Werte und begründe dein Ergebnis.

GRUNDLAGEN: Wozu brauchen wir Energie?

Energiebedarf Wenn man eine Wanderung macht, Rad fährt oder Basketball spielt, verbraucht der Körper Energie. ↑2 Aber auch in völliger Ruhe benötigt er Energie, beispielsweise für die Tätigkeit des Gehirns, die Kontraktion des Herzmuskels, die Atmung und die Regulation der Körpertemperatur. ↑3 Beim Wachstum und der Regeneration von Körperstrukturen, zum Beispiel verletzter Hautpartien, werden verschiedene Baustoffe ebenfalls unter hohem Energieaufwand zusammengefügt.

Der Energiebedarf hängt von zahlreichen Faktoren ab, beispielsweise vom Alter, Geschlecht und von der körperlichen Tätigkeit. ↑4 Die Energie, die ein Mensch in völliger Ruhestellung bei behaglicher Umgebungstempera-

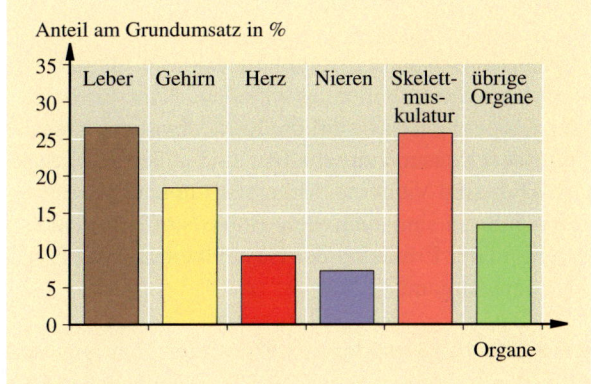

Anteil am Grundumsatz in %

| Leber | Gehirn | Herz | Nieren | Skelett-muskulatur | übrige Organe |

Organe

Alter in Jahren	Körpergewicht in kg		Grundumsatz in kJ pro Tag	
	männlich	weiblich	männlich	weiblich
15–19	67	58	7615	6109
19–25	74	60	7615	5816
25–51	74	59	7280	5603
51–65	72	57	6611	5310
≥65	68	55	5899	4895

3 Der Anteil der verschiedenen Organe am Grundumsatz ist unterschiedlich hoch.

4 Abhängigkeit des Grundumsatzes von Geschlecht und Alter

tur benötigt, nennt man Grundumsatz. Bei körperlicher Tätigkeit, aber auch bei kalten Außentemperaturen erhöht sich der Energiebedarf. Die Energie, die ein Mensch für seine Tätigkeit zusätzlich zum Grundumsatz benötigt, nennt man Leistungsumsatz.

Nährstoffe Die für die verschiedensten Funktionen benötigte Energie müssen wir in Form energiereicher Nahrungsmittel aufnehmen. Sie ist vor allem in den chemischen Bindungen zweier Nährstoffgruppen gespeichert, und zwar den Fetten und den Kohlenhydraten. Die dritte Nährstoffgruppe bilden die Eiweiße. Sie dienen dem Körper vor allem als Baustofflieferanten für den Aufbau und die Erneuerung von Zellen.

Energiegehalt Die Energie, die beim Abbau der Nährstoffe dem Körper zur Verfügung steht, bezeichnet man als ihren physiologischen Brennwert. Dieser wird in Joule (J), früher auch in Kalorien (cal), ausgedrückt. Fette sind unsere wichtigsten Energielieferanten. Baut der Körper 1 g Fett ab, werden dabei rund 40 kJ oder 9,3 kcal Energie frei. Für je 1 g Kohlenhydrate und Eiweiße beträgt der Energiegehalt etwa 17 kJ (4,1 kcal).

Kurz und knapp **Der Abbau von energiereichen Nahrungsmitteln versorgt uns mit Energie, um die Lebensfunktionen aufrechtzuerhalten. Sie stammt vor allem aus den Kohlenhydraten und Fetten. Die Eiweiße liefern Baustoffe zum Aufbau von Körpersubstanz.**

Schon gewusst?

Joule und Kalorie
Die Einheit der Energie ist das Joule (J). Dabei entspricht ein Joule der Energiemenge, die benötigt wird, um 100 Gramm 1 Meter hochzuheben.
Häufig verwendet man noch die alte Bezeichnung Kalorie (cal). 1 Kilokalorie entspricht der Energie, die man braucht, um 1 Liter Wasser um 1 °C zu erhitzen.

1000 J	= 1	kJ
1000 cal	= 1	kcal
1 kJ	= 0,24	kcal
1 kcal	= 4,2	kJ

Arbeitsaufträge

1 Der Grundumsatz eines 30 Jahre alten Mannes beträgt je Kilogramm Körpergewicht etwa 100 kJ pro Tag. Bei Kindern und Jugendlichen liegt er höher. Erkläre diesen Unterschied.

2 Erläutere die Begriffe Grundumsatz und Leistungsumsatz.

3 Bei Radrennen, zum Beispiel der Tour de France, werden den Sportlern während des Rennens Getränke, Obst oder Müsli-Riegel gereicht. Warum ist das nötig?

4 Viele Berufstätige verrichten leichte körperliche Arbeit. Was rätst du ihnen für ihre Ernährung in Bezug auf den Energiegehalt ihrer Nahrung?

1 Kohlenhydratreiche Lebensmittel, Kohlenhydrataufbau (schematisch)

2 Eiweißreiche Lebensmittel, Eiweißaufbau (schematisch)

GRUNDLAGEN: Bestandteile der Nahrung

Täglich nehmen wir zahlreiche Nahrungsmittel zu uns, die pflanzlicher oder tierischer Herkunft sind. Sie enthalten verschiedene Nährstoffe. Die Nährstoffe, die der Körper benötigt, sind die Kohlenhydrate, Eiweiße und Fette. Um unseren Körper gesund zu erhalten, sind außerdem Ergänzungsstoffe notwendig. Dies sind Vitamine, Mineralstoffe und Wasser. In pflanzlichen Nahrungsmitteln sind auch viele Ballaststoffe vorhanden. Sie haben ihre Bedeutung in der Erhaltung der Gesundheit und der Funktionsfähigkeit der Verdauungsorgane.

Kohlenhydrate Nahezu alle Kohlenhydrate↑1 in unserer Nahrung sind pflanzlicher Herkunft, z. B. aus Getreide und Reis. Die Grundbausteine der Kohlenhydrate sind Einfachzucker (Monosaccharide). Dazu gehören Traubenzucker und Fruchtzucker. Lagern sich zwei Monosaccharidmoleküle zusammen, bilden sich Zweifachzucker (Disaccharide). Einfach- und Zweifachzucker besitzen einen süßen Geschmack und sind wasserlöslich. Vielfachzucker (Polysaccharide) bestehen aus langen Ketten von Monosaccharidmolekülen. Beispiele sind die im Mehl vorkommende Stärke, das in der Leber gespeicherte Glykogen (tierische Stärke) und die Cellulose. Vielfachzucker schmecken nicht süß und sind meist wasserunlöslich. Kohlenhydrate stellen eine wichtige Energiequelle für den Menschen dar. Ballaststoffe gehören ebenfalls zu den Kohlenhydraten. Ein Beispiel ist die Cellulose der Pflanzenfasern. Ballaststoffe sind unverdauliche Nahrungsbestandteile, die keine Energie liefern, aber die Verdauung fördern. Sie nehmen im Dickdarm wie ein Schwamm Flüssigkeit auf und mit dieser auch unerwünschte Stoffe, die so mit ausgeschieden werden.

Eiweiße (Proteine) kommen in Fleisch und Milchprodukten vor. Ihre Grundbausteine sind die Aminosäuren, die kettenförmig aneinandergereiht sind.↑2 Die Ketten können wiederum komplexe räumliche Strukturen ausbilden, die für ihre Funktion von großer Bedeutung sind. Jedes Lebewesen verfügt über ganz individuelle körpereigene Eiweiße. Dies ist möglich, weil es 20 verschiedene Aminosäuren gibt, die in jeder beliebigen Reihenfolge miteinander verbunden sein können. Acht von ihnen sind essenziell. Der Körper kann sie nicht selbst herstellen. Die Aminosäuren entstammen den Eiweißen der Nahrung und werden als Bausteine für den Aufbau körpereigener Eiweiße verwendet. Eiweiße sind wichtige Baustoffe für zahlreiche Körpersubstanzen, beispielsweise für Haut und Muskeln. Aufgrund ihrer Vielfalt ermöglichen Eiweiße fast alle Stoffwechselreaktionen und auch bei der Abwehr von Krankheitserregern sind sie von großer Bedeutung.

Fette sind der energiereichste Nährstoff, z. B. aus Käse und Nüssen. Fette bestehen aus dem Alkohol Glycerin, der mit drei Fettsäuren verknüpft ist.↑3 Die meisten Fettsäuren kann der Körper im Stoffwechsel selbst aufbauen. Einige Fettsäuren müssen wir mit der Nahrung aufnehmen. Man bezeichnet sie deshalb als lebensnotwendige (essenzielle) Fettsäuren. Mit der Nahrung aufgenommene Fette dienen vor allem als Energielieferanten und als Energiespeicher. Sie werden aber auch als Baustoffe, zum Beispiel für den Aufbau von Zellmembranen, benötigt.

Vitamine sind lebenswichtige organische Ergänzungsstoffe. Sie müssen ständig, wenn auch nur in geringen Mengen mit der Nahrung aufgenommen werden.↑4 Denn der Mensch kann sie nicht selbst oder manchmal nur aus ihren Vorstufen aufbauen. Vitamine sind weder Energieträger noch Baustoffe, jedoch bei zahlreichen Stoffwechselvorgängen beteiligt. So beeinflussen sie beispielsweise die Bereitstellung von Energie in den Zellen, das Wachstum, die Blutgerinnung und die Bildung von Hormonen. Vitamine sind entweder wasserlöslich, wie Vitamin C und die Vitamine der B-Gruppe, oder fettlöslich, wie die Vitamine A, D und E.

Mineralstoffe sind anorganische Bestandteile unserer Nahrung und für einige Körperfunktionen von großer Bedeutung. So sind Natrium und Kalium für die Regulierung des Flüssigkeitshaushalts, Calcium und Magnesium für den Aufbau der Knochen sowie die Muskelarbeit notwendig. In geringsten Mengen wird Eisen zur Blutbildung benötigt.

Wasser ermöglicht fast alle Stoffwechselprozesse, vor allem als Löse- und Transportmittel. Zugleich ist es aber auch für die Regulierung der Körpertemperatur notwendig. Der Anteil des Wassers an der Körpermasse eines Erwachsenen beträgt etwa 60 Prozent. Da wir z. B. durch Schwitzen ständig Wasser ausscheiden, muss es regelmäßig ersetzt werden.

3 Fettreiche Lebensmittel, Fettaufbau (schematisch)

4 Vitaminreiche Lebensmittel

Kurz und knapp **Die Nährstoffe Kohlenhydrate, Eiweiße und Fette sind organische Bestandteile unserer Nahrung. Der Organismus nutzt sie als Baustoffe und als Energielieferanten. Die Ergänzungsstoffe Vitamine und Mineralstoffe sind an vielen Stoffwechselvorgängen beteiligt. Ballaststoffe sind unverdauliche Bestandteile pflanzlicher Nahrungsmittel, die die Verdauung fördern.**

Arbeitsaufträge

1 Beurteile dein Frühstück nach den darin enthaltenen Nährstoffen. Berechne mithilfe einer Nährwerttabelle den Energiegehalt der Mahlzeit.

2 Die Hauptnährstoffe allein reichen für eine vollwertige Ernährung nicht aus. Nenne weitere Bestandteile einer gesunden Ernährung sowie Nahrungsmittel, in denen sie enthalten sind.

3 Beschreibe, was Ballaststoffe sind und welche Aufgaben sie erfüllen.

4 Begründe, warum Mineralstoffe und Vitamine für die Gesunderhaltung notwendig sind. Sammle zum Beispiel in einem Reformhaus weitere Informationen über einen Mineralstoff und ein Vitamin.

GRUNDLAGEN: Verdauung und Resorption

Bevor unser Körper die mit der Nahrung aufgenommenen Nährstoffe für die vielfältigen Lebensprozesse nutzen kann, werden sie im Verdauungskanal in ihre Bestandteile aufgespalten. Die Aufspaltung erfolgt durch Enzyme. Das sind Eiweißstoffe, die den Ablauf der Stoffwechselvorgänge ermöglichen. Den Vorgang der Aufspaltung der Nährstoffe bezeichnet man als Verdauung. ↑1

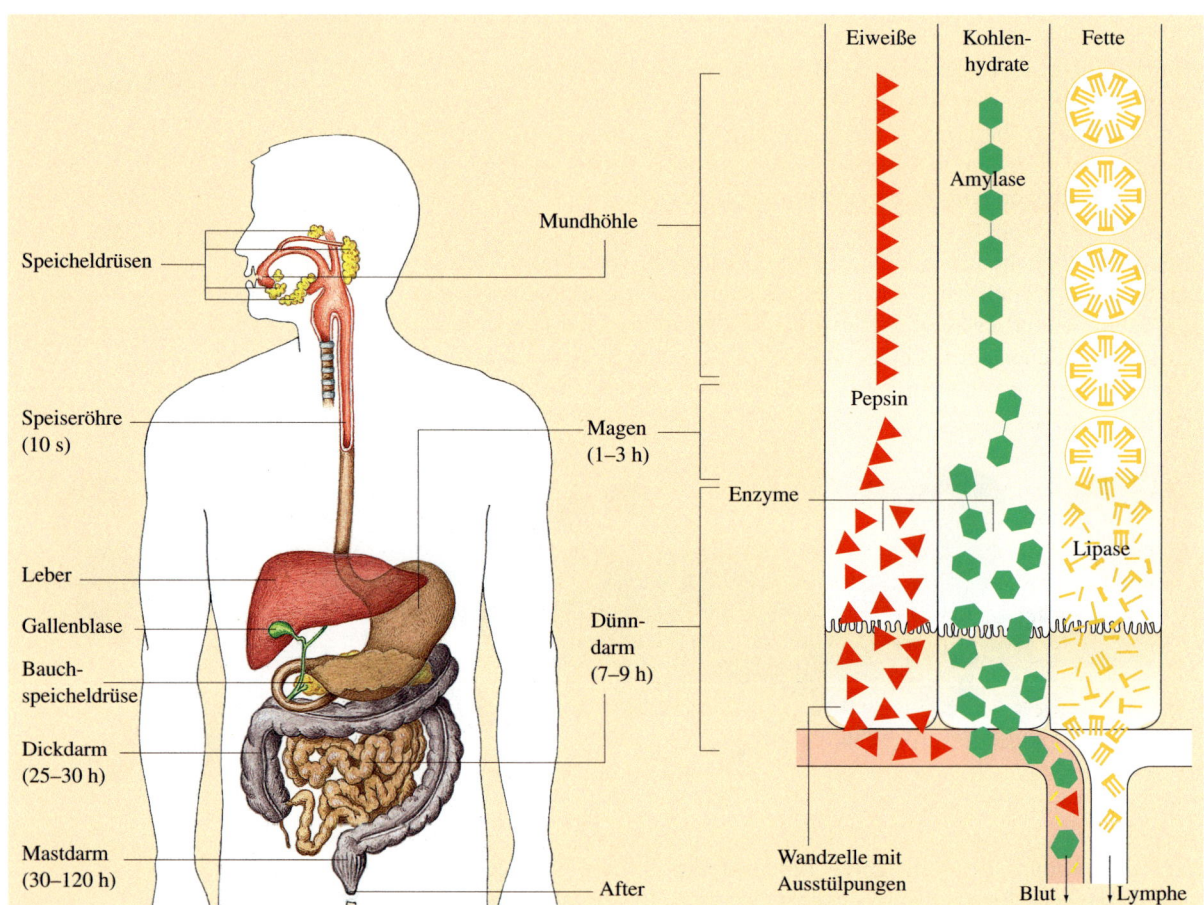

1 Verdauungsorgane und Verdauungsvorgänge;
in Klammern: durchschnittliche Verweildauer der Nahrung

Mundhöhle In der Mundhöhle wird die Nahrung zunächst durch die Zähne zerkleinert, wobei der Zungenmuskel die Nahrung bewegt. Der in den Speicheldrüsen gebildete Speichel weicht die Nahrung auf und macht den Bissen gleitfähig. Der Speichel enthält außerdem das Enzym Amylase. Es wirkt wie alle Verdauungsenzyme, indem Amylase vorübergehend Nährstoffe, in diesem Fall Stärke, an sich bindet. Es spaltet den Vielfachzucker in kleinere Bausteine, die Zweifachzuckermoleküle (Disaccharide). ↑2 Danach steht das Enzym unverändert zur Verfügung und kann ein weiteres Nährstoffteilchen spalten. Jedes Enzym spaltet ganz spezifisch nur einen ganz bestimmten Nährstoff. Dies ist möglich, da Enzym und Nährstoff wie Schlüssel und Schloss zueinander passen.

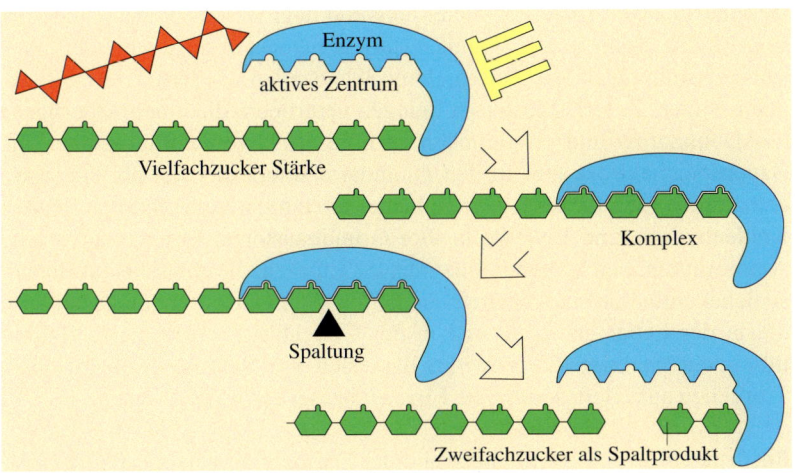

2 Schema der enzymischen Spaltung von Stärke

Basiskonzept

Struktur und Funktion
Verdauungsenzyme funktionieren nach dem Schlüssel-Schloss-Prinzip nur mit den für sie bestimmten Nährstoffen: Das spezifische Molekül Stärke passt räumlich wie ein Schlüssel genau in sein „Schloss", das Enzymmolekül Amylase. Es wird von ihm gespalten. Auf diese Weise wirken nicht nur weitere Enzyme des menschlichen Körpers, sondern so laufen auch andere spezifische biologische Prozesse ab.

Speiseröhre Die zerkleinerte und eingespeichelte Nahrung gelangt durch das Schlucken in die Speiseröhre. Diese dickwandige, muskulöse Röhre ist etwa 25 Zentimeter lang. Sobald die Nahrung in der Speiseröhre ist, geht eine Welle von Kontraktionen durch diesen Schlauch und drückt den Speisebrei in den Magen (peristaltische Bewegungen).

Magen Der Nahrungsbrei wird hier mit Magensaft durchmischt, der von der Magenschleimhaut abgesondert wird. ↑3,4 Magensaft enthält stark verdünnte Salzsäure und das eiweißspaltende Enzym Pepsin.
Durch die Salzsäure werden viele Bakterien, die mit der Nahrung aufgenommen wurden, abgetötet. Außerdem bringt Salzsäure die Eiweiße aus dem Nahrungsbrei zum Gerinnen. In diesem Zustand kann Pepsin große Eiweißmoleküle in kleinere Bruchstücke zerlegen.
Der durchmischte Nahrungsbrei wird über den Magenpförtner in den Dünndarm abgegeben, wo die vollständige Verdauung der Nährstoffe und die Aufnahme der Spaltprodukte in Blut und Lymphe erfolgt.

Schon gewusst?

Lymphe
Die Lymphe (Lymphflüssigkeit) entsteht im Kapillarbereich der Blutgefäße. Sie tritt dort als Filtrat des Blutes aus und umspült die Zellen, um diese zum Beispiel mit Nährstoffen zu versorgen. Ein Großteil dieser Zwischenzellflüssigkeit wird über die Lymphgefäße, die den gesamten Körper durchziehen, wieder dem Blutkreislauf zugeführt.

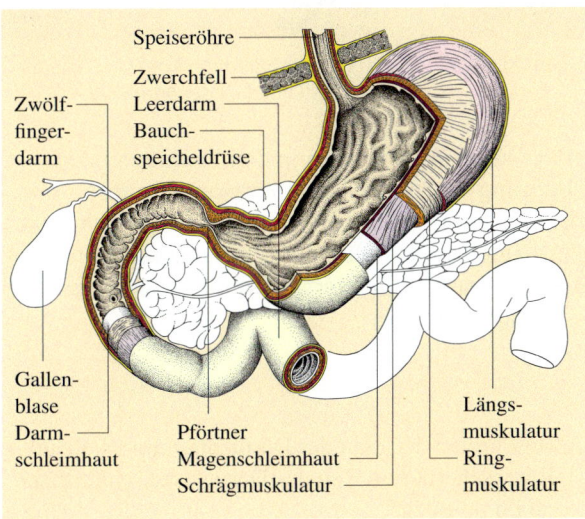

3 Bau des Magens

4 Magenwand (schematischer Ausschnitt)

Basiskonzept

Struktur und Funktion

Die innere Oberfläche des Dünndarms wird durch eine Vielzahl von Falten und Ausstülpungen stark vergrößert. Damit vergrößert sich auch die Fläche, an der ein Stoffaustausch stattfinden kann. Dieses Prinzip der Oberflächenvergrößerung findet sich zum Beispiel auch in der Lunge.

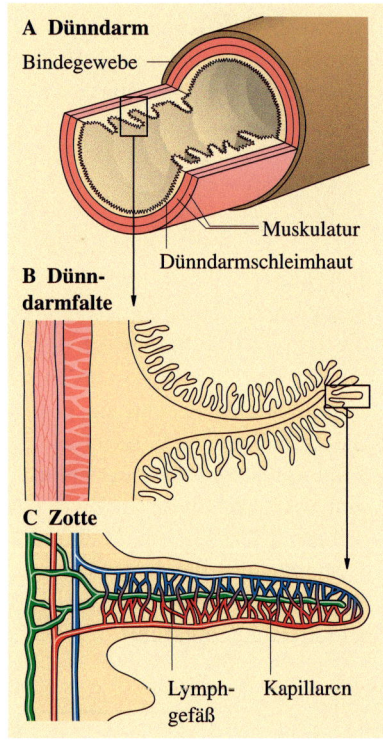

A Dünndarm
Bindegewebe

Muskulatur
Dünndarmschleimhaut

B Dünn-darmfalte

C Zotte

Lymph-gefäß Kapillaren

1 Aufbau der Dünndarmwand

Dünndarm Er ist etwa fünf Meter lang und liegt vielfach gewunden in der Bauchhöhle. Seine innere Wand ist stark gefaltet. Auf diesen Falten finden sich Ausstülpungen, die Zotten, deren Wandzellen wiederum Ausstülpungen besitzen. [↑1, 2] Diese Ausstülpungen vergrößern die innere Oberfläche des Dünndarms und ermöglichen so eine effektive Stoffaufnahme. Die Bauchspeicheldrüse gibt in den Dünndarm Bauchspeichel ab. Die darin enthaltenen Enzyme zerlegen die bisher noch nicht vollständig verdauten Kohlenhydrate und Eiweiße in ihre Grundbausteine: Einfachzucker und Aminosäuren. Fettspaltende Enzyme, die Lipasen, die ebenfalls im Bauchspeichel enthalten sind, spalten aus Fetten freie Fettsäuren ab. Dabei wird die in der Leber gebildete und in der Gallenblase gespeicherte Gallenflüssigkeit benötigt. Sie bewirkt, dass sich die Nahrungsfette in kleine Tröpfchen aufteilen, sodass die Lipasen besser angreifen können.

Resorption Durch die dünne Wand der Darmzotten gelangen Einfachzucker, Aminosäuren und kurzkettige Fettsäuren in das Blut. Die übrigen Fettbestandteile werden in der Darmwand wieder zu Fetten zusammengesetzt und von dort in die Lymphe aufgenommen. Blut und Lymphe transportieren die Nährstoffe zu den Körperzellen. Dort werden sie als Bau- und Betriebsstoffe genutzt.

Dickdarm Die unverdaulichen Nahrungsreste gelangen in den etwa 1,5 Meter langen Dickdarm. Er entzieht dem flüssigen Brei Mineralstoffe und vor allem Wasser. Der Nahrungsbrei wird eingedickt. Im letzten Abschnitt des Dickdarms, dem Mastdarm, wird der eingedickte Nahrungsrest gesammelt, bis er über den After als Kot ausgeschieden wird. [↑3]

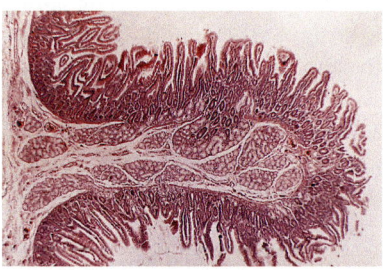

2 Mikroskopische Aufnahme einer Darmzotte

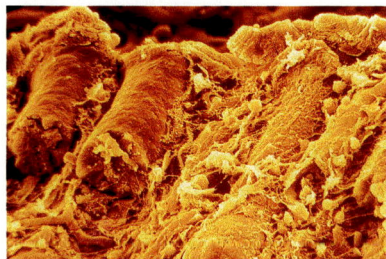

3 Elektronenmikroskopische Aufnahme der Dickdarmschleimhaut

Kurz und knapp Bei der Verdauung werden in den Verdauungsorganen die Nährstoffe der Nahrung durch Enzyme schrittweise in ihre Grundbausteine zerlegt. Über die Dünndarmzotten gelangen Einfachzucker, Aminosäuren und Fettsäuren in das Blut- und Lymphsystem und werden in alle Teile des Körpers transportiert. Unverdauliche Nahrungsreste werden als Kot ausgeschieden.

Arbeitsaufträge

1 Erläutere den Begriff Verdauung.
2 Beschreibe den Weg der Nahrung im Körper und erkläre die Funktionen der einzelnen Verdauungsorgane.

3 Beschreibe den Bau der Darmzotten. [↑1] Welche Eigenschaften im Bau des Darms ermöglichen seine Funktionen?

Beobachten Untersuchen **Experimentieren**

Versuche zur Verdauung

Der Abbau der Nährstoffe zu kleineren Molekülen erfolgt im Körper mithilfe von besonderen Eiweißstoffen, den Enzymen. Auch die Gallenflüssigkeit spielt bei der Verdauung eine wichtige Rolle. Mit den folgenden Experimenten kannst du einzelne Verdauungsvorgänge selbst untersuchen.

1 Wirkung des im Speichel enthaltenen Enzyms Amylase ↑4

Material: 2 Reagenzgläser, Becherglas, Messpipette, Heizplatte, destilliertes Wasser, Fehling-I-Lösung, Fehling-II-Lösung, Haferflocken, wasserfester Stift zum Beschriften

Hinweis: Das Gemisch der Lösungen Fehling I und Fehling II färbt sich bei Anwesenheit von Traubenzucker und Malzzucker ziegelrot.

Durchführung:

Gib einige Haferflocken in Reagenzglas 1.

Kaue dann einige Haferflocken mindestens 3 Minuten lang und überführe den entstandenen Brei in Reagenzglas 2.

Gib dann jeweils 10 ml destilliertes Wasser, 5 ml Fehling-I-Lösung sowie 5 ml Fehling-II-Lösung in die zwei Reagenzgläser.

Stelle anschließend beide Reagenzgläser für etwa 20 Minuten in ein 37 °C warmes Wasserbad.

Auswertung: Notiere deine Beobachtungen und erkläre sie.

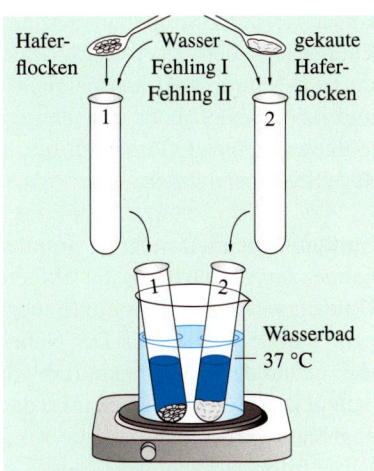

4 Wirkung des Enzyms Amylase

2 Wirkung des im Magen enthaltenen Enzyms Pepsin ↑5

Material: 4 Reagenzgläser, Messer, Spatel, Teesieb, Becherglas, Messpipette, Heizplatte, 0,5%ige Salzsäure, Pepsinlösung, destilliertes Wasser, gekochtes Ei, wasserfester Stift zum Beschriften

Durchführung: Drücke das gekochte Eiweiß durch das Teesieb.

Gib dann in jedes Reagenzglas eine Spatelspitze Eiweiß.

Füge dann außerdem die folgenden Substanzen hinzu:

Reagenzglas 1: 11 ml destilliertes Wasser

Reagenzglas 2:   1 ml destilliertes Wasser, 10 ml Pepsinlösung

Reagenzglas 3: 10 ml destilliertes Wasser, 1 ml Salzsäure

Reagenzglas 4:   1 ml Salzsäure, 10 ml Pepsinlösung.

Stelle die Reagenzgläser dann für 20 Minuten in ein 37 °C warmes Wasserbad.

Auswertung: Notiere deine Beobachtungen. Erkläre sie.

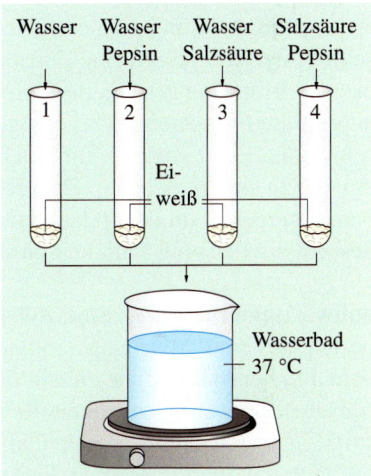

5 Wirkung des Enzyms Pepsin

3 Wirkung der Gallensäuren der Gallenflüssigkeit ↑6

Material: Ochsengalle aus einem Fachgeschäft für Farben und Zeichenbedarf, Speiseöl, 2 Reagenzgläser, Messpipette, destilliertes Wasser, Stift zum Beschriften

Durchführung:

Fülle 2 ml Speiseöl und 5 ml Wasser in Reagenzglas 1.

Gib in das zweite Reagenzglas 2 ml Speiseöl und 5 ml Ochsengalle.

Schüttle vorsichtig beide Reagenzgläser zur Vermischung der Flüssigkeiten und lasse sie dann etwa 1 Minute lang ruhig stehen.

Auswertung: Notiere deine Beobachtungen und erkläre sie.

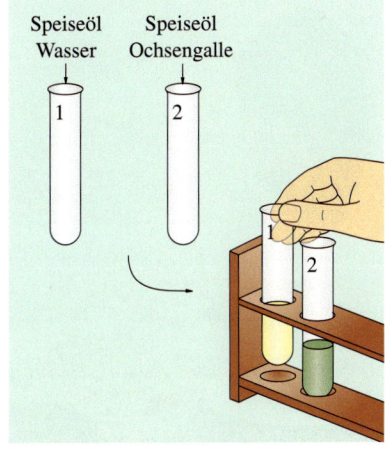

6 Wirkung der Gallsäuren

EXKURS: Gesunde Ernährung

Unser Körper gibt uns zu verstehen, dass wir ihn mit Energie für den Stoffwechsel versorgen sollen: Wir müssen Nahrung zu uns nehmen. Dabei ist das Was und das Wieviel nicht unwichtig. Ob wir unser Normalgewicht haben, lässt sich mit dem Body-Mass-Index (BMI) bestimmen.

Hunger Wenn wir mehrere Stunden nicht gegessen haben, dann „knurrt uns der Magen". Wir verspüren Hunger, weil im Körper ein Mangel an lebenswichtigen Nährstoffen besteht. Der Nährstoffmangel zeigt sich neben dem „Magenknurren" darin, dass der Traubenzuckerspiegel im Blut sinkt, dass die Fettdepots abgebaut werden und dass die Körpertemperatur fällt. Diese Informationen werden von jeweils speziellen Rezeptoren im Gehirn registriert. Sie lösen ein Hungergefühl aus und regen zur Nahrungsaufnahme an.↑1 Wird Nahrung aufgenommen, melden die verschiedenen Rezeptoren eine Zunahme von Traubenzucker im Blut, eine gesteigerte Wärmeproduktion und aufgefüllte Fettspeicher. Das Hungergefühl verschwindet. Es ist sinnvoll, fünf kleinere Mahlzeiten am Tag zu sich zu nehmen. Dadurch bleibt der Traubenzuckergehalt im Blut relativ konstant und wir verbessern die Leistungsfähigkeit unseres Körpers.

Vollwertige Ernährung Eine vollwertige Ernährung besteht aus einer Mischung von tierischen und pflanzlichen Lebensmitteln. Sie enthält die für unseren Körper lebensnotwendigen Nährstoffe und Ergänzungsstoffe in ausreichender Menge und im richtigen Verhältnis. Vollkornprodukte, Kartoffeln, Gemüse, Obst, Hülsenfrüchte und Milchprodukte sind Haupt-

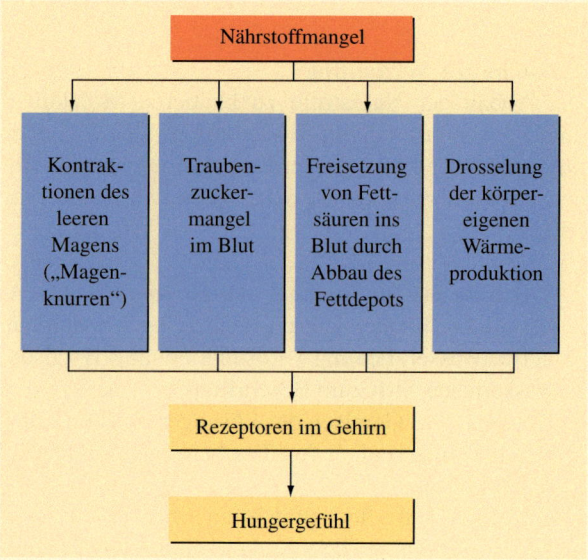

1 Entstehung des Hungergefühls

bestandteile einer Vollwerternährung. Etwa die Hälfte des Essens besteht aus nicht erhitzter Frischkost. Fleisch, Fisch und Eier werden nur in geringen Mengen gegessen. Die lebensnotwendigen Bestandteile der Nahrung kommen in den verschiedenen Nahrungsmitteln in unterschiedlichen Mengen vor. Deshalb ist eine abwechslungsreiche, vielseitige Kost die beste Gewähr für eine gesunde Ernährung.↑2

Body-Mass-Index Der Body-Mass-Index (BMI) gibt eine Orientierung, ob man ein deutliches Über- oder Untergewicht hat.↑3 Berechnung:

$$BMI = \frac{\text{Körpergewicht in kg}}{(\text{Körpergröße in m})^2}$$

2 Eine vollwertige Mahlzeit

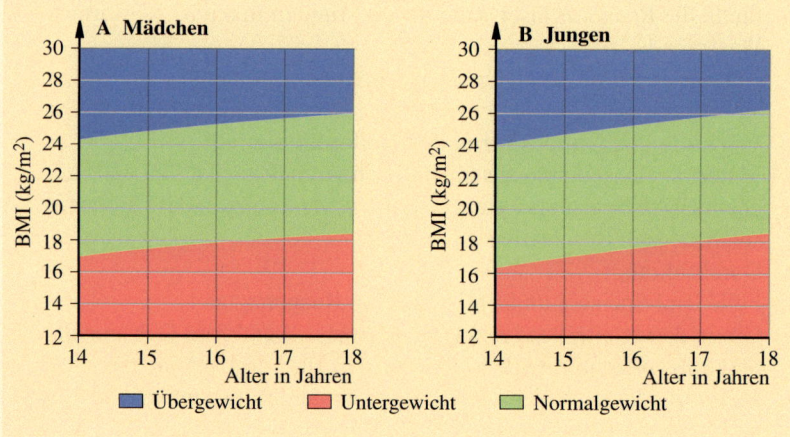

3 Einschätzung des Body-Mass-Index

Exkurs

Fehlernährung Nehmen wir ständig zu viel oder zu wenig Nahrung auf oder ernähren wir uns einseitig, schadet das auf Dauer unserem Körper. Mögliche Folgen dieser Fehlernährung sind Übergewicht, Untergewicht und/oder Mangelerscheinungen.

Übergewicht entsteht u. a. dann, wenn wir täglich mit der Nahrung zu viel Energie aufnehmen, ohne diese durch zusätzliche Aktivität zu verbrauchen. Unterernährung und Untergewicht sind die Folgen von fehlender oder unzureichender Ernährung über einen langen Zeitraum. Gerade bei Kindern und Jugendlichen hat Untergewicht besondere Folgen. Ihre körperliche Entwicklung wird gehemmt. Sie sind wenig leistungsfähig und anfällig für Krankheiten, da ihre Abwehrkräfte geschwächt sind.

Von Mangelernährung spricht man bei einseitiger Ernährung. Häufig besteht ein Mangel an Vitamin A.

Essstörungen Familiäre Konflikte, Schulschwierigkeiten, Versagensängste und ein vermindertes Selbstwertgefühl können Essstörungen verursachen. Aber auch Werbung für Diäten und ein allgemeines Schönheitsideal eines überschlanken Menschen verführen manche Jugendliche zu einem Verhalten, das sie schließlich in eine Krankheit führt.

FALLBEISPIEL 1
Esssucht

Kevin hat im letzten Jahr 18 kg zugenommen. Ständig muss er an Essen denken. Schreibt er in der Schule eine schlechte Note, hat er Stress mit seinem Vater oder die Mitschüler ärgern ihn – in seinem Frust stopft er gleich mehrere Tafeln Schokolade oder einige Kuchenstücke in sich hinein. Er kann seine Nahrungsaufnahme nicht mehr steuern. Jetzt will ihn seine Mutter zu einer Therapie anmelden.

4

FALLBEISPIEL 2
Ess-Brech-Sucht (Bulimie)

Lisa hat eine gute Figur. Wenn sie allein zu Hause ist, bekommt sie regelmäßig einen Heißhungeranfall. Dann stopft sie riesige Mengen Nahrungsmittel in sich hinein. Während dieser Zeit hat sie das Gefühl, ihr Essverhalten nicht kontrollieren zu können. Kaum ist sie fertig mit dem Essen, will sie alles wieder rückgängig machen. Voller Scham und Ekelgefühl erzwingt sie Erbrechen und oft nimmt sie zusätzlich Abführmittel ein. Erst nach längerer Zeit hat ihre Mutter zufällig Lisas Essstörung bemerkt. Sie besteht jetzt auf einer medizinischen Behandlung.

5

FALLBEISPIEL 3
Magersucht

Tatjana hat einen BMI von 15,6. Immer wieder isst sie einen Tag lang überhaupt nichts. Wenn sie einmal Appetit hat, unterdrückt sie die Lust auf Essen; sie fühlt sich zu dick. Begonnen hat das Ganze mit einer Diät. Jetzt hat sie meist überhaupt kein Hungergefühl mehr. Sie hat verlernt, auf die Signale ihres Körpers zu achten. Nach einem Schwächeanfall in der Schule wird sie vorübergehend in eine Klinik eingewiesen.

6

GRUNDLAGEN: Stoffwechsel

Mit der Nahrung nehmen wir sowohl die Nährstoffe Kohlenhydrate, Fette und Eiweiße als auch die Ergänzungsstoffe Vitamine, Mineralstoffe und Wasser auf. Im Gegensatz zu den Ergänzungsstoffen müssen die Nährstoffe zunächst zu kleineren Molekülen abgebaut werden. Dies bezeichnet man als Verdauung. Anschließend werden sie als Baumaterial für körpereigene Stoffe oder als Energielieferanten genutzt. ↑1

In unserem Körper werden also ständig Stoffe zerlegt, verändert, abgebaut, aufgebaut, abgegeben und ausgetauscht. Alle diese chemischen Reaktionen im Körper gehören zum Stoffwechsel. Durch den Stoffwechsel wird gewährleistet, dass wir immer mit Energie versorgt sind, dass wir wachsen und bei Verletzungen wieder neue Zellen bilden können.

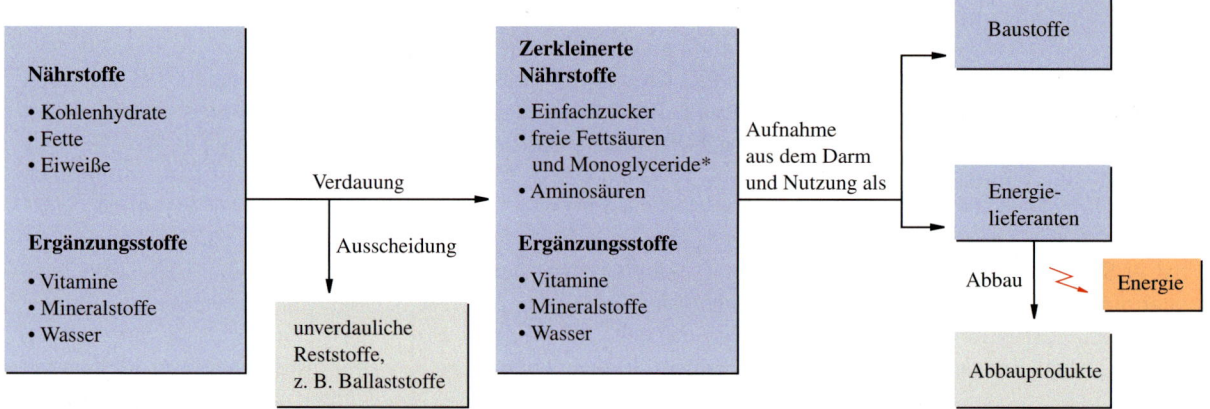

1 Vorgänge des Stoffwechsels (* Glycerin mitsamt der mittleren Fettsäure)

Zellatmung Für jeden Lebensprozess benötigt der Körper Energie. Zur Bereitstellung dieser Energie wird in den Mitochondrien der Zellen Traubenzucker mithilfe von Sauerstoff zu Kohlenstoffdioxid und Wasser abgebaut. ↑3 Die Mitochondrien bezeichnet man deshalb auch als Kraftwerke der Zelle. ↑2 Die chemische Energie der aufgenommenen Stoffe wird in andere Energieformen umgewandelt. Es entstehen Wärmeenergie, Bewegungsenergie oder frei werdende Energie, die zum Aufbau körpereigener Stoffe verwendet wird.

Zellatmung		Energie		
Traubenzucker	+ Sauerstoff		Wasser	+ Kohlenstoffdioxid
$C_6H_{12}O_6$	+ 6 O_2		6 H_2O	+ 6 CO_2

3 Zellatmung und Verbrennung liefern Energie.

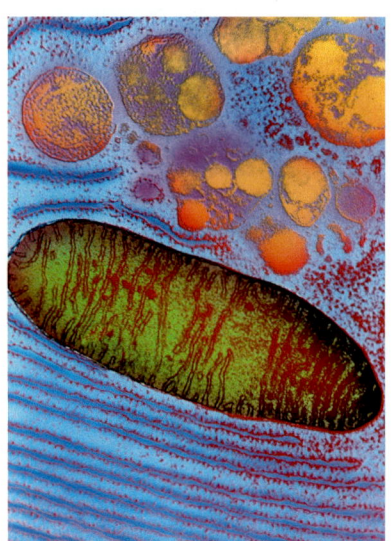

2 Mitochondrium (EM-Aufnahme)

Kurz und knapp Unter Stoffwechsel versteht man alle im Körper ablaufenden Prozesse der Stoffaufnahme, Stoffumwandlung verbunden mit Energieumwandlungsprozessen und Stoffabgabe. Bei der Zellatmung in den Mitochondrien wird durch Stoffabbau Energie für die Lebensprozesse bereitgestellt.

Zur Diskussion Funktionelle Lebensmittel: Gesundheit aus dem Supermarkt?

Was sind eigentlich funktionelle Lebensmittel?
Jogurt als Darmsanierer, Brot mit Fit-Faktor, Eier für ein gesundes Herz. Glaubt man der Werbung, wird es künftig kein Problem mehr sein, sich gesund und vital zu fühlen. Immer mehr Lebensmittel werden von der Industrie mit Zusatzstoffen angereichert. Diese funktionellen Lebensmittel dienen natürlich in erster Linie der Versorgung mit Nährstoffen, versprechen aber darüber hinaus eine Verbesserung der Gesundheit und des Wohlbefindens. Sie sollen die körpereigenen Abwehrkräfte fördern, vor Erkrankungen wie Bluthochdruck oder Krebs schützen oder ganz allgemein die Leistungsfähigkeit verbessern.

> Aber nicht jeder hat die Zeit und Möglichkeit dazu. Für viele Menschen sind „Wellness-Lebensmittel" doch eine gute Alternative.

> Ich esse jeden Tag frisches Obst und Gemüse und ernähre mich abwechslungsreich. Ich kann auf künstliche Zusätze gut und gern verzichten.

> Schau dich doch um: der ganze Stress, die vielen Umweltgifte. Heutzutage kann es doch nur von Vorteil sein, ein bisschen mehr an Vitaminen zu sich zu nehmen.

> Ich weiß nicht: Wie wirken diese Sachen überhaupt im Körper? Kann ein Zuviel nicht auch ungesund sein?

4 Welche Meinung hast du? Findest du weitere Pro- und Kontra-Argumente?

Lebensmittel	Mögliche gesundheitliche Wirkungen
probiotische Bakterienkulturen in Milcherzeugnissen und Jogurts	Verbesserung der Darmfunktion
ACE-Getränke: besonders reich an Vitaminen	Stärkung der Abwehrkräfte
iodhaltiges Kochsalz	Vermeidung von Iodmangel und damit von Kropfbildung
mit Calcium angereicherte Müslimischungen und Frühstückscerealien	zur Vorbeugung von Knochenabbau
mit Omega-3-Fettsäuren angereicherte Eier	Senkung des Risikos für Herz-Kreislauf-Erkrankungen

5 Beispiele für funktionelle Lebensmittel

6 Nach welchen Kriterien entscheidest du?

Bewusst atmen

Atmen können wir vom ersten Moment an. Neugeborene beginnen sofort nach der Geburt selbstständig ein- und wieder auszuatmen, obwohl ihnen niemand gezeigt hat, wie das geht. Atmen passiert unbewusst. Wir denken nur über unsere Atmung nach, wenn wir zum Beispiel beim Tauchen die Luft anhalten müssen. Klar, jeder kann atmen. Aber wer weiß, wie es genau funktioniert?

1 Babyschwimmen: Babys halten beim Tauchen automatisch den Atem an.

Beobachten Untersuchen Experimentieren

Wie atmen wir?

1 Atemmechanik

Atme tief ein und miss mit dem Maßband den Umfang deines Brustkorbs. Wiederhole die Messung, wenn du vollständig ausgeatmet hast. ↑2 Vergleiche die beiden Messwerte und erkläre den Unterschied. Lege beim Einatmen eine Hand auf deine Rippen, die andere auf deinen Bauch. Was stellst du fest? Erkläre, wie bei der Einatmung der Brustraum und damit die Lungen vergrößert werden.

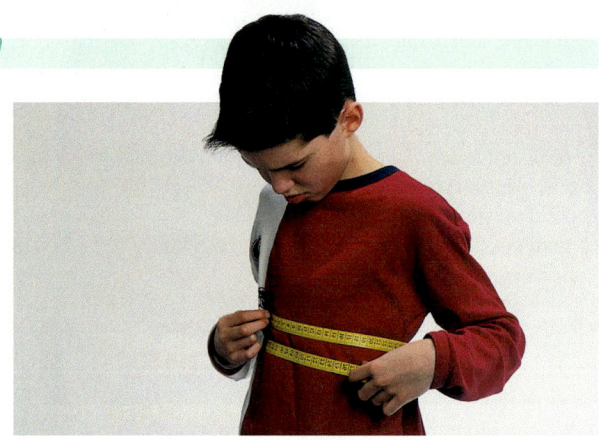

2 Messung des Brustkorbumfangs

2 Bestimmung des Atemvolumens

Material: Spirometer mit Mundstücken
Durchführung: Stelle das Spirometer so ein, dass der Zeiger auf null steht, und setze ein frisches Mundstück ein. Atme möglichst normal ein und dann in das Spirometer aus. Lies dein Ausatemvolumen ab. Wiederhole den Versuch mehrmals und notiere deine Ergebnisse. ↑3
Atme dann so tief wie möglich ein und in das Spirometer maximal aus. Notiere dein Ergebnis.
Auswertung:
a Fertige ein vollständiges Versuchsprotokoll an.
b Bilde aus den Messwerten aller Schüler deiner Klasse den Mittelwert. Erkläre die Abweichungen einzelner Schüler vom Mittelwert.
c Bei körperlicher Anstrengung sind die Häufigkeit und die Tiefe der Atemzüge verändert. Nenne den biologischen Sinn.

3 Bestimmung des Atemvolumens mit dem Spirometer

GRUNDLAGEN: Atmungsorgane und Atembewegungen

Der Weg der Atemluft im Körper Meist atmen wir durch die Nase ein. In der Nasenhöhle fangen feinste Flimmerhärchen und die feuchte Nasenschleimhaut Verunreinigungen wie Staubteilchen und Krankheitserreger ab. Die gereinigte, feuchte und leicht angewärmte Luft gelangt über den Rachenraum in die Luftröhre. ↑4 Diese ist ein etwa 10 bis 12 cm langer, durch Knorpelringe verstärkter Schlauch. Innen ist sie mit feinen Flimmerhärchen besetzt. Die Luftröhre verzweigt sich in zwei Bronchien. Diese verästeln sich weiter in Röhrchen und schließlich in etwa 300 Millionen Lungenbläschen. Dort findet der Gasaustausch mit dem Blut statt.

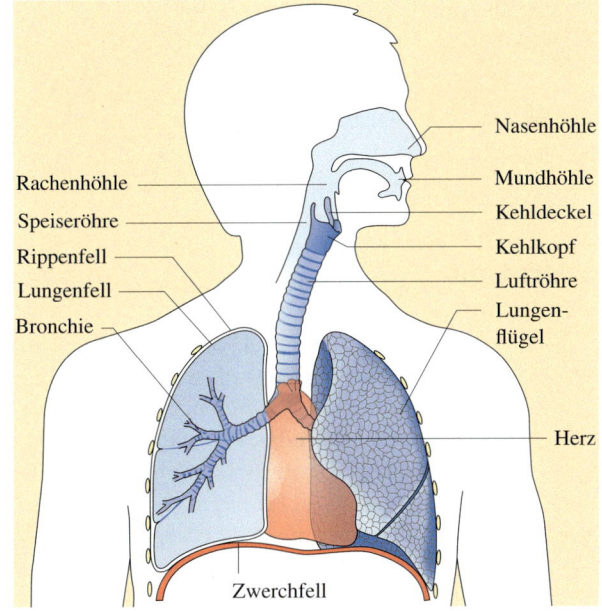

4 Atmungsorgane des Menschen

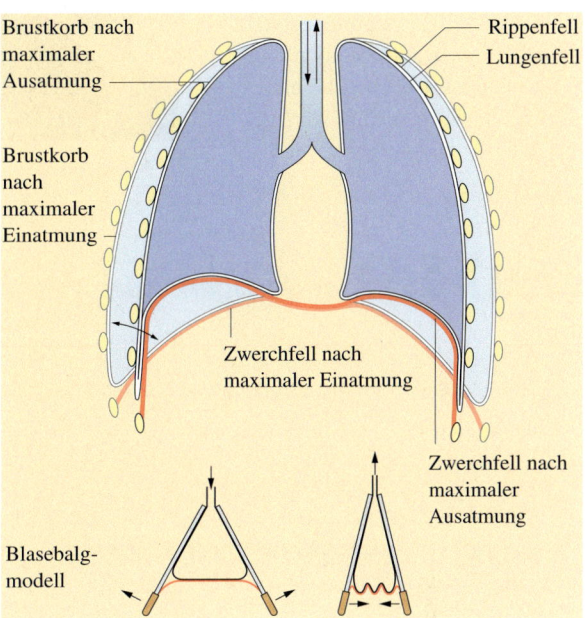

5 Atembewegungen

Atembewegungen Die Lunge hat selbst keine Muskeln, um Luft einzusaugen oder herauszupressen. Sie wird durch Muskeln an den Rippen und im Zwerchfell passiv bewegt. Beim Einatmen hebt sich der Brustkorb und das Zwerchfell spannt sich. Dadurch wird die Lunge ausgedehnt und Luft eingesaugt. Erschlaffen die Zwerchfell- und Rippenmuskeln wieder, so wölbt sich das Zwerchfell nach oben. Gleichzeitig senkt sich der Brustkorb, sodass die Atemluft ausgepresst wird. ↑5

Kurz und knapp **Zwerchfell- und Rippenmuskeln erzeugen Atembewegungen. Durch Nase oder Mund gelangt Luft über die Luftröhre und die beiden Bronchien zu den Lungenflügeln.**

Arbeitsaufträge

1 Achte in verschiedenen Situationen auf deine Atmung. Beschreibe, wann du durch den Mund, wann durch die Nase atmest. Stelle die jeweiligen Vor- und Nachteile heraus.

2 Prüfe, ob Brust- und Bauchatmung getrennt voneinander möglich sind. Erkläre die Beobachtung.

3 Stelle den Weg der Atemluft von der Nase bis in die Lungenbläschen in einem Fließschema dar.

Gasaustausch in der Lunge

Die beiden Astronauten Fincke und Padalka sollten einen Schaden an der Internationalen Raumstation ISS reparieren. Dafür war ein sechsstündiger Weltraumausstieg geplant. Der Ausflug ins All musste allerdings nach wenigen Minuten abgebrochen werden, weil Finckes Sauerstoffflasche undicht war. Warum konnte er nicht im luftleeren Raum bleiben? Warum ist Luft für uns lebenswichtig? Warum atmen wir?

1　Astronaut bei einem Weltraumspaziergang

Methode　*Anfertigen eines Versuchsprotokolls*

1 Thema des Versuchs: *Vergleich von Ein- und Ausatemluft*

2 Versuchsfrage: *Unterscheiden sich Ein- und Ausatemluft in ihrer Zusammensetzung?*

3 Hypothese: ...

4 Material: *2 Bechergläser (400 ml), Schlauch (30 cm), 2 Teelichter, Streichhölzer*

5 Versuchsaufbau:

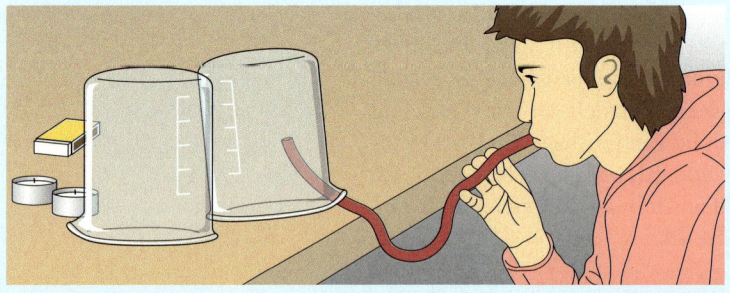

6 Durchführung: *Stelle zwei Bechergläser mit der Öffnung nach unten nebeneinander. Atme durch einen Schlauch etwa 20-mal in eines der Bechergläser aus. Schiebe nun gleichzeitig je ein brennendes Teelicht unter die beiden Bechergläser.*

7 Beobachtung: ...

8 Auswertung: ...

2　Beispiel für ein naturwissenschaftliches Versuchsprotokoll

Um Antworten auf diese Fragen zu finden, kannst du selbst Versuche durchführen. Versuche oder Experimente sind eine wichtige Methode in den Naturwissenschaften. Sie dienen dazu, Fragen zu beantworten, Vermutungen zu überprüfen und Beobachtungen näher zu untersuchen. In einem Protokoll wird festgehalten, welche Frage der Versuch beantworten soll und wie er genau durchgeführt wurde. So kann ein Experiment leicht wiederholt oder auch gezielt abgeändert werden. Im Lauf der Zeit hat sich für naturwissenschaftliche Protokolle eine einheitliche Form entwickelt. Sieh dir das Beispiel an. ↑2 Notiere die Bestandteile des Versuchsprotokolls und nenne deren Merkmale.

Werde nun selbst zum Forscher! Führe den beschriebenen Versuch durch und fertige in deinem Heft ein vollständiges Versuchsprotokoll an. Hinweis zur Auswertung: Damit eine Kerze brennt, ist Sauerstoff nötig.

Wozu atmen wir?

1 Nachweis von Kohlenstoffdioxid

Kohlenstoffdioxid lässt sich mit klarem Kalkwasser nachweisen. Beim Einleiten von Kohlenstoffdioxid wird die Flüssigkeit milchig trüb. Mit diesem Versuch kannst du vergleichen, wie viel Kohlenstoffdioxid die Ausatemluft und die Einatemluft jeweils enthalten.

Material: 2 Gaswaschflaschen, gebogene Glasröhrchen, Schlauchstücke, Mundstück, Kalkwasser (wässrige Calciumhydroxid-Lösung)

Durchführung: Die Waschflaschen werden jeweils mit 50 ml Kalkwasser gefüllt. ↑3 Die Versuchsperson atmet 20-mal langsam durch das Mundstück ein und aus.

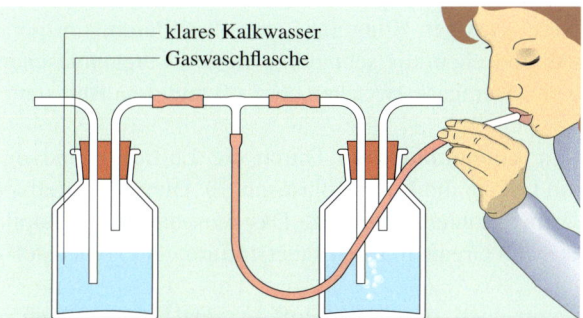

3 Untersuchung der Ein- und Ausatemluft

Auswertung: Beobachte die Veränderungen des Kalkwassers in den beiden Flaschen. Suche nach einer biologischen Erklärung. Fertige ein vollständiges Versuchsprotokoll an.

2 Atemfrequenz und Atemvolumen

Material: Uhr mit Sekundenzeiger, Stuhl

Durchführung: Setze dich möglichst entspannt auf einen Stuhl und zähle deine Atemzüge in einer Minute. Mache nun 25 Kniebeugen oder Liegestütze. Zähle erneut deine Atemzüge in einer Minute.

Auswertung:

a Fertige ein vollständiges Versuchsprotokoll an.

b Häufig wird davon ausgegangen, dass man bei jedem Atemzug ein Volumen von 0,5 Liter Luft ein- und ausatmet. Berechne die Luftmenge, die du in einer Minute, in einer Stunde und an einem Tag aufnimmst. Du erhältst bessere Ergebnisse, wenn du beide Versuche je fünfmal durchführst und die Mittelwerte bestimmst.

Lässt sich die für einen Tag benötigte Luftmenge durch diese Versuche genau bestimmen? Begründe deine Meinung.

c Bestimme das Atemvolumen je Minute bei unterschiedlichen Tätigkeiten, die du im Lauf des Tages machst, zum Beispiel Lesen, Sport, Gehen, und notiere sie.

3 Modellversuch zur Oberflächenvergrößerung

Material: 2 Bechergläser (250 ml), 1 großes Reagenzglas, 6 kleine Reagenzgläser, 2 Thermometer, Messzylinder, Uhr mit Sekundenzeiger

Durchführung: In die beiden Bechergläser werden je 100 ml warmes Wasser von ca. 60 °C gefüllt. Die Reagenzgläser werden mit kaltem Leitungswasser gefüllt, und zwar so, dass das große Reagenzglas gleich viel Wasser enthält wie die sechs kleinen Reagenzgläser zusammen.

Stellt gleichzeitig das große Reagenzglas in ein Becherglas und die kleinen Reagenzgläser in das andere. Messt alle 30 Sekunden die Temperatur in den Bechergläsern und notiert die Werte.

Auswertung:

a Fertige ein vollständiges Versuchsprotokoll an.

b Erkläre die Bedeutung der Oberflächenvergrößerung für diesen Versuch.

c Überlege gemeinsam mit deinem Nachbarn, wie der Versuch abgeändert werden könnte, um das Prinzip der Oberflächenvergrößerung noch deutlicher zu zeigen.

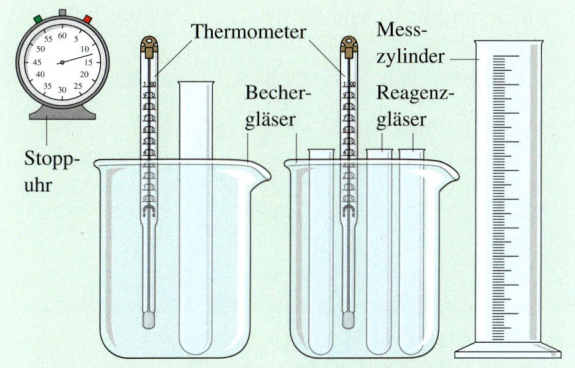

4 Modellexperiment zur Oberflächenvergrößerung

GRUNDLAGEN: Gasaustausch in der Lunge

Gaswechsel im Körper In den Zellen unseres Körpers werden energiereiche Stoffe mithilfe von Sauerstoff abgebaut. Diesen Vorgang nennt man Zellatmung oder innere Atmung. Der dazu benötigte Sauerstoff wird mit dem Blut zu den Zellen transportiert. Kohlenstoffdioxid, das dabei entsteht, geht in das Blut über. ↑1

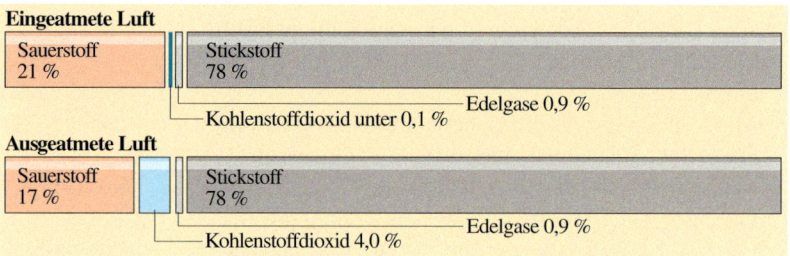

Eingeatmete Luft

Sauerstoff 21 %		Stickstoff 78 %

Kohlenstoffdioxid unter 0,1 % — Edelgase 0,9 %

Ausgeatmete Luft

Sauerstoff 17 %		Stickstoff 78 %

Kohlenstoffdioxid 4,0 % — Edelgase 0,9 %

1 Zusammensetzung der Luft

Lungenbläschen Die Wand der Lungenbläschen ist hauchdünn. Sie sind außen von einem Netz winziger Blutgefäße, den Kapillaren, umsponnen. ↑3 Deren Wände sind ebenfalls sehr dünn. In den Lungenbläschen findet der Austausch der Atemgase zwischen der Luft und dem Blut statt.

Gasaustausch in den Lungenbläschen Durch die Luftröhre und die Bronchien gelangt die Luft in die Lungenbläschen. ↑2 Diese Luft enthält viel Sauerstoff und wenig Kohlenstoffdioxid. Das Blut, das in den Kapillaren fließt, kommt aus den Organen. Es ist sauerstoffarm und kohlenstoffdioxidreich. ↑4

Dieser Unterschied führt dazu, dass Sauerstoff aus den Lungenbläschen ins Blut übertritt. Umgekehrt gelangt Kohlenstoffdioxid aus dem Blut in die Lungenbläschen. Die dünnen, feuchten Wände der Lungenbläschen und der Kapillaren ermöglichen diesen schnellen Stoffaustausch.

Wenn das Blut die Lunge verlässt, enthält es fast so viel Sauerstoff und so wenig Kohlenstoffdioxid wie die Luft in den Lungenbläschen.

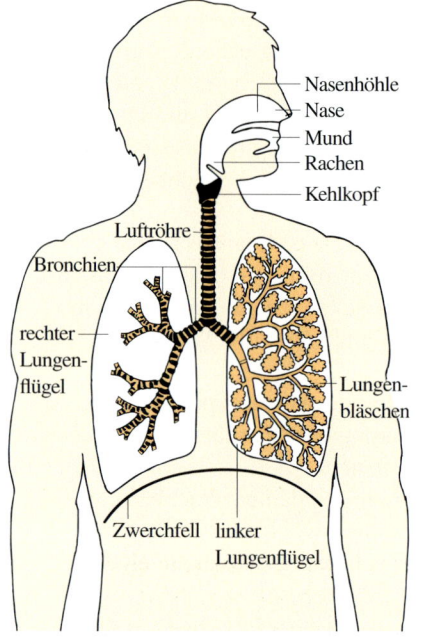

Nasenhöhle
Nase
Mund
Rachen
Kehlkopf
Luftröhre
Bronchien
rechter Lungenflügel
Lungenbläschen
Zwerchfell linker Lungenflügel

2 Atmungsorgane (schematisch)

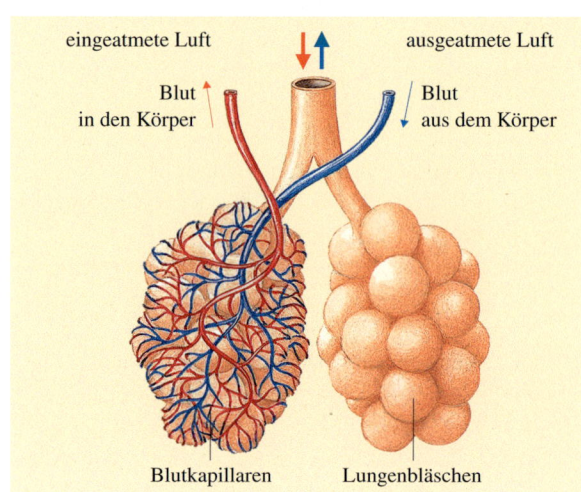

eingeatmete Luft — ausgeatmete Luft
Blut in den Körper — Blut aus dem Körper
Blutkapillaren — Lungenbläschen

3 Lungenbläschen sind von feinsten Blutgefäßen umgeben.

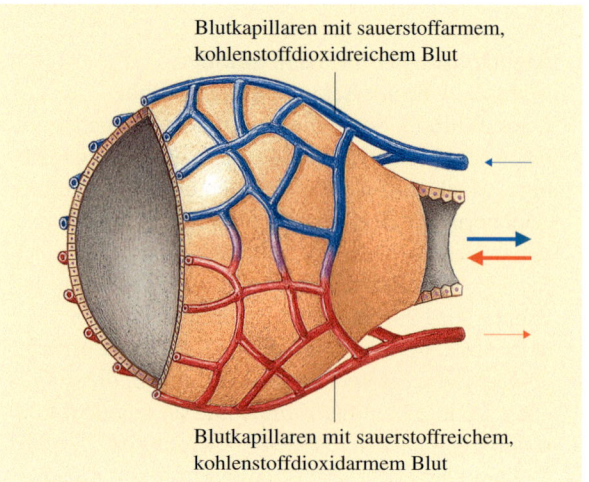

Blutkapillaren mit sauerstoffarmem, kohlenstoffdioxidreichem Blut

Blutkapillaren mit sauerstoffreichem, kohlenstoffdioxidarmem Blut

4 Lungenbläschen: Hier findet der Gasaustausch statt.

Oberflächenvergrößerung Je größer die Oberfläche eines Organs ist, desto größer ist auch die Menge der Stoffe, die über sie aufgenommen oder ausgetauscht werden kann: In der Lunge gibt es etwa 300 Millionen Lungenbläschen. Denkt man sie sich aufgeschnitten und als Fläche wieder zusammengesetzt, dann ergäbe sich eine Fläche von über $100\,m^2$. Das ist etwa so groß wie die Tragflächen eines Airbus A 320! ↑5

Über diese stark vergrößerte Berührungsfläche zwischen Lungenbläschen und Kapillaren kann in kurzer Zeit viel Sauerstoff in das Blut und umgekehrt Kohlenstoffdioxid hinausgelangen. ↑6

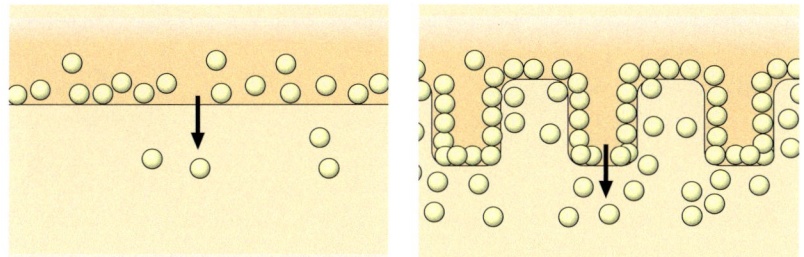

5 Eine vergrößerte Oberfläche erleichtert den Stoffaustausch.

Kurz und knapp **In den Lungenbläschen findet der Gasaustausch zwischen Atemluft und Blut statt. Aus dem Blut diffundiert Kohlenstoffdioxid in die Lungenbläschen und umgekehrt gelangt Sauerstoff ins Blut. Zur Versorgung des ganzen Körpers müssen große Gasmengen ausgetauscht werden. Dies wird durch die enorm große Kontaktfläche zwischen Lungenbläschen und Kapillaren erleichtert.**

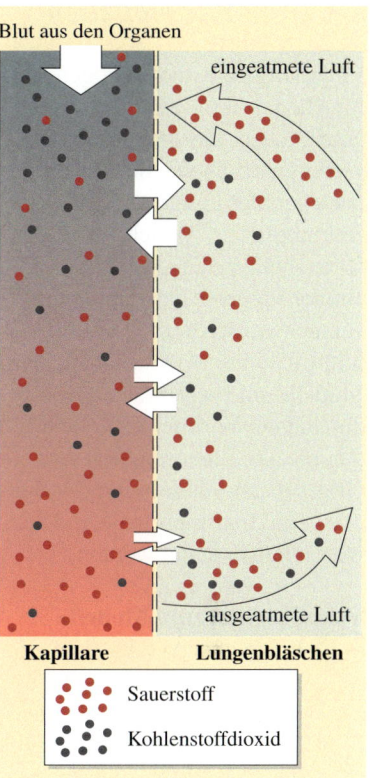

Blut aus den Organen

eingeatmete Luft

ausgeatmete Luft

Kapillare **Lungenbläschen**

● Sauerstoff
● Kohlenstoffdioxid

6 Vereinfachte Darstellung des Gasaustauschs durch Diffusion

Arbeitsaufträge

1 Bei einem Patienten mit Atemstillstand ist im Notfall auch eine Wiederbelebung mit ausgeatmeter, also „verbrauchter" Luft möglich. Erkläre diese Tatsache mithilfe von Bild ↑1.

2 Der Gasaustausch in der Lunge wird als äußere Atmung der inneren Atmung in den Körperzellen gegenübergestellt. Erläutere, wodurch die beiden Vorgänge jeweils gekennzeichnet sind.

3 Die Lunge des Menschen ist für die Luft eine Sackgasse: Die Luft verlässt die Lunge auf dem gleichen Weg, durch den sie hineingelangt ist. Bei Vögeln wird die Lunge dagegen in einer Richtung ständig von Luft durchströmt. Nenne mögliche Vorteile der Vogellunge gegenüber der Lunge des Menschen.

4 Wale tauschen mit einem Atemzug etwa 90 % des gesamten Luftvolumens in der Lunge aus, Menschen rund 10 %. Stelle die biologische Bedeutung dieses Unterschieds heraus.

5 Das Prinzip der Oberflächenvergrößerung findet sich in vielen Bereichen.

a Erläutere anhand von Bild ↑5, dass eine große Oberfläche den Stoffaustausch erleichtert.

b Welchen Vorteil hat die Oberflächenvergrößerung in der Lunge?

c Suche ein weiteres Beispiel für dieses Prinzip und vergleiche beide.

6 Gibt man einen Tropfen Tinte in ein Glas mit Wasser, verteilt sich die Farbe gleichmäßig im Glas, auch ohne dass man umrührt. Dieser Versuch dient als Modellexperiment für die Diffusion.

a Beschreibe und erkläre, was mit den Tintenteilchen im Wasserglas passiert.

b Stelle einen Zusammenhang her zwischen dem Gasaustausch in der Lunge und dem Modellexperiment. Nimm Bild ↑6 zu Hilfe.

c Erläutere anhand des Modellversuchs, wie der Gasaustausch in der Lunge funktioniert.

7 Informiere dich im Internet darüber, wie ein Weltraumanzug aufgebaut ist. Stelle in einem Kurzreferat dar, wie der Anzug den Astronauten ermöglicht, sich im luftleeren Raum aufzuhalten.

Methode

Arbeiten mit Modellen

Viele Vorgänge, die Biologen erforschen, lassen sich nicht direkt untersuchen. Sie spielen sich im verborgenen ab wie der Gasaustausch in der Lunge oder sie sind zu kompliziert. Manchmal ist der Untersuchungsgegenstand auch einfach zu groß. Dann kann man versuchen, sich der Wirklichkeit mithilfe eines Modells anzunähern. Modelle sind vereinfachte Abbildungen der Wirklichkeit. Sie bilden nie alle Eigenschaften des Originals ab, sondern nur die Bau- oder Funktionsmerkmale, die als wesentlich erachtet werden.

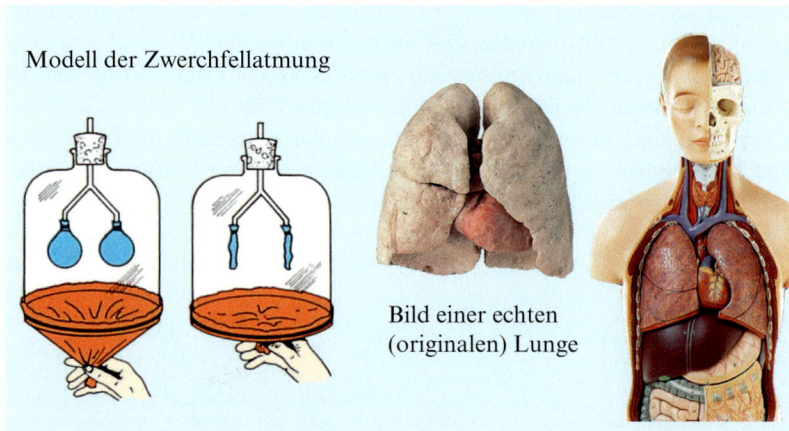

Modell der Zwerchfellatmung

Bild einer echten (originalen) Lunge

1 Modelle geben meist den Bau (Strukturmodell) oder die Funktion (Funktionsmodell) eines Originals wieder.

Vom Original zum Modell

1 **Frage** Am Anfang steht eine Frage, die mithilfe des Modells beantwortet werden soll. Eine Frage im Zusammenhang mit der Atmung könnte sein: Welche Bedeutung hat das Heben und Senken des Brustkorbes für die Atmung?↑2

2 **Denkmodell** Dann muss man entscheiden, welche Merkmale des Originals für die Beantwortung der Frage wesentlich sind. Dazu wird anhand von Beobachtungen oder Vorwissen eine Vielzahl von Informationen über das Original bewertet. Während des Nachdenkens entsteht im Kopf schon ein erstes Denkmodell.↑3

3 **Anschauungsmodell** Ausgehend vom Denkmodell wird das gegenständliche Anschauungsmodell gefertigt.↑4 Dabei kann es zu einem Denkmodell viele verschiedene Anschauungsmodelle geben, die sich unter anderem in Material, Farbe und Größe unterscheiden. Der Bezug zwischen Original und Modell muss aber immer möglichst gut zu erkennen sein.

4 **Modellkritik** Nun werden Original und Modell verglichen. Dabei betrachtet man, in welchen wesentlichen Eigenschaften das Modell mit dem Original übereinstimmt. Gibt es wesentliche Eigenschaften des Originals, die nicht abgebildet werden? Wie gut ist das Modell dazu geeignet, die Ausgangsfrage zu beantworten?

Werde nun selbst zum Forscher!

Baue das Modell der Brustatmung und nimm eine Modellkritik vor.↑4 Was zeigt das Modell besonders gut und was nicht? Überlege, wie das Modell verbessert werden könnte.

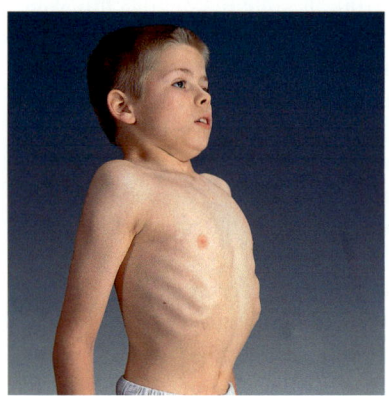

2 Original: Beim Atmen hebt und senkt sich der Brustkorb.

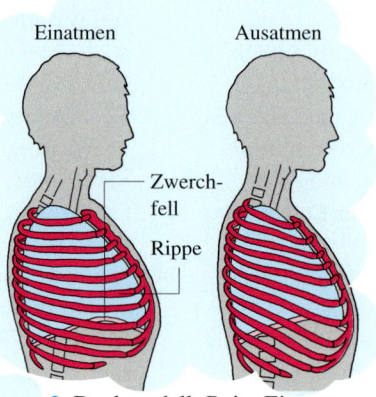

Einatmen   Ausatmen

Zwerch-fell

Rippe

3 Denkmodell: Beim Einatmen hebt sich der Brustkorb, beim Ausatmen senkt er sich.

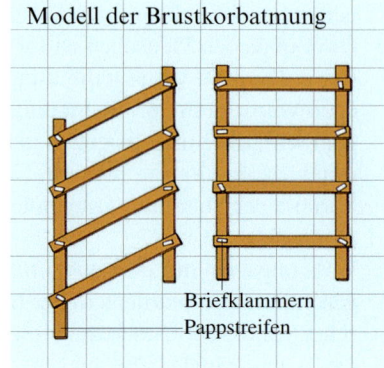

Modell der Brustkorbatmung

Briefklammern
Pappstreifen

4 Anschauungsmodell

GRUNDLAGEN: **Erkrankungen der Atemwege und der Lunge**

Unsere Lunge wird täglich von etwa 15 000 Liter Luft durchströmt. Dabei gelangen auch Verunreinigungen und Krankheitserreger in die Atemwege. Der größte Teil wird von den Flimmerhärchen und den Sekreten der Schleimhäute abgefangen. Gelingt es den Bakterien oder Viren jedoch, die Schleimhautabwehr zu durchbrechen, können sie eine Erkältungskrankheit auslösen.

Bronchitis Eine akute Bronchitis ist eine Entzündung der Schleimhäute in den größeren Atemwegen: der Luftröhre und den Bronchien. Sie verläuft oft fiebrig, ist aber dennoch meist harmlos. Eine Überempfindlichkeit der Atemwege und vermehrte Schleimbildung verursachen Hustenreiz, wobei das Husten oft schmerzhaft ist. ↑5

Bronchitis entsteht oft im Zusammenhang mit einer Erkältung. Feuchtkaltes Wetter, Luftverschmutzung und vor allem Zigarettenrauch begünstigen ihre Entstehung. Gerade bei Rauchern kann sich aus einer akuten Bronchitis eine chronische Erkrankung entwickeln, in deren Verlauf auch Lunge und Herz geschädigt werden können. ↑6

Asthma Asthma ist eine chronische Erkrankung, die sich anfallartig äußert. Dabei schwillt die Schleimhaut in den Bronchien an und die Atemwege verengen sich. Zusätzlich erschwert zäher Schleim das Atmen. Daher gehen die Hustenanfälle mit schwerer Atemnot einher. Vor allem das Ausatmen fällt schwer.

Als Ursachen gelten Allergieauslöser, Umwelteinflüsse und seelische Belastungen. Etwa zehn Prozent der Kinder in Deutschland leiden unter Asthma, bei etwa der Hälfte verschwindet die Krankheit am Ende der Pubertät.

Kurz und knapp **Erkrankungen der Atemwege sind sehr häufig. Asthma ist eine chronische Erkrankung, bei der es durch eine Verengung der Atemwege oft zu Hustenanfällen und Atemnot kommt. Bei einer akuten Bronchitis kann die vermehrte Schleimbildung zu schmerzhaftem Husten führen.**

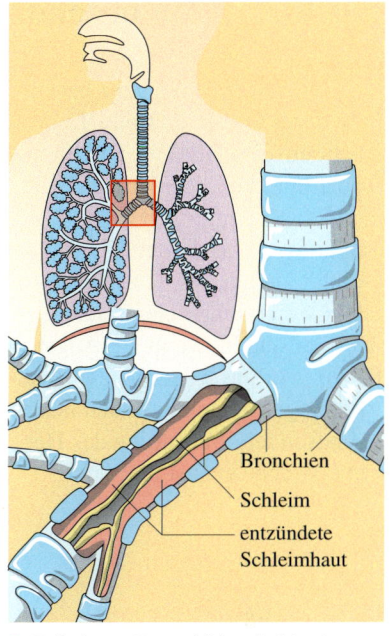

Bronchien
Schleim
entzündete
Schleimhaut

5 Bei akuter Bronchitis wird in der Lunge vermehrt Schleim gebildet.

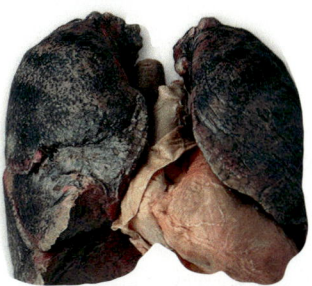

6 Raucherlunge: Die Menge der Verunreinigungen kann nicht mehr aus der Lunge hinaustransportiert werden.

Arbeitsaufträge

1 Erstelle den Steckbrief einer weiteren Atemwegs- oder Lungenerkrankung, wie Erkältung, Lungenentzündung oder Grippe.

2 Erläutere anhand von Bild ↑5, wie sich eine Bronchitis auf die Atmung auswirkt.

3 Grippe ist eine Infektionskrankheit, für die Impfungen angeboten werden. Informiere dich über den richtigen Zeitpunkt und die Vorteile einer Grippeimpfung.

4 Rauchen führt häufig zu krankhaften Veränderungen der Lunge. Recherchiere im Internet und verfasse einen Kurzvortrag (etwa 5 Minuten), in dem du die Folgen des Rauchens für Atemwege und Lunge darstellst.

5 Bild ↑1 zeigt verschiedene Modelle.

a Ordne die abgebildeten Modelle als Struktur- bzw. Funktionsmodelle.

b Erkläre, was die Anfertigung der Modelle nötig gemacht hat.

c Beschreibe die Erkenntnisse, die aus den abgebildeten Modellen gewonnen werden können.

6 Suche in diesem Buch jeweils drei weitere Struktur- und Funktionsmodelle und gib deren Namen mit Seitenzahl an. Erkläre die Aufgaben, die diese Modelle erfüllen.

Das Herz – ein besonderes Organ

Unser Herz ist ein ganz besonderes Organ. Es treibt Tag und Nacht unseren Blutkreislauf an und macht nur zwischen den Schlägen eine Pause. Lange Zeit vermutete man, dass das Herz der Sitz der Gefühle und der Seele ist – vielleicht weil wir den Herzschlag deutlich spüren, wenn wir Angst haben oder uns freuen. Viele Redewendungen zeigen uns auch heute die besondere Bedeutung des Herzens. Welche kennst du?

1 Das Herz gilt seit Langem als Symbol für die Liebe.

Beobachten *Untersuchen* Experimentieren

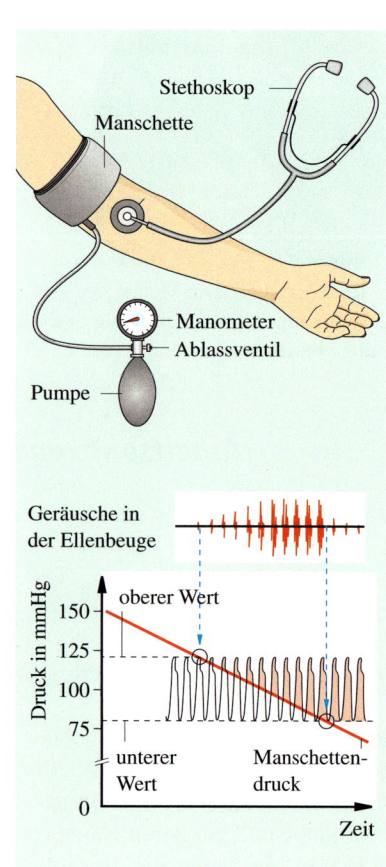

2 Blutdruckmessung

Die Pulsfrequenz und der Blutdruck geben erste Informationen über die Arbeit unseres Herzens. Untersuche dich dazu selbst.

1 Pulsmessung Lege drei Finger deiner linken Hand unterhalb des Daumens auf das rechte Handgelenk. Ertaste dort deinen Puls. Zähle zehn Sekunden lang die Pulsschläge. Berechne die Zahl der Pulsschläge pro Minute. So erhältst du deinen Ruhepuls.
Wie ändert sich der Puls, wenn du dich körperlich anstrengst? Mache zum Beispiel Hocksprünge, Liegestütze oder Kniebeugen. Miss den Puls und vergleiche mit deinem Ruhepuls. Erkläre den Unterschied.

2 Blutdruckmessung Wenn das Herz das Blut ausstößt, entsteht eine Druckwelle, die wir als Pulsschlag spüren. Mit einem Blutdruckmessgerät lässt sich der Druck des Blutes auf die Gefäßwände messen.
Material: Blutdruckmessgerät, Stethoskop
Durchführung: Lege die Manschette um den Oberarm und pumpe so lange auf, bis kein Blut mehr durch die Armarterie fließen kann. Lass dann die Luft ab, bis du durch das Stethoskop ein Geräusch hörst. ↑2 Es entsteht, wenn Blut in die Ader einströmt. Der Blutdruck reicht dann aus, den Manschettendruck zu überwinden. Man spricht vom oberen Wert. Lass nun den Manschettendruck weiter ab. Das Geräusch wird leiser und verschwindet, wenn das Blut wieder frei durch die Arterie fließen kann. Dies gibt den unteren Wert an. ↑2 Führe die Messung auch bei deinen Eltern oder Großeltern durch.
Auswertung: Der obere Wert liegt bei Jugendlichen normalerweise bei 120 mmHg, der untere bei knapp unter 80 mmHg. Vergleiche deine Messergebnisse mit diesen Werten. Hängt der Blutdruck mit dem Alter zusammen?

GRUNDLAGEN: Bau und Funktion des Herzens

Bau Unser Herz↑3 ist ein etwa faustgroßer, sehr kräftiger Hohlmuskel. Sein Inneres besteht aus vier Kammern. Die Kammerung gewährleistet, dass sauerstoffarmes von sauerstoffreichem Blut getrennt ist. Jede Herzhälfte besteht aus einem Vorhof und einer Herzkammer, die jeweils durch eine Segelklappe voneinander getrennt sind. In die Vorhöfe münden die Venen. In ihnen fließt das Blut zum Herzen hin. Von den Herzkammern gehen die Arterien ab, durch die das Blut das Herz verlässt. Zwischen Herzkammer und Arterie befindet sich jeweils eine Taschenklappe. Taschenklappen und Segelklappen wirken als Ventile und verhindern, dass das Blut zurückfließt.

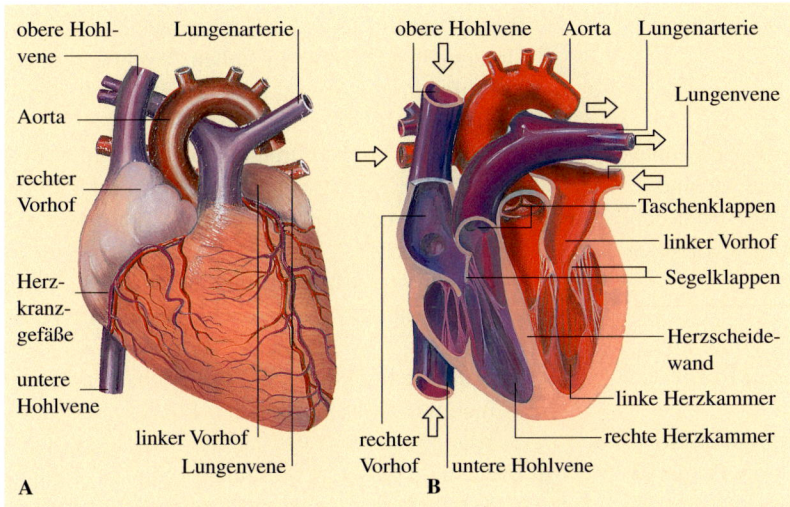

obere Hohlvene
Lungenarterie
Aorta
rechter Vorhof
Herzkranzgefäße
untere Hohlvene
linker Vorhof
Lungenvene

A

obere Hohlvene
Aorta
Lungenarterie
Lungenvene
Taschenklappen
linker Vorhof
Segelklappen
Herzscheidewand
linke Herzkammer
rechte Herzkammer
rechter Vorhof
untere Hohlvene

B

3 A Äußere Ansicht des Herzens von vorn, B Herz im Längsschnitt

Funktion Das Herz ist eine Umwälzpumpe. Beide Herzhälften arbeiten gleichzeitig. Das Blut gelangt über die Venen in die Vorhöfe. Durch die Segelklappen fließt es in die Herzkammern. Dann zieht sich der Herzmuskel zusammen und drückt das Blut durch die Taschenklappen in die Arterien. Erschlafft die Muskulatur, füllen sich die Kammern.↑4

Kurz und knapp **Das Herz treibt den Kreislauf an, indem es wie eine Umwälzpumpe das Blut durch den Körper befördert. Es ist ein Hohlmuskel, der aus vier Kammern besteht. Sauerstoffarmes und sauerstoffreiches Blut bleiben so getrennt. Die Herzklappen bewirken, dass das Blut nur in einer Richtung durch das Herz fließen kann.**

Schon gewusst?

Sportlerherzen

Das Herz eines Erwachsenen wiegt 300–350 g und pumpt in Ruhe rund 5 l, bei starker körperlicher Belastung bis zu 25 l Blut in der Minute. Durch Ausdauersport lässt sich der Herzmuskel trainieren, sodass er sich vergrößert. Bei Dauerläufern und Radrennfahrern wird das Herz bis zu 500 g schwer.

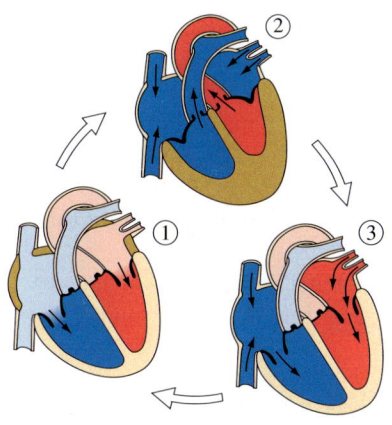

4 Anspannungs- und Erschlaffungsphase von Kammern und Vorhöfen

Arbeitsaufträge

1 Betrachte die Bilder ↑3A, 3B und ↑4. Fasse in drei kurzen Texten zusammen, welche Informationen aus den Bildern hervorgehen. Ihr könnt auch in Gruppen arbeiten.

2 Mache dir am Torso die Lage des Herzens im Körper klar.

3 Untersuche den Bau des Herzens am Modell.

a Benenne die Strukturen mithilfe von Bild ↑3.

b Verfolge den Weg des Blutes durch das Herz und fertige dazu ein Fließdiagramm an.

c Vergleiche das Herzmodell mit Bild ↑3. Beurteile die Vor- und Nachteile der Darstellungen.

Methode

Schweineherzpräparation

Vieles, was du bisher über den Bau und die Funktion des Herzens gelernt hast, haben Mediziner und Biologen erforscht, indem sie die Herzen von Tieren und gestorbenen Menschen untersucht haben. Die Forscher stellten sich z.B. folgende Fragen: Wie liegt das Herz im Körper? Wie sieht es aus? Wie ist es beschaffen? Wie kommt es, dass das Blut in eine Richtung fließt? Wie unterscheiden sich die Herzen verschiedener Lebewesen? Woran erkennt man kranke Herzen? Die Forscher schrieben jedes einzelne Ergebnis ihrer Untersuchungen auf und fertigten dann Texte, Zeichnungen und Modelle an, um ihre Befunde festzuhalten.

Werdet nun selbst zum Forscher!
Führt die Präparation eines Herzens durch. Schweineherzen sind hierfür sehr gut geeignet, denn sie sind groß und beim Schlachter oder Schlachthof erhältlich. Wie die Forscher solltet ihr folgendermaßen vorgehen:

Bereitet die Präparation gut vor:
1 Informiert euch mithilfe des Buches oder anderer Quellen darüber, wie das Herz im Körper liegt und aufgebaut ist.

2 Schreibt auf, was euch an einem Herzen besonders interessiert und was ihr durch die Präparation erfahren möchtet.

3 Bildet Vierergruppen. Tauscht euch über eure Fragen aus. Ergänzt die Anleitungen der Schritte 6–8 durch eure Fragen.

4 Bestimmt einen Protokollführer, der während der Präparation eure Ergebnisse durch Zeichnungen, Texte und ggf. Fotos festhält.

5 Folgende Materialien braucht ihr für die Präparation: Sonde, Schere, 2–4 Pinzetten, scharfes Küchenmesser mit glatter Klinge, Teller und ggf. Gummihandschuhe.

Geht bei der Präparation wie folgt vor:
6 Bestimmt die Lage des Herzens im Körper: Welche Seite zeigt zum Rücken, welche zum Bauch? Wohin zeigt die Herzspitze? ...

7 Untersucht das Herz von außen: Wo liegen die Vorhöfe, wo die Herzkammern? Wie fühlt sich das Herz an? ...
- Führt die Sonde durch die Gefäßstümpfe ins Herz ein. Durch welche Gefäße tritt das Blut in das Herz ein, durch welche Gefäße verlässt es das Herz?
- Schneidet Aorta und Lungenarterie nahe dem Herzen ab, um die Taschenklappen zu erkennen.
- Prüft die Funktion der Taschenklappen, indem ihr Wasser mit einer Pipette auf die Klappen gebt.

8 Untersucht das Herz von innen.
- Schneidet jede Herzhälfte seitlich auf: Unterscheiden sich Vorhöfe und Herzkammern? Wie sind die Segelklappen befestigt?
- Schneidet die Herzspitze ab. Vergleicht rechte und linke Herzkammer.

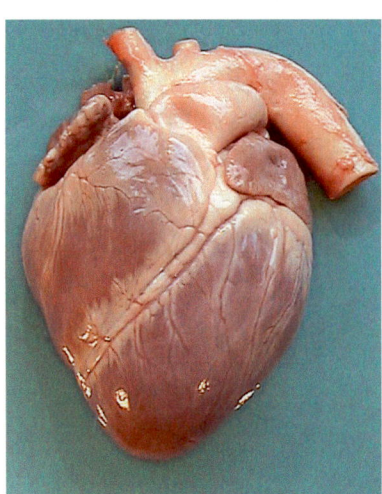

1 Ansicht des intakten Herzens von vorn

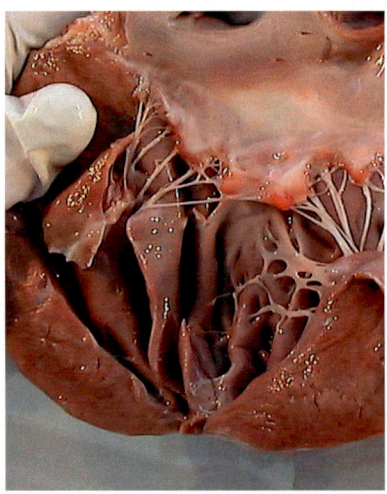

2 Längsschnitt der linken Herzhälfte: Segelklappe gut erkennbar.

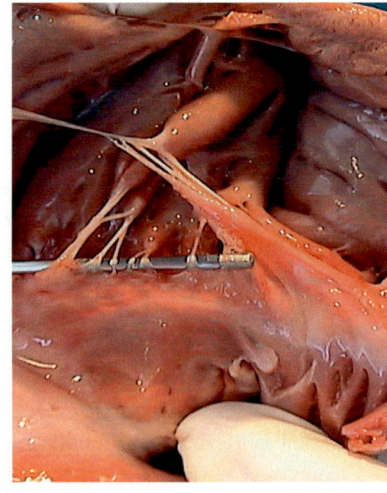

3 Mit der Sonde lässt sich der Verlauf der Sehnenfäden sichtbar machen.

GRUNDLAGEN: Herzerkrankungen

Herzinfarkt Ein Mann klagt über plötzliche Übelkeit und starke Schmerzen in der Brust und im linken Oberarm. Dabei ist er blass, hat Angst, Schweißperlen auf der Stirn und er atmet sehr unruhig. Es besteht Verdacht auf einen Herzinfarkt. Nur eine schnelle medizinische Versorgung kann das Leben des Patienten retten.

Die Ursache für einen Herzinfarkt ist der Verschluss eines Herzkranzgefäßes. ↑4 Fetthaltige Ablagerungen in den Blutgefäßen spielen eine wichtige Rolle. Sie können zu Entzündungen führen und die Bildung von Blutgerinnseln auslösen. Es bildet sich ein Pfropf, der die Herzkranzgefäße verstopfen kann. Der dahinter liegende Bereich des Herzmuskels wird nicht mehr durchblutet und stirbt ab. Gelingt es nicht, die Blutgerinnsel durch Medikamente aufzulösen, versucht man verstopfte Gefäße zu erweitern. Dazu führt man eine Art Ballon ein, der aufgepumpt wird. Oft werden kleine Drahtnetze, so genannte Stents, eingesetzt, die verhindern sollen, dass sich das Gefäß erneut verengt. Helfen diese Behandlungen nicht, ist eine Bypass-Operation notwendig. Dabei werden die verengten Gefäße durch ein Stück einer Vene aus dem Unterschenkel oder einer Brustarterie überbrückt.

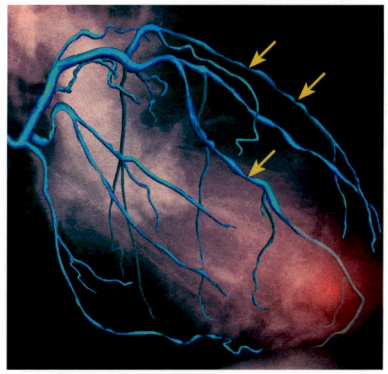

4 Die Herzkranzgefäße dieses Infarktpatienten sind vielfach verengt (Pfeile), sodass der Herzmuskel nicht ausreichend versorgt wird.

Herzklappenfehler Der 12-jährige Alex hat einen Herzklappenfehler. Seine Aortenklappe, also die Taschenklappe zwischen Herzkammer und Aorta, schließt nicht richtig. Im Lauf der Zeit wird sich der Herzmuskel vergrößern, um den Schaden auszugleichen. Später kann die dauernde Überbelastung zu Herzschäden und zu Herzversagen führen. Deshalb empfehlen Ärzte eine Operation und den Einbau einer Ersatzklappe. ↑5 Alex' Herzfehler ist angeboren, aber auch im Lauf des Lebens kann eine Herzklappe zum Beispiel durch eine Entzündung geschädigt werden.

Kurz und knapp **Herzerkrankungen zählen zu den häufigsten Todesursachen in Deutschland. Bei einem Herzinfarkt sterben aufgrund mangelnder Durchblutung Bereiche im Herzmuskel ab. Erkrankungen der Herzklappen führen zur Überbelastung des Herzmuskels.**

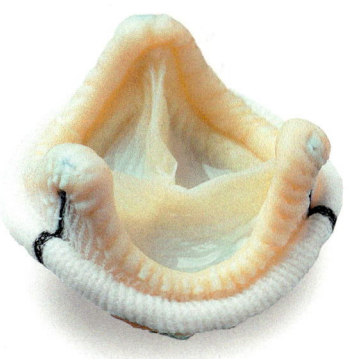

5 Biologische Herzklappen bestehen bisher noch aus tierischem Gewebe.

Arbeitsaufträge

1 Ein Herzinfarkt kann viele Ursachen haben.
a Informiere dich durch Broschüren, die du z. B. in Apotheken oder bei Krankenkassen bekommst, und das Internet über mögliche Risikofaktoren.
www.herzstiftung.de, www.onmeda.de, www.cardiologe.de
b Stelle anhand des Materials Maßnahmen zusammen, die das Herzinfarktrisiko senken können.
2 Stelle an einem Herzmodell eine Bypass-Operation nach. Markiere den Bereich, der durch ein verstopftes Herzkranzgefäß abgestorben sein soll. Überbrücke die verschlossene Stelle durch einen Draht. Diskutiere die Auswirkungen dieser gestellten Operation.

3 Wie wirken sich folgende Herzklappenfehler auf die Herztätigkeit aus?
A Die Aortenklappe ist weniger beweglich und hat eine kleinere Öffnung.
B Die Aortenklappe schließt nicht dicht.
4 Informiere dich über verschiedene Typen von Ersatzherzklappen und ihre jeweiligen Vor- und Nachteile.
www.die-herzklappe.de

Das Blut zirkuliert

Bis ins Mittelalter nahm man in Europa an, dass das Herz „Lebenskraft" als Wärme in den Körper pumpe. Blut, das in der Leber entstehe, gelange durch Poren in der Herzscheidewand von der rechten in die linke Herzkammer, fließe in den Körper und würde dort verbraucht. Erst WILLIAM HARVEY (1578–1657) wies anhand von Beobachtungen, Präparationen und Messungen nach, dass unser Blut in einem geschlossenen Kreislauf fließt.

Wie können wir selbst etwas über unseren Kreislauf in Erfahrung bringen?

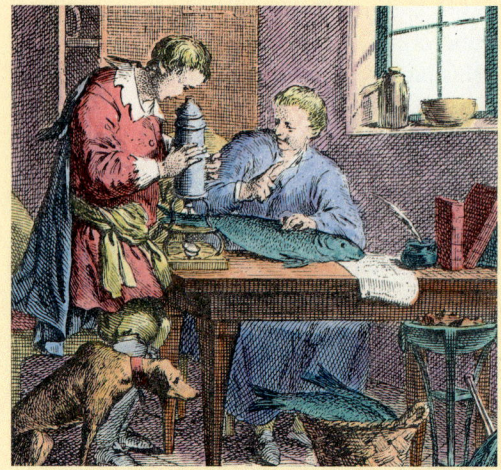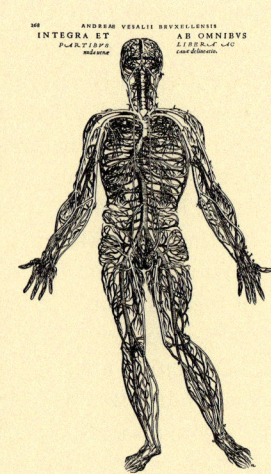

1 HARVEY erforschte den Kreislauf bei Tieren und Menschen. Hier untersucht er eine Fischflosse. Rechts: Darstellung des Gefäßsystems von 1543

Beobachten Untersuchen Experimentieren

Den Kreislauf erforschen

1 An welchen Stellen deines Körpers kannst du deinen Puls fühlen?

2 Betrachte deinen Handrücken. Die blauen Linien sind die Venen. Streiche fest in Richtung der Finger darüber. Dabei drückst du das Blut aus deinen Venen. Beobachte, wie das Blut wieder hineinfließt.

3 Mache einen Kopfstand und beschreibe, was du dabei bemerkst. Lass deine Mitschüler ihre Beobachtungen beschreiben. Erkläre die Befunde.

4 Gegen kalte Finger hilft schnelles Armekreisen. Teste den Effekt des Schleuderns und erkläre ihn.

5 Bastle ein Modell zum Blutkreislauf. ↑2 Forme aus Knetmasse ein Herz und befestige Schläuche als Blutgefäße daran. Verwende Obstnetze als Kapillarnetze. Gib durch Pfeile die Fließrichtung des Blutes an.

6 HARVEY war sicher, dass die Blutmenge, die täglich durch unseren Körper fließt, unmöglich verbraucht und durch Nahrung nachgeliefert werden kann. Bestimme mithilfe deines Pulsschlags, wie viel Blut dein Körper pro Minute und pro Tag erzeugen müsste. Mit einem Herzschlag werden etwa 70 ml Blut transportiert.

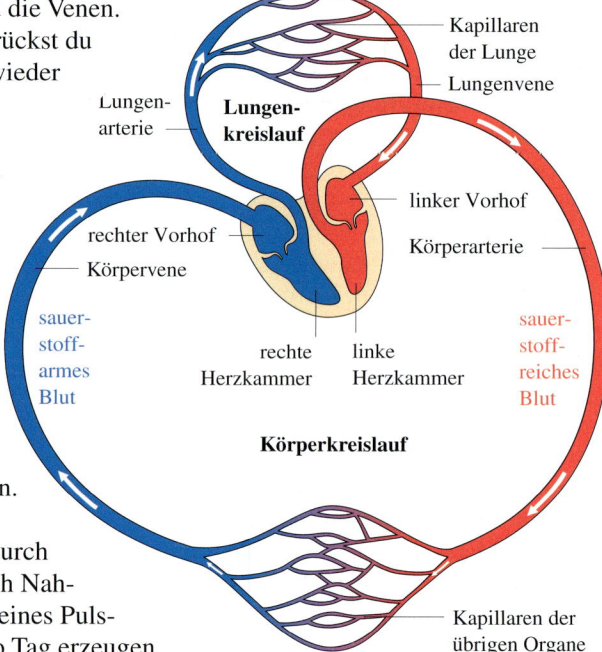

2 Einfaches Schema des Kreislaufs

GRUNDLAGEN: Unser Blutkreislauf

Körper- und Lungenkreislauf Unser Herz erfüllt die Aufgabe, Blut durch unseren Körper zu pumpen. So werden alle Organe mit Nährstoffen und Sauerstoff versorgt und Abfallstoffe abtransportiert. Das Blut durchläuft dabei einen Kreislauf, der aus zwei Abschnitten besteht: dem (großen) Körperkreislauf und dem (kleinen) Lungenkreislauf. ↑2

Aus der linken Herzkammer gelangt das Blut über die Aorta, die Hauptschlagader, in den Körper. Diese verzweigt sich dabei immer stärker bis in feinste Haargefäße, die mit dem bloßen Auge nicht zu erkennen sind. In den Haargefäßen oder Kapillaren erfolgt dann der Stoffaustausch. Über die Venen gelangt das Blut zum Herzen zurück.

Der Lungenkreislauf beginnt in der rechten Herzkammer. Durch die Lungenarterie wird das Blut in die Lunge gepumpt. In den Lungenbläschen erfolgt der Austausch der Atemgase: Kohlenstoffdioxid wird als Abfallstoff ausgeatmet, der eingeatmete Sauerstoff wird vom Blut aufgenommen. Von der Lunge aus fließt das Blut zum Herzen zurück.

Blutgefäße und Druckverhältnisse Gefäße, in denen das Blut vom Herzen wegfließt, werden Arterien oder Schlagadern genannt. In ihnen herrscht ein sehr hoher Blutdruck. Die relativ dicken Wände der Arterien bestehen vor allem aus glatten Muskelzellen und elastischen Fasern, wobei die jeweiligen Anteile sich nach der Lage des Gefäßes im Körper unterscheiden. ↑3 Im Alter nimmt die Elastizität der Gefäße ab, wodurch der Blutdruck steigt.

Über die Kapillaren gelangt das Blut in die Venen. Sie haben eine sehr dünne Muskelschicht. In den Venen ist der Blutdruck so gering, dass die Gefahr besteht, dass der Blutfluss zum Erliegen kommt. Wodurch aber wird sichergestellt, dass das Blut in den Venen weiterfließt? Neben der Saugwirkung des Herzens bewirkt dabei vor allem die Aktivität von Muskeln in der Umgebung den Blutfluss in den Venen. Venenklappen in ihrem Innern wirken dabei ähnlich wie Ventile. Sie sorgen dafür, dass das Blut nur in eine Richtung – nämlich zum Herzen hin – fließt. ↑4

Kurz und knapp **Der Blutkreislauf besteht aus dem Körper- und dem Lungenkreislauf. Die linke Herzhälfte enthält sauerstoffreiches und die rechte sauerstoffarmes Blut. Durch Arterien wird das Blut vom Herzen weg transportiert, in den Venen gelangt das Blut wieder zum Herzen zurück. Der Blutdruck ist in den Arterien sehr viel größer als in den Venen.**

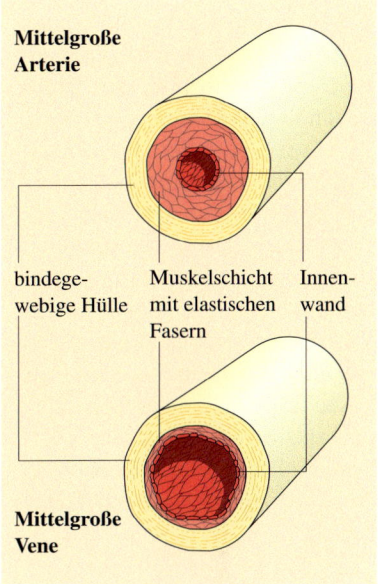

Mittelgroße Arterie

bindege-webige Hülle — Muskelschicht mit elastischen Fasern — Innen-wand

Mittelgroße Vene

3 Die Wände aller Gefäße bestehen aus drei Schichten.

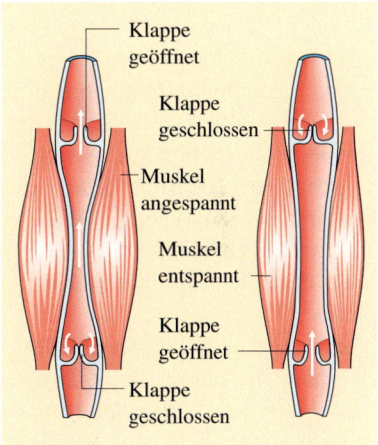

Klappe geöffnet

Klappe geschlossen

Muskel angespannt

Muskel entspannt

Klappe geöffnet

Klappe geschlossen

4 Die „Muskelpumpe" sorgt für den Blutfluss in den Venen.

Arbeitsaufträge

1 Beschreibe mithilfe von Bild ↑2 den Weg des Blutes durch den Körper. Gib dabei an, ob das Blut sauerstoffarm oder sauerstoffreich ist.

2 Fertige ein Flussdiagramm an, in dem du die wichtigen Stationen, die das Blut durchfließt, durch Pfeile verbindest. Vergleiche dein Schema mit Bild ↑2.

3 Nenne die Funktionen unseres Blutkreislaufs.

4 Erkläre, warum du deinen Kreislauf anregen kannst, indem du dich morgens vor dem Aufstehen im Bett räkelst.

5 Viele Tiere besitzen einen Blutkreislauf, der sich sehr von dem des Menschen unterscheidet. Informiere dich über den Blutkreislauf bei Fischen, Insekten, Schnecken und Regenwürmern. Stelle Gemeinsamkeiten und Unterschiede dar.

Blut ist ein ganz besonderer Saft

Blut ist lebenswichtig! Kleinere Verluste kann der Körper ausgleichen, denn er bildet die Blutbestandteile fortwährend neu. Der Verlust von etwa der Hälfte des Blutvolumens führt jedoch zum Tod. Der britische Arzt RICHARD LOWER (1631–1691) entdeckte eine der vielen Aufgaben des Blutes. Er stellte fest, dass sich Blut hellrot färbt, wenn er es in einem Kolben mit Luft schüttelte. Seine Untersuchungen hatten ergeben, dass sich auch in der Lunge Blut von Dunkel- nach Hellrot verfärbt. Welche Schlüsse lassen sich daraus ziehen?

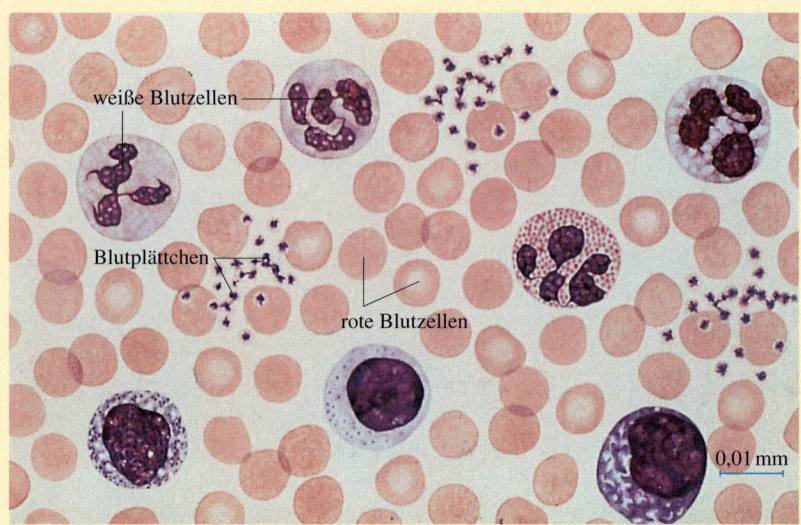

weiße Blutzellen

Blutplättchen

rote Blutzellen

0,01 mm

1 Angefärbte Blutzellen im mikroskopischen Bild

Beobachten Untersuchen **Experimentieren**

Blut verbindet sich mit Gasen

Versuche mit menschlichem Blut sind in der Schule verboten, weil die Gefahr einer Infektion besteht. Verwende Schweineblut vom Schlachthof oder Metzger.

Material: frisches Blut, Messzylinder, Glasperlen oder Propanol [F, Xi], Pipette, 3 Waschflaschen, Verbindungsschläuche, Glasrohr, 2 Gummistopfen mit Bohrung, Zigarette, Stativ mit Klammer, Wasserstrahlpumpe, Watte

Durchführung: Fülle drei Gaswaschflaschen jeweils zu einem Drittel mit Blut. Gib je einige Glasperlen oder 2–3 Tropfen Propanol dazu, um Schaumbildung zu verhindern. Sauge nun frische Luft durch das Blut in der ersten Waschflasche. Atme mehrfach durch das Blut in der zweiten Waschflasche aus. Welche Farbveränderungen kannst du feststellen?
Tausche nun die Waschflaschen gegeneinander aus. Wiederhole den Versuch. Was beobachtest du?
Fülle ein gerades Glasrohr mit Watte und verschließe beide Enden mit durchbohrten Gummistopfen. Schiebe in das Loch an der einen Seite eine Zigarette und verbinde die andere Seite mit der dritten Waschflasche. Schließe eine Wasserstrahlpumpe an die Waschflasche an. Zünde nun die Zigarette an und sauge den Rauch durch das Blut. Sauge anschließend frische Luft durch das Blut. Beobachte.

Auswertung: Notiere, welche Farbe das Blut vor und nach dem Kontakt mit den Gasen hat. Ist die Farbveränderung rückgängig zu machen?
Vergleiche die Farbe des Blutes nach Einleitung von Zigarettenrauch mit dem Kohlenstoffdioxidblut. Zigarettenrauch enthält u. a. Kohlenstoffmonooxid, ein giftiges Gas. Begründe den Effekt der anschließenden Sauerstoffdurchleitung.
Mit welchen Bestandteilen der Luft kann sich das Blut verbinden?

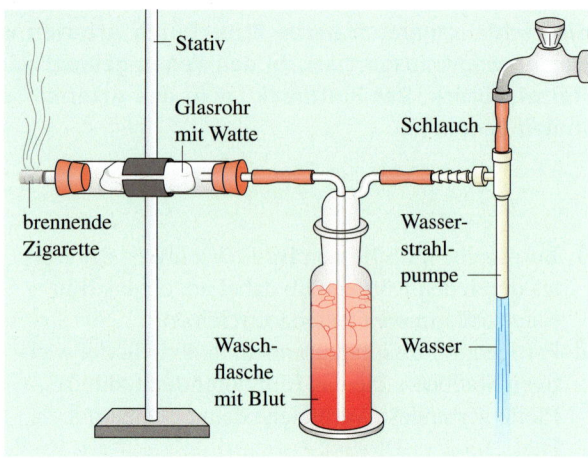

Stativ

Glasrohr mit Watte

Schlauch

brennende Zigarette

Wasserstrahlpumpe

Waschflasche mit Blut

Wasser

2 Versuchsaufbau für den zweiten Teil des Experiments

GRUNDLAGEN: Bestandteile des Blutes und ihre Aufgaben

Fest und flüssig Lässt man Blut in einem Gefäß ruhig stehen, so trennen sich die festen von den flüssigen Bestandteilen. In der Flüssigkeit, die zum großen Teil aus Wasser besteht, sind viele verschiedene Stoffe gelöst. ↑4 Dieser flüssige Anteil wird als Blutplasma bezeichnet. ↑3 Er macht rund 55 Prozent des Blutvolumens aus.

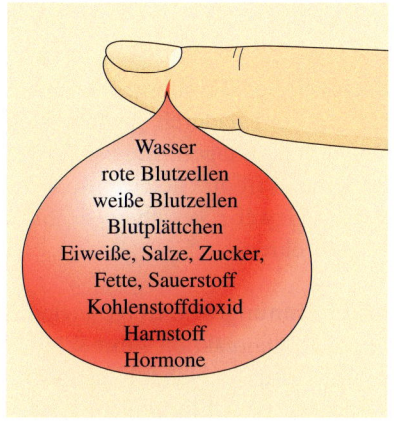

Wasser
rote Blutzellen
weiße Blutzellen
Blutplättchen
Eiweiße, Salze, Zucker,
Fette, Sauerstoff
Kohlenstoffdioxid
Harnstoff
Hormone

3 Mit Gerinnungshemmer versetztes Blut trennt sich in Zellen und Plasma.

4 Dies sind wichtige Bestandteile des Blutes.

Blutzellen Rund 45 Prozent des Blutvolulmens entfallen auf die Blutzellen. Den Hauptanteil daran, nämlich 99 Prozent, machen die roten Blutzellen aus. Sie bestehen fast nur aus dem roten Blutfarbstoff Hämoglobin. Das Hämoglobin transportiert den Sauerstoff. Die Lebensdauer der roten Blutzellen beträgt etwa 120 Tage.
Die weißen Blutzellen sind größer als die roten und besitzen im Gegensatz zu ihnen einen Zellkern. Sie dienen der Abwehr von Krankheitserregern und Fremdstoffen. Dabei sind sie beweglich wie Amöben und können sogar die Blutbahn verlassen. Ihre Anzahl pro Mikroliter (1 mm³) schwankt zwischen 4000 und 10000. Die Blutplättchen sind kernlos und unregelmäßig geformt. Sie spielen eine wichtige Rolle beim Verschluss von Wunden.

Kurz und knapp **Blut besteht zu 55 Prozent aus flüssigem Blutplasma. Den festen Anteil bilden die Blutzellen: die roten und weißen Blutzellen sowie die Blutplättchen.**

Schon gewusst?

Blut in Zahlen
Das Blut macht etwa 6–8 % des Körpergewichts aus. Bei einem 75 kg schweren Erwachsenen sind das rund 6 l. Ein Mikroliter Blut enthält im Durchschnitt 5 Millionen rote Blutzellen, Erwachsene haben also 30 Billionen davon. Pro Sekunde werden im roten Knochenmark etwa 2,4 Millionen neue gebildet. Könnte man seine roten Blutkörperchen übereinanderstapeln, wäre der Turm 60000 km hoch. Ihre gesamte Oberfläche beträgt rund 3500 m², die Hälfte eines Fußballfelds. Durch die große Oberfläche kann viel Sauerstoff aufgenommen und abgegeben werden.

Schon gewusst?

Höhentraining
Im Hochgebirge geht einem bei Anstrengung schnell „die Luft aus", denn der Sauerstoffanteil in der Luft ist geringer. Wer hier wohnt, dessen Blut enthält bis zu 8 Millionen rote Blutzellen pro mm³. Diese Anpassungsfähigkeit des menschlichen Körpers machen sich Sportler vor großen Wettkämpfen zunutze und verlegen ihr Training in Höhenlagen von 1500 bis 3000 m ü. d. M.

Arbeitsaufträge

1 Bestimme anhand von Bild ↑1 die Größe der verschiedenen Blutzellen.
2 Lege eine Tabelle an, in die du Anzahl, Größe und Aufgabe der Blutzellen einträgst.
3 Finde heraus, welche Bedeutung die im Blut gelösten Stoffe im Bild ↑4 haben.
4 Die zellulären Bestandteile des Blutes kannst du nur im Mikroskop erkennen. Fertige einen Blutausstrich an. Gib dazu auf die rechte Hälfte eines Objektträgers einen Tropfen Blut. Setze einen zweiten Objektträger an die linke Seite des Tropfens und schiebe ihn gleichmäßig nach links. Das Blut wird dadurch so verteilt, dass der Ausstrich nach links immer dünner wird. Lege ein Deckglas auf und betrachte das Präparat unter dem Mikroskop. Was erkennst du?

GRUNDLAGEN: Wundverschluss

Bluterkrankheit
In Deutschland leben etwa 7500 Menschen, für die schon eine kleine Blutung lebensbedrohlich sein kann. Bei ihnen ist die Blutgerinnung stark beeinträchtigt, weil aufgrund einer Mutation einer der 13 Gerinnungsfaktoren fehlt. Von dieser Krankheit sind fast ausschließlich Männer betroffen. Während früher die meisten Bluterkranken schon im Kindesalter starben, lässt sich inzwischen der fehlende Gerinnungsfaktor auf gentechnischem Weg herstellen und als Medikament verabreichen.

Was passiert, wenn wir uns verletzen und bluten? Zuerst blutet die Wunde stark, nach einigen Minuten lässt die Blutung nach und kommt letztlich zum Stillstand. Wird ein Blutgefäß durch eine Verletzung beschädigt, löst dies einen komplizierten Vorgang aus, bei dem die Blutgefäße selbst, die Blutplättchen und viele sogenannte Gerinnungsfaktoren beteiligt sind. Ohne diesen Mechanismus wäre schon eine kleine Verletzung lebensbedrohlich. ↑1

Blutstillung Die Blutgefäße ziehen sich zusammen, die Wunde wird verkleinert und dadurch fließt weniger Blut zur verletzten Stelle. An den Wundrändern lagern sich Blutplättchen an, ballen sich zusammen und bilden einen Pfropf. Gleichzeitig werden aus den Blutplättchen und dem verletzten Gewebe verschiedene Stoffe freigesetzt, die zur Gerinnung des Blutes führen.

Blutgerinnung Die freigesetzten Stoffe aktivieren wieder andere Stoffe. Diese Kettenreaktion führt schließlich dazu, dass die Blutung dauerhaft gestillt wird. ↑2 Dabei bilden sich aus einem im Blutplasma gelösten Eiweißstoff, dem Fibrinogen, feste, unlösliche Fibrinfäden. Sie verbinden sich zu einem Netz, in dem sich die Blutzellen verfangen. ↑3 Am Ende

Thrombose
Normalerweise gerinnt Blut nur außerhalb der Blutgefäße. Sind Blutgefäße jedoch geschädigt, z. B. durch Ablagerungen oder Entzündungen, oder ist der Blutstrom verlangsamt, z. B. bei Bettlägerigkeit, kann sich ein Blutpfropf bilden, der die Ader verstopft. Man spricht von einer Thrombose. Wenn der Thrombus sich löst und in Kapillaren im Herzen, in der Lunge oder im Gehirn gelangt, kann dies zum Tod führen.

1 Bei kleineren Wunden kommt die Blutung rasch zum Stillstand.

Beobachten Untersuchen Experimentieren

Blutgerinnung
Material: Becherglas, 500 ml Schweineblut vom Schlachthof, gesättigte Calciumchlorid-Lösung [Xi], Schneebesen, Mikroskop und Zubehör
Durchführung: Fülle das Blut in das Becherglas. Gib dazu 30 ml der Calciumchlorid-Lösung. Rühre mehrere Minuten lang kräftig mit dem Schneebesen.

Nimm mit einer Pinzette eine kleine Probe vom Schneebesen ab und betrachte die Substanz unter dem Mikroskop.
Auswertung: Beschreibe zunächst, was du am Schneebesen beobachtest. Fertige eine Skizze des mikroskopischen Bildes an. Vergleiche sie mit Bild ↑3.

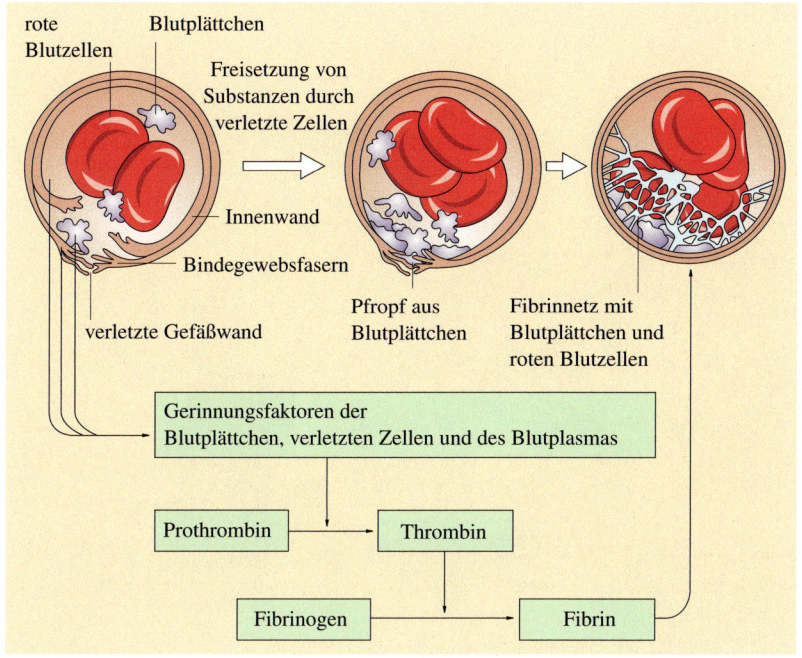

rote Blutzellen
Blutplättchen
Freisetzung von Substanzen durch verletzte Zellen
Innenwand
Bindegewebsfasern
verletzte Gefäßwand
Pfropf aus Blutplättchen
Fibrinnetz mit Blutplättchen und roten Blutzellen
Gerinnungsfaktoren der Blutplättchen, verletzten Zellen und des Blutplasmas
Prothrombin
Thrombin
Fibrinogen
Fibrin

2 Die Blutgerinnung ist eine komplizierte Kettenreaktion.

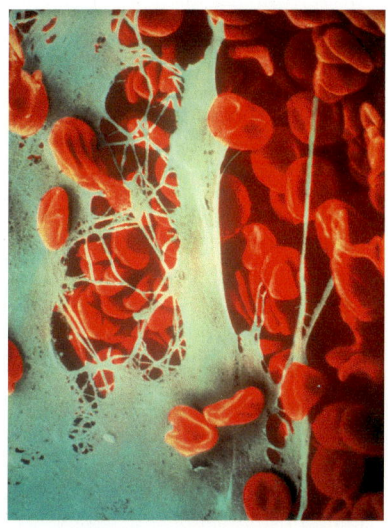

3 Ein Netz aus Fibrinfasern, in dem sich die Blutzellen verfangen, bildet einen Wundverschluss.

steht die Bildung einer festen Kruste. Allmählich wachsen Bindegewebszellen in das Gerinnsel ein, die die Wunde verschließen. Es bildet sich eine Narbe. Die Kruste wird im Lauf der Wundheilung wieder aufgelöst oder fällt ab.

Gerinnungsfaktoren Man kennt inzwischen 13 Faktoren, die an der Blutgerinnung beteiligt sind. Einige Faktoren werden in der Leber hergestellt, andere wie Calcium und Vitamin K müssen mit der Nahrung aufgenommen werden.

Kurz und knapp Kleine Wunden kann der Körper verschließen und so größere Blutverluste vermeiden. Verletzte Gefäße ziehen sich zusammen, Blutplättchen bilden einen Pfropf und das Blut gerinnt. Dabei entsteht ein festes Fasernetz aus Fibrin, in dem sich die Blutzellen verfangen.

Arbeitsaufträge

1 Erkläre deinem Nachbarn die in Bild ↑2 dargestellten Abläufe. Klärt Fragen und schreibt einen Text, der die Aussagen des Bildes zusammenfasst. Lest euch gegenseitig die Texte vor.
2 Untersuche einen Gerinnungsvorgang. Fülle etwas Milch in ein Glas und gib tropfenweise Zitronensaft dazu. Was beobachtest du?
a Vergleiche deine Beobachtung mit der Blutgerinnung. Stelle einander gegenüber, welche Gerinnungsfaktoren jeweils beteiligt sind.

b Überlege, warum es sinnvoll ist, dass erst das Vorhandensein einer Vielzahl von Faktoren die Blutgerinnung ermöglicht.
3 Bei Unfällen entstehen oft Wunden, bei denen der körpereigene Wundverschluss nicht ausreicht, um die Blutung zu stillen. Was ist zu tun? Recherchiert zum Thema „Erste Hilfe bei Blutungen", bearbeitet die Informationen und gestaltet eine Wandzeitung.

Blutgruppen und Bluttransfusion

Vor 1900 waren Blutübertragungen ein Risiko für den Patienten. Nachdem man es zuerst mit Tierblut versucht hatte, was immer tödlich endete, versuchte man es mit menschlichem Blut. [1] Aber auch dies hatte manchmal tödliche Folgen. Die Erklärung fand der Arzt KARL LANDSTEINER im Jahr 1901. Er vermischte jeweils Blut einer Person mit dem Serum anderer Personen. [2, 3] In einigen Fällen verklumpte das Blut, in anderen nicht. Immer, wenn das Blut mit gleichen Eigenschaften (gleiche Blutgruppe) zusammenkam, verklumpte es nicht. Wie kann man die Verklumpung erklären?

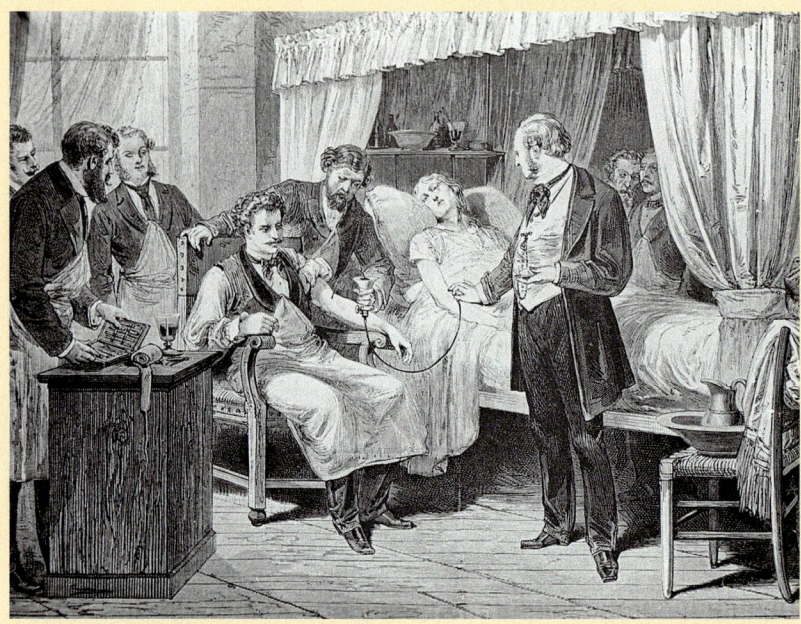

1 Historisches Bild einer Bluttransfusion

Beobachten *Untersuchen* Experimentieren

Eigenschaften der Blutgruppen

Die Erklärung fand der Arzt KARL LANDSTEINER, als er 1901 Blutproben von sich und seinen Mitarbeitern untersuchte. Dabei vermischte er jeweils Blut von einer Person mit Blutserum von einer anderen. Blutserum ist die Flüssigkeit, die nach der Gerinnung von Blut oder Blutplasma übrig bleibt. In einigen Fällen verklumpte das Blut nach der Zugabe von Serum. Bild [2] zeigt das Ergebnis seines Versuchs. Beschreibe, wie LANDSTEINER vorging.

Bestimme, welche Mitarbeiter jeweils dieselbe Blutgruppe hatten. Leite ab, wie viele Blutgruppen Landsteiner mindestens annehmen musste.

Finde heraus, wie viele Blutgruppen es gibt und wie häufig sie in der Bevölkerung vorkommen.

Serum von	Blutzellen von					
	Dr. Störk	Dr. Pletschnik	Dr. Sturli	Dr. Erdheim	Zaritsch	Dr. Landsteiner
Dr. Störk	keine Verklumpung	Verklumpung	Verklumpung	Verklumpung	Verklumpung	keine Verklumpung
Dr. Pletschnik	keine Verklumpung	keine Verklumpung	Verklumpung	keine Verklumpung	Verklumpung	keine Verklumpung
Dr. Sturli	keine Verklumpung	Verklumpung	keine Verklumpung	Verklumpung	keine Verklumpung	keine Verklumpung
Dr. Erdheim	keine Verklumpung	Verklumpung	Verklumpung	keine Verklumpung	Verklumpung	keine Verklumpung
Zaritsch	keine Verklumpung	Verklumpung	keine Verklumpung	Verklumpung	keine Verklumpung	keine Verklumpung
Dr. Landsteiner	keine Verklumpung	Verklumpung	Verklumpung	Verklumpung	Verklumpung	keine Verklumpung

Legende: Verklumpung — keine Verklumpung

2 Ergebnis des Versuchs von KARL LANDSTEINER

GRUNDLAGEN: Das ABO-Blutgruppensystem

Grund für die Verklumpungsreaktionen sind Strukturen auf der Oberfläche der roten Blutzellen, die Antigene. Innerhalb des AB0-Systems gibt es die Antigene A und B. Tragen die roten Blutzellen eines Menschen das Antigen A, besitzt er die Blutgruppe A. Hat er Antigen B, ist seine Blutgruppe B. Die Blutgruppe AB besitzt beide Antigene. Ist weder das Antigen A noch B vorhanden, liegt die Blutgruppe 0 vor. ↑3

Abwehrproteine im Blutserum, die Antikörper, können die Antigene erkennen und sich an diese binden. Dabei besitzt Blutgruppe A Antikörper gegen Antigen B, Blutgruppe B enthält Anti-A-Antikörper. Blutgruppe 0 enthält sowohl Anti-A- als auch Anti-B-Antikörper, Blutgruppe AB dagegen hat keine Antikörper. Beim Kontakt von Blut verschiedener Gruppen kommt es zu einer Antigen-Antikörper-Reaktion.

Außer dem AB0-System ist vor allem das Rhesus-System medizinisch von Bedeutung. Daneben gibt es noch 20 weitere Blutgruppensysteme.

Schon gewusst?

Blutübertragung

Bei einer Blutübertragung müssen die Blutgruppen von Spender und Empfänger übereinstimmen. Da in Deutschland täglich etwa 16 000 Blutkonserven benötigt werden, sind sehr viele Blutspenden notwendig, damit Blut aller Blutgruppen bereitsteht.

Mit Blut kann auch eine Infektion übertragen werden. Durch Eigenblutspenden vor einer geplanten Operation lässt sich ein Infektionsrisiko ausschließen.

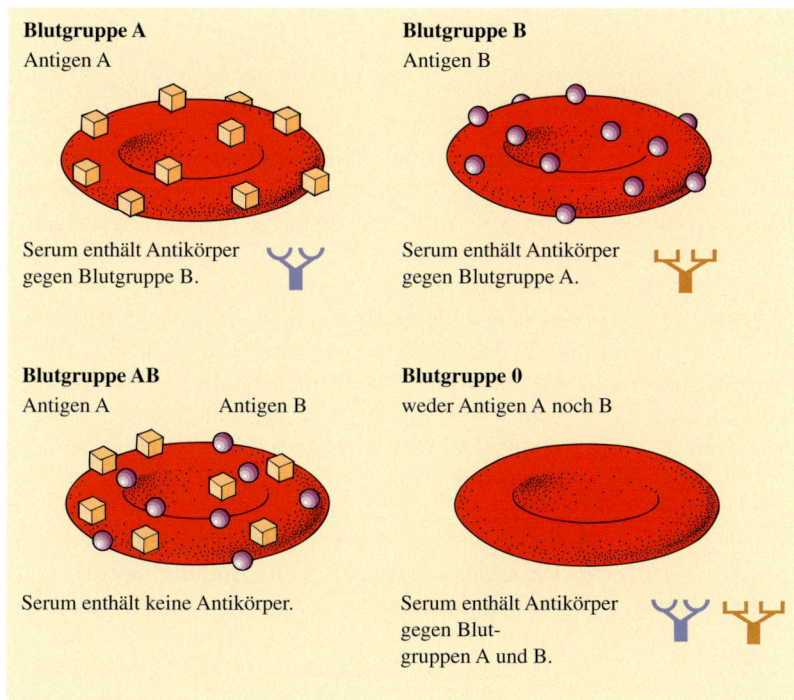

Blutgruppe A
Antigen A
Serum enthält Antikörper gegen Blutgruppe B.

Blutgruppe B
Antigen B
Serum enthält Antikörper gegen Blutgruppe A.

Blutgruppe AB
Antigen A   Antigen B
Serum enthält keine Antikörper.

Blutgruppe 0
weder Antigen A noch B
Serum enthält Antikörper gegen Blutgruppen A und B.

3 Rote Blutzellen der Blutgruppen A, B, AB und 0 mit Antigenen und im Serum vorhandenen Antikörpern

Getestete Blutgruppe	Testserum	
	Anti-A	Anti-B
A	Verklumpung	keine Verklumpung
B	keine Verklumpung	Verklumpung
AB	Verklumpung	Verklumpung
0	keine Verklumpung	keine Verklumpung

⊙ keine Verklumpung
⊛ Verklumpung

4 Prinzip der Blutgruppenbestimmung

Arbeitsaufträge

1 Welche Zellen bewirken die Verklumpung? Welcher Blutbestandteil enthält die Antikörper?

2 Erkläre mithilfe von Bild ↑3 die Reaktion auf die Zugabe der verschiedenen Testseren. ↑4

3 Zeige mithilfe von Bild ↑2 tabellarisch, wie rote Blutzellen der einzelnen Gruppen des AB0-Systems auf die Zugabe von Serum aller Gruppen reagieren.

4 Was geschieht genau bei einer Blutspende? Wie groß ist das Infektionsrisiko bei einer Blutübertragung?

Antworten erhältst du unter www.drk.de.

Teamarbeit in unserem Körper

Nora hat es heute wieder nicht geschafft, das Haus rechtzeitig zu verlassen. Jetzt gibt sie alles, um den Schulbus noch zu erwischen. „Auf die Sekunde geschafft!" denkt sie, als sie sich auf den Sitzplatz fallen lässt. Ihr Herz rast, sie schwitzt und ist noch völlig außer Puste.
Warum schlägt ihr Herz immer noch so schnell? Wie arbeiten bei so einem Sprint Herz, Lunge und Beine zusammen?

1   Wenn Nora sich richtig anstrengt, kann sie den Bus noch erwischen!

Beobachten Untersuchen **Experimentieren**

Was passiert bei körperlicher Anstrengung?
Was genau in deinem Körper passiert, wenn du dich plötzlich körperlich anstrengst, kannst du selbst untersuchen. Setze dich dazu zunächst ruhig und entspannt auf einen Stuhl. Bestimme die Anzahl deiner Atemzüge in einer Minute. Zähle dann die Anzahl deiner Herzschläge in einer Minute.
Körperliche Belastung kannst du durch Kniebeugen erreichen. Mache schnell hintereinander 10 Kniebeugen und bestimme erneut beide Werte. Mache nochmals 30 Kniebeugen und miss ein drittes Mal. Tipp: Ein Mitschüler kann dir beim Zählen der Atemzüge helfen.

1 Übertrage die Tabelle in dein Heft und trage deine Messwerte ein.

		Kniebeugen	
	Ruhe	Nach 10	Nach 30
Atemzüge pro Minute			
Herzschläge pro Minute			
Volumen an eingeatmetem Sauerstoff pro Minute			
Herzminutenvolumen			

2   So kann deine Messwerttabelle aussehen.

2 Berechne, wie viel Sauerstoff du in jeder Minute einatmest. Gehe davon aus, dass mit jedem Atemzug etwa 100 ml Sauerstoff in die Lunge gelangen.

3 Berechne, wie viel Blut dein Herz jeweils in einer Minute in den Körper pumpt. Bei Jugendlichen beträgt das Blutvolumen, das pro Herzschlag transportiert wird, etwa 70 ml. Multipliziere die Anzahl deiner Herzschläge je Minute mit dem Normalvolumen. Das Ergebnis bezeichnet man als Herzminutenvolumen.

4 Stelle einen Zusammenhang her zwischen dem Herzzeitvolumen und der im Blut transportierten Sauerstoffmenge.

5 Überlege, wie der Körper auf Belastung reagiert. Vergleiche dazu in deiner Tabelle die Werte für Ruhe und für Belastung. Welchen Schluss kannst du ziehen?

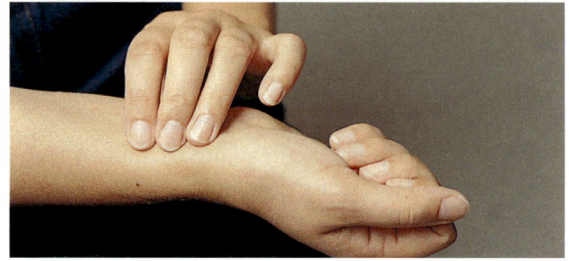

3   So wird der Puls gemessen.

GRUNDLAGEN: Wie unsere Organe zusammenarbeiten

Belastungssituation Auf Belastungssituationen reagiert der Körper immer gleich: Er stellt Energie für die Vorgänge zur Verfügung, die in diesem Moment am dringlichsten sind. Bei einem Sprint ist das unter anderem die Tätigkeit der Beinmuskeln. Andere Vorgänge, zum Beispiel die Verdauungstätigkeit, werden verringert.

Teamarbeit unserer Organe Die Muskelarbeit in den Beinen erfordert viel Energie. Für solche Fälle besitzen die Muskelzellen einen Vorrat an Glykogen, einem energiereichen Kohlenhydrat. Der Körper konzentriert sich auf die Versorgung mit Sauerstoff und die Entsorgung von Kohlenstoffdioxid. Dazu muss das Herz mehr Blut durch unseren Körper pumpen, die Herzfrequenz steigt. Der nötige Gasaustausch wird durch eine Erhöhung der Atemfrequenz erreicht. Überschüssige Wärme wird durch Aktivierung der Schweißdrüsen in der Haut abgeführt. ↑4

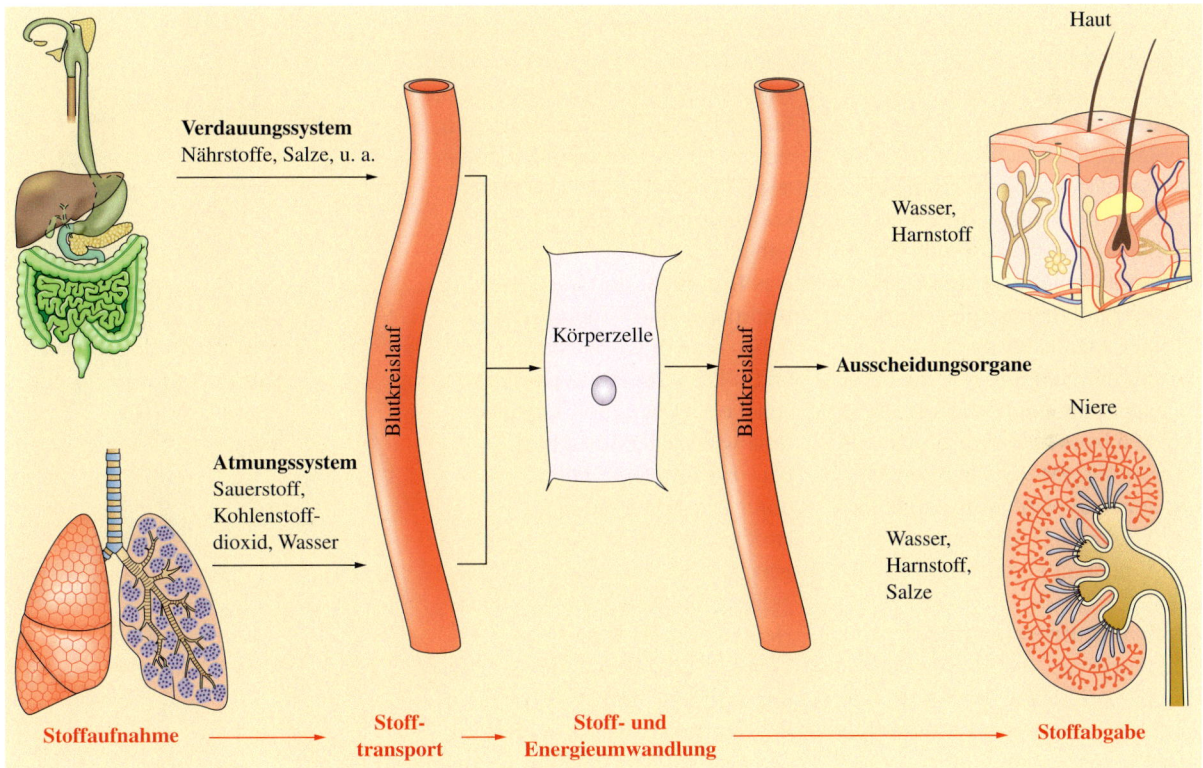

4 Das Zusammenwirken der Organe im Überblick

Arbeitsaufträge

1 Nora isst einen Apfel. Erkläre deinem Nachbarn anhand von Bild ↑4 was im Körper damit passiert: die Aufnahme und Umwandlung des Apfels in körpereigene Stoffe und die Ausscheidung von Stoffen. Fasse dann deine Beschreibung in einem kurzen Text zusammen.

2 Nora hat sich bei ihrem morgendlichen Lauf zum Schulbus richtig angestrengt. Beschreibe die Vorgänge in ihrem Körper anhand von Bild ↑4.

Nahrung und Energiebedarf

Unsere Nahrung setzt sich aus Nährstoffen und Ergänzungsstoffen zusammen. Aus den Nährstoffen, den Kohlenhydraten, Fetten und Eiweißen, gewinnt der Körper Energie und Baustoffe. Baustofflieferanten für Wachstum und Erneuerung von Körperzellen sind hauptsächlich Eiweiße. Energie für die Aufrechterhaltung der Lebensfunktionen und für die Ausführung aller Tätigkeiten ist vor allem in Fetten und Kohlenhydraten gespeichert. Je anstrengender eine Tätigkeit ist, desto mehr Energie wird verbraucht. Der Energiegehalt der Nahrung wird in Joule oder Kalorie gemessen.

Verdauung

Kohlenhydrate, Fette und Eiweiße müssen vor ihrer Verwertung in kleinere Moleküle zerlegt werden, weil sie nur in dieser Form von Blut und Lymphe zu allen Zellen des Körpers transportiert werden können. Die mechanische Zerkleinerung der Nahrung und die chemische Spaltung der Nährstoffe in ihre Bausteine bezeichnet man als Verdauung. Sie geschieht in den Organen des Verdauungssystems. Die Verdauungsvorgänge werden von Enzymen gesteuert.

Stoff- und Energiewechsel

Alle Vorgänge, die wie die Verdauung der Aufnahme, der Umwandlung oder dem Abbau von Stoffen dienen, gehören zum Stoffwechsel. Mit den Stoffwechselvorgängen sind Energieumwandlungen verbunden. Diese sind die Voraussetzung für den Ablauf der energiebedürftigen Lebensprozesse.

Gasaustausch in der Lunge

Durch die Atmung gelangt Luft über die Atemwege in die Lunge. Zwerchfell- und Zwischenrippenmuskulatur bewirken die Atembewegungen. Der Gasaustausch mit dem Blut findet durch die Wand der Lungenbläschen statt. Aus dem Blut diffundiert Kohlenstoffdioxid in die Lungenbläschen und umgekehrt gelangt Sauerstoff aus der Luft ins Blut. Der Sauerstoff wird in den Gewebezellen zur Verbrennung von Nährstoffen benötigt (innere Atmung).

Blutkreislauf

Durch den Blutkreislauf wird jede Zelle des Körpers mit lebenswichtigen Stoffen versorgt und Abfallstoffe werden abtransportiert. Der Kreislauf besteht aus zwei Teilkreisläufen: dem Lungen- und dem Körperkreislauf. Der Lungenkreislauf gewährleistet den Austausch von Sauerstoff und Kohlenstoffdioxid in der Lunge. Der Körperkreislauf bringt Blut zu allen Organen.

Das Blut fließt durch Arterien, Kapillaren und Venen. Arterien haben eine dicke Muskelschicht und führen das Blut vom Herzen weg. Durch die Lungenarterie wird sauerstoffarmes Blut zur Lunge gepumpt, durch die Aorta sauerstoffreiches zu den Organen. Über die Venen gelangt das Blut zum Herzen zurück. Ihre Wand ist dünner und in ihrem Innern sind Venenklappen. Der Stoffaustausch geschieht an den sehr dünnen Wänden der haarfeinen Blutgefäße, der Kapillaren.

Herz

Das Herz treibt den Kreislauf an. Es wirkt dabei wie eine Umwälzpumpe. Der Bau des Herzens sorgt dafür, dass sauerstoffreiches und sauerstoffarmes Blut getrennt bleiben. Die Herzklappen verhindern, dass das Blut zurückfließt.

Aufgaben des Blutes

Der flüssige Teil des Blutes, das Blutplasma, transportiert vor allem Nährstoffe und Abfallstoffe, Hormone und Salze. Die Blutzellen machen den festen Anteil des Blutes aus. Die roten Blutzellen dienen dem Sauerstofftransport. Die weißen Blutzellen sind für die Bekämpfung von Krankheitserregern von Bedeutung. Die Blutplättchen tragen zum Wundverschluss bei.

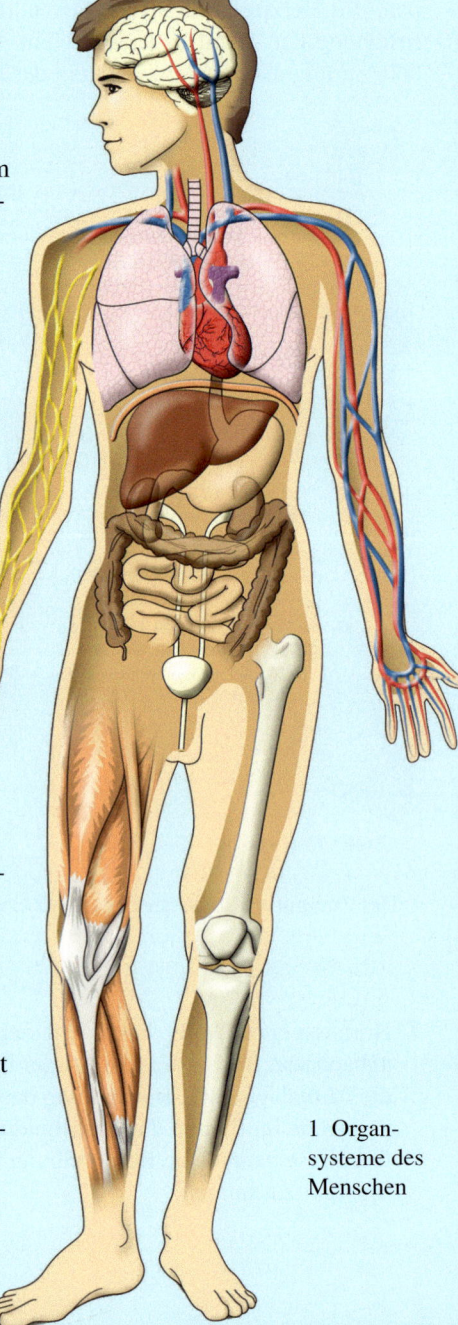

1 Organsysteme des Menschen

1 Im Verdauungskanal werden die Hauptnährstoffe in ihre Bausteine gespalten.

a Benenne die Verdauungsorgane und gib ihre jeweilige Funktion an.

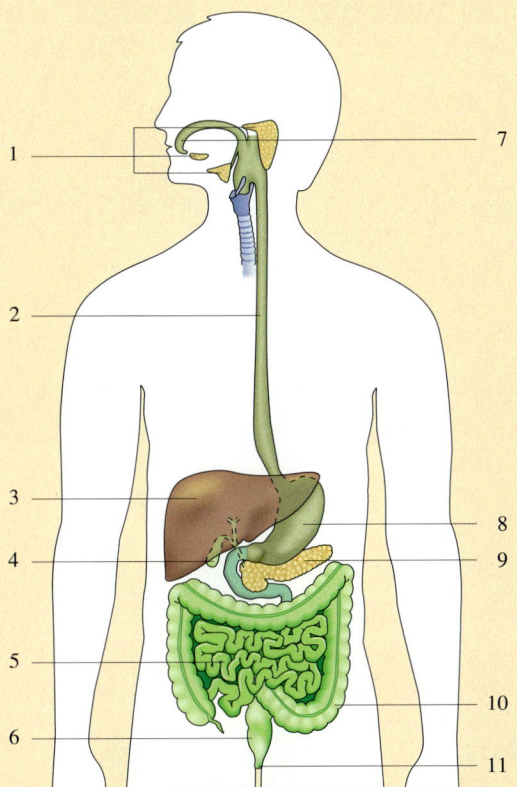

1
2
3
4
5
6
7
8
9
10
11

2 Verdauungsorgane des Menschen (Verdauungssystem)

b Beschreibe die Verdauungsvorgänge in Mundhöhle, Magen und Dünndarm.

c Erläutere das Prinzip der Enzymwirkung an Hand einer Skizze.

d Erläutere das Prinzip und die Vorteile der Oberflächenvergrößerung am Beispiel des Dünndarmes. Finde weitere Beispiele im menschlichen Körper für dieses Prinzip.

e Beschreibe an Hand einer Skizze die Resorption der Nährstoffe in die Dünndarmzotte.

f Erläutere die Entstehung es Hungergefühls.

g Beschreibe Essstörungen und wie sie entstehen.

h Formuliere 5 Regeln einer gesunden Ernährung.

i Stelle mithilfe der Ernährungspyramide ein gesundes Frühstück, Mittagessen und Abendessen zusammen. ↑3

2 Die Atmungsorgane versorgen den Körper mit Sauerstoff.

a Erläutere die Begriffe Brust- und Bauchatmung.

b In den Lungenbläschen findet der Gasaustausch statt. Beschreibe diesen Prozess.

c Erläutere das Prizip der Oberflächenvergrößerung am Beispiel der Lunge

d Beim Rauchen gelangen mit dem Tabakrauch auch Teerstoffe in die Lunge. Beschreibe welche Auswirkungen dies für die Lungenbläschen und die Versorgung der Organe mit Sauerstoff hat.

3 Das Blutkreislaufsystem ist das wichtigste Transportsystem im Körper. Es erfüllt jedoch noch andere wichtige Aufgaben.

a Nenne die Funktionen des Blutkreislaufsystems.

b „Das Blut ist ein Organ." Begründe diese Aussage.

c Die Wand der Kapillaren besteht nur aus einer einzigen Zellschicht. Begründe warum dies von Vorteil ist.

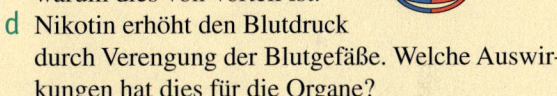

Herz und Blutkreislauf

d Nikotin erhöht den Blutdruck durch Verengung der Blutgefäße. Welche Auswirkungen hat dies für die Organe?

e „Regelmäßige sportliche Betätigung ist gesund." Begründe die Aussage.

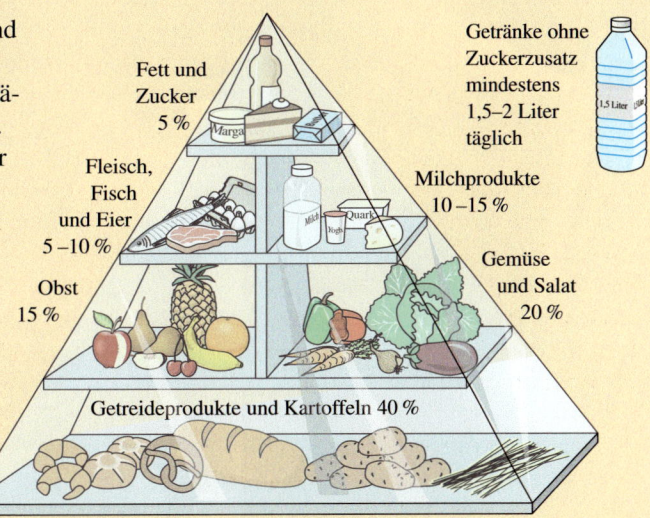

Getränke ohne Zuckerzusatz mindestens 1,5–2 Liter täglich

Fett und Zucker 5 %

Fleisch, Fisch und Eier 5–10 %

Milchprodukte 10–15 %

Obst 15 %

Gemüse und Salat 20 %

Getreideprodukte und Kartoffeln 40 %

3 Beispiel für eine Ernährungspyramide

Das Skelett des Menschen besteht aus über 200 Knochen. Sie sind das Gerüst des Körpers. Die Knochen sind durch Gelenke beweglich verbunden. Die Muskeln erzeugen die Kraft, die für die Bewegungen gebraucht wird.

Stütz- und Bewegungs-apparat

1 Warum ist regelmäßige Bewegung wichtig?

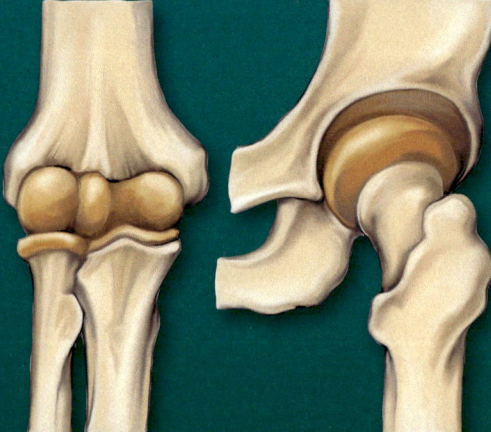

2 Wie funktionieren Gelenke?

3 Was muss man beim Training beachten?

Bewegungsmangel, Über-
beanspruchung oder fal-
sche Belastung können zu
Schäden des Stütz- und
Bewegungssystems führen.
Regelmäßiger Sport trägt
zur Gesunderhaltung bei.

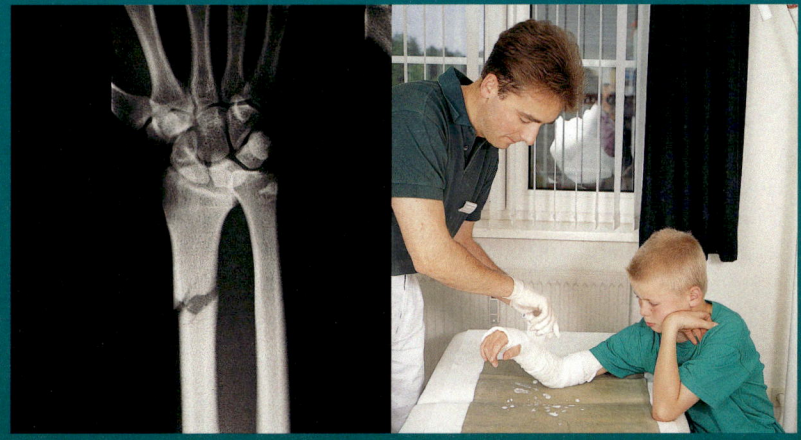

4 Wie hilft man bei Verletzungen?

5 Wie arbeiten Muskeln und Skelett zusammen?

6 Was sind eigentlich Haltungsschäden und wie entstehen sie?

Skelett und Muskulatur

Skelett und Muskulatur bilden zusammen unser Bewegungssystem. Regelmäßige sportliche Betätigung fördert unsere Gesundheit und Leistungsfähigkeit.
Bei sportlichem Training musst du darauf achten, dass du deinen Körper nicht überforderst.
Jeder sollte „seine" Sportart nicht nur nach seinen Wunschvorstellungen sondern auch nach seinen körperlichen Möglichkeiten auswählen.
Wie arbeitet unser Stütz- und Bewegungsapparat?

1 Training unter fachkundiger Anleitung im Fitnessraum

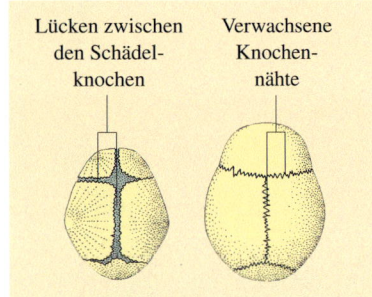

Lücken zwischen den Schädelknochen   Verwachsene Knochennähte

2 Schädel eines Säuglings (links) und eines Erwachsenen (rechts)

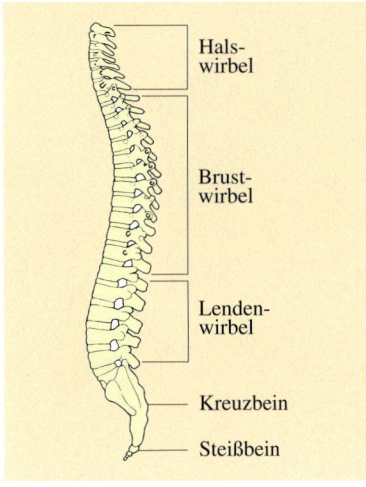

Hals-wirbel

Brust-wirbel

Lenden-wirbel

Kreuzbein

Steißbein

3 Wirbelsäule von der Seite

GRUNDLAGEN: Das Skelett

Das Skelett im Überblick Zum Skelett des Menschen gehören mehrere Hauptabschnitte: das Kopfskelett (Schädel), das Rumpfskelett (Wirbelsäule, Brustkorb, Schulter- und Beckengürtel) und das Gliedmaßenskelett (Arm- und Beinskelett). [2, 4]

Schädel Der Schädel besteht aus Gesichts- und Gehirnschädel. Der Gesichtsschädel ist ein kompliziert zusammengesetztes Mosaik einzelner Knochen, die, bis auf den Unterkieferknochen, fest miteinander verwachsen sind. Oberkiefer und Unterkiefer tragen die Zähne.
Der Gehirnschädel ist aus harten Knochen aufgebaut. Bei Säuglingen und Kleinkindern gibt es zwischen den Schädelknochen noch Lücken aus Bindegewebe, die erst allmählich zuwachsen, indem sie verknöchern. Deshalb muss man beim Umgang mit Kleinkindern besonders vorsichtig sein. Ein starker Druck auf diese noch ungeschützten Kopfteile kann zu Gehirnverletzungen führen. [2]

Wirbelsäule Sie trägt den Kopf und ist mit Brustkorb sowie Schulter- und Beckengürtel verbunden. Beim Säugling ist die Wirbelsäule noch ziemlich gerade. Im Verlauf der Entwicklung bildet sich ihre kennzeichnende Doppel-S-Form heraus. Durch diese Krümmung wirkt sie nicht nur stützend, sondern auch federnd. [3]
Die Wirbelsäule besteht aus 32 bis 34 walzenförmigen Knochen, den Wirbeln, die gegeneinander beweglich sind. Im unteren Teil der Wirbelsäule, dem Kreuzbein und Steißbein, sind einige Wirbel miteinander verwachsen und deshalb unbeweglich. Als Wirbelplatten schützen diese Bereiche gemeinsam mit den breiten Beckenknochen die dort liegenden Verdauungs- und Geschlechtsorgane.

Zwischen den Hals-, Brust- und Lendenwirbeln befinden sich jeweils polsterartige Kissen, die Zwischenwirbelscheiben, die auch Bandscheiben genannt werden. ↑3 Sie schwächen Stöße ab und erhöhen die Beweglichkeit der Wirbelsäule. ↑5

In jedem Wirbel befindet sich weiterhin ein Hohlraum, der Wirbelkanal. In ihm verläuft das Rückenmark. Die knöchernen Teile der Wirbelsäule umgeben und schützen diesen empfindlichen Teil des Nervensystems.

Brustkorb 12 Paar Rippen bilden zusammen mit dem Brustbein und den Brustwirbeln den Brustkorb. Die oberen Rippenpaare sind durch Knorpelgewebe mit dem Brustbein verbunden, die unteren Rippen enden frei.
Beim Einatmen spürst du, wie sich dein Brustkorb hebt; er ist über Gelenke, Bänder und Knorpel beweglich mit der Wirbelsäule verbunden.
Innere Organe wie Lunge und Herz werden durch den Brustkorb geschützt.

5 Die Wirbelsäule ist sehr biegsam.

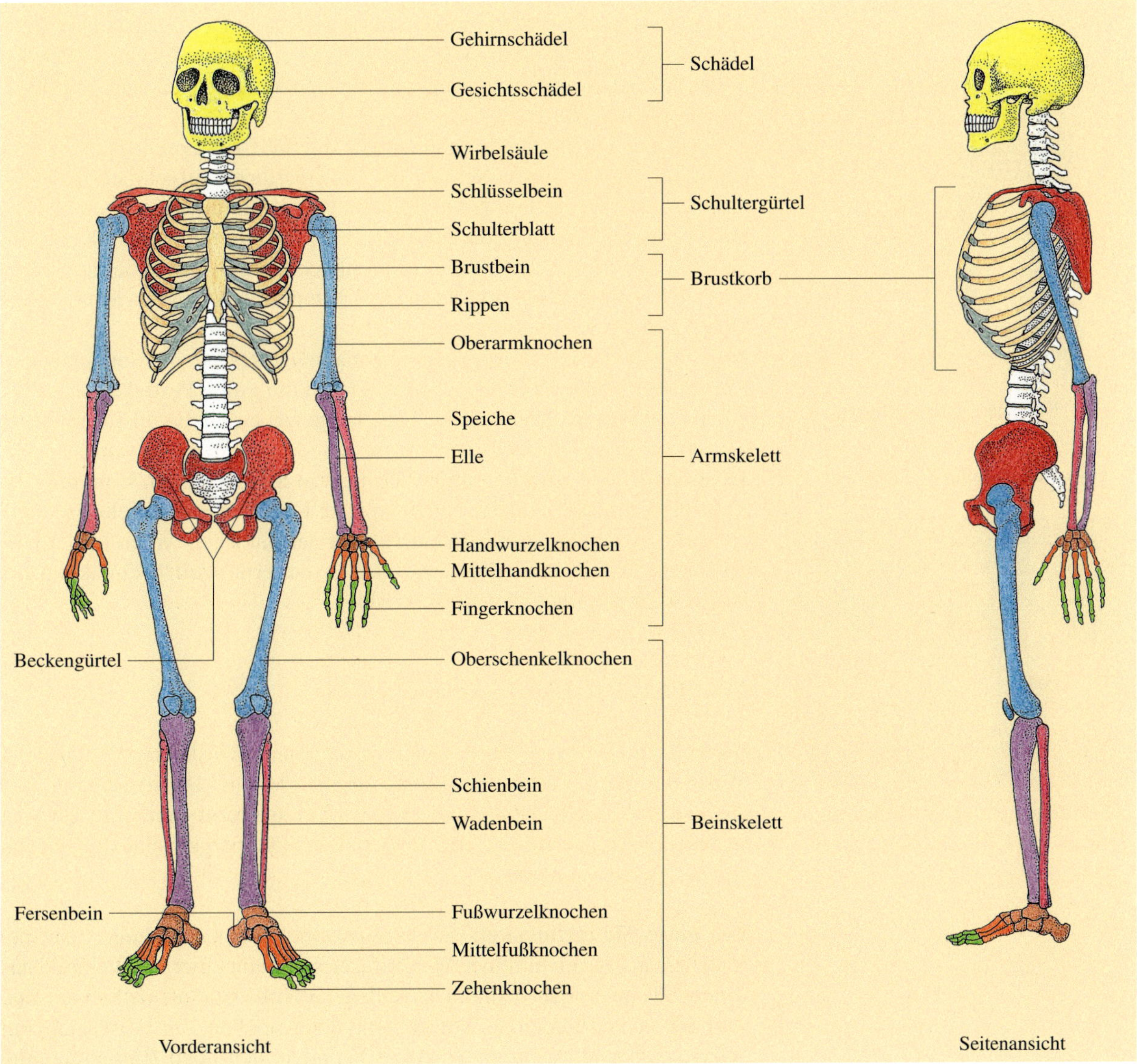

Gehirnschädel
Gesichtsschädel
Schädel

Wirbelsäule

Schlüsselbein
Schulterblatt
Schultergürtel

Brustbein
Rippen
Brustkorb

Oberarmknochen

Speiche
Elle
Armskelett

Handwurzelknochen
Mittelhandknochen
Fingerknochen

Beckengürtel

Oberschenkelknochen

Schienbein
Wadenbein
Beinskelett

Fersenbein

Fußwurzelknochen
Mittelfußknochen
Zehenknochen

Vorderansicht

Seitenansicht

4 Skelett des Menschen

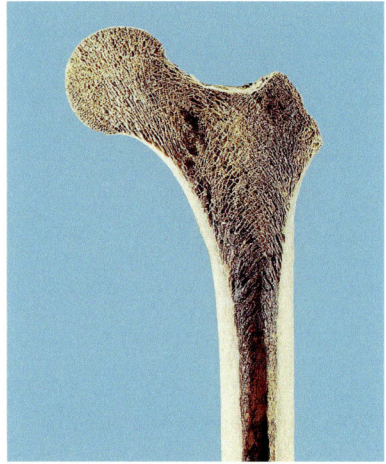

1 Oberschenkelknochen

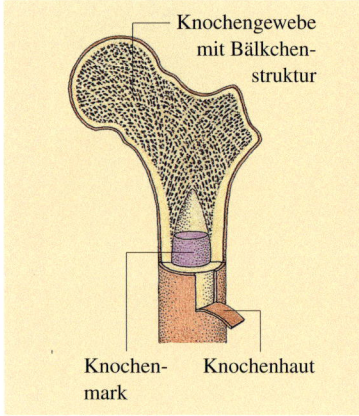

2 Aufbau eines Röhrenknochens

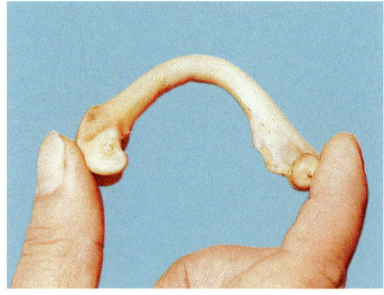

3 Entkalkter, elastischer Knochen

Arm- und Beinskelett Unsere Gliedmaßen sind über Schulter- bzw. Beckengürtel beweglich mit dem Rumpf verbunden. Lange, röhrenförmige Knochen bilden die kräftigen Oberarm- und Oberschenkelknochen.↑1–3 Hand- und Fußskelett bestehen aus zahlreichen kleinen Knochen.

Unsere Hände sind so gebaut, dass wir mit ihnen viele verschiedene Tätigkeiten ausüben können. Der den übrigen Fingern gegenübergestellte, äußerst bewegliche Daumen macht unsere Hände zu leistungsstarken Greiforganen.

Unser ganzes Körpergewicht lastet auf den Beinen. Diese besitzen besonders kräftige Knochen und sind stabil wie tragende Säulen.

Der Fuß bildet ein federndes Gewölbe. Wie ein Stoßdämpfer kann er Erschütterungen in ihrer Wucht dämpfen. Die große Auflagefläche der Sohle lässt uns besser Gleichgewicht halten.

Bau der Knochen Bei der Betrachtung des menschlichen Skeletts lassen sich unterschiedlich geformte Knochen erkennen. Der Oberschenkelknochen ist lang gestreckt, die Wirbel sind kurz, ein plattenförmiger Knochen bildet das Schulterblatt. Obwohl sie verschieden aussehen, sind alle Knochen ähnlich gebaut.

In der Knochenhaut liegen zahlreiche Blutgefäße zur Ernährung und Sauerstoffversorgung sowie Nerven, die Informationen aufnehmen und weiterleiten. Blutgefäße und Nerven sind am Wachstum der Knochen und am Heilungsprozess nach Verletzungen beteiligt. Unter der dünnen Knochenhaut liegt das Knochengewebe. Röhrenknochen besitzen außerdem einen inneren Hohlraum, der mit Knochenmark angefüllt ist. Dieses ist vor allem an der Blutbildung beteiligt.

Die bälkchenartige Struktur des Knochengewebes, die eingelagerten Kalksalze und die Knochenzellen bewirken die große Festigkeit. Darüber hinaus enthält der Knochen im Knochengewebe dehnbare Eiweißfasern, die ihn vor dem Zerbrechen schützen.

Wenn man einen Knochen im Experiment in Salzsäure legt, kann man die Kalksalze herauslösen. Der vorher so feste Knochen ist dann elastisch wie ein Gummistab. Seine Elastizität verliert der Knochen, wenn im Experiment der Eiweißanteil durch Ausglühen entfernt wird. Beim kleinsten Druck wird der Knochen nun zerbrechen.

GRUNDLAGEN: Die Muskulatur

Muskeln Im Körper gibt es zwei verschiedene Muskelarten: die glatte Muskultur, die vor allem die inneren Organe (Magen, Darm) versorgt, und die quergestreifte Muskulatur. Letztere kann unterteilt werden in die Skelettmuskulatur, die bis zu einem Viertel des Körpergewichtes ausmacht, und die Herzmuskulatur. ↑4

Bau eines Skelettmuskels Skelettmuskeln wie der Armbeuger (Bizeps) bestehen aus Bündeln feiner Muskelfasern, die von einer Muskelhülle aus Bindegewebe umgeben sind. Die Enden der Hülle sind oft als Sehnen ausgebildet und verbinden die Muskeln mit den Knochen. Zur Versorgung mit Nährstoffen und zu ihrer Steuerung befinden sich noch Blutgefäße und Nerven im Muskel. ↑5

Bau und Arbeitsweise der Muskelzellen Die Skelettmuskulatur ist für die willkürlich gesteuerten Bewegungen verantwortlich. Sie arbeitet schnell, ermüdet aber auch bald. Im mikroskopischen Bild kann man lange und dünne Zellen erkennen, die sogenannten Muskelfasern.↑6 An ihrer typischen Querstreifung kann man sie leicht von anderen Muskelzellen unterscheiden. Diese Muskulatur wird deshalb auch quergestreifte Muskulatur genannt. Ihr Energieverbrauch bei einer Kontraktion ist relativ hoch. Die Muskulatur der inneren Organe (z. B. Darm und Harnblase) unterliegt nicht unserem Willen. Sie arbeitet eher langsam, dafür aber ausdauernd. Die Zellen dieser Muskeln sind kurz und spindelförmig und weisen keine Querstreifung auf.↑7 Solche Muskeln, die auch als glatte Muskeln bezeichnet werden, benötigen weniger Energie.

Die Herzmuskulatur ähnelt in ihrer Struktur der Skelettmuskulatur. Sie besitzt aber auch Eigenschaften, die von der glatten Muskulatur her bekannt sind. Die Herzmuskeln sind nicht willkürlich steuerbar. Sie arbeiten langsam, dafür aber sehr ausdauernd. Die Zellen sind kurz gebaut und Y-förmig verzweigt. Ihr Energieverbrauch ist niedrig. Die Leistungsfähigkeit von Herz- und Skelettmuskeln lässt sich durch Training steigern.

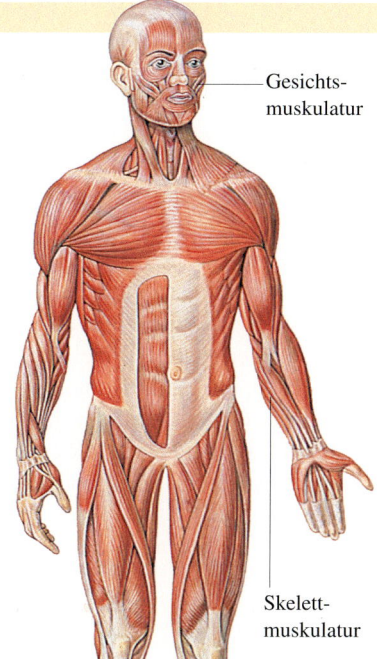

Gesichts-muskulatur

Skelett-muskulatur

4 Muskulatur des Menschen

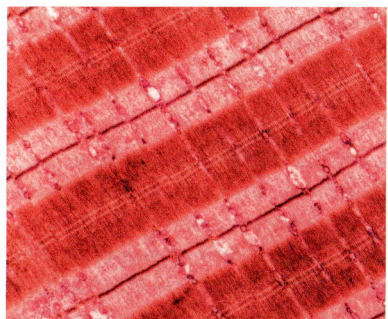

6 Mikroskopisches Bild von quergestreifter Muskulatur

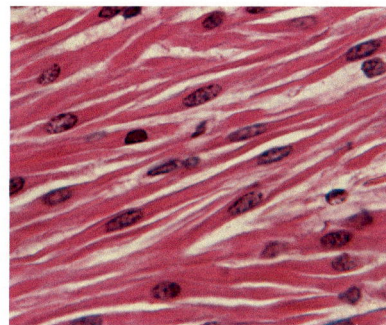

7 Mikroskopisches Bild von glatter Muskulatur

Kurz und knapp **Das menschliche Skelett besteht aus Schädel, Wirbelsäule, Brustkorb, Schulter- und Beckengürtel sowie Arm- und Beinskelett. Hauptstütze ist die bewegliche Wirbelsäule. Durch den besonderen Bau der Knochen sind diese druckfest, leicht und elastisch und können so den Körper tragen und innere Organe schützen. Man unterscheidet glatte und quergestreifte Muskulatur.**

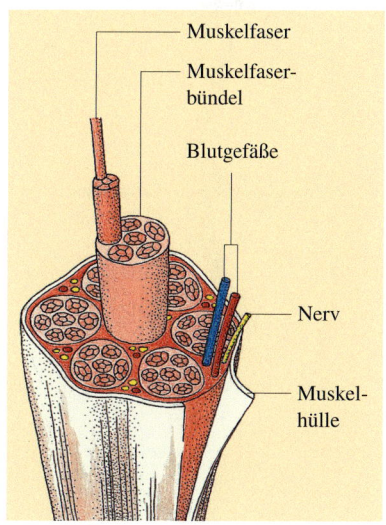

Muskelfaser

Muskelfaser-bündel

Blutgefäße

Nerv

Muskel-hülle

5 Aufbau eines Skelettmuskels

Arbeitsaufträge

1 Begründe die scheinbar widersprüchlichen Eigenschaften eines Knochens: elastisch und hart, leicht und druckfest!

2 Erläutere am Beispiel der Wirbelsäule den Zusammenhang von Bau und Eigenschaften!

3 Fontanellen heißen die noch nicht zusammengewachsenen Nahtstellen der Knochenplatten am Schädel des Säuglings. Begründe, warum es sinnvoll ist, dass die Schädelplatten erst nach der Geburt verwachsen.

4 Osteoporose ist eine Erkrankung der Knochen, die meist im Alter, manchmal aber auch bei Jugendlichen auftritt. Erkundige dich im Internet über Ursachen, Folgen und Maßnahmen zur Vorbeugung.

5 Obwohl die Herzmuskulatur, genau wie die glatte Muskulatur, nicht unserem Willen unterliegt, kann ihre Leistungsfähigkeit durch Training erhöht werden. Begründe die Notwendigkeit dieser Tatsache.

6 Stelle in einer Tabelle die Muskelarten mit Bau, Arbeitsweise und Vorkommen zusammen.

Gelenke und Muskeln ermöglichen Bewegung

Akrobaten, Turner und viele andere Sportler sind zu beeindruckenden Höchstleistungen fähig. Dafür müssen sie häufig trainieren, um ein perfektes Zusammenspiel von Muskeln und Gelenken zu erreichen. Dabei steigern sie nicht nur die Leistungsfähigkeit ihrer Organe, sondern führen auch Bewegungen aus, die bei Untrainierten zu Verletzungen führen würden.
Wie arbeiten diese Bauteile des Körpers zusammen?

1 Chinesische Akrobaten müssen hart trainieren.

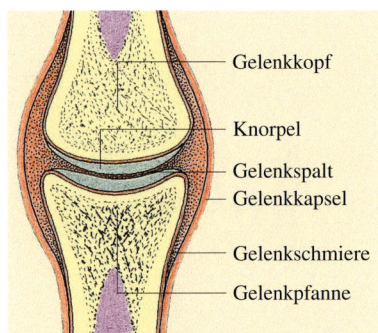

2 Aufbau eines Gelenks

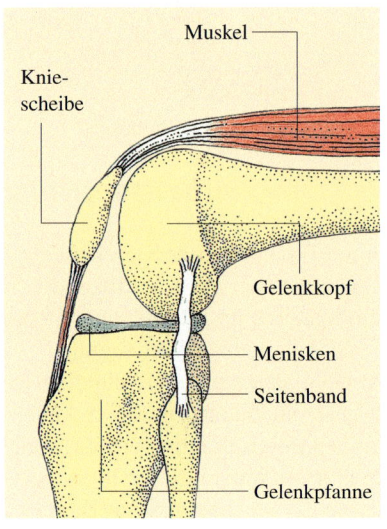

3 Teile des Kniegelenks

GRUNDLAGEN: Gelenke und Muskeln

Gelenke Viele Knochen unseres Körpers sind durch Gelenke beweglich verbunden. Das gewölbte Ende eines Knochens, der Gelenkkopf, liegt in einer Vertiefung des anderen Knochens, der Gelenkpfanne. ↑2 Beide Knochenenden sind mit einer Knorpelschicht überzogen und von einer Gelenkkapsel umhüllt. In der Gelenkkapsel und im Gelenkspalt befindet sich zähflüssige Gelenkschmiere. Sie verringert, ähnlich wie Schmieröl bei Maschinen, die Reibung und damit den sehr schmerzhaften Verschleiß der Knochen. Knorpel und Gelenkschmiere tragen zur Stoßdämpfung der Gelenke bei. Die Gelenkkapsel wird von kräftigen Sehnen und Bänder gebildet, die das Gelenk luftdicht umgeben. Sie verbinden nicht nur die Knochen, sondern bewirken die hohe Zugfestigkeit des Gelenkes.

Kniegelenk Beim größten Gelenk unseres Körpers passen Gelenkkopf und Pfanne nicht deckungsgleich übereinander. Hier gleichen zwei halbmondförmige Knorpelscheiben (Innen- und Außenmeniskus) die fehlende Passform aus. ↑3 Bei Überlastung des Gelenkes können diese leicht verletzt werden und müssen operativ entfernt werden. Dadurch steigt der Verschleiß des Gelenkes. Die Kniescheibe dient der Kraftübertragung vom Oberschenkelmuskel auf das Schienbein.

Gelenktypen Die Beweglichkeit eines Gelenkes ist im Wesentlichen abhängig von der Beschaffenheit des Gelenkkopfes und der Gelenkpfanne. Nach der Beweglichkeit und dem Bau der Gelenke unterscheidet man verschiedenen Gelenktypen. ↑5 Scharniergelenke (z.B. Oberarm-Elle-Gelenk) erlauben Bewegungen nur in eine Richtung, Sattelgelenke (z.B. Handwurzel-Mittelhandknochengelenk des Daumens) in zwei Richtungen. Kugelgelenke (z.B. Schulter- und Hüftgelenk) sind am beweglichsten und in alle Richtungen drehbar.

Labels for figure 2: Gelenkkopf, Knorpel, Gelenkspalt, Gelenkkapsel, Gelenkschmiere, Gelenkpfanne

Labels for figure 3: Muskel, Kniescheibe, Gelenkkopf, Menisken, Seitenband, Gelenkpfanne

Zusammenspiel der Muskeln Ein Muskel kann sich nur in einer bestimmten Richtung aktiv zusammenziehen und benötigt deshalb einen zweiten Muskel, der ihn in seine Ursprungslage zuruckbringt. Das muskuläre Zusammenspiel von Armen und Beinen ist durch die abwechselnde Kontraktion von Beuge- und Streckmuskeln gekennzeichnet. Man spricht vom Gegenspielerprinzip. ↑4

Winkelst du deinen Arm an, so wird der vordere Oberarmmuskel, der Armbeuger (Bizeps), fester und dicker. Der Muskel zieht sich zusammen und verkürzt sich. Dieser Muskel ist mit dem Schulterblatt und der Speiche verbunden, der Unterarm wird gebeugt. Wenn du den Arm wieder streckst, entspannt sich der Armbeuger. Gleichzeitig spannt sich der Muskel auf der Oberarmrückseite an, der Armstrecker (Trizeps). Der Armstrecker ist mit dem Schulterblatt und der Elle verbunden.

Die Bewegungen der Skelettmuskeln können wir mit unserem Willen beeinflussen. Deshalb heißen sie willkürliche Muskulatur. Muskeln, die wir nicht willentlich beeinflussen können, beispielsweise die Muskulatur von Magen und Darm, nennt man unwillkürliche Muskulatur.

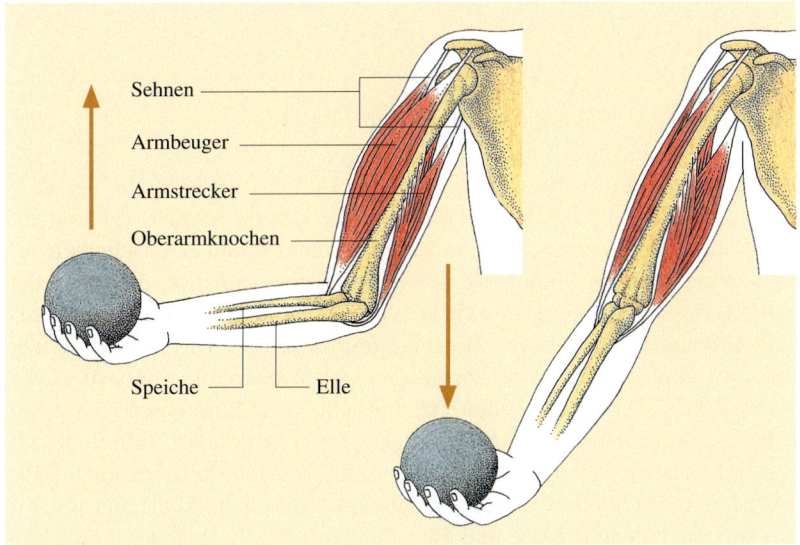

4 Armbeuger und Armstrecker als Gegenspieler beim Heben (links) und Senken (rechts) eines Gewichtes

Kurz und knapp **Knochen, Gelenke und Muskulatur bewirken durch ihr Zusammenspiel unsere Körperhaltung und Beweglichkeit. Willkürlich gesteuerte Skelettmuskeln arbeiten dabei nach dem Gegenspielerprinzip.**

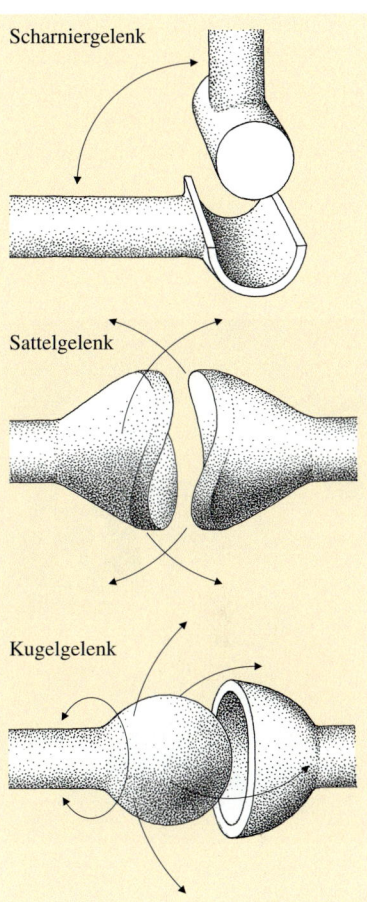

5 Gelenktypen

Arbeitsaufträge

1 Im Alltag findest du Gebrauchsgegenstände mit Gelenkfunktion. Ordne jeder Gelenkform zwei Gegenstände zu.

2 Nicht alle Knochen in unserem Körper sind durch Gelenke beweglich miteinander verbunden. Nenne Knochen, die zueinander starr sind.

3 Stelle Bewegungsmöglichkeiten der verschiedenen Gelenkformen in einer Tabelle zusammen.

4 Gicht ist eine Erkrankung der Gelenke, bei der sich aufgrund fettreicher, stark gewürzter Nahrung Harnsäurekristalle im Gelenkspalt ablagern. Erläutere die Folgen für die betreffende Person.

Schädigungen des Stütz- und Bewegungssystems – Vorbeugung und Hilfe

Manchmal denkt man erst bei einem Knochenbruch darüber nach, was unser Stütz- und Bewegungssystem leistet. Nach einem Unfall sind Bewegungen eingeschränkt oder gar nicht mehr möglich. Knochenbrüche können zum Glück wieder heilen. Es gibt aber auch schleichende, meist von uns kaum bemerkte Veränderungen des Skeletts, die durch falsche Lebensweise entstehen und meist nicht mehr reparabel sind. Wie kann man solchen Erkrankungen vorbeugen?

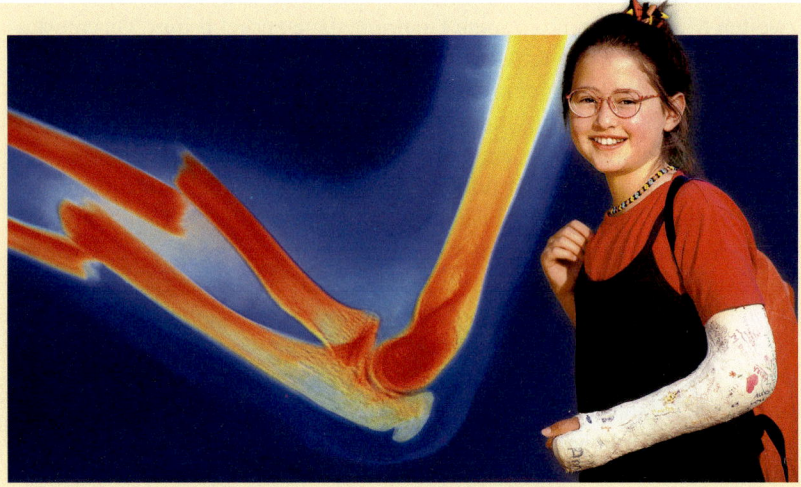

1 Knochenbruch: Röntgenaufnahme (links) und eingegipster Arm (rechts)

2 Falsches und richtiges Tragen der Schultasche

3 Eine schlechte Haltung am Computer ist schädlich für die Wirbelsäule.

GRUNDLAGEN: Schädigungen und Vorbeugung

Haltungsschäden Unsere Wirbelsäule ist die wichtigste Stütze des Körpers. Sie wird im Lauf des Lebens besonders stark belastet. Häufige Erkrankungen der Wirbelsäule sind Haltungsschäden, ein Bandscheibenvorfall oder einseitige Abnutzung der Bandscheiben mit Schädigungen der Wirbelkörper. „Sitz gerade!", „Trage deine Schultasche auf dem Rücken!" sind Ermahnungen, die ihre Berechtigung haben.[2] Falsche Körperhaltungen führen häufig zu Verformungen der Wirbelsäule, z. B. zu einem Rundrücken oder einem Hohlkreuz. Seitliche Verkrümmungen können infolge häufiger einseitiger Belastungen der Wirbelsäule auftreten.[4,5] Besonders in der Wachstumsphase bis zum 20. Lebensjahr können falsche Belastungen bleibende Haltungsschäden verursachen. Aber auch im Erwachsenenalter sind einseitige Belastungen, wie sie bei der Arbeit am Computer vorkommen, schädlich für die Wirbelsäule.[3] Eine Abnutzung der Bandscheiben, z. B. im Lendenwirbelbereich kann zu Schäden an den Wirbelkörpern führen, die sehr schmerzhaft sind. Bei starker Überlastung der Wirbelsäule kann es zum Bandscheibenvorfall kommen. Dabei tritt die gallertige Masse der Bandscheibe aus und drückt auf die Nerven des Rückenmarks. Starke Schmerzen sind die Folge.

Vorbeugung von Haltungsschäden Wechselt der Mensch häufig zwischen verschiedenen Arbeits- und Ruhehaltungen (z. B. Sitzen, Laufen, Stehen, Liegen), so werden die Muskeln des Körpers ständig angespannt und wieder entspannt und einseitige Belastungen oder auch Überlastungen vermieden. Zusätzlich werden Bänder und Gelenke gleichmäßiger be- und entlastet sowie die Wirbelsäule gestreckt und gewölbt. Haltungsschäden können auf diese Weise weitgehend vermieden werden. Auch regelmäßige sportliche Betätigung, wie Schwimmen, Radfahren, Gymnastik, Wandern sind dazu in besonderer Weise geeignet.

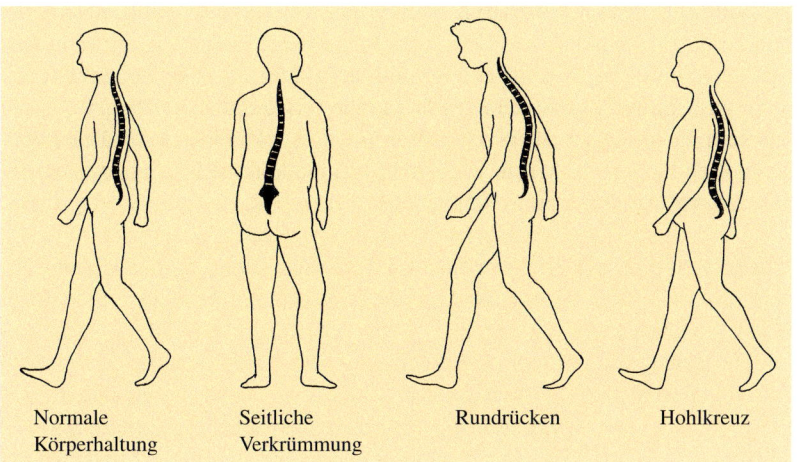

Normale
Körperhaltung

Seitliche
Verkrümmung

Rundrücken

Hohlkreuz

4 Normale Körperhaltung und Haltungsschäden im Vergleich

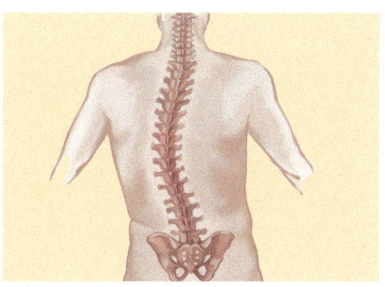

5 Wirbelsäule mit Lordose

Fußschäden Wenn Du gehst oder stehst, lastet das gesamte Körpergewicht auf deinen Beinen und Füßen. Diese Belastung erfordert ein kräftiges Fußskelett. Deine Füße sind so geformt, dass die Fußknochen durch Muskeln und Bänder wie ein Gewölbe zusammengehalten werden. ↑6 Sind die Muskeln zu schwach, senkt sich das Fußgewölbe (Senkfuß) und die ganze Fußsohle berührt schließlich den Boden. So entsteht ein Plattfuß. Andere Fehlbildungen sind ein Knickfuß oder der Spreizfuß. Ein Knickfuß ist durch die Schrägstellung des Fersenbeins gekennzeichnet, beim Spreizfuß ist der Vorderfuß stark verbreitert. Das Gehen und Stehen bereitet beim Vorhandensein von Fußschäden Schmerzen. Fehlstellungen der Füße können aber auch auf die Körperhaltung Einfluss nehmen. Im Laufe des Lebens können als Folge der falschen Kraftübertragung Kniebeschwerden beim Stehen oder Gehen auftreten. Auch Rückenprobleme haben ihre Ursache oft in gestörten Bewegungsabläufen durch das eingesunkene Fußgewölbe. Schuhe mit hohen Absätzen oder unterschiedlich lange Beine (z. B. nach einem Beinbruch) können Fehlhaltungen und damit Schäden an der Wirbelsäule verursachen.

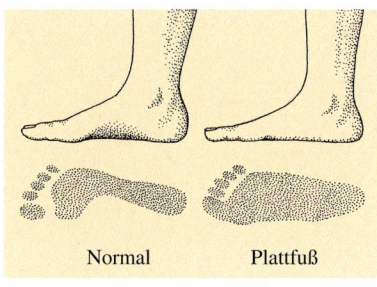

Normal   Plattfuß

6 Ausbildung des Fußgewölbes

Arbeitsaufträge

1 Bewege verschiedene Gelenke deines Körpers und entscheide über den Gelenktyp. Überprüfe Deine Erkenntnisse am Skelettmodell der Schule.

2 Führt folgende Versuche durch:

a Bitte deinen Versuchspartner bei geschlossenen und gestreckten Beinen (ohne Schuhe) einen Gegenstand mit den Händen vom Boden aufzuheben. Beobachte dabei seine Körperhaltung von der Seite. Wiederholt diesen Versuch, indem er sich mit den Fersen an eine Wand stellt.

b Führt diese Versuche nun mit Schuhen durch, die hohe Absätze besitzen (man kann auch ersatzweise einen Holzklotz unterlegen). Beschreibe deine Beobachtungen.

c Ihr könnt den Versuch unter a) auch für einen Menschen mit Übergewicht simulieren. Binde deinem Versuchspartner zu diesem Zweck einen Rucksack um die Hüfte, in dem sich wahlweise 3 oder 5 kg Gewicht als „Bauch" befinden. Beschreibe jetzt deine Beobachtungen.

d Leite aus diesen Beobachtungen Schlussfolgerungen für dein Verhalten ab.

3 Stelle etwa 50 cm vor deinen Füßen deine Schultasche ab. Versuche sie nun hochzuheben. Wiederhole den Versuch, indem du sie jetzt direkt vor deine Füße stellst und zum Aufheben in die Hocke gehst. Beschreibe deine Beobachtungen. Leite daraus Verhaltensregeln zum Heben von schweren Lasten ab.

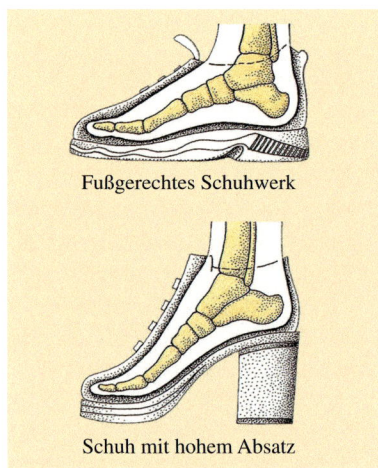

Fußgerechtes Schuhwerk

Schuh mit hohem Absatz

1 Lastverteilung in flachen und hohen Schuhen

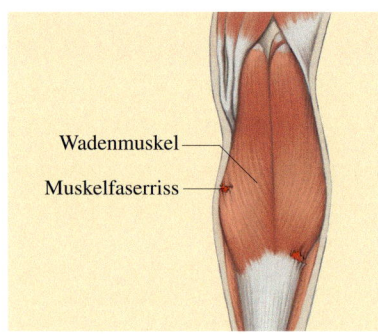

Wadenmuskel

Muskelfaserriss

2 Schemabild eines Muskelfaserrisses

Vorbeugung von Fußschäden Fußgymnastik stärkt die Fußmuskulatur und beugt Fußschäden vor. Vermeide auch Übergewicht und Bewegungsmangel. Wähle beim Kauf der Schuhe sorgfältig aus und bedenke, dass enge und spitze Schuhe deine Füße verformen. Schuhe mit hohen Absätzen sind nachteilig, weil sie den Vorderfuß zu stark belasten. ↑1 Bei unterschiedlich langen Beinen hilft dir der Orthopäde mit Einlagen oder angepassten Absätzen an den Schuhen.

Muskelschäden Muskelkater hast du bestimmt schon einmal gehabt. Er zeigt dir an, dass deine Muskeln wenig trainiert sind. Winzige Schäden im Muskel verursachen Schmerzen. Durch Wärmezufuhr von außen und leichte Bewegung heilt diese Schädigung aber schnell wieder. Bei einer Muskelzerrung oder gar einem Muskelfaserriss sind die Schäden größer. ↑2 Bei einer Muskelzerrung kommt es zu einer Überdehnung des Muskels, es liegt aber kein Gewebeschaden vor. Bei einem Muskelfaserriss kommt es im Gegensatz zu einer Muskelzerrung zur Zerstörung von Muskelzellen mit Einblutungen. Durch Überbeanspruchung der meist nicht „aufgewärmten" Muskeln reißen Faserbündel. Starke Schmerzen schränken die Beweglichkeit sehr ein. Als Erstmaßnahme gilt hier die „PECH-Regel": **P**ause machen, **E**is (nicht direkt auf die Haut aufbringen), **C**ompression (Druckverband) und **H**ochlagerung. Bei einem Muskelfaserriss ist die Hilfe eines Arztes nötig.

Vorbeugung von Muskelschäden Verletzungen der Muskeln kann man durch langsam gesteigerte Trainingsanforderungen sowie durch eine Aufwärmphase mit mäßigen Belastungen vor dem Wettkampf vorbeugen.

Kurz und knapp Schädigungen des Stütz- und Bewegungssystems können durch Bewegungsmangel, aber auch durch Überbeanspruchung oder falsche und einseitige Belastung auftreten. Regelmäßiger Sport und tägliche Übungen sowie geeignetes Schuhwerk tragen zur Gesunderhaltung der Knochen und der Muskulatur bei.

Arbeitsaufträge

1 Miss mit einem Bandmaß die Änderung des Oberarmumfanges bei gestrecktem und maximal gebeugtem Arm! Wiederhole den Versuch am Oberschenkel. Begründe deine Beobachtungen!

2 Aus dem Sportunterricht weißt du, dass man vor jeder sportlichen Betätigung die Muskeln „erwärmen" soll. Was geschieht beim „Erwärmen". Begründe die Notwendigkeit dieser Maßnahmen.

3 Fußgymnastik ist ganz einfach. Ihr könnt die nachfolgenden Versuche einzeln oder auch als kleinen Wettbewerb, z. B. auf Zeit, in der Klasse durchführen.
– Hebe mit den Zehen des nackten Fußes wiederholt ein Taschentuch vom Boden auf und lege es an einer anderen Stelle wieder ab.
– Versuche mit den Füßen in einen am Boden liegenden Strick (ca. 50 cm lang, 1 cm dick) einen Knoten zu machen. Du kannst den Versuch im Sitzen oder im Stehen durchführen.
– Halte einen Tennisball zwischen den Versen fest. Stelle dich jetzt auf die Zehenspitzen und versuche langsam vorwärts zu laufen, ohne den Ball zu verlieren.
– Schreibe mit dem Fuß deinen Namen auf ein Blatt Papier. Begründe die Bedeutung der Fußgymnastik.

4 Muskelzellen haben eine Ruhelänge, die sich durch Dehnung verlängern lässt und eine Kontraktionslänge, die stark verkürzt ist.
Begründe, warum es sinnvoll ist, vor einem Wettkampf die Muskeln zu dehnen.

GRUNDLAGEN: Verletzungen und Erste-Hilfe-Maßnahmen

Thomas und seine Freunde sind eifrige Rollerskater. Jeder will der Beste sein, und heute wollen sie testen, wer der schnellste Skater ist. Der Start läuft gut, doch dann, Thomas will noch schneller sein: Er holt Schwung ... und ... verliert das Gleichgewicht. Der Sturz ist sehr schmerzhaft. ↑3 Thomas kann den rechten Arm nicht mehr bewegen, ohne aufzuschreien. Ein Freund stellt den Arm ruhig und bringt Thomas zum Arzt, der einen Knochenbruch feststellt. ↑4, 5

Verhalten bei Verletzungen Plötzliche oder übermäßige Belastung der Knochen oder der Muskulatur können zu Verletzungen führen. Über häufige Verletzungen, ihre Erscheinungsbilder und Erste-Hilfe-Maßnahmen solltest du informiert sein. Dann kannst du in einer Unfallsituation das Richtige tun und den Verletzten vor Folgeschäden bewahren. Im Zweifelsfall, bei starken Schmerzen oder wenn ein Körperteil nicht mehr bewegt werden kann, sollte immer ein Arzt aufgesucht werden.

3 Thomas kurz nach dem Sturz

Art der Verletzung	Erscheinungsbild	Erste-Hilfe-Maßnahmen
Verstauchung	Überdehnung eines Gelenks, meist verbunden mit einem Bluterguss, da Risse in der Gelenkkapsel und Zerrungen der Gelenkbänder auftreten	Kühlen des Gelenks und Anlegen eines Stützverbands!
Verrenkung	Der Gelenkkopf springt aus der Gelenkpfanne und verbleibt in einer unnatürlichen Stellung.	Betroffene Körperteile ruhig stellen und Aufsuchen eines Arztes!
Knochenbruch	Ein Knochen bricht und verbleibt oft in einer unnatürlichen Stellung. Bei einem geschlossenen Bruch bleibt die Haut über der Bruchstelle unverletzt. Bei einem offenen Bruch hat sich an der Bruchstelle eine offene Wunde ausgebildet.	Ruhigstellen des gebrochenen Knochens und der benachbarten Gelenke! Offene Wunden keimfrei abdecken! Ärztliche Hilfe ist erforderlich (Gipsverband)!
Muskelzerrung	Plötzliche Überbelastung eines „kalten" Muskels, wobei der Muskel beschädigt werden kann	Vor allem Ruhigstellen des verletzten Körperteils!

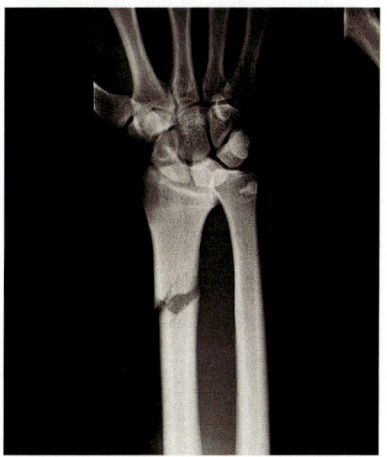

4 Der Knochenbruch im Röntgenbild

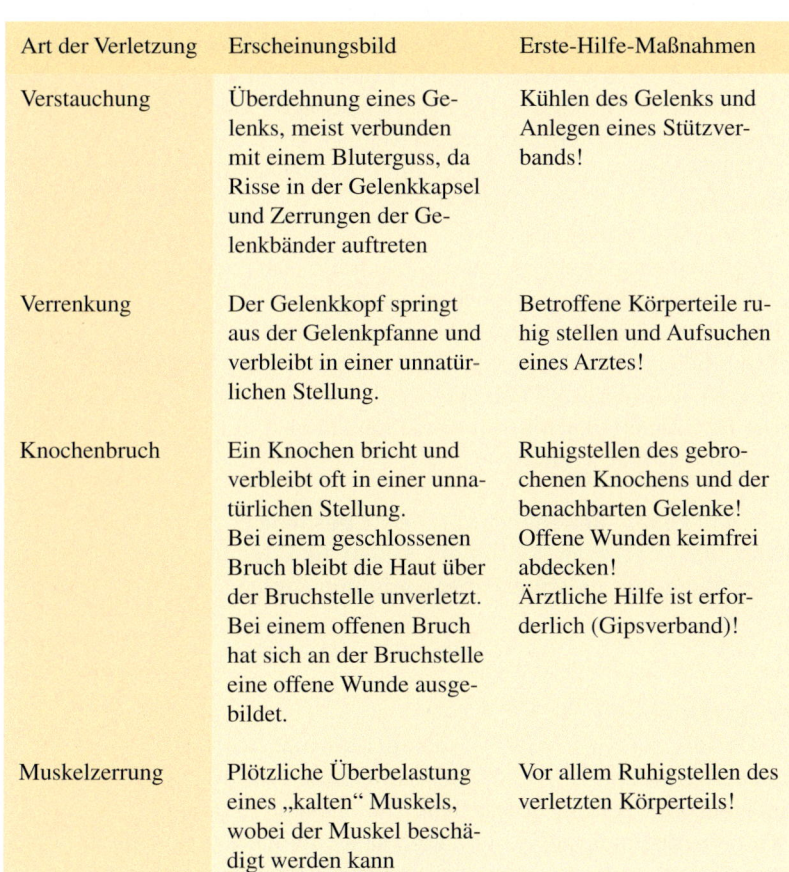

Kurz und knapp **Unser Skelett und unsere Muskulatur sind sehr leistungsfähig. Körperlich-sportliche Betätigung kräftigt unser Bewegungssystem, kann aber auch zu Verletzungen führen. Wer Verletzungen am Erscheinungsbild erkennt und die richtigen Erste-Hilfe-Maßnahmen einleitet, kann schlimmere Folgen verhindern.**

5 Ein Gipsverband wird angelegt.

EXKURS: **Bewegung ist Leben**

Unsere Vorfahren haben den aufrechten Gang erworben. Bei ihrer Nahrungssuche als Jäger und Sammler oder später als Ackerbauern haben sie sich täglich viel bewegen müssen. Heute hingegen überwiegen Tätigkeiten mit Bewegungsmangel. Viele Erkrankungen des Stütz- und Bewegungssystems aber auch des Herz-Kreislaufsystems, der Atmungsorgane, des Nervensystems und anderer Organe sind darauf zurückzuführen.

Bewegung – warum? Bewegung in der Freizeit bzw. im Sportverein wirkt sich vielfältig positiv auf unseren Körper aus. Die Liste der Vorzüge ist lang und könnte noch weiter ergänzt werden:
– Bewegung stärkt die Abwehrkräfte des Körpers, man ist beispielsweise seltener erkältet.
– Bewegung bewirkt eine Verbesserung des inneren Aufbaus der Knochen und schützt so vor Knochenbrüchen.
– Regelmäßige Bewegung an frischer Luft hilft Stress abzubauen und verbessert dadurch auch die Stimmung.
– Unser Herz-Kreislauf-System wird durch regelmäßige Bewegung trainiert und damit leistungsfähiger und ausdauernder.
– Kinder und Jugendliche, die sich viel bewegen, sind meist mit ihrem Aussehen zufriedener und haben weniger Angst dick zu werden.
– Häufige sportliche Betätigung führt oft zu besseren schulischen Leistungen, da die Konzentrationsfähigkeit steigt und Überprüfungen als Ansporn gesehen werden.
– Meist leben sportliche Menschen auch insgesamt gesünder. Sie achten auf ihre Ernährung und rauchen seltener.
– Sportliche Kinder und Jugendliche entwickeln sich meist auch zu sportlichen Erwachsene.
Gesundheitsfördernde Wirkungen werden schon durch regelmäßige sportliche Freizeitaktivitäten wie Joggen, Schwimmen, Radfahren und Spielen auf dem Bolzplatz erzielt.

Kurz und knapp **Bewegung ist für eine gesunde Entwicklung des Menschen unverzichtbar. Besonders Kinder und Jugendliche sind durch körperliche und geistige Fitness leistungsfähiger und insgesamt gesünder.**

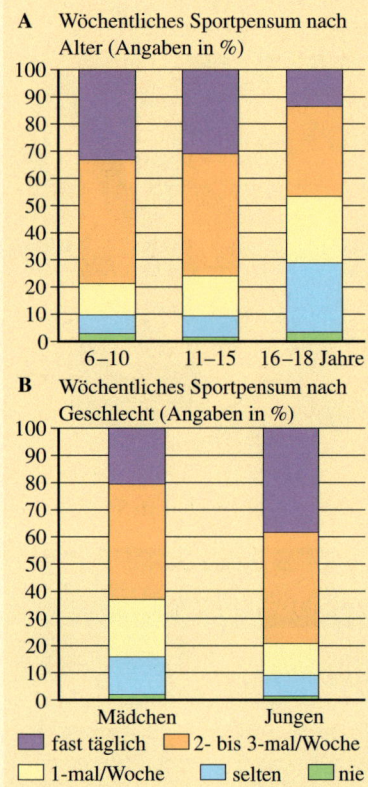

A Wöchentliches Sportpensum nach Alter (Angaben in %)

6–10   11–15   16–18 Jahre

B Wöchentliches Sportpensum nach Geschlecht (Angaben in %)

Mädchen   Jungen

■ fast täglich   ■ 2- bis 3-mal/Woche
□ 1-mal/Woche   ■ selten   ■ nie

1 Wie häufig treibst eigentlich du wöchentlich Sport?

2 Beim Ausdauertraining

Ausdauertraining
Sportarten, bei denen es auf Ausdauer ankommt, wie Radfahren, Joggen und Schwimmen, sind als Gesundheitssport besonders geeignet. Anfänger sollten nicht übertreiben. Zum Beispiel so laufen, dass man sich ohne Atemnot noch unterhalten kann. Trainierte können Ausdauerbelastungen (etwa bis zu 30 Minuten), normalerweise leicht durchhalten.
In den ersten zehn Minuten das Training langsam beginnen. Bei Hitze (über 25 °C) sowie bei Erkrankungen oder kurz nach dem Essen nicht trainieren. Am besten in der Gruppe gemeinsam unter Anleitung trainieren!

Skelett

Der Stütz- und Bewegungsapparat des Menschen hat Stütz-, Bewegungs- und Schutzfunktion. Das menschliche Skelett ist in Kopfskelett (Schädel), Rumpfskelett (Wirbelsäule, Brustkorb und Schulter- und Beckengürtel) und Gliedmaßenskelett (Arm- und Beinskelett) gegliedert. Hauptstütze des Skeletts ist die Wirbelsäule. Durch ihre Bauweise (Wirbelkörper und Bandscheiben, Doppel-S-Form) wirkt sie federnd und ist stabil und beweglich zugleich. Das Arm- und Beinskelett ist über den Schulter- bzw. Beckengürtel mit dem Rumpfskelett verbunden.

Knochen

Zwischen den Knochen bestehen feste Knochenverbindungen (z. B. Knochennähte), knorpelige Verbindungen (z. B. Bandscheiben) oder Gelenke. Gelenke ermöglichen die Beweglichkeit der Körperteile. Der Umfang der Beweglichkeit ist vom Bau des Gelenkes abhängig. Wir unterscheiden Kugelgelenk, Sattelgelenk und Scharniergelenk. Knochen sind entweder röhrenförmig (z. B. Oberschenkelknochen mit Stütz-

funktion) oder plattenförmig (z. B. Schädelknochen mit Schutzfunktion) gebaut. Beide Formen bestehen aus den gleichen Bestandteilen. Organische Bestandteile (Eiweiße) verleihen ihnen Elastizität, anorganische Bestandteile (Mineralsalze) sind für die Druckfestigkeit verantwortlich.

Muskeln

Verschiedenen Muskelarten bewirken die Beweglichkeit. Die Skelettmuskulatur ist willkürlich steuerbar, arbeitet schnell und ermüdet leicht. Die Eingeweidemuskulatur unterliegt nicht unserem Willen, arbeitet langsamer dafür aber ausdauernd. An unseren Bewegungen sind meist mehrere Muskeln beteiligt. Sie wirken nach dem Gegenspielerprinzip (z. B. Beuger und Strecker).

Sport

Körperliche-sportliche Aktivität kräftigt die Muskulatur und das Skelett, verhindert Haltungsschäden oder Verletzungen der Muskulatur und dient der Gesunderhaltung und Leistungsfähigkeit des Menschen.

3 Basketballspieler

Alles klar?

1 Erläutere am Beispiel des Knochenbaues den Zusammenhang von Bau und Eigenschaften eines Organs.
2 Begründe die Aussage: „Knochen sind Organe".
3 Beschreibe den Aufbau eines Gelenkes!
4 Vergleiche die unterschiedlichen Muskelarten!
5 Stelle in einer Übersicht Schäden des Stütz-und Bewegungsapparates und ihre Ursachen zusammen!
6 Erläutere den Zusammenhang zwischen gesunder Ernährung und Sport! ↑3
7 Schüler mit guten schulischen Leistungen sind oft auch gute Sportler. Siehst du da einen Zusammenhang? Begründe!
8 Nenne Hilfemaßnahmen, die du bei Knochenbrüchen, Verrenkungen oder Verstauchungen leisten kannst.
9 Diskutiere die Bilder ↑A und B, S. 164! Formuliere Gründe für die Unterschiede in der sportlichen Betätigung in verschiedenen Altersklassen bzw. bei Jungen und Mädchen!

Sinne erschließen die Welt

Mit unseren Sinnesorganen können wir die Umwelt erfassen. Doch erst im Gehirn werden diese Eindrücke verarbeitet. Das Gehirn sendet dann über die Nerven Signale zum Beispiel zu den Muskeln, wo diese Signale in Bewegung umgesetzt werden. Im Gehirn werden aber auch Pläne geschmiedet und Neues gelernt. Darüber hinaus steuert das Gehirn zahlreiche wichtige Körperfunktionen, wie beispielsweise die Atmung, Herzfrequenz, Nahrungsaufnahme und den Schlaf.

1 Der Mountainbiker und das Eichhörnchen sind darauf angewiesen, in Gefahrensituationen blitzschnell reagieren zu können. Wie aber können Reaktionen im Bruchteil einer Sekunde gesteuert werden und was leistet unser Nervensystem dabei?

2 Alles, was wir wissen und können, steckt in unserem Gehirn. So zum Beispiel auch die Fähigkeit des Fahrradfahrens. Wie kommt dieses Wissen und Können in unser Gehirn?

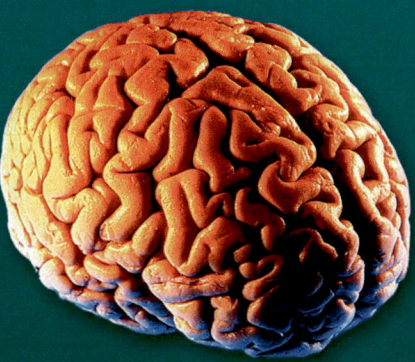

3 Im menschlichen Gehirn arbeiten entfernt gelegene Bereiche eng zusammen. Wie ist das menschliche Gehirn aufgebaut und welche Gehirnteile können unterschieden werden?

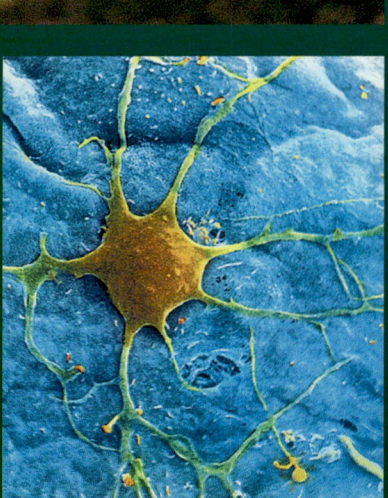

4 Eine Nervenzelle – welche Aufgaben übernimmt sie und wie kann sie diese erfüllen?

5 Bei „Sportspielen" auf der Spielkonsole muss man Situationen gut einschätzen und entsprechend reagieren. Wie koordiniert das Nervensystem die Sinneseindrücke und Muskelbewegungen?

Erfahrungen mit allen Sinnen

Ein Besuch auf der Kirmes ist ein Erlebnis, bei dem viele Sinne angesprochen werden. Von überallher dröhnt Musik, an den Fahrgeschäften blinken Lichter, bei den Imbissbuden riecht es nach gegrillten Würstchen, es duftet nach gebrannten Mandeln und Zuckerwatte. Bei einer Fahrt mit der Achterbahn wird es dir schon mal schwindlig.
Welche Sinne sind an der Wahrnehmung dieser Eindrücke beteiligt?

1 Auf der Kirmes

Beobachten Untersuchen Experimentieren

Sinnesparcours

Um herauszufinden, welche Sinne für welche Erfahrungen sorgen, könnt ihr einen Sinnesparcours aufbauen. An verschiedenen Stationen lassen sich durch Experimente interessante Dinge über unsere Sinne herausfinden. Mit einem Laufzettel ↑2 könnt ihr eure Ergebnisse festhalten und im Anschluss vergleichen.
Vorbereitung: Verschiedene Gegenstände werden in Probengefäße (Schachtel, undurchsichtige Filmdöschen) gelegt. Fragt eure Lehrerin oder euren Lehrer nach der Unbedenklichkeit der getesteten Substanzen. Erkundigt euch, ob eure Versuchsperson unter einer Allergie leidet.

3 Versuchsdurchführung

sche heraus, welches Material enthalten ist. (Testgegenstände: z. B. Erbsen, Reis)

1 Fühlbox: Eine Versuchperson mit verbundenen Augen entnimmt einer Schachtel Gegenstände und beschreibt sie möglichst genau. (Testgegenstände: z. B. ein Stück Seife, ein Tannenzapfen)

2 Schüttelbox: Eine Versuchsperson schüttelt gefüllte Behälter vorsichtig und findet anhand der Geräu-

3 Schnupperbox: Eine Versuchsperson mit verbundenen Augen schnuppert an Proben. (Testgegenstände: z. B. Gewürze, Parfüm)

4 Feinschmeckerstation: Lasst eine Versuchsperson mit verbundenen Augen Proben schmecken. (Testgegenstände: z. B. Apfel, Salzstangen)

Station	Wie heißt das Sinnesorgan?	Was machen wir damit?	Was nehmen wir damit wahr?	Beispiele
Fühlbox				
Schüttelbox				
Schnupperbox	Nase	Riechen	Geruch	fruchtig
Feinschmeckerstation				

2 Laufzettel

GRUNDLAGEN: **Reizbarkeit**

Jeden Augenblick in unserem Leben, auch wenn wir schlafen, wirken verschiedene Umwelteinflüsse auf unseren Körper ein. So merken wir, wenn es uns zu kalt ist, weil die Körpertemperatur sinkt, oder wir Hunger haben, weil keine Nahrung im Magen vorliegt. Berühren wir einen heißen Gegenstand oder trifft Lärm auf unser Ohr, erleiden wir Schmerzen, Verletzungen oder sogar Unfälle. Die Eigenschaft eines Organismus, die Einflüsse der äußeren und inneren Umwelt wahrzunehmen und darauf zu reagieren, bezeichnet man als Reizbarkeit.

Reizaufnahme Umwelteinflüsse auf den Organismus bezeichnet man als Reize. Man unterscheidet z. B. optische, chemische, akustische, thermische, mechanische und elektrische Reize sowie den Schwerereiz.↑4 Zur Aufnahme von Reizen benötigen wir Sinneszellen. Dies sind spezialisierte Nervenzellen, die in der Lage sind, ausschließlich nur einen bestimmten Reiz aufzunehmen. Viele Sinneszellen mit ähnlichen Aufgaben sind in speziellen Sinnesorganen zusammengefasst. So stellt das Auge ein Sinnesorgan dar, mit dem wir nicht nur Licht wahrnehmen können, sondern auch verschiedene Farben, Bewegungen oder Entfernungen unterscheiden können.

Das Ohr nimmt Schall wahr und kann verschiedene Tonhöhen unterscheiden. Einige Reize können wir nicht wahrnehmen. Tiere sind uns da überlegen.↑5,6 So können Elefanten Infraschall, Tauben das Magnetfeld der Erde und Bienen UV-Licht wahrnehmen.

5 Lorenzinische Ampullen eines Hais

6 Hund

4 Sinnesorgane und Reize, die sie aufnehmen

Arbeitsaufträge

1 Nennen Merkmale des Lebens und definiere den Begriff Reizbarkeit.

2 Was versteht man unter einem Reiz?

3 Ordne die Reizarten den Sinnesorganen in Bild ↑4 zu.

4 Welche besonderen Reize können die abgebildeten Tiere aufnehmen?

Wie wir hören

Im Straßenverkehr sind wir einer Fülle von Geräuschen ausgesetzt: Motorengeräusche von Autos und Motorrädern, Sirenen von Polizei- oder Rettungsfahrzeugen, Stimmen von Menschen und vieles mehr.
Wie nehmen wir dies wahr?
Was hören wir laut, was hören wir leise?

1 Auf einer Straße gibt es vielerlei Geräusche.

Beobachten *Untersuchen Experimentieren*

Versuche zum Hören

Was können unsere Ohren wahrnehmen? Welche Körperteile sind beteiligt, wenn wir etwas hören? Diese Fragen kannst du mithilfe von kleinen Versuchen selbst beantworten.

1 Was Geräusche verraten
   Setze dich mit geschlossenen Augen ans Fenster. Konzentriere dich auf Geräusche von draußen.
a Welche Geräusche kannst du erkennen und zuordnen? An welchen Merkmalen erkennst du die Geräusche?
b Aus welcher Richtung kommt das Geräusch? Kannst du sagen, wie weit die Geräuschquelle entfernt ist? Bewegt sie sich?
c Sind dir die Geräusche schon vorher aufgefallen? Hast du eine Erklärung dafür, dass du manche Geräusche erst jetzt bemerkst, obwohl sie die ganze Zeit schon da waren?

2 Eine Geräuschelandkarte erstellen
   Zeichne einen Plan eures Unterrichtsraums. Trage alle Geräusche ein, die du hörst. Ergänze wenn nötig die Umgebung des Unterrichtsraums.
a Unterscheide zwischen natürlichen Geräuschen und solchen, die von Maschinen oder Geräten erzeugt werden. Welche überwiegen?
b Vergleiche deine Karte mit der deines Nachbarn. Was fällt euch auf?
c Überlegt euch andere Orte – in der Schule, draußen oder zu Hause –, an denen ihr Geräuschelandkarten erstellen könnt. Vergleicht eure Ergebnisse.

2 Schallleitung durch Knochen

Beobachten **Untersuchen Experimentieren**

3 Hörfähigkeit
Eine Versuchsperson aus der Klasse sitzt mit verbundenen Augen vorne im Unterrichtsraum. Flüstert der Versuchsperson aus einer Richtung in verschiedenen Entfernungen Worte zu.
a Prüft zunächst, ob beide Ohren gleich gut hören. Dabei muss die Versuchsperson jeweils ein Ohr zuhalten.
b Hört die Versuchsperson mit zwei Ohren besser?

4 Knochen leiten Schall
Halte dir beide Ohren zu, sodass du nichts hörst. Deine Partnerin oder dein Partner hält dir nun eine angeschlagene Stimmgabel direkt ans Ohr. Dann setzt sie oder er dir die Stimmgabel direkt auf den Kopf, erst in die Mitte, dann rechts und links davon. ↑2

a Wann hörst du den Ton? Ändert sich der Höreindruck, wenn die Stimmgabel seitlich aufgesetzt wird?
b Warum kannst du hören, obwohl dein Gehörgang verschlossen ist?
c Für dich klingt deine Stimme anders, wenn du eine Aufnahme von dir hörst. Erkläre diese Wahrnehmung.

5 Tonhöhe
Ermittelt mithilfe eines Tongenerators bei mehreren Schülern die obere und die untere Hörgrenze.
a Bis zu welcher Tonhöhe könnt ihr hören? Lest die Frequenz in Hertz ab und notiert die Ergebnisse in einer Tabelle.
b Vergleicht die Ergebnisse der Schüler untereinander. Ergibt sich ein Unterschied zu denen der Lehrerin oder des Lehrers?

GRUNDLAGEN: Leistungen des Gehörs

Unser Gehör unterscheidet laut und leise, hoch und tief. Außerdem erkennen wir, woher ein Geräusch kommt. Viele Geräusche aus unserer vertrauten Umgebung nehmen wir erst dann bewusst wahr, wenn wir uns auf sie konzentrieren. Das Gehirn erfasst sie aber dennoch.
Die Leistungsfähigkeit unseres Gehörs ist aber auch begrenzt. Eine Hundepfeife beispielsweise können wir nicht hören. Sie erzeugt einen Ton, der oberhalb unserer Hörgrenze liegt. Manche Tiere hören noch viel höhere Töne, die man Ultraschall nennt. ↑3 Unser Hörbereich ist auch abhängig vom Alter und dem Einfluss schädlicher Lautstärken. Mittlere Tonhöhen können wir am deutlichsten hören.

Kurz und knapp **Das Gehör unterscheidet laut und leise, hoch und tief. Viele Geräusche nehmen wir nur wahr, wenn wir uns darauf konzentrieren. Nach oben hin gibt es eine Hörgrenze, die vom Alter und dem Einfluss schädlicher Lautstärken beeinflusst wird.**

Hörbereich verschiedener Lebewesen	
Lebewesen	Frequenz in Hertz
Mensch	
Kind	16 bis 20 000
35-Jähriger	16 bis 15 000
55-Jähriger	16 bis 12 000
Greis	16 bis 5 000
Hund	15 bis 50 000
Buchfink	240 bis 30 000
Heuschrecke	100 bis 100 000
Fledermaus	20 000 bis 150 000
Delfin	150 bis 280 000

3

Arbeitsaufträge

1 Man kann sagen, unser Gehirn filtert die Geräusche aus der Umgebung.
a Erläutere diese Aussage.
b Nenne mögliche Vorteile.
2 Warum halten Menschen bei Gesprächen hin und wieder eine Hand hinter ein Ohr?

3 Schwerhörige alte Menschen verstehen besser, wenn man mit etwas tieferer Stimme spricht, ohne dabei lauter zu werden. Erkläre.
4 Begründe, weshalb man beim Radfahren im Stadtverkehr auf Musik aus dem Kopfhörer verzichten sollte.

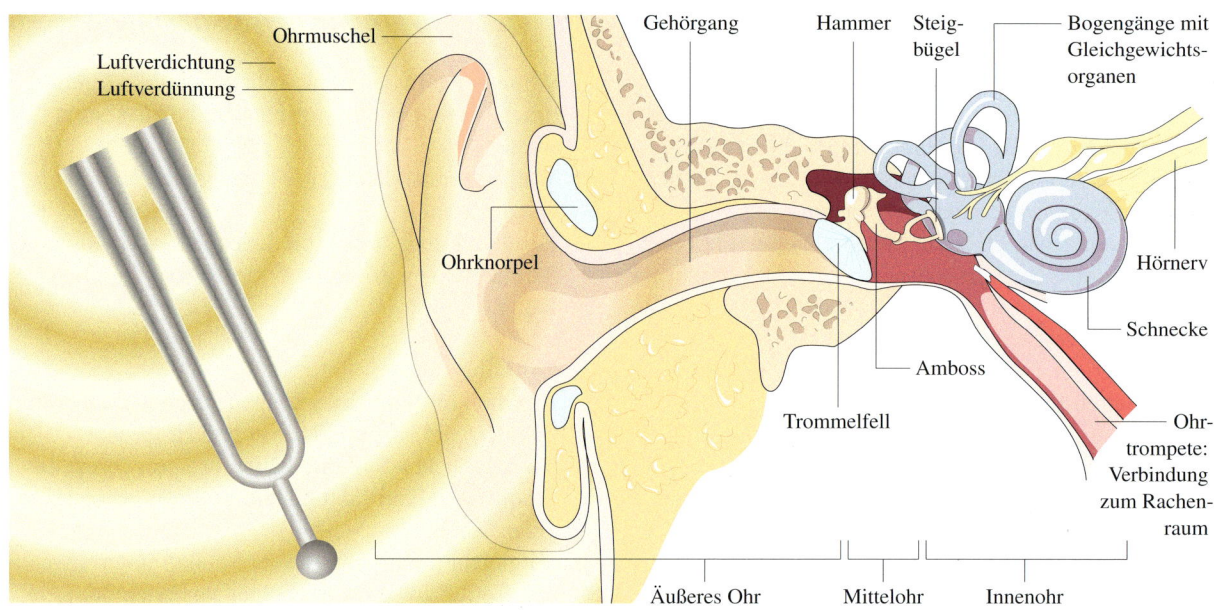

1 Bau des Ohrs. Man unterscheidet äußeres Ohr, Mittelohr und Innenohr.

GRUNDLAGEN: Schallempfang mit dem Ohr

Bau des Ohrs Das Außenohr besteht aus Ohrmuschel, Gehörgang und Trommelfell. ↑1 Das Mittelohr liegt in einer kleinen luftgefüllten Knochenhöhle. Es enthält die Gehörknöchelchen, ↑2 die das Trommelfell mit dem Innenohr verbinden. Das Innenohr ist mit Flüssigkeit gefüllt.

Außenohr Die Ohrmuscheln fangen den Schall auf. Der Schall wird durch den Gehörgang zum Trommelfell geleitet und versetzt es in Schwingung. Das Trommelfell ist ein dünnes Häutchen, eine Membran. ↑3

Mittelohr Die Gehörknöchelchen Hammer, Amboss und Steigbügel sind die kleinsten Knochen des Menschen. Sie werden durch das Trommelfell mitbewegt und übertragen die Schwingungen auf die Membran am Eingang des Innenohrs. Da die Knöchelchen wie Hebel wirken, verstärken sie den Schall. Diese Verstärkung ist nötig, weil im Innenohr eine Flüssigkeit in Schwingungen versetzt werden muss. Flüssigkeiten lassen sich schwerer in Bewegung setzen als Luft. Zum Druckausgleich ist das Mittelohr mit dem Rachenraum verbunden.

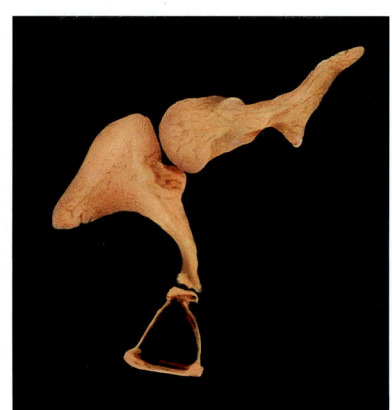

2 Gehörknöchelchen

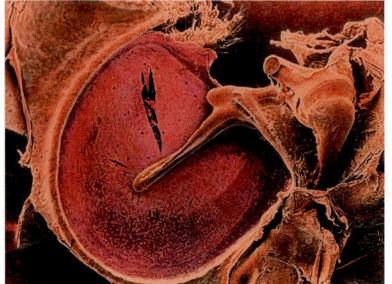

3 Trommelfell und Hammer

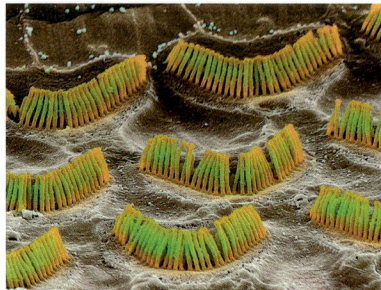

4 Hörsinneszellen in der Schnecke

Innenohr Die Schnecke im Innenohr ist das eigentliche Hörorgan. Hier befinden sich die Hörsinneszellen. ↑4 Diese Sinneszellen werden gereizt, wenn sich Schwingungen in der Flüssigkeit im Innenohr ausbreiten.
Über den Hörnerv senden die gereizten Sinneszellen Signale an das Gehirn. Das Gehirn wertet die Signale aus. Erst dadurch hören wir unser Lieblingslied, erkennen eine bekannte Stimme und wissen, dass ein Geräusch weit weg ist.

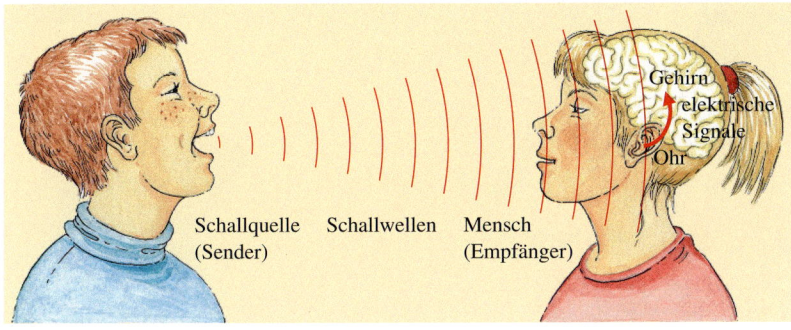

Schallquelle (Sender)   Schallwellen   Mensch (Empfänger)

5 Im Ohr werden Schallwellen in elektrische Signale „übersetzt".
Diese werden an das Gehirn weitergeleitet.

Kurz und knapp **Die Schallwellen werden von den Ohrmuscheln aufgefangen und zum Trommelfell geleitet (Außenohr). Im Mittelohr übertragen die Gehörknöchelchen die Schwingungen auf die Schnecke im Innenohr. Dort werden Wellen hervorgerufen, die die Hörsinneszellen in der Schnecke reizen. Im Gehirn werden die Signale ausgewertet.**

Gesundheit

Pflege des Ohrs
Drüsen in der Wand des Gehörgangs bilden Ohrenschmalz. Es verklebt Staubteilchen, sodass sie nicht bis zum Trommelfell gelangen und sich dort ablagern können. Wenn wir die Kiefer bewegen, wird das Ohrenschmalz nach außen befördert. Das kannst du spüren, wenn du deine Finger leicht in den Gehörgang steckst und dann Kaubewegungen machst. Du musst deshalb deine Ohren nur äußerlich reinigen. Nimm am besten einen Handtuchzipfel, sei aber sehr vorsichtig. Bohre nie in den Gehörgang hinein, auch nicht mit einem Wattestäbchen. Dabei würdest du das Ohrenschmalz zu einem Pfropf zusammenschieben, der das Trommelfell behindert. Nur ein Arzt kann einen solchen Pfropf entfernen. Stecke niemals spitze Gegenstände ins Ohr!

Arbeitsaufträge

1 Beschreibe den Weg eines Musikstücks vom Instrument bis zur Wahrnehmung im Gehirn.

2 Stelle in einer Tabelle die Bestandteile des Ohrs und ihre jeweiligen Funktionen zusammen.

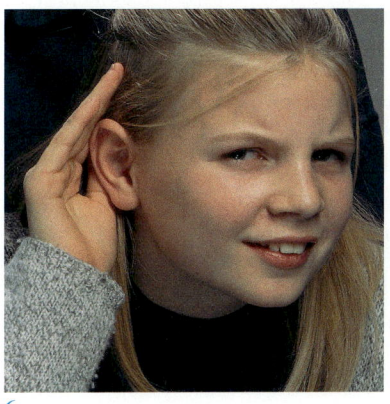

6

3 Führe folgenden Versuch zur Bedeutung der Ohrmuscheln durch:
Im Zimmer wird eine Schallquelle aufgestellt, z. B. ein laut tickender Wecker.

a Lausche auf das Geräusch. Drücke deine Ohrmuscheln mit den Fingern ganz zurück an den Kopf.
Dann biegst du sie nach vorne. Halte die Handflächen hinter die Ohrmuscheln und vergrößere sie so. ↑6
Decke die Ohrmuscheln mit den Händen von vorne ab.

b Wie ändert sich jeweils der Höreindruck? Erkläre die Ergebnisse.

4 Weshalb hört man sich auch dann sprechen, wenn beide Ohren fest verschlossen sind?

5 Bei einem Schnupfen kann das Fahren in einem schnellen Lift Ohrenschmerzen hervorrufen. Erkläre.

6 Eine bakterielle Erkrankung des Nasen-Rachen-Raums kann zu einer Mittelohrentzündung führen.

a Erläutere mithilfe von Bild ↑1, auf welchem Weg die Bakterien in das Mittelohr gelangen.

b Ohne Behandlung kann die Entzündung auf die Gehörknöchelchen, das Trommelfell oder das Innenohr übergreifen. Überlege dir mithilfe des Textes mögliche Folgen.

Unsere Ohren können noch mehr

Kinder spielen auf der Straße. Sie sind sehr in ihr Spiel vertieft. Ein Auto nähert sich. Ein Junge ruft: „Achtung, ein Auto!" Die Kinder schauen schnell in die Richtung, aus der das Auto kommt, und laufen beiseite.
Wieso wussten sie, woher das Auto kommt, noch bevor sie es gesehen hatten?

1 Die Kinder sind in ihr Spiel vertieft.

Beobachten Untersuchen **Experimentieren**

„Mit dem zweiten hört man besser"
Wie können wir erkennen, aus welcher Richtung ein Geräusch kommt? Brauchen wir zwei Ohren dafür?

1 Aus welcher Richtung klatscht es?
Material: dunkler Schal, Watte oder Ohrstöpsel
Durchführung: Verbindet einer Versuchsperson die Augen. Stellt euch im Kreis um die Versuchsperson herum auf und klatscht einzeln in die Hände. Kann sie angeben, aus welcher Richtung das Klatschen kommt? Nun verschließt sich die Versuchsperson ein Ohr mit einem Wattebausch oder einem Ohrstöpsel. Wieder soll sie sagen, woher das Klatschen kommt.
Auswertung: Vergleicht die Anzahl der „Treffer" ohne und mit Ohrstöpsel. Was zeigt dieser Versuch über das Richtungshören?

2 Wie wir die Richtung hören
Material: Gummischlauch (etwa 1 m), Stift, Filzstift
Durchführung: Markiere mit dem Filzstift die Mitte des Gummischlauchs. Dein Partner setzt sich mit dem Rücken zum Tisch und hält die Schlauchenden in seine Ohren. Der Schlauch liegt dabei hinter ihm auf dem Tisch. Klopfe mit dem Stift leicht an verschiedenen Stellen auf den Schlauch. Tauscht die Rollen.
Auswertung: Kann dein Partner angeben, ob du links, rechts oder in der Mitte geklopft hast? Ist er sich sicher? Findet eine Erklärung für das Ergebnis.

3 „Vertauschte Ohren"
Material: 2 Trichter, 2 Gummischläuche (je 1 m), Klebeband, Holzleiste (ca. 1 m)
Durchführung: Stecke die Gummischläuche auf die Trichter und befestige sie mit Klebeband auf der Leiste. ↑2 Stelle dich in die Mitte des Klassenzimmers, schließe die Augen und halte die Enden der Schläuche an deine Ohren. Deine Mitschüler klatschen wieder abwechselnd in die Hände. Vertausche die Enden der Schläuche. Versuche jeweils anzugeben, aus welcher Richtung das Klatschen kommt.
Auswertung: Vergleicht die Anzahl der „Treffer". Beurteilt, wie sich das „Vertauschen der Ohren" auf das Richtungshören auswirkt.

2 Versuchsdurchführung

GRUNDLAGEN: Richtungshören

Unser Gehör unterscheidet nicht nur, ob ein Geräusch laut oder leise, ein Ton hoch oder tief ist. Es kann auch wahrnehmen, aus welcher Richtung der Schall kommt. Das funktioniert aber nur mit beiden Ohren. Der Schall trifft in einem unserer Ohren etwas schneller ein als in dem anderen. ↑3 Aus dem kleinen Zeitunterschied ermittelt das Gehirn die Richtung. Das Richtungshören ermöglicht uns beispielsweise im Straßenverkehr, Gefahrenquellen sicher zu orten.

Kurz und knapp **Mit zwei Ohren können wir hören, aus welcher Richtung Geräusche kommen. So können wir Gefahren sicher ausweichen und uns im Straßenverkehr besser zurechtfinden.**

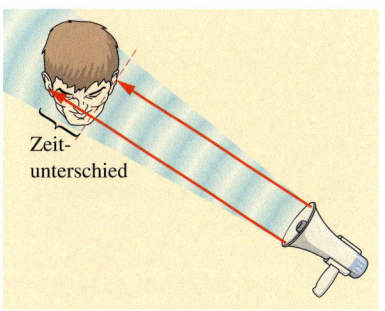

3 Richtungshören

Gesundheit

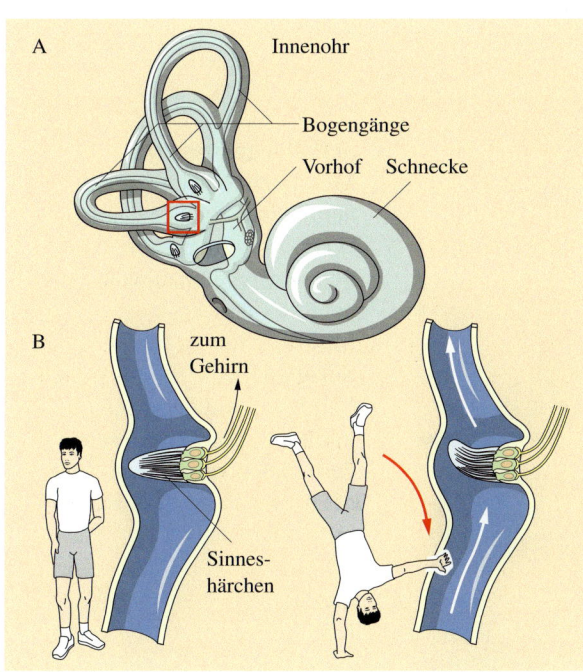

4 Wenn wir unsere Lage verändern, werden die Sinneshärchen abgelenkt.

Gleichgewicht halten mit den Ohren

Im Innenohr befindet sich neben der Schnecke auch unser Gleichgewichtsorgan. Es besteht aus dem Vorhof und den drei Bogengängen. ↑4A Sie sind mit einer zähen Flüssigkeit gefüllt. In ihrem Innern befinden sich feine Sinneshärchen, die von der Flüssigkeit abgelenkt werden, wenn wir uns bewegen. ↑4B Sie melden jede Änderung dem Gehirn, sodass wir immer wissen, wo oben und unten ist, ob wir uns vorwärts oder rückwärts bewegen oder den Kopf drehen.

5 Auch in der Kurve hält der Snowboardfahrer das Gleichgewicht.

Arbeitsaufträge

1 Du bist auf dem Weg zur Schule. Hinter dir klingelt ein Radfahrer. Erkläre anhand einer Skizze, wie dein Gehör die Richtung erkennt. Nimm Bild ↑3 als Vorlage.

2 Stelle dir vor, unsere Ohren säßen auf der Stirn oder am Hinterkopf. Welche Funktion unseres Gehörs wäre dadurch beeinträchtigt? Erläutere.

3 Manche Tiere können ihre Ohrmuscheln getrennt voneinander drehen. Welche Vorteile ergeben sich daraus?

4 Fülle eine große Schale zur Hälfte mit Wasser. Gib vorsichtig eine kleine Schale hinein und stelle beide auf einen Drehstuhl. Drehe den Stuhl und halte ihn dann an. Was zeigt dieses Modell?

Viel Lärm macht krank

Der Junge in der S-Bahn hat alles um sich herum vergessen. Er hört seine Lieblingsmusik vom MP3-Player – in voller Lautstärke! Was er seinen Ohren da zumutet, ist unter Umständen genauso gefährlich, wie ohne Gehörschutz neben einem Presslufthammer zu sitzen. Laute Musik oder Lärm – für unsere Ohren macht das keinen Unterschied.
Was richtet Lärm im Körper an?
Wie kann ich mich schützen?

1 Wenn andere Fahrgäste mithören können, ist die Musik mit Sicherheit zu laut!

Beobachten **Untersuchen** *Experimentieren*

Was ist Lärm?

Das empfindet jeder anders. Es kommt auf die Einstellung an und in welcher Situation man sich befindet. Allgemein gilt: Lärm ist Schall, der unangenehm ist und stört.

1 „**Lärmtagebuch**" Schreibe auf, wann und wo du Geräusche als unangenehm empfindest. Schätze die Lautstärke nach der unten abgebildeten Skala. ↑2
Was fällt dir auf?
Notiere, wie sich in den genannten Situationen der Lärm auf deinen Körper auswirkt.

Vergleiche deine Erfahrungen mit denen deines Nachbarn. Überlegt gemeinsam, wie ihr euch vor Lärm schützen könnt.

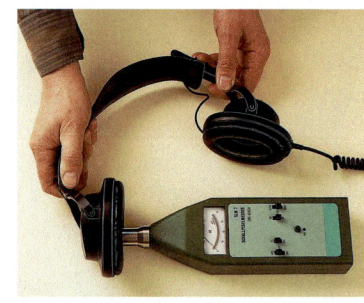

3

2 **Schallpegelmessung**
Messt den Schallpegel mit einem Schallpegelmessgerät an verschiedenen Stellen in der Schule. Richtet dabei das eingebaute
Mikrofon immer direkt auf die Schallquelle.
Vergleicht mit der dB(A)-Skala und tragt die Ergebnisse auf einem Plakat zusammen.
Messt auch an einem Kopfhörer mit voller Lautstärke. ↑3

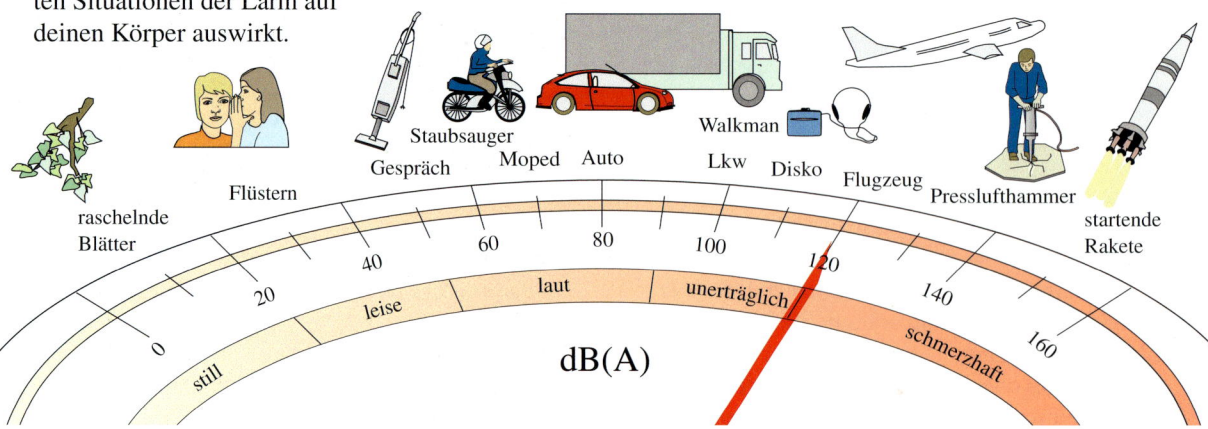

2 Verschiedene Lautstärken auf der Dezibel-A-Skala, abgekürzt dB(A)

GRUNDLAGEN: Schall kann die Ohren „betäuben"

Die Musik in der Disko war super, nur ein bisschen zu laut. Draußen fühlt man sich wie betäubt. Das liegt daran, dass die Hörsinneszellen überlastet sind und nicht mehr richtig funktionieren. Sie können sich innerhalb einiger Tage wieder erholen.

Sehr laute oder andauernde Geräusche können das Gehör jedoch auch dauerhaft schädigen. Gefährlich ist dabei die hohe Schallenergie, die auf die Sinneszellen im Innenohr einwirkt. Dies kann dazu führen, dass die Sinneshärchen abknicken und die Zellen absterben.

Kurzfristige Wirkungen des Lärms:
Erhöhung des Blutdrucks,
Beschleunigung der Atmung,
Beschleunigung des Stoffwechsels,
Verlangsamung des Kreislaufs,
Verlangsamung der Verdauung ...

Lang andauernde Lärmbelastungen:
führen zu Erkrankungen, z. B.
Gehörschäden,
Kreislaufschäden,
erhöhtem Herzinfarktrisiko,
Magen-Darm-Erkrankungen.

... werden spürbar durch:
Kopfschmerzen,
Übelkeit,
Muskelverspannung,
Müdigkeit,
Nervosität,
Konzentrationsschwächen.

4 Lärm wirkt sich auf den ganzen Körper aus.

Arbeitsaufträge

1 Beschreibe, wie sich große Schallstärken auf den menschlichen Körper auswirken. ↑4

2 Ein Teil unserer Hörsinneszellen stirbt durch natürliches Altern ab. Sie können nicht ersetzt werden. Laute Musik kann zusätzliche Sinneszellen zerstören. ↑5 Erläutere mögliche Folgen.

3 Mehr als 3 Millionen Menschen empfinden ständig Geräusche in ihrem Ohr, obwohl von außen kein Schall ins Ohr dringt. Die Ärzte nennen diese Krankheit Tinnitus (von lateinisch tinnire: zwitschern). Informiere dich, wie diese Krankheit entsteht und wie sie behandelt werden kann.

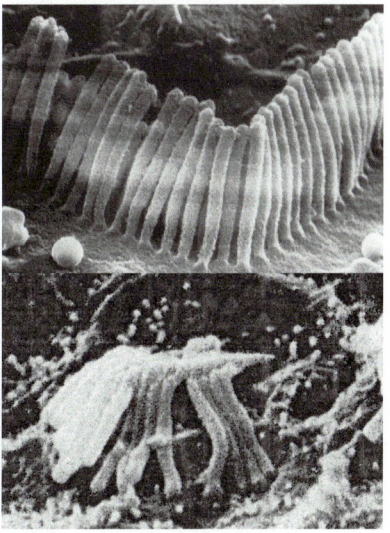

5 Gesunde (oben) und geschädigte (unten) Sinneshärchen im Innenohr

4 Fasse die Aussage von Bild ↑6 in wenigen Sätzen zusammen.

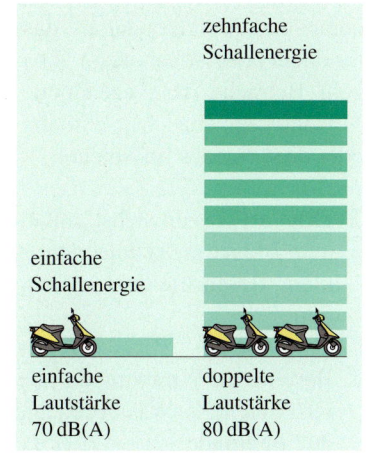

zehnfache Schallenergie

einfache Schallenergie

einfache Lautstärke 70 dB(A)	doppelte Lautstärke 80 dB(A)

6 Lautstärke und Schallenergie

Schau mir in die Augen!

Man sieht seinem Gegenüber selten länger und ganz direkt in die Augen. Wenn du die Augen deines Tischnachbarn aber einmal genau betrachtest, kannst du bereits viele Einzelheiten entdecken. Wie das Auge im Innern gebaut ist und wie es funktioniert, lässt sich von außen allerdings nicht erkennen. Wie sind unsere Augen aufgebaut? Was leisten sie? Wie werden die Augen geschützt?

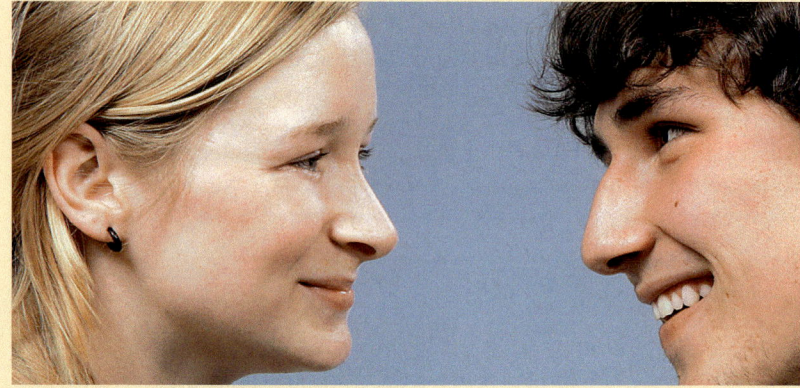

1 Ein Blick in die Augen

Beobachten *Untersuchen Experimentieren*

2 Bild für Aufgabe 6

Äußerer Bau und Schutzeinrichtungen des Auges

In Partner- oder Selbstversuchen lässt sich einiges über den Bau und die Schutzeinrichtungen des Auges herausfinden. Achtet darauf, dass ihr dabei äußerst behutsam vorgeht. Betrachte das Auge einer Mitschülerin, eines Mitschülers oder dein eigenes im Spiegel.

1 Zeichne, was du siehst, mit einem Bleistift. Zeichne nicht zu klein. Beschrifte deine Zeichnung.

2 Berühre die Wimpern des oberen Augenlids. Was beobachtest du? Begründe.

3 Ziehe vorsichtig das untere Augenlid etwas abwärts. Du kannst nun die Augenbindehaut und auf der Nasenseite die Öffnung des unteren Tränenkanals sehen. Ergänze deine Zeichnung.

4 Ein Auge ist geschlossen. Halte das obere Lid des offenen Auges fest. Blicke nun nach unten, ohne den Kopf zu senken. Weshalb siehst du fast nichts? Wiederhole vor einem Spiegel und erkläre.

5 Setzt euch zu zweit gegenüber. Schließt für 30 Sekunden die Augen und haltet sie zusätzlich mit den Händen zu. Blickt danach eurem Gegenüber in die Augen. Achtet auf die Pupillen. Was geschieht? Findet eine Erklärung.

6 Schließe das rechte Auge, halte das Buch mit ausgestreckten Armen vor dich und fixiere mit dem linken Auge den weißen Punkt. ↑2
Bewege das Buch auf dich zu. Was geschieht mit dem Kreuz? Erkläre deine Beobachtung mithilfe von Bild ↑4.

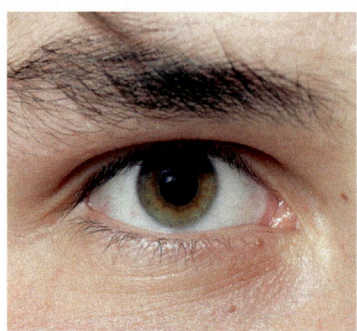

3 Blick auf das Auge

GRUNDLAGEN: Bau des Auges

Aufbau des Auges Von außen lassen sich Augenbrauen, -lider und -wimpern sowie weiße Lederhaut, Iris und Pupille erkennen. ↑3 Leder-, Ader- und Netzhaut bilden die äußeren Schichten des Augapfels. Im Innern befinden sich die Linse und der Glaskörper, der eine durchsichtige, gallertartige Flüssigkeit enthält. Durch Pupille, Linse und Glaskörper dringt Licht in das Auge. Auf der Netzhaut befinden sich etwa 120 Millionen Sinneszellen für das Hell-Dunkel-Sehen und etwa 6 Millionen Sinneszellen für das Farbensehen. Lichtreize werden dort in Erregungen umgewandelt und über den Sehnerv zum Gehirn weitergeleitet. Am blinden Fleck, wo der Sehnerv ins Auge eintritt, befinden sich keine Sinneszellen. ↑4

Schutzeinrichtungen des Auges Äußerlich sind unsere Augen durch die Augenbrauen, Augenlider und Wimpern geschützt. ↑5 Sie verhindern, dass Staub und Schweiß eindringen. Beim Lidschlag wird das Auge mit Tränenflüssigkeit benetzt und Fremdkörper werden weggespült.

Basiskonzept

Struktur und Funktion
Die Bestandteile des Auges sind so aufgebaut, dass sie ihre Funktion optimal erfüllen können. Hornhaut, Linse und Glaskörper zum Beispiel haben eine durchsichtige Struktur, sodass Lichtstrahlen sie durchdringen können. Der unmittelbare Zusammenhang zwischen dem Bau eines Organs und seiner Funktion ist ein wichtiges Prinzip, das sich bei allen Lebewesen finden lässt.

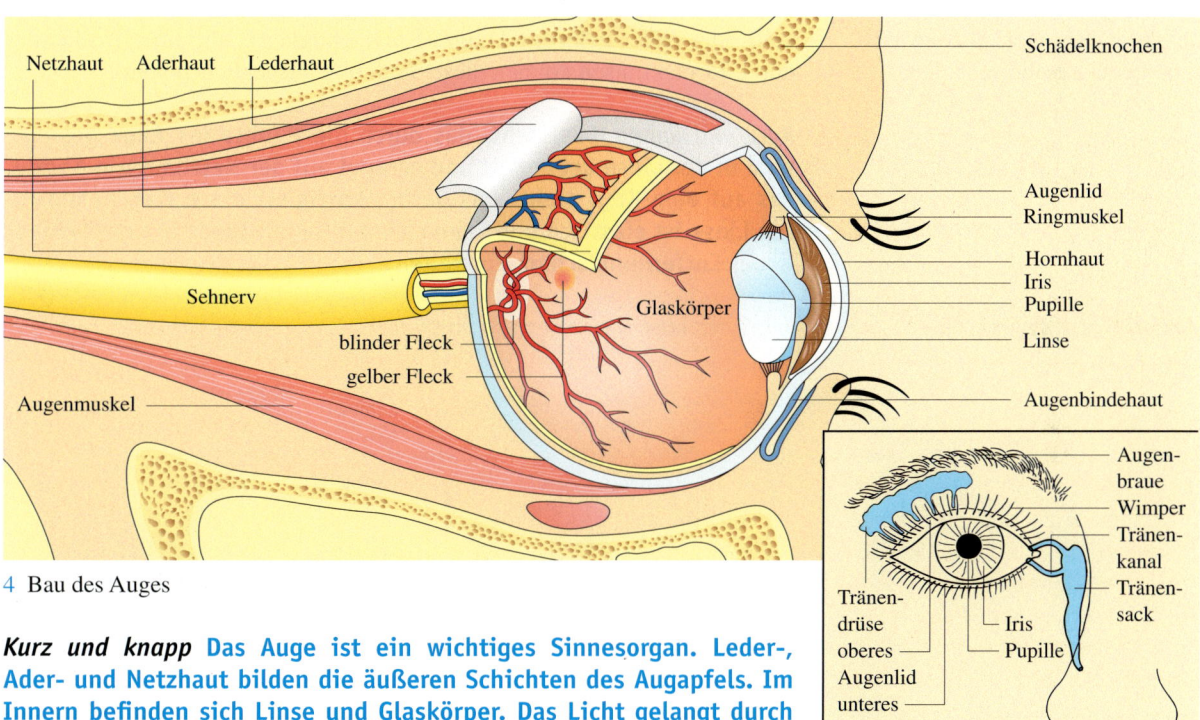

4 Bau des Auges

5 Schutzeinrichtungen des Auges

Kurz und knapp **Das Auge ist ein wichtiges Sinnesorgan. Leder-, Ader- und Netzhaut bilden die äußeren Schichten des Augapfels. Im Innern befinden sich Linse und Glaskörper. Das Licht gelangt durch die Pupille, die Linse und den Glaskörper auf die Netzhaut, wo die Sinneszellen liegen.**

Arbeitsaufträge

1 Erkläre mithilfe von Bild ↑5, weshalb man sich beim Weinen die Nase schnäuzen muss.
2 Erläutere, weshalb trockene Heizungsluft schlecht für die Augen ist.
3 Wann wird die Pupille kleiner, wann wird sie größer? Nenne Vorteile dieser Anpassungsfähigkeit.

Der Pupillenreflex ist auch eine Schutzvorrichtung. Erkläre.
4 Finde weitere Beispiele für den Zusammenhang von Bau und Funktion beim menschlichen Auge. ↑Basiskonzept

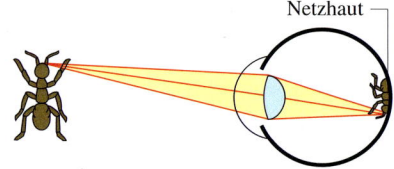

1 Auf der Netzhaut entsteht ein umgekehrtes Bild.

Schon gewusst?

Im Alter wird die Linse weniger elastisch und lässt sich nicht mehr so stark wölben wie in der Jugend. Der Nahpunkt verschiebt sich vom Körper weg. Dies nennt man Altersweitsichtigkeit. Deshalb brauchen viele ältere Menschen eine Lesebrille.

GRUNDLAGEN: Das Auge erzeugt Bilder

Bildentstehung auf der Netzhaut Licht fällt durch die Pupille ins Auge. In der Linse wird das Licht gebündelt. Dabei kehrt sich das Bild um, sodass das Bild, das sich auf der Netzhaut abbildet, auf dem Kopf steht. ↑1 Das Gehirn hat sich bereits kurze Zeit nach der Geburt daran gewöhnt. Das Bild, das im Gehirn entsteht, erscheint uns dann richtig herum.

Die Linse stellt das Bild scharf Die Linse ist elastisch und kann durch den Ringmuskel gestreckt oder gewölbt werden. ↑4 S.179 So kann das Auge Gegenstände in unterschiedlicher Entfernung scharf abbilden. Die Elastizität der Linse ist aber beschränkt. Ist der Gegenstand zu nah am Auge, können wir ihn nicht mehr scharf sehen. Der Abstand, bei dem wir einen Gegenstand gerade noch scharf wahrnehmen, heißt Nahpunkt.

Sehfehler Bei vielen Menschen ist der Augapfel nicht ganz kugelrund, sondern geringfügig in die Länge gezogen oder abgeflacht. Die Linse kann dann entweder nur weiter entfernte Dinge scharf abbilden (Weitsichtigkeit) oder näher gelegene Dinge (Kurzsichtigkeit). Mit einer Brille oder durch Kontaktlinsen können diese Sehfehler ausgeglichen werden.

Kurz und knapp Das Licht, das durch die Pupille ins Auge gelangt, wird in der Linse gebündelt und erzeugt auf der Netzhaut ein Abbild, das auf dem Kopf steht. Das Gehirn korrigiert diese Wahrnehmung. Die Linse ist elastisch und kann sich auf Gegenstände in unterschiedlicher Entfernung scharf einstellen.

Arbeitsaufträge

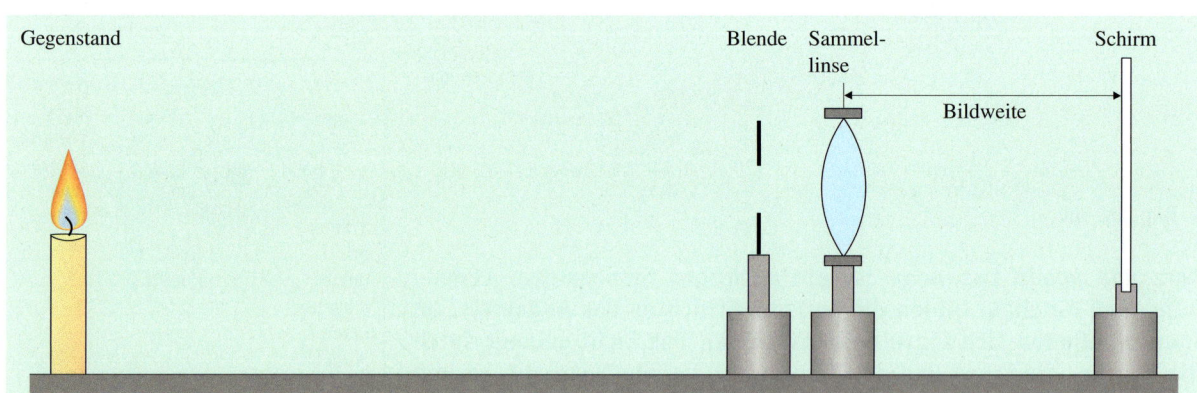

2 Modellauge

1 Baut ein Modellauge wie in Bild ↑2 dargestellt.
a Vergleicht das Modellauge mit dem echten Auge. Welche Teile des Modells entsprechen welchen Teilen des Auges?
b Stellt die Kerze so auf, dass auf dem Schirm ein scharfes Bild entsteht. Wie erscheint die Kerze auf dem Schirm?

c Entfernt nun die Kerze weiter von der Linse. Wie verändert sich das Bild?
d Probiert, ob eine dickere oder dünnere Linse an der gleichen Stelle ein besseres Bild liefert.
2 Erläutere die Rolle des Gehirns für den Sehvorgang.

Versuche zum Sehen

1 Trägheit des Auges
Zeichne auf die Vorderseite einer weißen Pappscheibe einen Vogel, auf die Rückseite einen Vogelkäfig. Stanze links und rechts in die Pappscheibe ein Loch und befestige daran zwei Gummiringe. Verdrille die Gummiringe durch mehrmaliges Drehen und lass dann die Scheibe los. ↑3
Beschreibe deine Beobachtung.

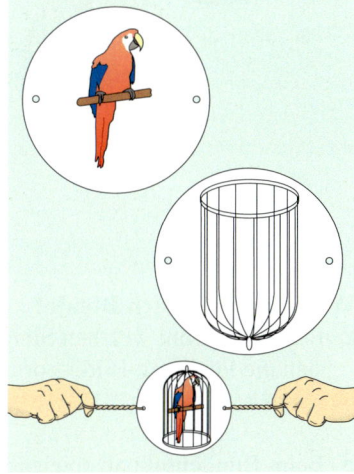

3

2 Zwei Netzhautbilder – ein Bild
Rolle ein Blatt Papier zu einer Röhre zusammen und halte es vor ein Auge. Mit dem anderen Auge blickst du auf die Hand direkt neben der Röhre. ↑6
Vergleiche den Seheindruck, der mit beiden Augen entsteht, mit dem Seheindruck, wenn du nur mit dem rechten oder dem linken Auge blickst.

3 Räumliches Sehen
a Halte mit ausgestrecktem Arm einen Bleistift in Augenhöhe. Schließe abwechselnd das linke und das rechte Auge. Beschreibe deine Beobachtung.
b Stelle den Bleistift senkrecht auf den Tisch. Schließe ein Auge und versuche mit der Fingerspitze die Bleistiftspitze zu treffen. Versuche dasselbe, indem du beide Augen offen hältst. Führe dazu zwei Versuchsreihen mit je 10 Tests durch. Vergleiche die Versuchsergebnisse und erkläre sie.

4 Stereobilder
a Vergleiche zunächst die beiden Quadrate. ↑5
b Stelle eine Postkarte auf die Linie der Abbildung. Gehe mit deiner Nase so nahe an das Papier heran, dass das linke Auge nur die linke Abbildung, das rechte Auge nur die rechte Abbildung sieht. Bei entspannten Augen verschmelzen die Teilbilder zu einer räumlichen Figur. Versuche deine Beobachtungen zu erklären.

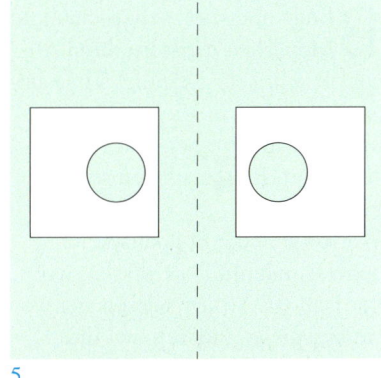

5

5 Kontrastverstärkung
Betrachte die Kreisflächen und die umliegenden Felder in Bild ↑4.
Beschreibe deine Wahrnehmung. Fertige eine Maske an, die nur die umliegenden Felder abdeckt. Was nimmst du nun wahr? Vergleiche deine Ergebnisse und versuche diese zu erklären.

4

Blindsein – Leben mit Hindernissen

Blinde und stark sehgeschädigte Menschen meistern ihren Alltag oft sehr selbstständig. Viele stehen genauso wie Nichtbehinderte im Beruf und treiben in ihrer Freizeit Sport. Einige spielen sogar Fußball.

Wie können die Fußballspieler beim Blindenfußball wissen, wo der Ball ist? Woher wissen sie, wo sie hinspielen müssen, wo ihre Mitspieler oder Gegner sind?

1 Blindenfußball

Beobachten *Untersuchen* Experimentieren

Blindsein und Orientierung

Bei den folgenden Versuchen könnt ihr herausfinden, wie sich Blinde im Alltag zurechtfinden. Bevor ihr anfangt, sorgt dafür, dass genug Bewegungsfreiheit im Klassenraum ist, oder geht auf den Schulhof. Achtet dabei auf die Sicherheit und beseitigt Stolperfallen.

Blindes Vertrauen

1 Arbeitet zu zweit. Verbindet dem Partner die Augen und führt ihn durch die Klasse oder über den Schulhof.

a Führt den Partner an der Hand, ohne mit ihm zu sprechen.

b Berührt den Partner nicht, sondern leitet ihn nur mit gesprochenen Anweisungen. Wechselt die Rollen und sprecht nachher über eure Erfahrungen. Wann habt ihr euch sicher gefühlt, wann unsicher?

2

Wie orientieren sich Blinde?

2 Beschreibe, mit welchen Sinnen sich die Person in Bild ↑2 orientieren kann.

3 Beim Blindenfußball spielen je vier Blinde oder sehgeschädigte Spieler gegeneinander. ↑1 Unterschiede im Sehvermögen werden durch eine Augenbinde ausgeglichen. Die Torhüter sind nicht blind. Stellt Vermutungen darüber an, wie sich die Spieler beim Blindenfußball orientieren könnten.

4 Informiert euch im Internet über Blindenfußball (z. B. bei www.wikipedia.de).

GRUNDLAGEN: **Blinde können Bücher lesen**

Geschärfte Sinne Blinde Menschen sind entweder von Geburt an blind oder durch eine Verletzung oder Krankheit erblindet. Sie orientieren sich mit den anderen Sinnen, die bei ihnen durch das Fehlen des Sehsinns geschärft sind, z. B. mithilfe des Tastsinns. Besonders große Bedeutung hat für sie das Gehör. Viele Blinde sind musikalisch begabt und einige, wie Ray Charles oder Stevie Wonder, haben in der Musikgeschichte Berühmtheit erlangt. ↑6

3 Blindenschrift lesen

4 Braillezeile

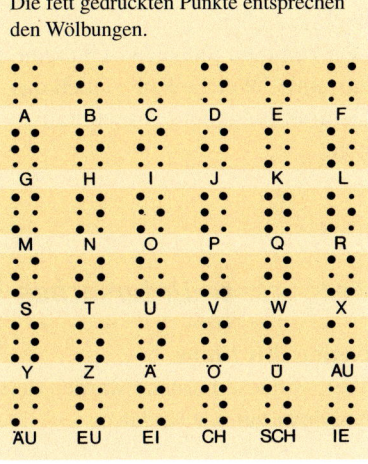

Die fett gedruckten Punkte entsprechen den Wölbungen.

5 Blindenschrift

Hilfsmittel In heutiger Zeit steht Blinden wie auch hochgradig Sehbehinderten eine Vielzahl von Hilfsmitteln zur Verfügung. Mithilfe der Blindenschrift, der Brailleschrift ↑5, können sie auch Bücher lesen. Mit dem Computer können sie in normaler Schrift schreiben. Eine besondere Vorrichtung, die Braillezeile, übersetzt den Text auf dem Bildschirm in Blindenschrift. ↑4

Kurz und knapp **Blinde und stark sehbehinderte Menschen sind in besonderer Weise auf ihre anderen Sinne angewiesen. Diese Sinne sind bei ihnen geschärft. Heute stehen Sehbehinderten viele technische Hilfsmittel zur Verfügung.**

6 Ray Charles

Arbeitsaufträge

1 Befrage einen blinden oder sehbehinderten Menschen. Wie kommt er im Alltag zurecht? Welche Hilfsmittel nutzt er?

2 Informiere dich über bestehende Hilfsmittel für blinde Menschen. Denke dir eigene Hilfsmittel aus. Notiere jeweils, welche Sinne diese Hilfen ansprechen.

3 Nimm einen Bogen festes Papier und schreibe deinen Namen in Blindenschrift, indem du mit einem Stift von hinten hineindrückst.

4 Schreibe eine kurze Botschaft in Blindenschrift an deine Nachbarin oder deinen Nachbarn.

5 Informiere dich über blinde oder beinahe blinde Tierarten. Wie orientieren sie sich? Welche Sinne oder Sinnesorgane sind besonders ausgebildet? Beschreibe jeweils den Lebensraum und die Lebensweise der Tiere.

Sinnesorgane und Gehirn arbeiten zusammen

Jeder weiß aus Erfahrung, dass man die Sonne nicht in die Hand nehmen kann. Trotzdem sieht es auf dem Foto so aus, als ob sie auf die Größe eines Tennisballs geschrumpft wäre. Unser Gehirn bekommt hier über die Augen Informationen, die seiner Erfahrung widersprechen.

Wie kommen Sinnestäuschungen zustande? Welche Rolle spielt das Gehirn bei Sinneswahrnehmungen?

1 Geschrumpfte Sonne?

Beobachten **Untersuchen Experimentieren**

Getäuschte Sinne

Viele Sinneseindrücke werden durch unsere Erfahrungen bestätigt oder ergänzt.

1 Betrachte die Bilder unten und beschreibe deine Eindrücke.

2 Stell dir vor, du hast noch niemals ein Motorrad gesehen. Wirst du es in Bild ↑2 erkennen? Begründe.

2 Nur schwarze Flecke?

3 Eine alte oder eine junge Frau?

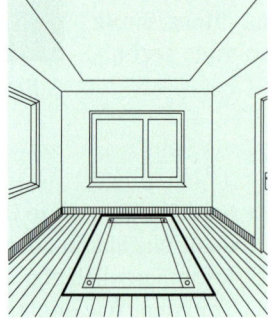

4 Teppich im Raum

3 Kannst du beide Frauen in Bild ↑3 gleichzeitig sehen? Versuche eine Erklärung zu finden.

4 Miss in Bild ↑4 mit einem Lineal die hintere Wand und die vordere Teppichkante. Finde heraus, wie dieses Bild unsere Wahrnehmung beeinflusst.

5 Führt folgendes Experiment durch:
a Wählt eine oder mehrere Versuchspersonen und schickt sie vor die Klassentür.
b Füllt je eine Plastikschale mit kaltem (etwa 10 °C), warmem (etwa 35 °C) und lauwarmem Wasser (kaltes und warmes Wasser mischen). Beschriftet die Schalen. ↑5 Die Versuchspersonen sollen die Schilder aber nicht sehen können.

5 Versuchsanordnung

c Eine Versuchsperson wird hereingebeten. Sie taucht die linke Hand etwa 30 Sekunden lang in das warme Wasser und gleichzeitig die rechte Hand in das kalte. Anschließend soll sie beide Hände zugleich in die Schale mit dem lauwarmen Wasser tauchen.
d Was empfindet die Versuchsperson?
e Wiederholt den Versuch mit den anderen Versuchspersonen. Vergleicht und diskutiert die Ergebnisse.

GRUNDLAGEN: Der Körper reagiert auf Reize

Reizaufnahme Reize sind Informationen aus der Umwelt, die wir wahrnehmen können. Für jeden Reiz besitzt der Mensch ein Sinnesorgan mit spezialisierten Sinnes- oder Rezeptorzellen. So können die Sehzellen im Auge bestimmte Wellenlängen des Lichts aufnehmen, die Hörsinneszellen nehmen Schallwellen auf und Riechzellen in der Nasenschleimhaut reagieren auf bestimmte Moleküle in der Luft. Eine Sinneszelle reagiert nur auf einen ganz bestimmten Reiz, den adäquaten Reiz. Zudem muss die Reizstärke stimmen. So hören wir sehr leise Töne gar nicht, zu laute Töne können Schmerzen oder sogar Schäden der Hörzellen verursachen. Nicht alle Umweltreize können vom Menschen erfasst werden. So haben wir im Gegensatz zu Vögeln keinen Sinn, mit dem wir das Magnetfeld der Erde wahrnehmen können.

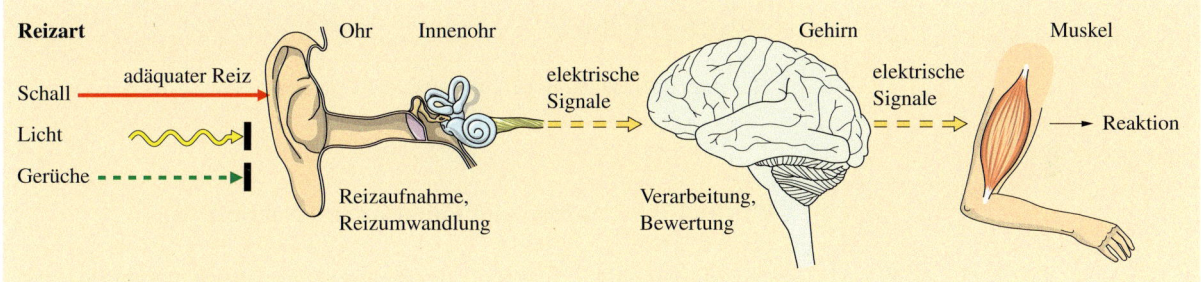

6 Vom Reiz zur Reaktion

Signalumwandlung, -weiterleitung und -verarbeitung So unterschiedlich Sinneszellen auch sind, so ist doch allen gemeinsam, dass ein ausreichend starker Reiz immer in ein elektrisches Signal umgewandelt wird. ↑6 Die Signale werden über das Nervensystem an unser Gehirn weitergeleitet, gebündelt und analysiert. Die dabei ablaufenden Prozesse sind so kompliziert, dass sie bis heute nur in Ansätzen erforscht sind. Klar ist jedoch, dass alle eintreffenden Signale immer mit bereits im Gehirn gespeicherten Informationen (Signalmustern) verglichen werden. Je bekannter diese sind, desto schneller läuft deren Bearbeitung ab. Störreize wie laute Geräusche beim Lesen behindern und verlangsamen die Bearbeitung der eintreffenden Signale.

Reizbeantwortung und Reaktion Nach der Analyse der ankommenden Signale beantwortet das Gehirn diese und sendet Befehle ebenfalls in Form von elektrischen Signalen an die ausführenden Körperteile. Dies können Muskeln oder auch Drüsen (z. B. Schweißdrüsen) sein. Die ankommenden Signale rufen in diesen Organen eine entsprechende Reaktion hervor.

Kurz und knapp Umweltreize werden durch Sinnesorgane wahrgenommen, die diese in elektrische Signale umwandeln. Über das Nervensystem werden die Signale an das Gehirn weitergeleitet, wo sie verarbeitet werden. Das Gehirn sendet Befehle, die in den ausführenden Organen eine Reaktion hervorrufen.

Das Nervensystem im Überblick

Ein Tennismatch: Der Gegner hat gerade den Ball gespielt. Nun gilt es, die Flugbahn des Balls zu erahnen, einen Plan für die eigene Platzierung des Balls zu entwerfen und die dafür notwendige Schlagbewegung zu koordinieren. Gleichzeitig müssen der Herzschlag und die Atmung an die körperliche Betätigung angepasst werden.

Wie ist das Nervensystem aufgebaut, damit es all diese Vorgänge gleichzeitig koordinieren kann?

1 Bei einer sportlichen Betätigung sind alle Teile des Nervensystems aktiv.

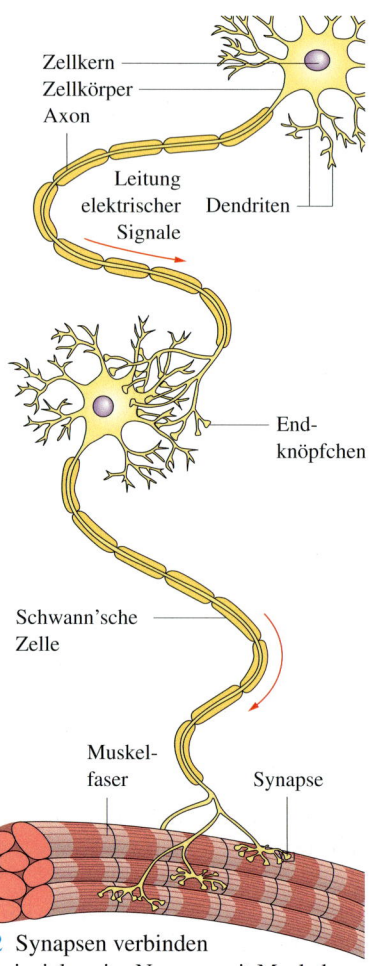

2 Synapsen verbinden beispielsweise Nerven- mit Muskelzellen.

GRUNDLAGEN: Aufbau und Funktion von Nervenzellen

Nervenzellen sind die Grundbaueinheit des Nervensystems und spezialisierte tierische Zellen. Sie besitzen einen Zellkern, Zellplasma, Mitochondrien und eine Zellmembran. Darüber hinaus haben auch einige funktionell bedingte Besonderheiten. So ist der Zellkörper, ähnlich einer Baumwurzel, sehr verzweigt. Diese sogenannten Dendriten (griech. dendron = Baum) dienen als Empfangsstationen für Reize oder elektrische Impulse von anderen Nervenzellen. Im Zellkörper wird der Reiz in einen elektrischen Impuls, die Erregung, umgearbeitet und an das Axon weiter gegeben. Das Axon kann bei einem Durchmesser von 0,01 Millimeter bis zu 1 m lang werden. Axone dienen der Weiterleitung der elektrischen Impulse zur nächsten Nervenzelle oder zu einem Organ (z. B. einem Muskel). Schwannsche Zellen, die das Axon umkleiden, erhöhen die Leitungsgeschwindigkeit. Sie kann 120 m/s erreichen. Axon und Schwannsche Zellen bilden eine Nervenfaser.

Synapsen Die Verbindungen, die eine Nervenzelle mit anderen Zellen eingeht, bezeichnet man als Synapsen. ↑2 Man unterscheidet chemische und elektrische Synapsen. Bei elektrischen Synapsen kann ein elektrischer Impuls direkt an die Nachbarzelle weitergegeben werden.

Bei den chemischen Synapsen besteht ein Spalt zwischen Synapse und Zelle, der synaptische Spalt. Elektrische Impulse, die über das Axon laufen, können diesen nicht überspringen. Sie enden am synaptischen Endknöpfchen.

Damit der Impuls nicht verloren geht, findet nun eine chemische Weiterleitung statt. Erreicht ein elektrischer Impuls die Endknöpfchen, so werden Überträgerstoffe in den synaptischen Spalt ausgeschüttet. Die benachbarte Zelle besitzt im Bereich der Synapse spezielle Rezeptoren, die von den Überträgerstoffen besetzt werden und neue elektrische Impulse auslösen.

GRUNDLAGEN: Gliederung des Nervensystems

Alle Nervenzellen des Körpers bilden das Nervensystem. Es übernimmt die folgenden Funktionen: Reizaufnahme, Verarbeitung, Weiterleitung von Erregungen und Speicherung von Informationen. Die Bestandteile des Nervensystems kann man räumlich gliedern. Bei dieser Gliederung wird das Nervensystem in Zentralnervensystem (ZNS) und peripheres Nervensystem (PNS) unterteilt. ↑3, 4

Das ZNS lässt sich noch einmal in Gehirn und Rückenmark gliedern. Das Rückenmark liegt im Wirbelkanal der Wirbelsäule und verbindet das Gehirn mit den restlichen Organen. Es ist in der Lage, einfache Reaktionen zu steuern (z. B. den Kniesehnenreflex). Im Gehirn werden Reaktionen geplant und entsprechende Befehle zur Steuerung an die Organe des Körpers gesendet. Das Gehirn dient auch der Wahrnehmung und Erinnerung. Nervenfasern, die Informationen in Form von Erregungen an das Rückenmark und Gehirn leiten, bezeichnet man als sensible oder afferente Nervenfasern. ↑5 Nervenfasern, die vom ZNS zu den Organen des Körpers führen und z. B. Bewegungen steuern oder Drüsen zur Tätigkeit anregen, heißen motorische oder efferente Nervenfasern.

Kurz und knapp **Nervenzellen als Grundbaueinheit des Nervensystems sind spezialisierte Nervenzellen und dienen der Reizaufnahme. Besondere Bauteile sind Dendriten, Zellkörper, Axon, Axonendköpfchen und Synapsen. Das Nervensystem ist in ZNS und PNS gegliedert. Es dient der Reizaufnahme und Verarbeitung, der Erregungsleitung und Speicherung von Informationen.**

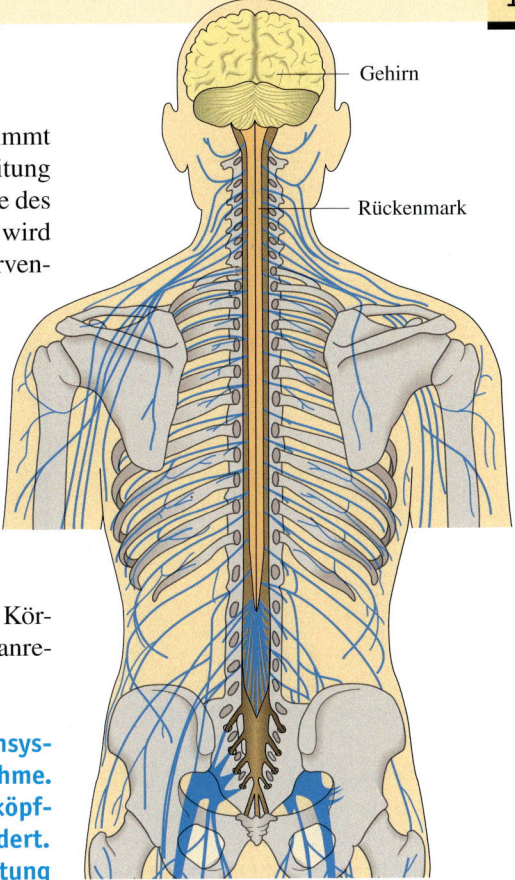

Gehirn

Rückenmark

4 Organisation von ZNS (gelb, orange) und peripherem Nervensystem (blau)

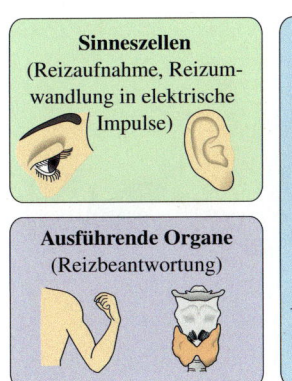

Sinneszellen
(Reizaufnahme, Reizumwandlung in elektrische Impulse)

Ausführende Organe
(Reizbeantwortung)

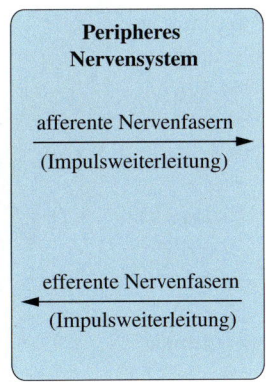

Peripheres Nervensystem

afferente Nervenfasern
(Impulsweiterleitung) →

← efferente Nervenfasern
(Impulsweiterleitung)

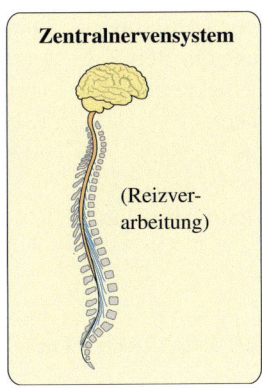

Zentralnervensystem

(Reizverarbeitung)

3 Vom Reiz zur Reaktion: Zusammenwirken von PNS und ZNS

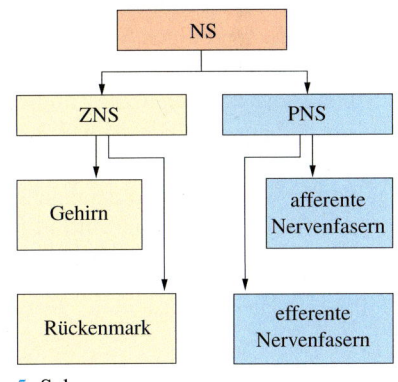

| NS |
ZNS	PNS
Gehirn	afferente Nervenfasern
Rückenmark	efferente Nervenfasern

5 Schema

Arbeitsaufträge

1 Stelle in einer Übersicht den Zusammenhang von Bau und Funktionen einer Nervenzelle zusammen.

2 Rechne die Leitungsgeschwindigkeit eines Axons in km/h um.

3 Belege die Aussage: „Nervenzellen sind tierische Zellen.".

4 Suche Gründe, warum es nicht möglich ist, das Nervenzellen den Reiz weiterleiten.

5 Beschreibe die Vorgänge im Körper, wenn man sich an der Hand verbrennt.a Benenne die beteiligten Organe und stelle die Abläufe in einem Fließschema dar.

Wozu dienen Reflexe?

Jeder kennt das: Man geht barfuß und tritt plötzlich auf einen spitzen Stein. Noch ehe man weiß, was eigentlich geschehen ist, hat man das Bein bereits zurückgezogen.

Warum erfolgt die Reaktion so schnell, schneller als sie mir bewusst wird?

1 „Aua! Was hat dort im Gras gelegen?"

Beobachten Untersuchen **Experimentieren**

Gestolpert und nicht hingefallen!

Das ist ja noch mal gut gegangen! Die Kante auf dem Weg hattest du glattweg übersehen. Du stolperst, aber dein Körper hat blitzschnell reagiert. Eine Teilreaktion kannst du nun untersuchen.

Material: Stuhl

Durchführung: Arbeitet in Zweiergruppen (A und B).

A: Setze dich auf einen Stuhl und schlage ein Bein über das andere. Lass das Bein ganz locker hängen und schau entspannt zur Zimmerdecke.

B: Erfühle unterhalb des Knies das Ende der Kniescheibe. Schlage mit der Außenkante der Hand von vorne dosiert gegen die Sehne unterhalb der Kniescheibe (Nicht so wie in Bild ↑2!).

Auswertung: Beschreibt eure Beobachtung.

Wurde die Reaktion bewusst ausgeführt? Zur Beantwortung dieser Frage versucht die Ausführung zu verhindern. Aber ohne die Muskeln anzuspannen! Schätzt die Länge der Reaktionszeit ab.

Die Reaktion war: sehr langsam, langsam, mittel, schnell oder sehr schnell.

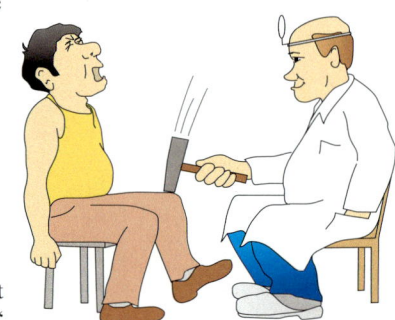

2 „Aua, das hat wehgetan!"

GRUNDLAGEN: Das Rückenmark

Aufbau des Rückenmarks Als bei Erwachsenen etwa fingerdicker Nervenstrang liegt das Rückenmark im Wirbelkanal der Wirbelsäule. Hier ist es durch die knöchernen Wirbel gut geschützt. Ähnlich wie beim Gehirn sorgt ein flüssigkeitsgefüllter Raum für zusätzliche Polsterung. So ist das empfindliche Nervengewebe vor Erschütterungen geschützt.

Im Querschnitt des Rückenmarks erkennt man im Innern eine schmetterlingsförmige Gestalt, die graue Substanz. ↑3 Sie besteht vor allem aus Zellkörpern. Der sie umgebende Bereich besteht überwiegend aus den Axonen der Nervenzellen und ist durch die Hüllzellen hell gefärbt. Diese Fläche wird als weiße Substanz bezeichnet.

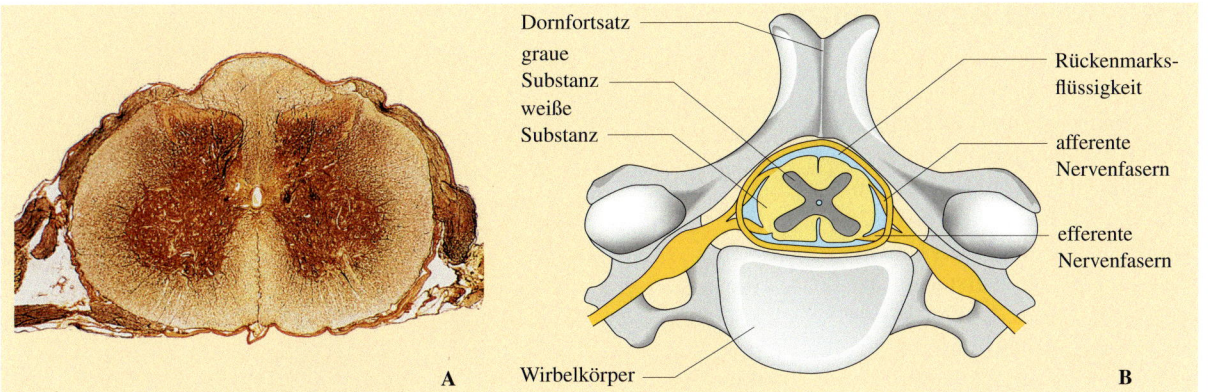

3 A Querschnitt durch das Rückenmark; B Aufsicht auf einen Wirbel im Bereich der Halswirbelsäule

Zwischen den Wirbeln verlassen seitlich auf der dem Bauch zugewandten Seite efferente Nerven das Rückenmark und ziehen zur Skelettmuskulatur. Ebenfalls seitlich, doch mehr dem Rücken zugewandt, treten afferente Nerven in das Rückenmark ein und übermitteln Impulse von den Sinnesorganen.

Beugereflex ↑4 Auf der Fußunterseite finden sich besonders viele Sinneszellen in der Haut, darunter auch Schmerzrezeptoren. Werden diese gereizt, so senden sie elektrische Impulse über afferente Nerven zum Rückenmark. Dort werden Impulse direkt auf efferente Nerven übertragen, die zur Beinmuskulatur ziehen: Schon hat der Unterschenkelbeuger den Fuß weggezogen. Man spricht von einem Reflexbogen. Gleichzeitig werden auch Nerven erregt, die ins Gehirn ziehen. Die Reaktion hat aber bereits stattgefunden, noch ehe der Schmerz bewusst wird.
Viele Reflexe sind angeboren und haben vor allem Schutzfunktion. Der Körper reagiert auf einen bestimmten Reiz immer gleich: Beim Stolpern bringt ein Stolperreflex, zu dessen Gruppe auch der Kniesehnenreflex gehört, das Bein schnell nach vorne, sodass wir uns abfangen können. Berühren wir mit der Hand versehentlich eine heiße Herdplatte, so haben wir sie bereits zurückgezogen, wenn uns klar wird, dass sie heiß ist. Meist beschränken sich Reflexe auf einfache Bewegungsmuster.

Kurz und knapp **Das Rückenmark verbindet als dicker und gut geschützter Nervenstrang das Gehirn mit dem Körper. In ihm verlaufen sowohl afferente als auch efferente Nerven. Zudem ist das Rückenmark die Schaltzentrale für Reflexe. Hierbei handelt es sich um rasch ablaufende, unbewusste Reaktionen des Körpers ohne Beteiligung des Gehirns. Sie besitzen häufig Schutzfunktion.**

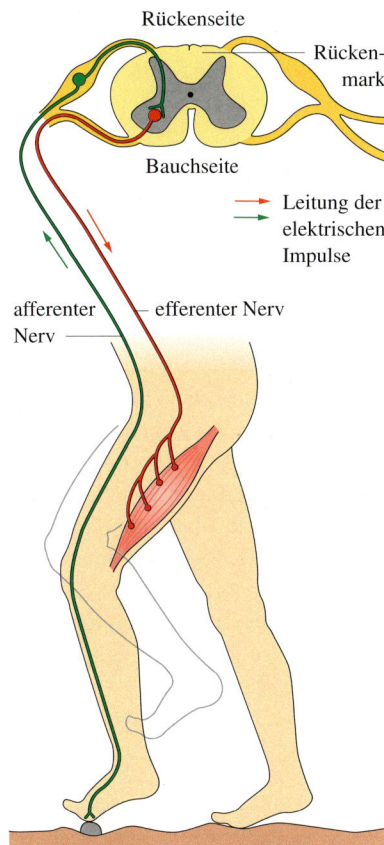

4 Ablauf des Beugereflexes

Arbeitsaufträge

1 Ein Fußballspiel: Der Stürmer schießt aus kurzer Distanz. Mit einer blitzschnellen Bewegung kann der Torwart den Ball zur Ecke lenken. Der Reporter spricht von einem tollen Reflex. Beurteile diese Aussage.

2 Vergleiche die Aufgaben von Rückenmark und Gehirn. Nenne Gemeinsamkeiten und Unterschiede.

3 Wird das Rückenmark verletzt, so treten je nach Ort der Verletzungen Lähmungen auf. Erkläre mithilfe von Bild ↑4 S.187.

Wie arbeitet unser Gehirn?

Wenn du einen Apfel isst, Fahrrad fährst oder schläfst, dein Gehirn ist immer aktiv. Es allein macht dich zu dem, der du bist. Manche behaupten, es ist das komplexeste Gebilde des Universums und nicht zu verstehen. Sicher ist, dass es der Ort unserer Gedanken, der Ursprung fast all unserer Taten, der Sitz unseres Bewusstseins und Willens und die oberste Schaltzentrale unseres Nervensystems ist. Was leistet unser Gehirn eigentlich alles und wie ist es aufgebaut?

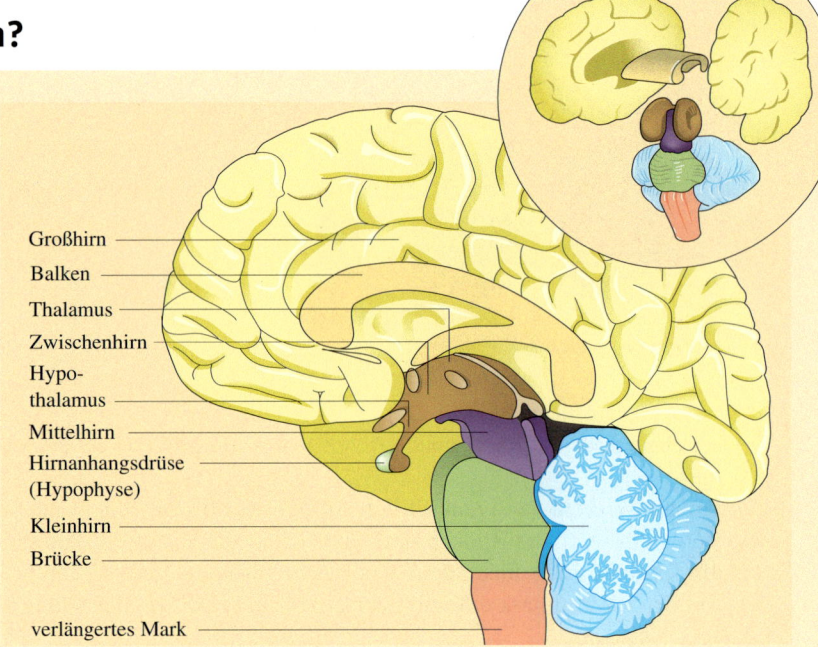

Großhirn
Balken
Thalamus
Zwischenhirn
Hypothalamus
Mittelhirn
Hirnanhangsdrüse (Hypophyse)
Kleinhirn
Brücke
verlängertes Mark

1 Das menschliche Gehirn (unten: Aufsicht auf eine Hirnhälfte von der Hirnmitte, oben: Lage der Gehirnteile zueinander)

Schon gewusst?

Mehr Platz durch Windungen
Windungen und Furchen vergrößern die Oberfläche des Großhirns. Dies ist bei allen höheren Tieren der Fall. Man geht davon aus, dass die Lebewesen umso besser auf unvorhersagbare Situationen reagieren und komplexere Probleme lösen können, je größer die Großhirnrinde ist.

GRUNDLAGEN: Bau und Funktion des Gehirns

Auf Grund des Aufbaus lässt sich das menschliche Gehirn in verschiedene Gehirnteile unterscheiden, die aber nicht isoliert, sondern in noch größtenteils nicht verstandener Weise zusammenarbeiten.

Das Großhirn macht den größten Teil des menschlichen Gehirns aus. Es besteht aus zwei Schichten: der äußeren grauen Substanz, die aus dicht gepackten Nervenzellkörpern besteht, und der inneren weißen Substanz. Letztere besteht aus den Nervenfasern der Nervenzellen. Im Großhirn werden Bewegungen, Handlungen und soziales Verhalten geplant. ↑2 Es ist ein Hauptort des Lernens und hier wird Gelerntes abgespeichert. Es ist

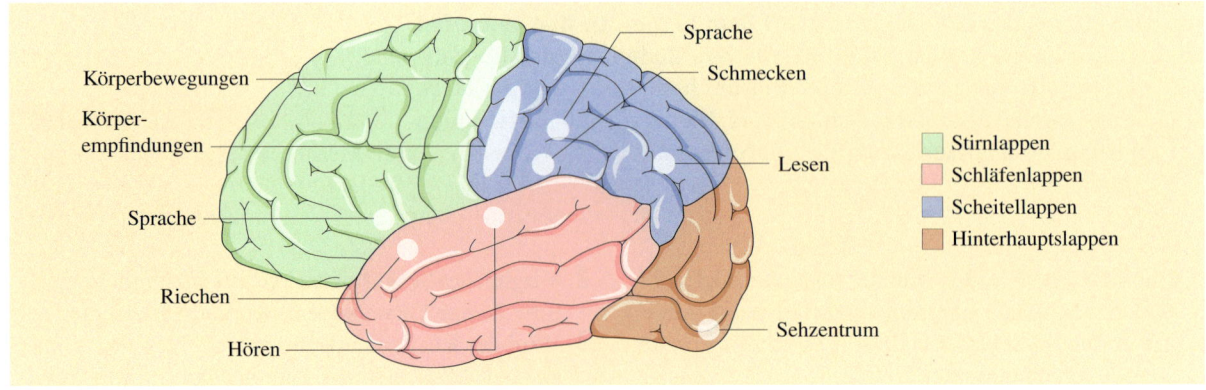

Körperbewegungen
Körperempfindungen
Sprache
Riechen
Hören
Sprache
Schmecken
Lesen
Sehzentrum

Stirnlappen
Schläfenlappen
Scheitellappen
Hinterhauptslappen

2 Verortung von Funktionen in der linken Hälfte des Großhirns

außerdem Sitz der Sprache, der Intelligenz und der Urteilskraft. Kurzum: Hier denken wir und machen uns ein Bild von uns selbst, von unserem Innern und von unserer Umwelt. Dabei arbeiten verschiedene Areale des Großhirns zusammen.

Das Kleinhirn ist der zweitgrößte Teil unseres Gehirns. Während das Gehirn Befehle für Bewegungen nur grob ausarbeitet, werden diese Befehle in fein abgestimmte Bewegungen umgearbeitet. Außerdem werden hier Bewegungsprogramme, die einmal erlernt wurden, abgespeichert.

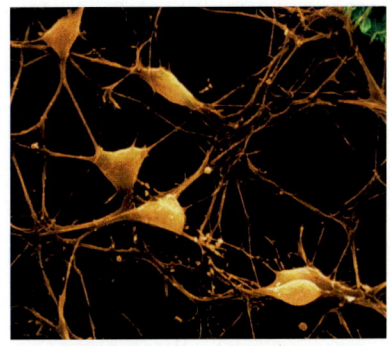

3 Verschaltete Nervenzellen

Das Zwischenhirn besteht aus Thalamus und Hypothalamus. Der Thalamus erhält Informationen von den Sinnesorganen und entscheidet über die Wichtigkeit einer Information. Bemerkt er z. B. eine Gefahr alarmiert er unser Großhirn. Der Hypothalamus kontrolliert wichtige Körperfunktionen wie Hunger und Durst, aber auch Gefühle wie Ärger und Lust. Er ist eng mit dem Hormonsystem verknüpft und diesem übergeordnet.

Das Mittelhirn ist ein kleiner Hirnabschnitt, durch den alle aus dem Körper aufsteigenden bzw. absteigenden Nervenbahnen führen. Es ist über die Brücke und das verlängerte Mark mit dem Rückenmark verbunden.

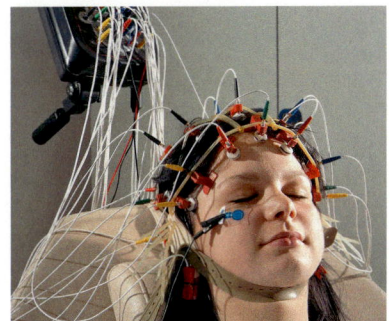

4 Kopf mit EEG-Anschlüssen

Der Hirnstamm ist der entwicklungsgeschichtlich älteste Teil unseres Gehirns. Er wird aus verschiedenen Hirnteilen gebildet und steht mit anderen Hirnteilen wie z. B. Zwischenhirn, Großhirn und Mittelhirn in Verbindung. Der Hirnstamm stellt die Verbindung zwischen Großhirn und Rückenmark her. Er steuert Körperfunktionen wie Atmung, Herzschlag, Blutdruck, Pupillen- und Augenbewegung, Husten, Schlucken und Speichelfluss.

Messbare Verschaltung Nervenzellen sind untereinander vernetzt und tauschen mittels Hirnströmen Informationen aus. Durch Messung von diesen Hirnströmen kann man die Funktionen des Gehirns erforschen. Beim EEG werden die Ströme mit aufgesetzten Elektroden erfasst. ↑4 Mittels Magnetresonanztomographie (MRT) kann man die Funktionsweise des Gehirns berührungslos erforschen. ↑5

Kurz und knapp **Das menschliche Gehirn besteht aus verschiedenen Bauteilen, die unterschiedliche Funktionen erfüllen. Alle Bauteile des Gehirns arbeiten unterschiedlich intensiv zusammen.**

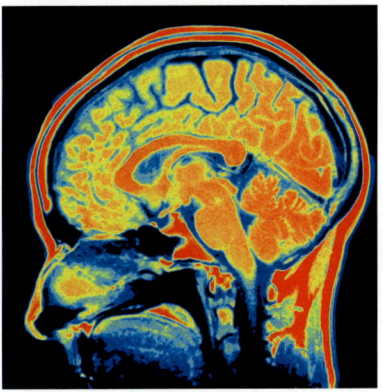

5 Bild eines MRT

Arbeitsaufträge

1 Stelle in einer Übersicht die Hirnteile und ihre Funktionen zusammen!

2 Phines Gage war ein geachteter, zuverlässiger Vorarbeiter einer Stahlbaufirma, dem bei einer Explosion eine Eisenstange durch den Stirnbereich des Großhirns drang. Er überlebte. Von einem kameradschaftlichen geachteten Vorgesetzten wurde er quasi über Nacht zu einem stets unzufriedenen, unzuverlässigen Menschen.

a Was kann man aus dieser Verhaltensänderung über das Großhirn ableiten?

b Hätte er auch überlebt, wenn die Stange durch den Hirnstamm gegangen wäre? Begründe.

3 Operationen am Gehirn (z. B. Tumoroperationen) führt man immer bei vollem Bewußtsein durch. Dabei werden benachbarte Hirnteile ständig mit schwachen Stromstößen gereizt.

a Warum macht man das? Begründe.

b Warum sind die Patienten dabei ohne Schmerzen?

Wie Lernen und Behalten funktionieren

Sicher bist du schon des Öfteren gefragt worden: „Na, was hast du heute in der Schule gelernt?" Beim Versuch einer konkreten Antwort wirst du merken, dass du einiges behalten, aber mindestens genauso viel bereits wieder vergessen hast. Wahrscheinlich hat dich noch niemand gefragt: „Wie hast du heute in der Schule gelernt?" Hättest du eine Antwort?

1　Lernen kann man auf unterschiedliche Art und Weise.

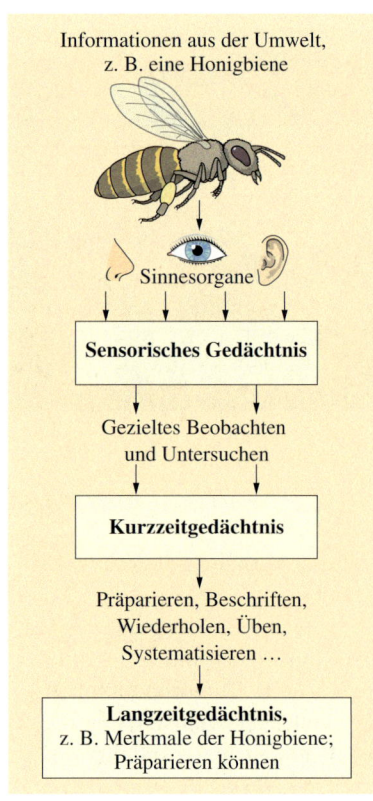

Informationen aus der Umwelt, z. B. eine Honigbiene

Sinnesorgane

Sensorisches Gedächtnis

Gezieltes Beobachten und Untersuchen

Kurzzeitgedächtnis

Präparieren, Beschriften, Wiederholen, Üben, Systematisieren …

Langzeitgedächtnis, z. B. Merkmale der Honigbiene; Präparieren können

2　Ein Gedächtnismodell im Zusammenhang mit Lernvorgängen

GRUNDLAGEN: Lernen

Unsere Wahrnehmung In jeder Sekunde unseres Lebens, auch im Schlaf, nehmen unsere Sinnesorgane unüberschaubare Mengen von Informationen auf. Viele diese Informationen sind uns nicht bewusst, andere nehmen wir wahr, vergessen sie aber schnell. Nur einige wenige werden zu unserem Wissen. Unter Wissen verstehen wir „Wissen, dass". So zum Beispiel die Kenntnis über verschiedene Fakten. Unter Können verstehen wir dagegen ein „Wissen wie". Ein Beispiel ist die Fähigkeit, Fahrrad zu fahren. Wissen ist die Voraussetzung für Können und bestimmt dies. Nur Informationen, die zu unserem Wissen werden, können unser Verhalten ändern. Damit wir Wissen anwenden können, muss es Eingang in unser Gedächtnis finden. Wie entsteht ein Gedächtnis?

Lernen und Gedächtnis – ein Modell Lern- und Speichervorgänge sind sehr komplex und noch nicht in allen Teilen verstanden. Um Wissen im Gedächtnis zu speichern, müssen wir es aktiv erlernen. Beim Lernen werden verschiedene Hirnbereiche aktiviert. So unterstützt das limbische System den Lernprozess im Großhirn, da in diesem Bereich Emotionen wie Motivation, und Lust aktiv sind. Wer keine Lust zum Lernen hat, lernt schlecht. Beim Lernen verändert sich das Gehirn. Das geschieht jedoch langsam und erst bei mehrmaligem Wiederholen und unter Benutzung verschiedener Hirnbereiche bleibt das Erlernte im Gedächtnis. Man unterscheidet daher mehrere Phasen des Lernens, die zur Gedächtnisbildung führen. Die erste Phase wird als unmittelbares oder sensorisches Gedächtnis bezeichnet. Es behält Erlerntes nur für wenige Sekunden. Sind diese Informationen für uns von Bedeutung und werden sie mehrmals wiederholt, gelangen sie in das Kurzzeitgedächtnis. Es kann weniger Informationen aufnehmen, behält diese aber für ca. 15–30 Minuten. Wird dieses Wissen auch weiterhin benötigt und angewendet, gelangt es in das Langzeitgedächtnis. Hier kann es Tage bis Jahre oder ein Leben lang gespeichert sein. Wissen wird umso fester gespeichert, je mehr es mit bereits erlerntem Wissen verknüpft werden kann. Das Entwerfen von Mindmaps, Begriffssysteme oder Fließschemata sind daher eine gute Möglichkeit, Begriffe miteinander zu vernetzen und den Lernprozess zu fördern. ↑2

Was geschieht beim Lernen im Gehirn Lernprozesse sind an die Tätigkeit von Nervenzellen gebunden. Dabei werden Informationen zwischen den Nervenzellen ausgetauscht. Die Effektivität des Informationsaustausches ist aber nicht bei allen Nervenzellen gleich. Je häufiger aber bestimmte Nervenverbindungen benutzt werden, umso besser funktionieren sie. Es können sogar neue Verbindungen geknüft werden, die zu immer komplexeren Nervennetzen wachsen. Je komplexer diese Nervennetze ausgebildet sind, umso besser funktioniert unser Gedächtnis.

Lernen, wie man lernt – ein Leben lang Jeder lernt lebenslang. Wer lernt, muss aktiv sein. Auch wenn man nicht lernt, lernt man. Beim Lernen unterscheidet man zwischen dem Erlernen von Fakten und Begriffen, dem sogenannten deklarativem Lernen, und dem Erlernen von Handlungsprozessen, dem prozeduralen Lernen. In jungen Jahren lernt man am leichtesten und schnellsten, da die Wachstumsprozesse im Gehirn besser funktionieren. Wie aber lernt man am besten? Im Laufe deiner Schulzeit erfährst du viele Fakten und Zusammenhänge aus der Biologie. Die meisten Fakten vergisst du relativ schnell wieder. Ganz anders ist es mit erlernten Methoden. In Biologie erlernst du auch verschiedene Methoden wie beispielsweise Beschreiben, Vergleichen, Mikroskopieren, Ordnen. Das Erlernen von Methoden ist immer an biologische Fakten geknüpft. So werden deklaratives und prozedurales Lernen auf ideale Weise miteinander verknüpft. So macht das Lernen Spaß und das Gelernte bleibt nachhaltig im Gedächtnis verankert.

Kurz und knapp **Wissen, Können und Verhalten sind Ergebnisse von aktiven Lernprozessen. Beim Lernen werden Nervennetze gebildet und erweitert. Es wird zwischen deklarativem und prozeduralem Lernen unterschieden.**

Lerntipps

Lernen mal so schnell nebenbei, nur das Notwendigste für den nächsten Schultag, dies ist auf die Dauer kein Erfolgsrezept. Die folgenden Tipps sollen dir helfen, das Lernen erfolgreich zu gestalten, und zwar so, dass es auch Spaß machen kann.

1 *Motiviere dich für konsequentes Lernen sowohl in der Schule als auch zu Hause. Belohnungen für eine gelungene Leistung kannst du dir selbst organisieren, zum Beispiel mit einem Kinogang, einem leckeren Eis oder einer aktuellen Musik-CD. Anerkennung und gute Noten werden deine Bemühungen krönen.*

2 *Teile dir den Tag so ein, dass du einen festen zeitlichen Rahmen für die Hausaufgaben hast. Achte darauf, dass sich Erholungs- und Arbeitsphasen abwechseln.*

3 *Jede Ablenkung stört deinen Lernprozess und verlängert ihn. Besuche, Telefonate, laute Musik oder auch der laufende Fernseher im Hintergrund sollten daher vermieden werden.*

4 *Tausche dich mit Mitschülern über die Ergebnisse deiner Hausaufgaben aus, egal, ob es sich um mündliche oder schriftliche Aufgaben handelt. Dabei könnt ihr überprüfen, ob ihr den neuen Stoff auch wirklich beherrscht.*

Arbeitsaufträge

1 Nenne verschiedene Möglichkeiten, wie man sich im Biologieunterricht Wissen und Können aneignen kann, und vergleiche diese Methoden mit denen im Deutschunterricht.

2 KONFUZIUS, ein chinesischer Philosoph (551–479 v. Chr.), sagte über das Lernen: „Sage es mir und ich vergesse es; zeige es mir und ich erinnere mich; lass es mich tun und ich behalte es." Versuche diese weit über 2 000 Jahre alte Weisheit zu interpretieren und mit konkreten Beispielen zu belegen.

3 Erläutere Beispiele für prozedurales und deklaratives Lernen.

4 Informiere dich über einige Funktionen des limbischen Systems.

Was passiert bei Stress im Körper?

Marco geht mit seiner Mutter spazieren. Als er auf der anderen Straßenseite seinen Freund erblickt, läuft er, ohne auf den Verkehr zu achten, auf die Straße und übersieht dabei ein schnell heranfahrendes Auto. Schreiend springt ihm seine Mutter nach und zieht ihn gerade noch rechtzeitig vor dem Auto zurück. Erst jetzt merkt sie, wie ihr Herz rast, das Blut in ihren Schläfen pocht und wie schnell ihr Atem geht.
Wie konnte Marcos Mutter so schnell reagieren? Woher hatte sie plötzlich so viel Kraft?

1 Bei Lebensgefahr muss man blitzschnell reagieren.

Beobachten **Untersuchen Experimentieren**

Kuschen …

… oder sich beim Joggen abreagieren …

… oder beim Abendessen zeigen, wer der Herr im Haus ist?

2 Jeder reagiert anders auf Stress.

1 Stressauslöser Stress bekommst du nicht aus heiterem Himmel. Mit dem Wochen-Stress-Test kannst du herausfinden, was dich denn eigentlich stresst. Notiere für jeden Tag, wie oft du
A sehr viel und unter Druck arbeiten musstest,
B zu wenig Zeit für Freizeitaktivitäten hattest,
C mit anderen Menschen Ärger oder Probleme hattest,
D an dir und deinen Fähigkeiten gezweifelt hast,
E schlecht oder zu wenig geschlafen hast,
F dich für andere Menschen verantwortlich gefühlt hast.
Ergänze die Liste. Werte den Test nach einer Woche aus. Jedes Stressereignis zählt einen Punkt. Je höher deine Gesamtpunktzahl ist, desto mehr Stress hattest du. Vergleiche deinen Wert und die Stressfaktoren mit denen deiner Mitschülerinnen und Mitschüler.

2 Ob dir Stress zu schaffen macht oder du sogar davon krank wirst, hängt vor allem davon ab, wie du mit Stressereignissen umgehst. Es gibt viele Bewältigungsmethoden, die unterschiedlich effektiv sind. Beurteile, ob die folgenden Methoden deinen Stress verringern, kaum eine Wirkung haben oder ihn sogar noch verschlimmern:
A Ich diskutiere das Problem mit meinen Eltern oder anderen Erwachsenen.
B Ich versuche, nicht über das Problem nachzudenken.
C Ich versuche, meine Probleme durch Alkohol oder andere Drogen zu vergessen.
D Ich reagiere mich ab, zum Beispiel durch Tanzen oder Sport.
E Ich ziehe mich zurück.
F Ich akzeptiere die Situation, weil ich sie doch nicht ändern kann.

GRUNDLAGEN: Nerven- und Hormonsystem arbeiten zusammen

Stress ist eine körperliche Anpassungsreaktion an große Belastungen. Solche als Stressoren bezeichneten Belastungen können aus der Umwelt wie im Bild ↑1 oder aus dem eigenen Körper, z.B. von einer Krankheit stammen.

Kurzzeitige Belastungen bezeichnet man als Eustress. Die Sinnesorgane melden eine Gefahrensituation an das Gehirn, das nun Befehle an die Muskeln sendet. Zusätzlich regt es die Nebennieren an, die Hormone Adrenalin und Noradrenalin ins Blut auszuschütten. Schlagartig beschleunigen sich Herzschlag und Atmung und der Blutdruck steigt. Durch Abbau von Glykogenreserven in der Leber und den Muskeln wird der Blutzuckerspiegel erhöht. Alle im Augenblick unwichtigen Körperfunktionen, wie Magen- und Darmtätigkeit, werden heruntergefahren. Dadurch steht dem Körper blitzschnell sehr viel Energie zur Verfügung, um sich auf Kampf oder Flucht (fight or fligth) aus der Gefahrensituation zu befreien. Anschließend leitet das Nervensystem eine Erholungsphase ein.

Dauerbelastungen treten zum Beispiel bei Berufsstress oder Unterernährung auf. Solche Belastungen bezeichnet man als Disstress. Hier greift das oben beschriebene System nicht, da Adrenalin eine Wirkzeit von nur wenigen Minuten hat. Bei Disstress veranlasst das Gehirn die Hypophyse ein Hormon abzugeben, das die Nebennieren anregt, das Hormon Cortisol auszuschütten. Es bewirkt eine langsame Anpassung an die Dauerbelastung. Cortisol hat ähnliche Wirkung wie Adrenalin und mobilisiert die letzten Energiereserven des Körpers durch Abbau von Muskelproteinen. Gleichzeitig unterdrückt es die Arbeit des Immunsystems. Bei Disstress können sich die Nebennieren vergrößern. Der hohe Cortisolspiegel im Blut führt zu dauerhaftem Bluthochdruck und erhöht dadurch die Gefahr eines Herzinfarktes.

Stress ist nicht gleich Stress Biologisch betrachtet, ist Stress eine Schutzreaktion des Körpers, um Belastungen gewachsen zu sein. Allerdings sind Menschen unterschiedlich stark belastbar. Eustresssituationen machen den Körper leistungs- und widerstandsfähiger. Diesem positiven Stress steht der schädigende Disstress gegenüber.

Kurz und knapp **Bei der Abwehr von Gefahrensituationen arbeiten Sinnesorgane, Nerven- und Hormonsystem sowie die Muskulatur zusammen. Stresshormone bringen den Körper auf Höchstleistung. Als Eustress kann Stress positiv wirken. Disstress ist als Dauerstress lebensbedrohlich.**

3 Spitzhörnchen

Arbeitsaufträge

1 Begründe, weshalb man Adrenalin als Stresshormon bezeichnet. Gibt es weitere Stresshormone? Begründe deine Antwort.
2 Chronischer Stress führt u.a. auch zu Gewichtsverlust. Erkläre.

3 Vergleiche Nerven- und Hormonsystem miteinander. Nenne Gemeinsamkeiten und Unterschiede.
4 Cortison, eine Vorstufe des Hormons Cortisol, wird als Medikament auch nach Organtransplantationen eingesetzt. Suche nach einer Erklärung hierfür.

Alles unter Kontrolle?

Endlich Wochenende! Alle freuen sich auf die Party, die zwei Mitschüler steigen lassen. Viele Gäste haben alkoholische Getränke mitgebracht: Bier, Wein, Sekt, Schnaps, vor allem aber Alkopops. Und geraucht wird natürlich auch – das gehört für manche einfach dazu.

Gegen Mitternacht ist allerdings für einige die Party schon vorbei: Sie haben mit anderen um die Wette getrunken. Ergebnis: Filmriss! Was ist hier schief gelaufen?

1 Partys halten viele für eine Gelegenheit, zu rauchen und Alkohol zu trinken.

Beobachten Untersuchen Experimentieren

1 Erste Erfahrungen Zigaretten rauchen und Alkohol trinken ist unter Erwachsenen weit verbreitet. Kein Wunder, dass Jugendliche neugierig darauf sind, auszuprobieren, wie sich das anfühlt.

a In welchem Alter sollten Jugendliche deiner Meinung nach ihre ersten Erfahrungen mit dem Rauchen und Trinken machen? Begründe.

b Schätze das Durchschnittsalter der Jugendlichen beim Erstkonsum von Zigaretten und Alkohol.

c Wenn du dich im Internet (www.bzga.de) über das Alter informierst, wirst du feststellen, dass der Erstkonsum in den vergangenen Jahren immer früher erfolgte. Erläutere, woran das liegen könnte.

2 Erklärungsversuche Die meisten Menschen rauchen oder trinken wegen der Wirkungen von Nikotin und Alkohol auf ihr Empfinden und Erleben. In einer Befragung gaben 12- bis 16-Jährige an, dass sie wenigstens einmal pro Woche Alkohol trinken …
– wegen der Geselligkeit,
– weil es schmeckt,
– um abzuschalten,
– um sich Mut zu machen,
– weil alle trinken.

a Welchen dieser Motive kannst du zustimmen und welchen nicht? Begründe deine Meinung.

b Vergleiche dein Ergebnis mit Bild ↑2A.

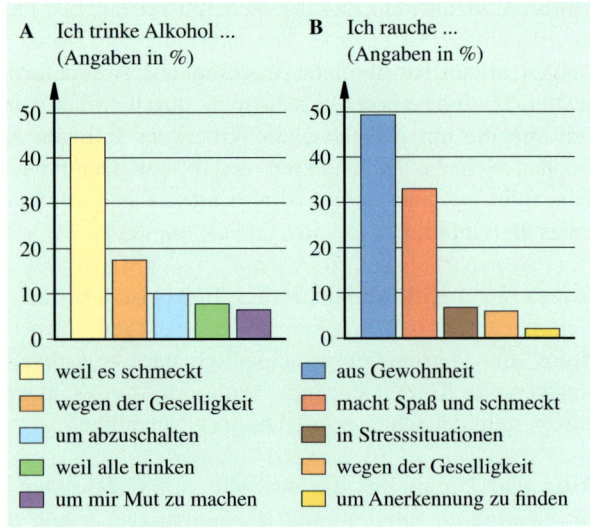

2 Jugendliche der 8. Klasse geben an, warum sie regelmäßig rauchen oder Alkohol trinken.

c Fallen dir Trinkmotive ein, die in der Liste fehlen?

d Zähle auf, aus welchen Gründen vermutlich geraucht wird. Vergleiche dein Ergebnis mit Bild ↑2B.

e Der Anteil der Jugendlichen, die angaben, „aus Gewohnheit" zu rauchen, verdoppelte sich von Klasse 6 mit etwa 30 Prozent auf fast 60 Prozent in Klasse 10. Welchen Schluss kannst du daraus ziehen?

GRUNDLAGEN: Drogen können süchtig machen

Wie wirken Drogen? Nikotin und Alkohol wirken – wie auch die „harten" Drogen Heroin, Kokain, Ecstasy, LSD usw. – im Gehirn auf das sogenannte Belohnungssystem. Das ist ein Gehirnbereich, der natürlicherweise, also ohne Drogeneinnahme, immer bei Verhaltensweisen aktiviert wird, die unserem eigenen Überleben oder dem unseres Nachwuchses dienen (zum Beispiel wenn wir essen, trinken, Sex haben oder eine Herausforderung meistern). Mit diesen Verhaltensweisen sind gute Gefühle verbunden, die entstehen, weil im Belohnungssystem bestimmte Botenstoffe freigesetzt werden. Alle Drogen greifen so in den Haushalt der Botenstoffe im Belohnungssystem ein, dass gute Gefühle entstehen, ohne dass wir etwas dafür getan haben – allerdings nur für kurze Zeit! Drogen werden deshalb als „Abkürzungen zum Glück" bezeichnet.

Warum Drogen süchtig machen können Wird eine Droge nur gelegentlich konsumiert, kann das Gehirn sein natürliches Gleichgewicht im Haushalt der Botenstoffe meist wieder herstellen (das ist von der jeweiligen Droge abhängig). Wird sie jedoch häufig konsumiert, stellt sich das Gehirn auf die regelmäßige Zufuhr ein. Nach einiger Zeit ist das Gehirn so sehr an die Zufuhr von außen gewöhnt, dass es nicht mehr ohne die Droge auskommt. Wenn dem Gehirn die Droge vorenthalten oder die Zufuhr verringert wird, treten Entzugserscheinungen wie Nervosität, Gereiztheit, Abgeschlagenheit, Depressivität und Aggressionen auf.

Warum werden Jugendliche besonders leicht süchtig? Das Gehirn von Jugendlichen verändert sich schneller als das von Erwachsenen. Erfahrungen mit Drogen graben sich daher sehr viel schneller und stabiler ins jugendliche Gehirn ein. Dabei entsteht ein sogenanntes Suchtgedächtnis, das der Drogenkonsument meist sein Leben lang nicht mehr loswird. Je früher und je mehr Alkohol, Nikotin und andere Drogen ein Mensch zu sich nimmt, desto abhängiger wird sein Belohnungssystem im Gehirn. ↑3

Kurz und knapp **Wer regelmäßig Drogen wie Nikotin und Alkohol konsumiert, stört das Gleichgewicht der Botenstoffe im Belohnungssystem des Gehirns nachhaltig. Das Gehirn gewöhnt sich so an die Zufuhr der Drogen (Suchtgedächtnis), dass es mit Entzugserscheinungen reagiert, wenn ihm die Droge vorenthalten oder die Zufuhr verringert wird.**

3 Die Droge Alkohol ist gesellschaftlich akzeptiert.

Arbeitsaufträge

1 Überlege und erläutere, warum es überhaupt im Gehirn ein Belohnungssystem gibt.

2 Begründe, warum man Drogen als „Abkürzungen zum Glück" bezeichnet.

3 Erläutere, welche Möglichkeiten sich daraus für drogenfreie Wege zum Glücklichsein ergeben.

4 Die meisten Jugendlichen glauben, ihren Drogenkonsum unter Kontrolle halten zu können. Begründe, weshalb diese Annahme naiv ist.

5 Es gibt auch Sucht ohne Drogenkonsum. Nenne einige Verhaltenssüchte. Beurteile, ob die Suchtkriterien auch auf diese passen.

Rauchst du noch oder lebst du schon?

Zigaretten rauchen und Alkohol trinken ist unter Erwachsenen weit verbreitet. Diese Alltagsdrogen sind in der Gesellschaft so sehr akzeptiert, dass dafür sogar ganz legal Werbung betrieben wird. Jugendliche sind also ständig mit Zigaretten und Alkohol konfrontiert und müssen lernen, verantwortlich damit umzugehen. Was sind die Unterschiede zwischen Genuss, Missbrauch und süchtigem Konsum?

1 Plakate einer Anti-Rauch-Kampagne

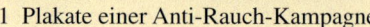

2 Selbst viele Raucher finden über-quellende Aschenbecher ekelerregend.

GRUNDLAGEN: Umgang mit Alltagsdrogen

Probierverhalten Die Neugier zu befriedigen, wie sich das anfühlt, eine Zigarette zu rauchen oder Alkohol zu trinken – das gehört für viele Jugendliche zum Erwachsenwerden einfach dazu. Einige stellen fest, dass es ihnen gar nicht schmeckt, und lassen fortan die Finger davon.

Risikokonsum Manchen reicht dieser Probierkonsum nicht. Sie wollen zeigen, dass sie sich die Welt der Erwachsenen erobern und sich gleichzeitig abgrenzen, sie wollen sich selbst und ihre Grenzen austesten. Benutzen sie dazu Zigaretten und Alkohol, können sich riskante Verhaltensmuster ausprägen, die möglicherweise in die Abhängigkeit führen.

Keine Macht den Drogen Es gibt Jugendliche, die ihr Leben ohne Zigaretten und Alkohol nicht mehr bewältigen und den Konsum nicht mehr kontrollieren können. Doch so weit muss es nicht kommen.
– Am besten ist es, gar nicht erst damit anzufangen, sein Wohlbefinden mit Suchtmitteln steuern zu wollen. Denn eine Sucht kann sich schnell entwickeln, das Aufhören fällt jedoch unendlich schwer. Vorbeugen ist also besser als Reparieren.
– Ein wichtiger Aspekt ist das Wissen über Wirkungen, Nebenwirkungen und Folgerisiken. Nur wer ein Suchtmittel einzuschätzen weiß, kann sich in Acht nehmen.
– Auch wenn die Neugier noch so groß ist und der Freundeskreis Druck ausübt: Nein zu sagen ist keine Schwäche, sondern das Durchsetzen gegen den Gruppenzwang beweist Selbstbewusstsein und Willensstärke.
– Um Spaß zu haben, brauchst du keine Suchtmittel. Gemeinsame Unternehmungen und Hobbys mit Gleichaltrigen können dazu beitragen, den eigenen „Kick" auszulösen.

Steckbrief Nikotin

Der erste Kontakt mit Zigaretten findet oft schon im Kindesalter statt. Nach einer Statistik der AOK haben 69 Prozent der Acht- bis Zwölfjährigen schon geraucht – aus Neugier, als Mutprobe oder um in der Gruppe akzeptiert zu werden. Je früher der Körper mit Zigarettenrauch in Kontakt kommt, desto eher und stärker treten Gesundheitsschäden auf.

Nikotin ist der Hauptbestandteil des Tabaks. Beim Tabak handelt es sich um die getrockneten und zum Rauchen aufbereiteten Blätter der Tabakpflanze (Nicotiana tabacum).

Herkunft Ursprünglich stammt die Tabakpflanze aus Mittelamerika. Bereits die Maya und die Azteken bedienten sich ihrer berauschenden Wirkung. Während der Tabak in Nordamerika in Pfeifen geraucht wurde, ist aus Südamerika auch das Kauen und Schnupfen bekannt.

Mitte des 16. Jahrhunderts kamen die Tabakpflanze und das Rauchen auch nach Europa.

Wirkstoff Tabak enthält mehr als 4000 Inhaltsstoffe, unter denen das Nikotin in erster Linie für die Wirkungen des Rauchens und die Entwicklung der Abhängigkeit verantwortlich ist. Nikotin gilt als sehr giftig: Für ein Kleinkind kann schon eine zerkaute Zigarette tödlich sein.

Wirkungsweise Beim Rauchen werden rund 30 Prozent des in der Zigarette enthaltenen Nikotins inhaliert und über die Lungenbläschen ins Blut aufgenommen. Innerhalb von sieben bis acht Sekunden gelangt das Nikotin ins Gehirn, wo es sich an besondere Bindungsstellen anlagert. In der Folge nimmt die Herzfre-quenz zu, der Blutdruck steigt und die Hauttemperatur sinkt ab. Zugleich werden Aufmerksamkeit und Gedächtnisleistung gesteigert, und zwar durch die Beeinflussung von Botenstoffen im Belohnungssystem des Gehirns, die auch für das hohe Suchtpotenzial von Nikotin verantwortlich sind. Da mit der regelmäßigen Zufuhr der Droge die Zahl der Bindungsstellen für Nikotin schnell ansteigt, bewirkt ausbleibende Nikotinzufuhr Entzugserscheinungen.

Risiken und Folgeschäden Ungewohnter Tabakkonsum bewirkt Vergiftungserscheinungen wie Speichelfluss, Schwindelgefühl, Übelkeit, Erbrechen, Kopfschmerzen und Herzrasen. Wegen der schnellen Gewöhnung verschwinden sie schnell, was die Entstehung einer Nikotinabhängigkeit begünstigt.

Neben Nikotin verursachen vor allem die vielen Schadstoffe im Zigarettenrauch – darunter Kohlenstoffmonooxid, Formaldehyd oder Benzol –, von denen mehr als 40 nachweislich krebserregend sind, die gesundheitsschädigenden Folgen des Rauchens. Da sie auch im Nebenstromrauch enthalten sind, den der Raucher selbst nicht einatmet, sind so auch Nichtraucher gefährdet (Passivrauchen).

Der Teer im Rauch zerstört die Flimmerhärchen in den Atemwegen. Dadurch gelangen auch mehr Umweltgifte und Krankheitserreger in den Körper. Er versucht sie durch erhöhte Schleimproduktion und Husten wieder auszuscheiden („Raucherhusten"). Häufige Langzeitfolgen sind chronische Bronchitis und andere Lungenerkrankungen.

Die chronische Verengung der Blutgefäße mindert langfristig die körperliche Leistungsfähigkeit und führt oft zu Herz-Kreislauf-Erkrankungen.

3 Tabakpflanzen auf dem Feld

4 Bereits Kinder beginnen mit dem Rauchen.

Steckbrief Alkohol

Alkohol bezeichnet umgangssprachlich das in allen alkoholischen Getränken enthaltene Ethanol.
Im Alter zwischen 10 und 14 Jahren trinken viele Kinder und Jugendliche zum ersten Mal Alkohol – meist bei Familienfeiern oder im Freundeskreis. Jugendliche trinken, weil sie dazugehören und etwas erleben möchten, aus Langeweile oder um Hemmungen abzubauen. Je früher sie damit beginnen, desto größer ist die Gefahr von Missbrauch, Abhängigkeit und gesundheitlichen Folgeschäden.

Herkunft Alkoholische Getränke haben eine lange Tradition, die bis ins 4. Jahrtausend v. Chr. reicht. Zunächst waren sie den Wohlhabenden vorbehalten, weil die Grundstoffe der Alkoholherstellung in erster Linie der Ernährung dienten. Seit dem Mittelalter ist aber der Alkoholkonsum aller Gesellschaftsschichten belegt. Teilweise wurden Leibeigene und Tagelöhner sogar mit alkoholischen Getränken entlohnt.

Wirkstoff Ethanol ist eine klare, farblose Flüssigkeit, die durch Vergären von Traubenzucker aus stärke- oder zuckerhaltigen Grundstoffen gewonnen wird. Neben Weintrauben als traditionellem Rohstoff werden auch Getreidearten wie Weizen, Gerste, Mais und Reis sowie Kartoffeln, andere Früchte und Zuckerrohr verwendet. Daraus werden die am häufigsten konsumierten Alkoholika hergestellt: Biere, die 4–8, und Weine, die 10,5–14 Volumenprozent Alkohol enthalten. Alkoholgehalte von 40–50 Volumenprozent bei Wein- und Obstbränden werden durch Destillieren erreicht.

Wirkungsweise Alkohol wird über die Schleimhäute im Magen und im Dünndarm ins Blut aufgenommen und im Körper verteilt. 30 bis 60 Minuten nach der Aufnahme erreicht die Alkoholkonzentration im Blut den höchsten Wert. Ein Teil des Alkohols gelangt bereits nach wenigen Minuten ins Gehirn. Dort beeinflusst er die Informationsübertragung zwischen den Nervenzellen. In geringer Dosis wirkt sich das anregend aus, während bei höherer Dosierung die heitere Stimmung umschlagen kann. Mit ansteigendem Alkoholspiegel kommt es zu Sprach-, Wahrnehmungs- und Koordinationsstörungen, Gereiztheit, Aggressivität und Kontrollverlust. Schließlich stellen sich Benommenheit und Müdigkeit ein, die bei sehr hohem Alkoholspiegel bis zum Koma führen können.

Risiken und Folgeschäden Wegen der verminderten Reaktions- und Konzentrationsfähigkeit bestehen unmittelbare Risiken vor allem beim Autofahren unter Alkoholeinfluss. Der Alkohol im Blut wird zwar relativ rasch abgebaut. ↑2 Der „Kater" stellt sich jedoch erst Stunden nach dem Rausch ein, weil ein Zwischenprodukt des Alkoholabbaus, das Acetaldehyd, länger im Körper verbleibt. Acetaldehyd verursacht auch die „Fahne", denn ein geringer Teil davon wird mit der Atemluft ausgeschieden.
Alkohol greift Zellen im gesamten Körper an – nicht nur im Gehirn. Regelmäßiger hoher Alkoholkonsum schädigt die Leber, die Bauchspeicheldrüse und den Magen sowie das Herz und die Gefäße. Da die Droge auch in das Belohnungssystem eingreift, führt regelmäßige Alkoholzufuhr zu einer Vermehrung der Bindungsstellen im Belohnungssystem und damit langfristig zur Alkoholsucht.

1 Alkopops liegen bei Jugendlichen im Trend.

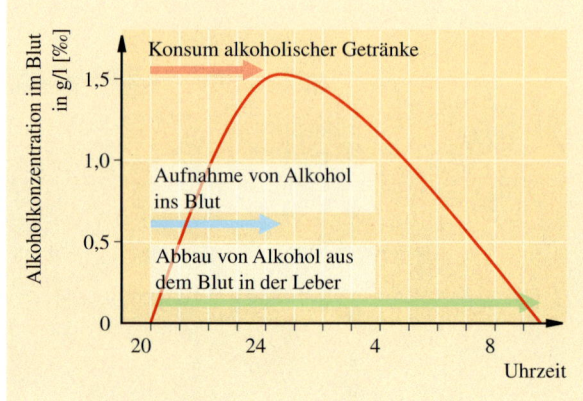

2 Resorption und Abbau von Alkohol im Körper

Steckbrief Illegale Drogen

Illegale Drogen sind besonders gefährlich. Besitz und Verkauf sind in Deutschland verboten. Sie erzeugen psychische Abhängigkeit, die ein Leben lang andauert, auch wenn man einen Entzug gemacht hat.

Cannabis, die Einstiegsdroge, wird aus der Hanfpflanze gewonnen und wird meist geraucht. Unter Cannabis ist man fahruntauglich und die Gefahr, an einer chronischen Bronchitis oder Schizophrenie zu erkranken, nimmt erheblich zu. Cannabis täuscht, wie alle Drogen, unser Belohnungssystem im Gehirn. So erlernt unser Körper den Gebrauch der Droge, bis eine psychische und körperliche Abhängigkeit entsteht. Bald reicht diese Droge nicht mehr aus, um ein positives Gefühl zu erzeugen. Jetzt wird oft zu stärkeren Drogen gegriffen. ↑3 Cannabis und andere Drogen wirken nicht nur auf das Nervensystem, sondern schädigen Leber, Nieren und das Herz-Kreislaufsystem. ↑4

Ecstasy, die Partydroge, ist besonders gefährlich. Sie soll die Mitternachtsmüdigkeit vertreiben. Deshalb wird sie mitunter auf Partys illegal angeboten. Tatsächlich ist die Müdigkeit wie weggeblasen. Aber bereits die Einnahme einer einzigen Tablette kann unser Nervensystem schädigen, da Nervenzellen absterben. Über längere Zeit eingenommen, sind massive Schädigungen von Leber, Gehirn und Muskeln unvermeidbar.

---

1. Erste Versuche
Neugier, Gruppendruck und Probleme in der Familie, in der Schule oder mit dem Partner können der Auslöser sein.

2. Gelegenheitskonsum
Man möchte erwünschte Wirkungen wiederholen, Probleme in den Hintergrund drängen, sich einfach wieder einmal „besser fühlen".

3. Gewohnheitskonsum
Man hat sich für den häufigen Konsum von Drogen entschieden, ist aber noch nicht abhängig. Jedoch nehmen Qualität und Quantität des Missbrauchs zu. Die Beschaffung führt zu neuen Problemen.

4. Suchtkonsum
Das tägliche Leben ist ohne Drogen nicht mehr möglich. Ohne erneuten Konsum stellen sich Entzugserscheinungen ein. Medizinische und psychologische Hilfe sind notwendig.

3 Konsumstufen von Drogen

Soziale Schädigung
Körperliche Abhängigkeit
Psychische Abhängigkeit
Emotionale Schädigung
Geistige Schädigung
Körperliche Schädigung

4 „Suchtspirale"

---

1 Erstelle eine Übersicht zu ausgewählten Rauschgiftarten und deren Wirkung in einer Tabelle. Berücksichtige die Drogen Alkohol, Cannabis, Crack, Heroin, Kokain, Nikotin, Opium, sogenannte Schnüffelstoffe und synthetische Drogen (Ecstasy, LSD) sowie weitere selbst gewählte Beispiele.

2 Erkläre das Zustandekommen einer Drogensucht.

3 Nenne konkrete Beispiele für die in Bild ↑4 aufgeführten Folgen des Drogenkonsums.

4 Diskutiert in der Klasse darüber, ob Drogen helfen können, Probleme zu lösen. Zeigt Alternativen für drogenfreie Wege zum „Glücklichsein" auf.

5 Diskutiere, was der Drogenkonsum eines Jugendlichen für Eltern, Geschwister und Freunde bedeutet. Recherchiere, welche gesundheitlichen Folgen der Konsum von Genussmitteln und Drogen von Eltern für Kinder haben kann.

Droge	Kurzfristige Wirkung, z. B.	Langfristige Wirkung, z. B.
Cannabis (Gras, Haschisch, Marihuana)	Gehobene Stimmung, gesteigerte Kontaktfreudigkeit, Halluzinationen, Sinnestäuschungen, räumliche und zeitliche Desorientiertheit	Konzentrationsstörungen, Erschöpfungszustände, Verlust der Leistungsfähigkeit, psychische Abhängigkeit
...	...	...

5

Nicht nur Drogen machen süchtig

Wenn Carla von der Schule kommt, schaut sie zuerst nach, ob sich einer ihrer vielen virtuellen Freunde gemeldet hat. Sie verbringt täglich mehrere Stunden am Computer, um Freunde zu finden, zu chatten, zu flirten und Beziehungen zu pflegen. Mit ihrer Familie redet sie kaum noch. Manchmal steht sie spät abends noch einmal auf, um die letzten E-Mails abzurufen. Einen Tag ohne ihre Netzkontakte kann sie sich nicht vorstellen. Kann es sein, dass Carla süchtig ist?

1 Viele Jugendliche verbringen täglich mehrere Stunden vor dem Bildschirm.

Beobachten *Untersuchen* Experimentieren

Computernutzung im Kindes- und Jugendalter

Viele Kinder und Jugendliche verbringen täglich mehrere Stunden vor dem Fernseher, am Computer oder mit dem Gameboy. Aktivitäten wie Sport und andere Hobbys, aber auch Hausaufgaben und Freunde werden dann meist vernachlässigt. Der übermäßige Medienkonsum ist oft mit Bewegungsmangel und falscher Ernährung verbunden. Er kann auch zu Schlaf- und Konzentrationsstörungen, Gereiztheit und Nervosität führen.

1 Wissenschaftler haben die Computernutzung von Kindern und Jugendlichen untersucht und ihnen eine Reihe von Fragen gestellt. ↑2

a Beantworte die Fragen für dich selbst und notiere deine Antworten.

b Vergleiche deine Antworten mit denen deiner Mitschüler. Erläutert: Was fällt euch auf? Gibt es Unterschiede zwischen Mädchen und Jungen?

2 Als Spieler mit übermäßigem, also „exzessivem" Konsum wurden Kinder und Jugendliche eingestuft, die zwei- bis dreimal pro Woche für mindestens zwei Stunden am Computer spielen.

a Diskutiere dieses Kriterium in einer Kleingruppe.

Wie viele Stunden spielst du an einem normalen Nachmittag nach der Schule?

Wie häufig spielst du Computerspiele?

Spielst du auch, um Ärger zu vergessen?

Hast du schon mal etwas Wichtiges vergessen, weil du die ganze Zeit gespielt hast?

Hattest du schon mal das Gefühl, zu viel zu spielen?

Hattest du schon mal Streit mit Freunden oder der Familie, weil du zuviel am Computer gespielt hast?

Denkst du auch noch nach dem Spielen, zum Beispiel während des Unterrichts, über ein besonders spannendes Spiel nach?

2 Fragebogen zur Computernutzung

b Kinder und Jugendliche, die übermäßig am Computer spielen, neigen dazu, Probleme mit sich selbst auszumachen, anstatt mit anderen darüber zu sprechen. Sie berichten häufiger von Konzentrationsproblemen im Unterricht. Erörtert mögliche Zusammenhänge.

GRUNDLAGEN: Sucht ohne Drogen

Abhängig vom eigenen Verhalten Unter Sucht verstehen die meisten Menschen die Abhängigkeit von einer Droge wie Alkohol oder Cannabis. Es gibt aber auch Abhängigkeiten, bei denen gar kein Stoff konsumiert wird. Man nennt sie Verhaltenssüchte. Am weitesten verbreitet ist die Spielsucht. Dabei handelt es sich um ein eigentlich normales Verhalten, das übermäßig, also exzessiv ausgeübt wird und alle Kriterien einer Sucht erfüllt. Zwischen 6 und 8 Prozent der Deutschen gelten als verhaltenssüchtig. Weltweit sind Millionen von Menschen betroffen.

Welche Verhaltenssüchte gibt es? Vermutlich kann jedes Verhalten zur Sucht werden. Derzeit sind zwar nur Spielsucht und Essstörungen medizinisch anerkannt.↑3 Aber Psychologen behandeln auch Menschen, die süchtig sind nach Arbeit, Sex, Sport oder Einkaufen. Immer öfter sind auch Kinder und Jugendliche von einer oder mehreren Formen von Mediensucht betroffen: Computerspielen, Chatten, Telefonieren und SMS-Schreiben oder Fernsehen.↑4

Wie kann man vom eigenen Verhalten süchtig werden? Alle Verhaltensweisen, die süchtig machen können, haben eine belohnende Wirkung. Sie führen im Belohnungssystem des Gehirns zur Freisetzung bestimmter Botenstoffe und lösen so gute Gefühle aus. Je öfter man sich so verhält, desto mehr Botenstoffe werden freigesetzt. Nach einiger Zeit gewöhnt sich das Gehirn an die erhöhte Botenstoffmenge und kommt nicht mehr ohne sie aus. Um sich wieder gut zu fühlen, muss der Süchtige das Verhalten aufrechterhalten. Hört er damit auf, hat er Entzugserscheinungen. An der Entstehung und Aufrechterhaltung einer Verhaltenssucht sind also die gleichen Mechanismen beteiligt wie bei einer Drogensucht.

Kurz und knapp **Nicht nur Drogen, sondern auch exzessiv ausübte Verhaltensweisen stören das Gleichgewicht der Botenstoffe im Belohnungssystem des Gehirns. Das Gehirn gewöhnt sich auch an die Zufuhr der eigenen Botenstoffe, sodass es mit Entzugserscheinungen reagiert, wenn das exzessive Verhalten nicht aufrechterhalten wird.**

3 Spielautomat

Arbeitsaufträge

1 Erläutere die Unterschiede und Gemeinsamkeiten von Drogensucht und Verhaltenssucht.
2 Informiere dich im Internet über Handysucht. Nenne mögliche Hilfen für Betroffene.
3 Bei Drogensucht besteht die Möglichkeit, auf die Einnahme des Suchtmittels völlig zu verzichten. Erörtert, ob das auch für Verhaltenssüchte gilt.
4 Heute arbeiten Kinder bereits in der Grundschule mit dem Computer. Befürworter meinen, so könnten Kinder lernen verantwortlich mit Medien umzugehen. Kritiker behaupten, Kinder würden dadurch bereits frühzeitig „angefixt". Diskutiert in der Klasse.

4 Handys – ein Suchtmittel?

Exkurs

EXKURS   **Erkrankungen des Nervensystems**

Nervenkrankheiten (neurologische Krankheiten) Erkrankungen des Gehirns, des Rückenmarks und der Nerven des peripheren Nervensystems werden als Nervenkrankheiten oder neurologische Krankheiten bezeichnet. Es handelt sich also um organische Erkrankungen, die man durch verschiedene Untersuchungsmethoden lokalisieren kann.

Migräne
In Deutschland leiden etwa 8 Millionen Menschen unter Migräne, darunter auch Kinder, besonders aber Frauen. Typisch für diese Krankheit sind starke, pochende Kopfschmerzen, Übelkeit, Überempfindlichkeit gegenüber Licht und Lärm. Die Symptome treten anfallartig auf und können minuten- bis tagelang anhalten.
Eine Heilung der oft jahrelang andauernden Krankheit ist nicht möglich, allerdings kann der Verlauf gelindert werden.

1 Migräne

Alzheimer
Typisch für diese Krankheit ist die Abnahme von Gedächtnis- und Denkvermögen (Demenz). Die Ursachen sind noch nicht vollständig geklärt. Zum Krankheitsverlauf gehören das Absterben von Nervenzellen im Gehirn und damit der Verlust von Synapsen und ein Mangel an Überträgerstoffen. Alzheimer-Patienten können sich neue Informationen und Eindrücke nicht merken. Im fortgeschrittenen Krankheitsstadium erkennen sie ihre Angehörigen nicht mehr und können sich auch in ihrer Umgebung nicht mehr zurechtfinden. Sie sind rund um die Uhr pflegebedürftig. Eine Heilung ist zurzeit nicht möglich, allerdings kann der Krankheitsverlauf im Frühstadium positiv beeinflusst werden.

Multiple Sklerose
Sie ist die häufigste entzündliche Erkrankung des Nervensystems und tritt meist im jungen Erwachsenenalter auf. Sehstörungen, Nervenschmerzen oder Muskellähmungen treten oft schubweise auf. Im Verlauf der Krankheit kommt es zu bleibenden Behinderungen, deren Art und Ausmaß bei jedem Patienten anders ist. Die Prognose für die meisten Betroffenen ist jedoch günstiger, als allgemein angenommen wird. Ausgelöst wird die Krankheit durch Entzündungen der Gliazellen im Zentralnervensystem. Eine Heilung ist derzeit noch nicht möglich, allerdings können entzündungshemmende Medikamente den Krankheitsverlauf „verlangsamen". Zwischen den Krankheitsschüben können oft Jahre vergehen.

Frühsommer-Meningoenzephalitis (FSME)
Die FSME ist eine entzündliche Erkrankung des Gehirns oder der Hirnhäute, die durch ein Virus ausgelöst wird. Durch Zeckenbisse wird es auf den Menschen übertragen. Bei einer Infektion treten nach etwa vier Wochen grippeartige Beschwerden auf, die bei etwa 10 Prozent der Infizierten zu Entzündungen führen. Bei 1 Prozent dieser Patienten ist der Krankheitsverlauf tödlich. Insbesondere Baden-Württemberg und Bayern sind gefährdete Gebiete (mit zunehmender Tendenz). Das sicherste Mittel gegen die FSME ist eine vorbeugende Schutzimpfung im Winter.

3 Multiple Sklerose

2 Alzheimer

Exkurs

Erkrankungen der Psyche (Seele) Alle krankhaften Veränderungen des Denkens, der Stimmungen, des Gedächtnisses, der Gefühle und des Verhaltens eines Menschen sind außerordentlich kompliziert und vielschichtig, weshalb sie sich sich nicht eindeutig klassifizieren lassen. An der Entstehung seelischer Erkrankungen sind immer psychische, körperlich-organische und soziale Faktoren beteiligt. Auslöser sind beispielsweise besondere Erlebnisse, seelische Konflikte, krankhafte Veränderungen des Gehirns (neurologische Erkrankungen), aber auch Drogenkonsum und lang anhaltende Stresssituationen.

6 Magersucht

4 ADHS

Zappelphilipp-Krankheit (ADHS = Aufmerksamkeitsdefizit-Hyperaktivitätsstörung)

Sie ist eine der häufigsten psychischen Erkrankungen bei Kindern und Jugendlichen. Die Betroffenen können sich nur unzureichend konzentrieren, haben einen übersteigerten Bewegungsdrang und zeigen häufig unüberlegtes Verhalten. Die Ursachen liegen in einer Funktionsstörung im Gehirn. Störungen im System der Überträgerstoffe führen zu einer Reizüberflutung und damit zu den genannten Symptomen. Bei den meisten Betroffenen klingt die Krankheit im Erwachsenenalter wieder ab.

Depressionen

Etwa 5 Prozent der Bevölkerung sind davon betroffen. Die Patienten sind niedergeschlagen, bedrückt, traurig, sie sind leicht ermüdbar, haben Schlafstörungen und häufig Angstgefühle. Es handelt sich um eine lebensbedrohliche Erkrankung, weil depressive Menschen häufig Selbsttötungsgedanken und -absichten haben. Depressionen verlaufen in Krankheitsphasen, die Wochen bis Monate oder sogar Jahre andauern können. Eine Behandlung mit Medikamenten und Psychotherapie ist unbedingt erforderlich.

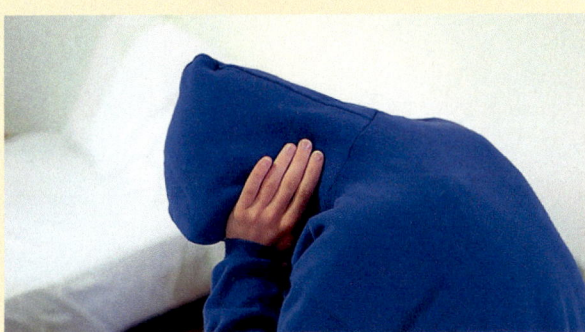

5 Depression

Essstörungen

In Deutschland steigt die Anzahl extrem über- und untergewichtiger Menschen. Ursachen dafür sind meist psychische Probleme wie Minderwertigkeitsgefühle, Frust, Ärger, Ängste, aber auch falsche Idealvorstellungen vom Körper. Essstörungen treten in jedem Alter auf, besonders jedoch bei Jugendlichen in der Pubertät. Sie zeigen sich in Form von Magersucht, Ess-Brech-Sucht (Bulimie) und Esssucht.

Magersucht betrifft häufig Mädchen und junge Frauen, die durch ein gestörtes Essverhalten einen extremen Gewichtsverlust herbeiführen, der lebensbedrohlich werden kann. Bulimie ist gekennzeichnet durch ein übermäßiges Essbedürfnis, das in häufigen Phasen auftritt. Die aufgenommene Nahrung wird durch selbst herbeigeführtes Erbrechen wieder abgegeben.

Bei der Esssucht wird Nahrung unkontrolliert in großen Mengen aufgenommen (Fettleibigkeit).

Die Sinne ergänzen sich

Mit unseren Sinnen nehmen wir die Umwelt wahr. Wir können sehen, hören, fühlen, riechen und schmecken und haben außerdem einen Temperatursinn in der Haut und einen Gleichgewichtssinn im Innenohr. Meist sind mehrere Sinne an der Wahrnehmung beteiligt.

Sinnesorgane und Gehirn arbeiten zusammen

Jedes Sinnesorgan ist für eine bestimmte Reizart empfindlich. Die Sinnesorgane nehmen Reize aus der Umgebung auf, wandeln sie in Erregungen um und leiten diese zum Gehirn weiter. Dort entsteht zusammen mit Erfahrungen ein Gesamteindruck unserer Umwelt. So dreht das Gehirn das umgekehrte Netzhautbild, wir können fließende Bewegungen wahrnehmen und unterschiedliche Entfernungen abschätzen.

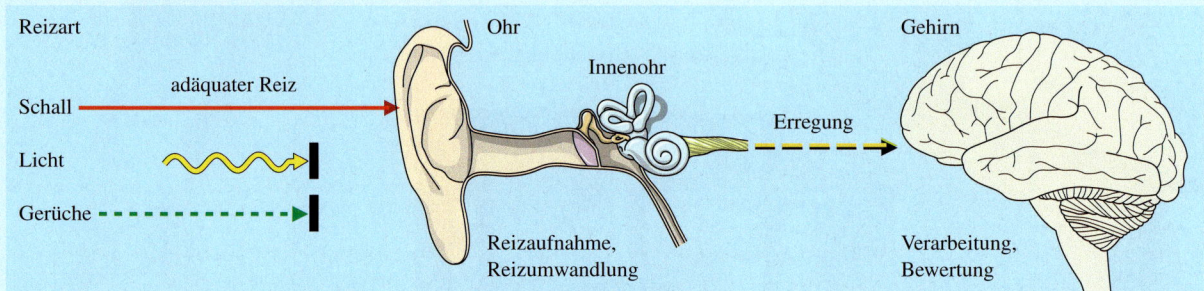

1 Das Gehirn bewertet die Informationen von den Sinnesorganen. So entsteht die Wahrnehmung.

Das Auge – Bau und Funktion

Das Auge liegt gut geschützt in der knöchernen Augenhöhle. Augenbrauen, Wimpern, Augenlider und Tränenflüssigkeit dienen ebenfalls seinem Schutz.

Licht, das durch die Pupille einfällt, wird in der Linse gebündelt und erzeugt auf der Netzhaut ein umgekehrtes Bild. Die Sinneszellen in der Netzhaut nehmen die Lichtreize auf und wandeln sie um. Der Zerfall von lichtempfindlichem Rhodopsin löst elektrische Impulse aus, die weitergeleitet werden. Mit den Stäbchen nehmen wir hell und dunkel wahr, mit den Zapfen die Farben. Dabei reagieren die Zapfen auf Licht unterschiedlicher Wellenlänge. Der Sehnerv leitet die Informationen an das Gehirn weiter. Da die Linse elastisch ist und durch Ziliarmuskel und Linsenbänder verformt werden kann, werden Gegenstände in unterschiedlicher Entfernung scharf abgebildet. Der gelbe Fleck ist auf der Netzhaut die Stelle des schärfsten Sehens. Bei Sehfehlern ist das Auge nicht in der Lage, auf der Netzhaut ein scharfes Bild wiederzugeben. Mit unseren beiden Augen können wir räumlich sehen.

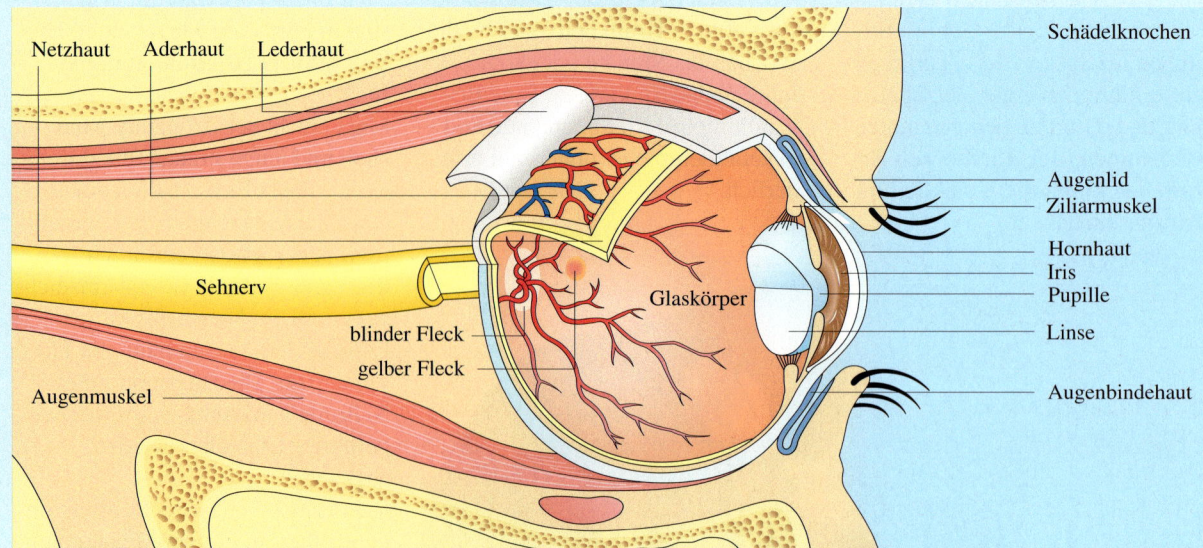

2 Bau des Auges

1 Wir reagieren auf viele Reize. Stelle in einer Mind-map dar, welche Umweltreize auf uns wirken – spürbare und unbemerkbare.

2 Wir sehen mit Auge und Gehirn.

a Betrachte Bild ↑5. Halte von dem dreieckigen Gegenstand eine beliebige Ecke zu. Nimm dann den Finger weg, halte ihn wieder hin usw. Beschreibe, was du siehst. Erkläre das Problem beim Erfassen des Gesamtbildes. ↑5

b Lies nicht die Wörter in Bild ↑4 vor, sondern benenne laut und schnell nur die Farben, in denen die Wörter gedruckt sind.

c Kinder im Kindergartenalter, die noch nicht lesen können, hätten bei dieser Aufgabe keine Schwierigkeiten. Erkläre.

3 Ohren – nicht nur zum Hören?

a Beschreibe die jeweilige Aufgabe der drei Hauptabschnitte des Ohres. ↑3

b Benenne die unterschiedlichen Informationen, die wir über unsere Ohren erhalten.

c Lärm ist kein physikalischer Begriff, er ist daher auch nicht messbar. Messbar ist dagegen der Schalldruck. Erläutere den Unterschied zwischen Lärm und hohem Schalldruck.

d Lärm ist „unerwünschter Schall". Oft ist erwünschter Schall genauso laut. Ziehe aus dieser Aussage Schlussfolgerungen und begründe sie.

e Hörstörungen können ihre Ursache sowohl im Innenohr als auch im Mittelohr haben. Erkläre, welche Schäden dabei zugrunde liegen können.

4 Die Funktion der Nervenzellen beruht darauf, dass elektrische Ströme im Millivoltbereich Erregungen zum Zentralnervensystem oder zu den Erfolgsorganen übertragen.

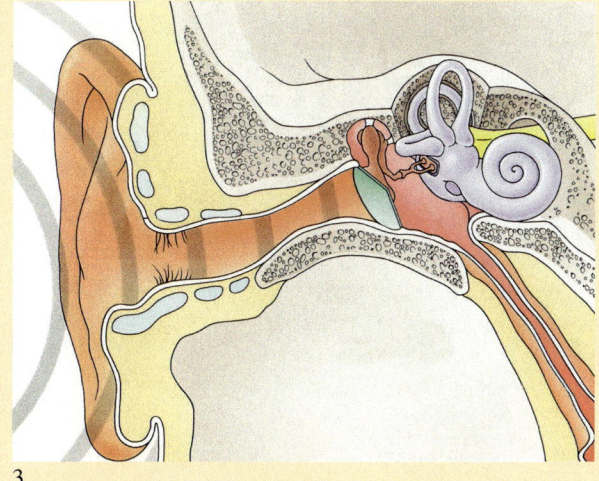

3

Bei einem Stromschlag fließen plötzlich 220 Volt oder mehr durch den Körper. Überlege, welche Folgen das für das Nervensystem und damit auch für die Organfunktionen haben kann.

5 Bei den meisten Organen oder Organsystemen ist es relativ leicht, sich Verhaltensregeln für ihre Gesunderhaltung zu überlegen. Auf Anhieb könntest du sicher mehrere Punkte nennen, wie man den Magen, das Herz oder die Lungen schützen kann. Wie aber ist das bei unserem Nervensystem?

6 Mit besonderen Plakaten wurde eine große Anti-Rauch-Kampagne gestartet. ↑1 S. 198 Welche Informationen sind in diesen Plakaten enthalten? Haben sie etwas mit deinem Verhalten zu tun? Beschreibe, wie sie auf dich wirken.

7 Drogenabhängige Jugendliche werden häufig in Entziehungsprogramme eingebunden und arbeiten auf einem betreuten Segelschiff oder Bauernhof. Was verspricht man sich von diesen Maßnahmen? Wann ist die Gefahr der Rückfälligkeit am höchsten?

4

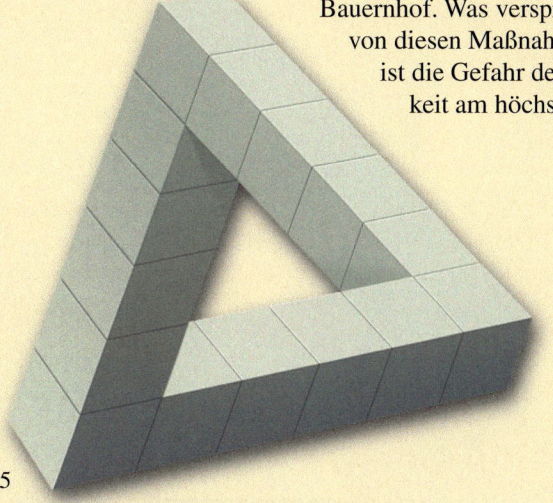

5

Abwehrsystem des Menschen

Krankheitserreger sind mit dem bloßen Auge nicht zu erkennen und können dem Menschen doch so gefährlich werden. Sie machen uns jedoch nicht in jedem Fall krank. Durch die körpereigene Abwehr verfügt der Körper über Mechanismen, die Krankheiten abwehren und uns vor Neuerkrankungen schützen.

1 Was haben blühende Gräser mit tränenden und juckenden Augen zu tun?

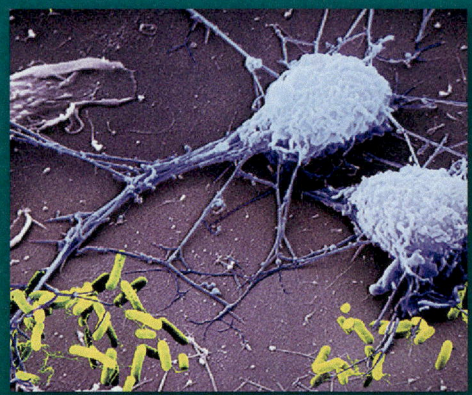

2 Unser Körper kommt im Laufe des Lebens öfters mit Krankheitserregern in Kontakt. Wie schafft er es, sich dagegen zu wehren?

3 Muss ich bei leichten Erkrankungen immer gleich zum Arzt gehen oder kann ich auch selber etwas tun?

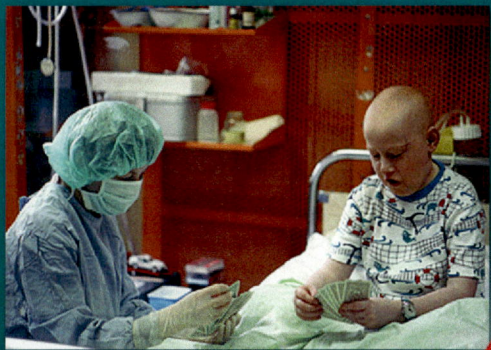

6 Was passiert bei Krebs im Körper?

4 Was kann ich tun, um mich vor schweren Erkrankungen zu schützen?

GIB **AIDS** KEINE CHANCE

7 Das habe ich schon oft gesehen. Doch was ist Aids eigentlich?

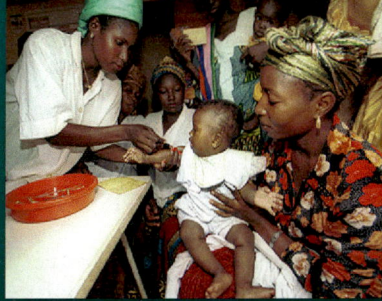

5 Andere Länder – andere Krankheiten. Warum ist das so?

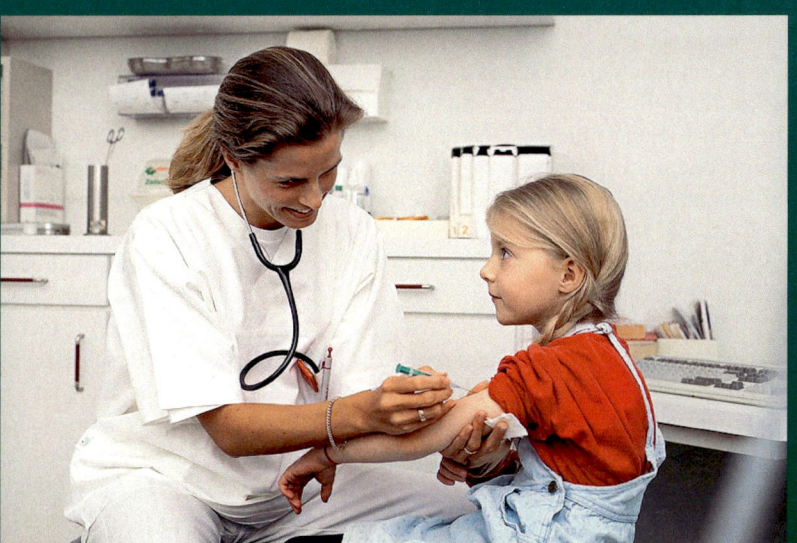

8 Viele Impfungen schützen vorbeugend, andere wirken heilend. Worin besteht der Unterschied bei den Impfstoffen?

Wenn es einen „erwischt" hat

Kaum zu glauben, dass die im Bild rechts dargestellten, winzig kleinen Grippeviren (Influenzaviren) einen gesunden Menschen innerhalb weniger Tage schwer krank machen können.
Wie gelingt es den Viren, in den Körper einzudringen? Wie kommt es, dass diese „Winzlinge", die gar nicht zu den Lebewesen gezählt werden, einen Menschen in so kurzer Zeit außer Gefecht setzen, manchmal sogar töten können?

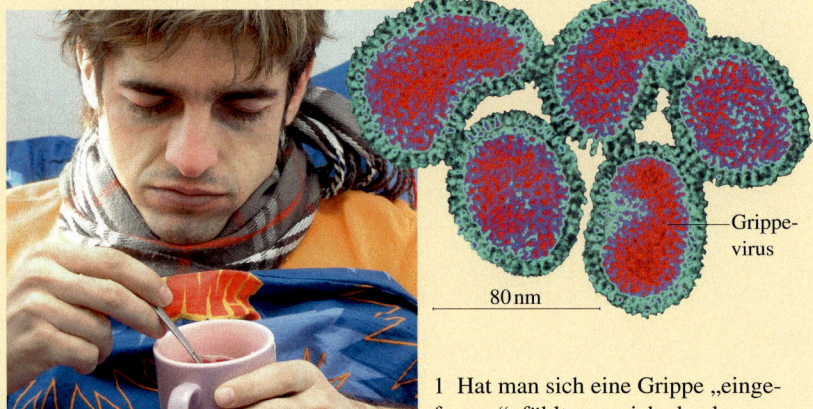

Grippe-
virus

80 nm

1 Hat man sich eine Grippe „eingefangen", fühlt man sich elend.

Beobachten *Untersuchen* Experimentieren

Wir untersuchen den Verlauf der Grippe

Die Vorgeschichte Peter kann sich im Unterricht kaum konzentrieren. „Was ist nur los mit mir? Der Kopf tut weh und alle Gelenke und Muskeln schmerzen. Ob den anderen auch so kalt ist? Hoffentlich ruft mich Herr Huber nicht auf. Ich habe heute gar nichts vom Unterricht mitbekommen! Oh, jetzt kommt er auf mich zu! Keine Gefahr! Er meint, ich sei krank, und sagt, ich soll im Sekretariat Bescheid sagen, dass man mich von der Schule abholt."

Die eigentliche Geschichte Zu Hause legt sich Peter sofort ins Bett. Seine Mutter misst die Körpertemperatur. Er hat leichtes Fieber. Dann ruft sie den Arzt an. Beim späteren Hausbesuch sagt dieser: „Peter hat sich eine handfeste Grippe geholt. Ich verordne ihm strenge Bettruhe. Bitte messen und notieren Sie täglich seine Körpertemperatur. So können wir den Krankheitsverlauf besser beurteilen."

a Übernimm das Koordinatenkreuz in Bild ↑2 in dein Heft. Vervollständige mithilfe der Tabelle ↑3 die Temperaturkurve.

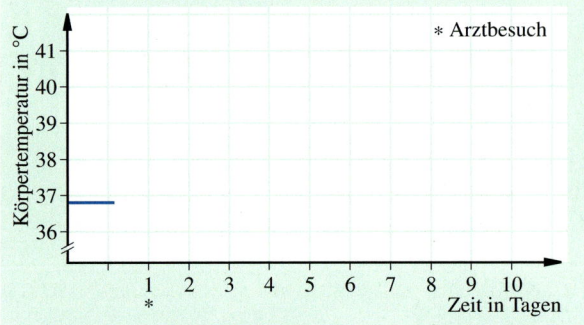

2 Diagrammvorlage des Verlaufs der Körpertemperatur

b Ab einer Körpertemperatur von 38 °C spricht man von Fieber. Kennzeichne den Temperaturverlauf bei Fieber mit Rot, den fieberfreien Bereich mit Grün.

c In wie viele Phasen kannst du die Krankheit Grippe aufgrund des Verlaufs der Temperaturkurve untergliedern? Beachte dabei, dass Peter an dem mit * gekennzeichneten Tag bereits krank war.

d Beschreibe kurz jede dieser Krankheitsphasen. In welcher Phase treten deiner Meinung nach die typischen Grippesymptome auf? Begründe.

1. Tag *	2. Tag	3. Tag	4. Tag	5. Tag	6. Tag	7. Tag	8. Tag	9. Tag	10. Tag
38,1 °C	38,9 °C	39,3 °C	40,1 °C	39,1 °C	38,7 °C	39,3 °C	38,4 °C	37,2 °C	37,1 °C

3 Verlauf von Peters Körpertemperatur ab dem Tag des Arztbesuchs*

GRUNDLAGEN: Verlauf einer Grippeerkrankung

Grippe wird durch Influenzaviren verursacht und deshalb auch Influenza genannt. Sie ist keine harmlose Erkältungskrankheit. In Deutschland führte sie im Winter 2003/04 zu schätzungsweise 20 000 Todesfällen.

Infektion Die Influenzaviren gelangen häufig durch feine Speicheltröpfchen beim Niesen oder Husten eines Kranken in die Atemwege einer anderen Person. Das Eindringen von Krankheitserregern in einen Organismus und ihre anschließende Vermehrung in ihm bezeichnet man als Infektion.

Inkubationszeit Die Ansteckung selbst bemerkt der spätere Patient meist nicht. Erst nach ein bis drei Tagen bricht die eigentliche Grippe sicht- und fühlbar aus. Den Zeitraum zwischen der Ansteckung und den ersten Anzeichen der Krankheit nennt man Inkubationszeit.

Erkrankung Die Anzeichen, mit denen eine Krankheit in Erscheinung tritt, nennt man Symptome. Die typischen Symptome einer Grippeerkrankung sind neben einer allgemeinen Müdigkeit und Erschöpfung Gelenk- und Muskelschmerzen, Fieber, Frösteln sowie Husten und Halsschmerzen. Verursacht werden sie durch die Krankheitserreger, die sich während der Inkubationszeit explosionsartig im Körper des Infizierten vermehrt haben.

Gesundung Sobald der Körper in der Lage ist, die Vermehrung der Krankheitserreger zu hemmen und diese schließlich auch zu vernichten, setzt die Gesundung ein. Dabei klingen die Symptome ab.
Meist verläuft eine Grippe unkompliziert. Bettruhe und fiebersenkende Mittel lassen die Krankheitssymptome allmählich wieder verschwinden. Allerdings kann eine nicht beachtete Grippe zu einem schweren Krankheitsverlauf führen. Ältere oder durch eine andere Krankheit geschwächte Menschen sind besonders gefährdet. Wenn eine weitere Infektion, zum Beispiel eine durch Bakterien verursachte Lungenentzündung, dazukommt, dann besteht absolute Lebensgefahr. Deshalb ist bei Verdacht auf Grippe immer ein Arzt aufzusuchen.

Kurz und knapp **Infektionskrankheiten, wie zum Beispiel die Grippe, werden durch Krankheitserreger ausgelöst. Bei der Infektion dringen sie in den Körper ein und vermehren sich hier stark. Viele Infektionskrankheiten sind ansteckend. Sie verlaufen in typischen Phasen: Inkubationszeit – Erkrankung – (meist) Gesundung.**

Historisches

Die spanische Grippe
Zwischen 1918 und 1919 wütete die spanische Grippe. Weltweit forderte sie fast 50 Millionen Opfer. Viele Menschen starben innerhalb nur weniger Tage.
Mit den Truppentransporten kam die Krankheit am Ende des Ersten Weltkriegs von den USA nach Europa. Besonders viele Menschen starben in Spanien – daher der Name der Krankheit. In Deutschland waren etwa 300 000 Tote zu beklagen.
Die gefährlichen Viren hatten nach dem Ersten Weltkrieg leichtes Spiel: Viele Häuser waren zerstört. Die durch Hunger geschwächten Menschen mussten auf engstem Raum zusammenleben – und steckten sich so gegenseitig an.

Arbeitsaufträge

1 Begründe, weshalb die Grippe nicht unmittelbar nach der Infektion ausbricht.
2 Wie bei jeder Infektionskrankheit kann man bei der Grippe drei Stadien unterscheiden. Nenne und beschreibe diese kurz.
3 Beim Niesen und Husten sollte man sich stets die Hand vor Nase und Mund halten. Begründe.

Historisches

Kampf gegen Krankheiten

Krankheiten sind ein uralter Begleiter des Menschen. Bereits in der Bibel wird der Aussatz (Lepra) erwähnt. Im Mittelalter entvölkerte die Pest ganze Landstriche. Der Franzose Louis Pasteur und der Deutsche Robert Koch erkannten als Erste, dass bestimmte Bakterienarten die Verursacher vieler gefährlicher Krankheiten sind. ↑1,2 Mit ihnen begann ein vielfach erfolgreicher Kampf gegen bakterielle Erreger.

1 LOUIS PASTEUR (1822–1895)

2 ROBERT KOCH (1843–1910)

GRUNDLAGEN: Krankheitserreger

Neben den Viren sind auch Bakterien, Pilze, Einzeller und sogar bestimmte Würmer Erreger von Infektionskrankheiten.

Viren Die Kinderlähmung oder Poliomyelitis wird durch das Poliovirus verursacht. Die Ansteckung erfolgt meist über den Mund durch Schmierinfektion, selten durch Tröpfcheninfektion. Lediglich ein Prozent der Infizierten erkranken ernsthaft an Polio. Die Inkubationszeit beträgt bis zu 14 Tage. Die Viren vermehren sich im Nasen-Rachen-Raum sowie im Darm. Über das Blut gelangen sie ins Rückenmark, wo sie Nervenzellen befallen und zerstören. Es kommt zu Lähmungen. Der einzige wirksame Schutz vor Kinderlähmung ist die Schutzimpfung.
Die Pocken sind eine Virusinfektion, an der seit 1978 niemand erkrankte. Mithilfe von Schutzimpfungen wurden sie ausgerottet.

Bakterien Die Ansteckung mit Diphtheriebakterien erfolgt durch Tröpfcheninfektion. Nach einer Inkubationszeit von etwa fünf Tagen treten hohes Fieber und die Symptome von Erkältungskrankheiten wie Husten und Halsschmerzen auf. An Mandeln und Schleimhäuten des Rachenraums bilden sich zähe Beläge, die immer dicker werden. In besonders schweren Fällen können sie zum Erstickungstod führen. Früher nannte man die Diphtherie deshalb auch den „Würgeengel der Kinder". Die Gifte der Erreger schädigen zusätzlich den Herzmuskel.

Einzeller 2001 starben auf der Erde etwa 2,7 Million Menschen an der Malaria. Die Erreger sind tierische Einzeller, die durch blutsaugende Fiebermücken (Anopheles) übertragen werden. ↑3 Die Einzeller vermehren sich in den Leberzellen und roten Blutzellen (Erythrocyten) der Infizierten. ↑4 Dabei verursachen sie in regelmäßigen Abständen starke Fieberanfälle. Bei Reisen in die Tropen ist ein vorbeugender Schutz vor Malaria (Malariaprophylaxe) empfehlenswert.

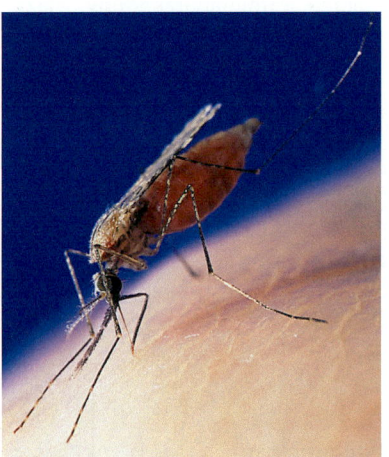

3 *Anopheles* bei der Blutmahlzeit

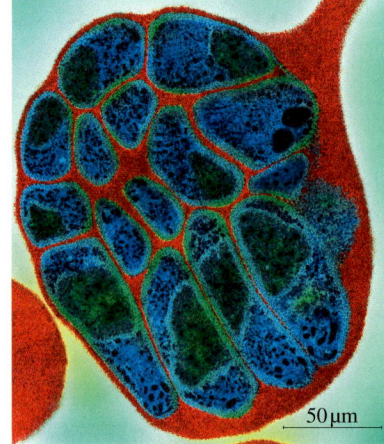

50 µm

4 Erythrocyt mit Malariaerregern

Kurz und knapp **Bakterien, Viren, Pilze, Einzeller und Würmer sind die Erreger von Infektionskrankheiten.**

Beobachten *Untersuchen* Experimentieren

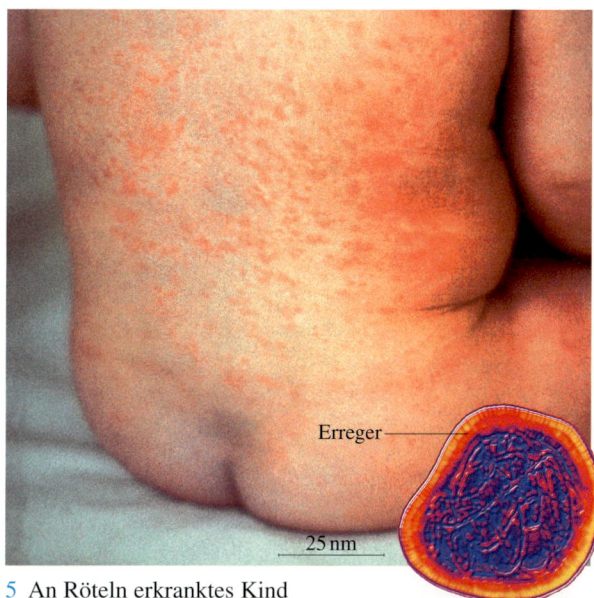

5 An Röteln erkranktes Kind

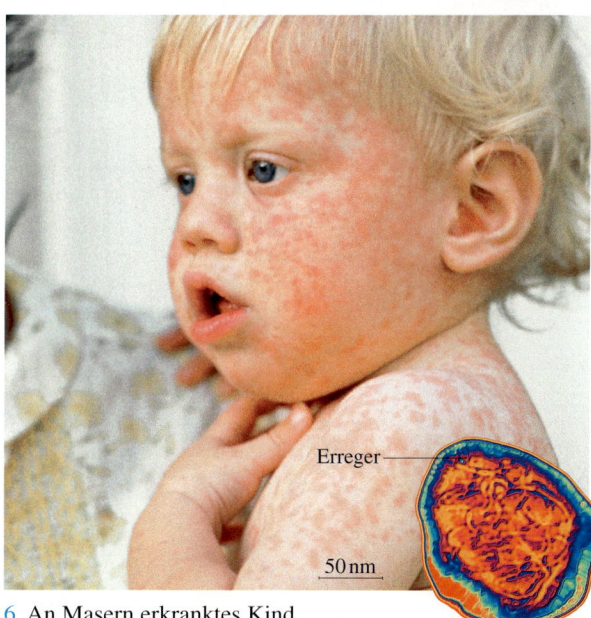

6 An Masern erkranktes Kind

Untersuchungsergebnisse	
Gemeinsame Symptome von Kind A und B ...	
Alleinige Symptome von Kind A ...	Alleinige Symptome von Kind B ...

7 Tabellenformular für die Untersuchungsergebnisse

Wie findet ein Arzt oder eine Ärztin die richtige Diagnose?

Versetze dich in die Lage eines Arztes oder einer Ärztin. Die links abgebildeten Kinder werden von ihren Eltern in deine Sprechstunde gebracht. Sie suchen Hilfe bei dir.

Die Untersuchung Natürlich versuchst du zunächst herauszufinden, an welchen Krankheitssymptomen die Kinder leiden.

Auf den ersten Blick erkennst du, dass beide einen deutlich roten Hautausschlag haben. Die Eltern berichten dir, dass ihre Kinder unter Husten, Schnupfen und Halsschmerzen leiden.

Bei der Untersuchung misst du auch die Körpertemperatur der zwei kleinen Patienten. Dabei stellst du jeweils eine Temperatur von über 38 °C fest: Sie haben Fieber.

Nun schaust du ihnen in den Mund. Dabei siehst du, dass ein Kind weiße Flecken im Mund hat. Bei dem anderen kannst du keine Flecken erkennen.

Um ganz sicher zu sein, fasst du beiden Kranken mit den Fingern hinter die Ohren. Aber nur bei dem Kind, das keine weißen Flecken im Mund hat, fühlst du hinter den Ohren deutliche Schwellungen.

Die Diagnose Mithilfe der von dir beobachteten Krankheitssymptome versuchst du herauszufinden, an welchen Krankheiten deine Patienten leiden:

a Fasse in einer Tabelle nach dem unteren Muster ↑7 zusammen, welche Krankheitssymptome beiden Kindern gemeinsam sind.

b In welchen Symptomen unterscheiden sich die Krankheitsbilder voneinander? Trage auch das in die Tabelle ein.

c Ein erfahrener Arzt weiß jetzt natürlich, welches der beiden Kinder Masern bzw. Röteln hat. Wir Schülerärzte dürfen in einem Gesundheitslexikon nachschauen. Zu welcher Diagnose kommst du?

Die Behandlung Wie behandelst du beide Kinder, damit sie schnell gesund werden?

d Informiere dich über die Behandlungsmöglichkeiten beider Krankheiten.

e Gib den Eltern Tipps, wie sie zum Wohlbefinden ihrer Kinder beitragen können.

Steckbrief Viren als Krankheitserreger

Bau und Wirkungsweise Ein Virus kann sich nicht selbst bewegen, atmet nicht und hat keinen Stoffwechsel. Damit gehört es nicht zur lebenden Natur. Andererseits haben Viren aber auch Merkmale von Lebewesen. Sie verfügen über Erbmaterial, das von einem Eiweißmantel umhüllt ist. ↑1 Damit sich ein Virus vermehren kann, benötigt es aber immer eine Zelle eines anderen Lebewesens. Es schleust sein Erbmaterial in diese Wirtszelle ein. Dieses verursacht eine Veränderung des Stoffwechsels, so dass die Zelle in großer Anzahl neue Viren produziert. ↑2–5

Je nach der Virus-Form reagiert unser Körper mit unterschiedlichen Krankheitssymptomen. Es gibt eine Vielzahl verschiedener Viren, die Pflanzen, Tiere oder Menschen befallen. Manche Viren dringen auch in Bakterien ein.

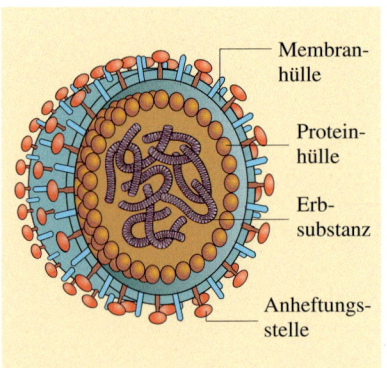

4 Aufbau eines Grippevirus

Membran-hülle
Protein-hülle
Erb-substanz
Anheftungs-stelle

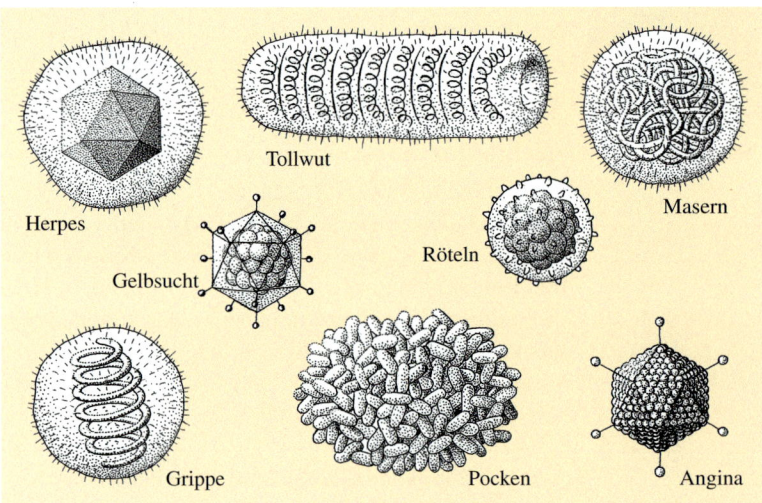

Herpes
Tollwut
Gelbsucht
Röteln
Masern
Grippe
Pocken
Angina

1 Verschiedene Viren und die von ihnen verursachten Krankheiten.

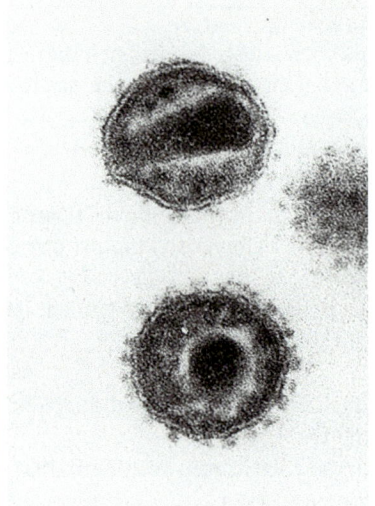

2 HI-Viren verursachen Aids.

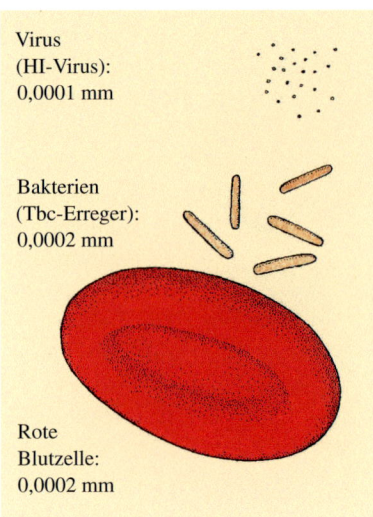

Virus
(HI-Virus):
0,0001 mm

Bakterien
(Tbc-Erreger):
0,0002 mm

Rote
Blutzelle:
0,0002 mm

3 Virengrößen im Vergleich.

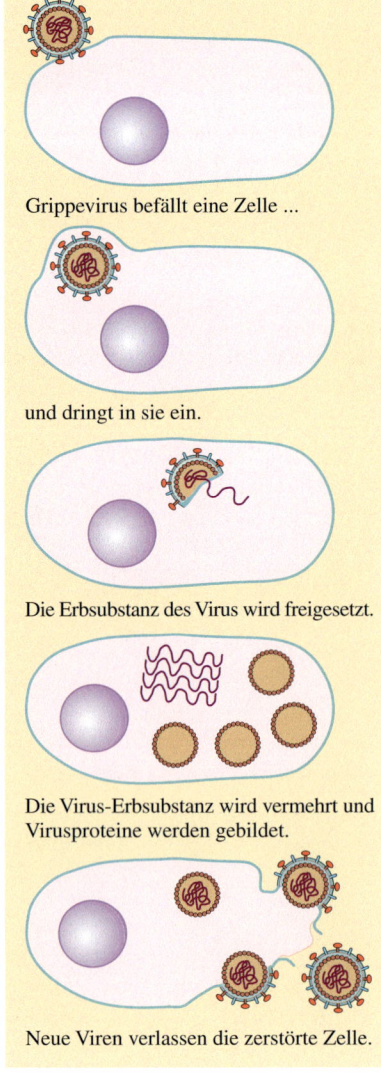

Grippevirus befällt eine Zelle ...

und dringt in sie ein.

Die Erbsubstanz des Virus wird freigesetzt.

Die Virus-Erbsubstanz wird vermehrt und Virusproteine werden gebildet.

Neue Viren verlassen die zerstörte Zelle.

5 Vermehrung eines Grippevirus

Steckbrief Bakterien als Krankheitserreger

Bakterien leben fast überall In der Luft, im Wasser und im Boden gibt es Milliarden von Bakterien. Auch im menschlichen Körper kommen sie vor, besonders im Verdauungssystem.

Bakterien sind so klein, dass man sie mit bloßem Auge nicht sehen kann. Die meisten von ihnen haben als Zersetzer (Destruenten) wichtige Funktionen im Stoffkreislauf der Natur.

Einige Bakterien sind als Parasiten für den Menschen und andere Organismen gefährlich, da sie Infektionskrankheiten verursachen. Die Entdeckung und der Nachweis dieser Tatsache gelangen erst im 19. Jahrhundert.

Zu den von Bakterien verursachten Krankheiten gehören beispielsweise Scharlach, Keuchhusten, Lungenentzündung und Wundstarrkrampf.

Die Gefährlichkeit krankheitserregender Bakterien ist vor allem auf ihre durch schnell aufeinander folgende Zellteilungen ermöglichte hohe Vermehrungsgeschwindigkeit zurückzuführen. Sie bilden Giftstoffe, die als Toxine bezeichnet werden.

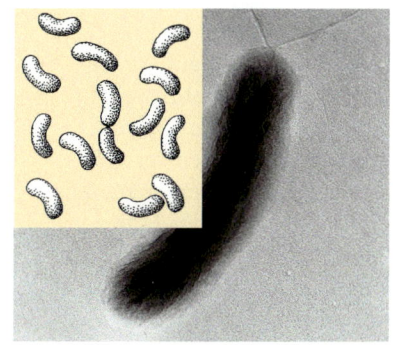

7 Erreger der Cholera (bohnenförmig)

Bau und Vermehrung der Bakterien Bakterien sind zwischen 1 Tausendstel und 5 Tausendstel Millimeter große einzellige Organismen. Nach ihrer äußeren Form können wir kugelförmige, stäbchenförmige, schraubenförmige und bohnenförmige Bakterien unterscheiden. ↑7–10 Jede Bakterienzelle wird von einer Zellwand und einer Zellmembran begrenzt. Bei vielen Bakterien kommen Schleimhüllen vor, die den Zellwänden aufgelagert sind. Dadurch werden oft viele Einzelzellen nach Teilungen in Bakterienkolonien zusammengehalten, die mit bloßem Auge sichtbar sind. Bakterienzellen haben keinen Zellkern, ihr Erbmaterial befindet sich frei im Zellplasma. ↑6 Die Teilung einer Bakterienzelle bezeichnet man im Unterschied zur Teilung von Zellen mit Zellkern als Spaltung. Durch sehr schnell aufeinander folgende Spaltungen können in 24 Stunden aus einer einzigen Bakterienzelle etwa 10 000 000 000 (10 Milliarden) neue Bakterien entstehen. Für das Überleben vieler Bakterien sind Temperaturen zwischen 20 °C und 40 °C optimal.

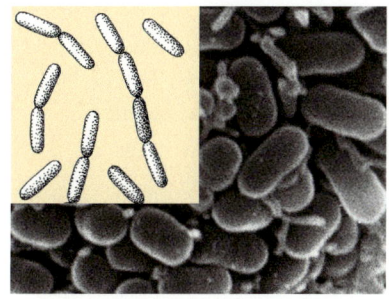

8 Erreger von Durchfallerkrankungen (stäbchenförmig)

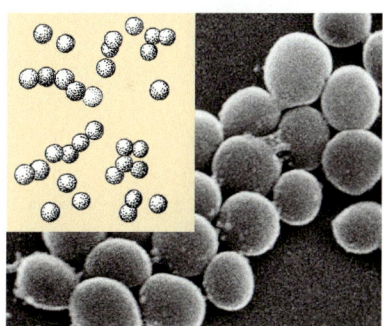

9 Eiter erregende Bakterien (kugelförmig)

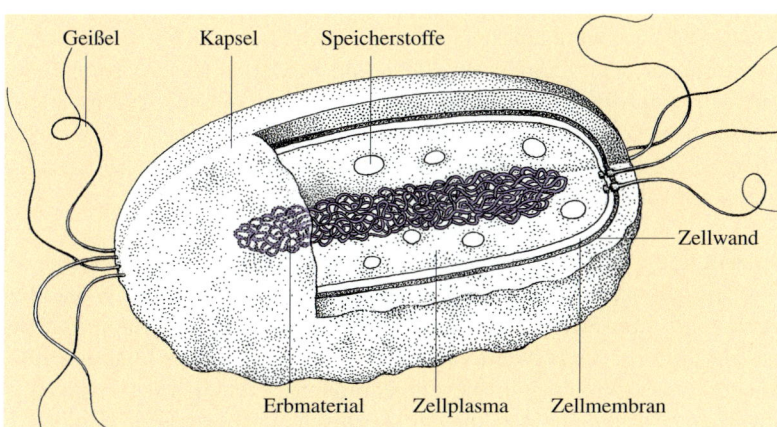

6 Aufbau einer Bakterienzelle

Geißel   Kapsel   Speicherstoffe
Zellwand
Erbmaterial   Zellplasma   Zellmembran

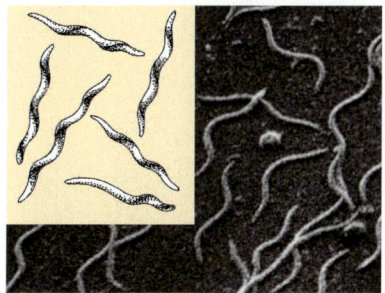

10 Manche bakterielle Krankheitserreger sind schraubenförmig.

Der Körper wehrt sich gegen Krankheitserreger

Die Gladiatoren im Bild ↑1 bereiten sich darauf vor, den Angriff des Tigers abzuwehren. Auch wir sind jeden Tag von Angreifern, nämlich den verschiedensten Krankheitserregern, umgeben. Gelingt es uns nicht, sie abzuwehren oder zu bekämpfen, ist unsere Gesundheit bedroht. Obwohl dies eine große Herausforderung für unseren Körper darstellt, erkranken die meisten Menschen nur selten.
Wie funktioniert das Abwehrsystem unseres Körpers? Welche Organe und Zellen sind beteiligt?

1 Der Kampf zweier Gladiatoren im alten Rom (Szene des Films „Gladiator")

GRUNDLAGEN: Das körpereigene Abwehrsystem

Zur Abwehr und Bekämpfung von Krankheitserregern, körperfremden Stoffen sowie zur Beseitigung von entarteten Körperzellen verfügt unser Körper über sehr wirkungsvolle Schutzmechanismen: Die unspezifische Abwehr ist angeboren und richtet sich gegen alle körperfremden Strukturen. Die spezifische Abwehr wird dagegen erst im Lauf des Lebens erworben und richtet sich jeweils gegen einen bestimmten Erreger oder Fremdstoff. Beide Systeme arbeiten als Immunsystem sich gegenseitig ergänzend zusammen.

Lymphsystem Die Lymphgefäße und die lymphatischen Organe (Knochenmark, Thymus, Milz, Mandeln und Lymphknoten) bilden das Lymphsystem. ↑2 Es wird von der Lymphe, einer farblosen Flüssigkeit, durchströmt. Die Lymphknoten dienen als Filterstationen für Giftstoffe, Reste abgestorbener oder veränderter Zellen und Bakterien in der Lymphe. Sie sind dicht von Abwehrzellen besiedelt, die sich mit diesen „Abfallstoffen" auseinandersetzen. Bei einer Infektion werden besonders viele Abwehrzellen gebildet. Die dem Krankheitsherd am nächsten gelegenen Lymphknoten schwellen dabei an.

Abwehrzellen Im Knochenmark, dem wichtigsten Bildungsgewebe für Blutzellen, entstehen die meisten Abwehrzellen, die weißen Blutzellen oder Leukocyten. Sie sind im Blut 1000-mal seltener als die roten Blutzellen. Es gibt sehr viele Arten von weißen Blutzellen. z. B. Granulocyten, Monocyten, Makrophagen, die eingedrungene Fremdkörper vernichten, und B- und T-Lymphocyten, die der spezifischen Abwehr von Krankheitserregern dienen.

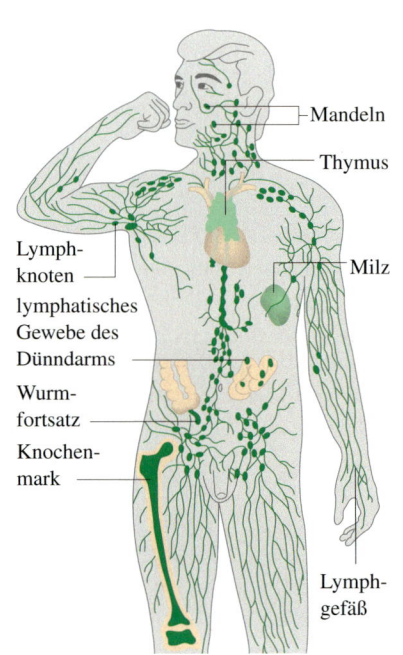

Mandeln

Thymus

Lymphknoten

lymphatisches Gewebe des Dünndarms

Milz

Wurmfortsatz

Knochenmark

Lymphgefäß

2 Das Lymphsystem des Menschen

GRUNDLAGEN: Unspezifische und spezifische Abwehr

Unspezifische Abwehr Sie ist angeboren. Ihre Mechanismen greifen schnell und unmittelbar.

Die unverletzte Haut bildet eine für fast alle Krankheitserreger unpassierbare Abwehrfront. Die sauren Ausscheidungen der Talgdrüsen und Schweißdrüsen sowie die vielen natürlich auf der Haut vorkommenden ungefährlichen Bakterien erschweren die Ansiedlung von gefährlichen Mikroorganismen bzw. Krankheitserregern.

Auch die Schleimhäute, die zum Beispiel den Verdauungskanal und die Atemwege auskleiden, bilden eine Barriere. Zähflüssiger Schleim hüllt die Fremdkörper ein und wird dann beispielsweise durch Husten nach außen befördert.↑3 Speichel und Tränen reinigen innere bzw. äußere Hautflächen. Der saure Magensaft macht viele mit der Nahrung aufgenommene Mikroorganismen unschädlich.

Sind die Krankheitserreger dennoch in den Körper gelangt, werden die Abwehrzellen der unspezifischen Abwehr aktiv. Dabei handelt es sich um Granulocyten und Monocyten bzw. Makrophagen.↑4

Fieber wird vor allem durch Giftstoffe der Krankheitserreger ausgelöst. Es fördert, wenn die Körpertemperatur nicht zu hoch ansteigt, die Abwehr- und Heilungsprozesse in unserem Körper.

Spezifische Abwehr Sie richtet sich gegen bestimmte Krankheitserreger, Fremdstoffe und entartete Körperzellen. Alle Stoffe, die einen Angriff der spezifischen Abwehr auslösen, werden als Antigene bezeichnet.

Die spezifische Abwehr ist bei der ersten Begegnung mit einem Erreger langsamer als die unspezifische Abwehr. Bei einem Zweitkontakt mit diesem zeichnet sie sich jedoch durch eine sehr gezielte und nun wesentlich schnellere Reaktion aus. Die Krankheit bricht meist gar nicht mehr aus. Der Körper ist gegen den Erreger immun (lat. immunis: frei, unberührt) geworden. Diese Immunität ist also nicht angeboren, sondern wird im Lauf des Lebens erworben.

Kurz und knapp **An der körperlichen Abwehr sind vor allem das Lymphsystem mit den lymphatischen Organen Knochenmark, Thymusdrüse, Milz, Mandeln und die Lymphknoten beteiligt. Im Knochenmark werden viele verschiedene weiße Blutzellen gebildet, die der Immunabwehr dienen. In unserem Körper unterscheiden wir unspezifische und spezifische Abwehrmechanismen. Zu unspezifischen Abwehrmechanismen gehören z. B. der Säuremantel der Haut, die Magensäure und die Schleimhäute. Spezifische Abwehr wird von speziellen weißen Blutzellen, den Lymphocyten, betrieben.**

Basiskonzept

System
Krankheitserreger kann der Körper durch unspezifische und spezifische Mechanismen bekämpfen. Hierfür stehen ihm verschiedene Arten von weißen Blutzellen (z. B. Fresszellen und Lymphocyten) zur Verfügung. Das Zusammenspiel von verschiedenen Abwehrzellen und anderen lymphatischen Organen stellt ein ganzes System dar, das Immunsystem.

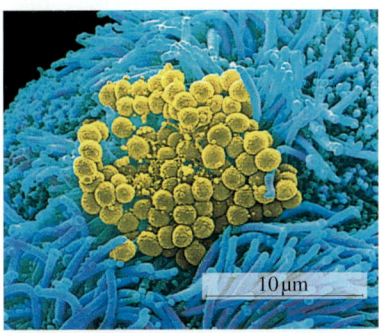

10 μm

3 Bewegliche Flimmerhaare der Luftröhrenwand befördern Bakterien aus dem Körper.

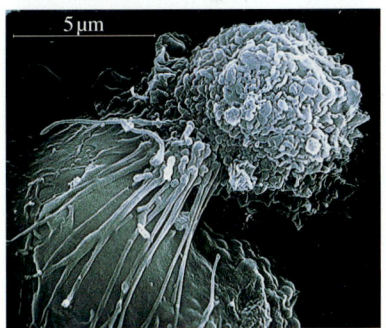

5 μm

4 Fresszelle (Makrophage) mit Fremdkörper

Arbeitsaufträge

1 Nenne Organe und Zellen, die der Immunabwehr dienen.

2 Erläutere, was du unter unspezifischer und spezifischer Abwehr verstehst.

3 Fieber ist eine Abwehrreaktion im Körper. Begründe.

4 Nenne körperfremden Strukturen, die in unserem Körper eine Immunabwehr hervorrufen können.

Steckbrief Antibiotika

1 ALEXANDER FLEMING (1881–1955)

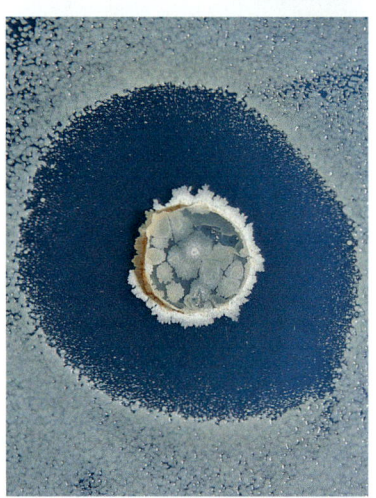

2 Bakterienkultur mit Schimmelpilz

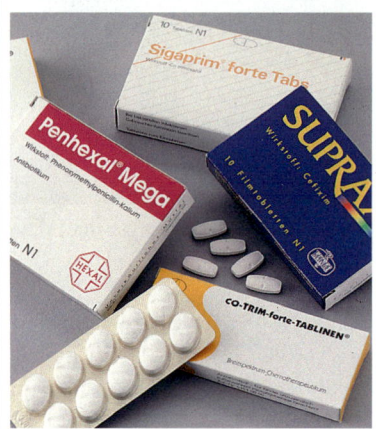

3 Heute sind etwa 100 antibiotisch wirkende Stoffe im Handel.

Eine bahnbrechende Entdeckung Im September 1928 war ein Schimmelpilz in die Bakterienkulturen des im Londoner St. Mary's Hospital arbeitenden Bakteriologen ALEXANDER FLEMING geraten. [1,4] Das war ungezählten Bakteriologen zuvor ebenso passiert. Sie hatten die „verdorbenen" Kulturen aber einfach weggeworfen. FLEMING bemerkte, dass rund um den Pilz der Bakterienrasen verschwunden war. [2] Er vermutete, dass Schimmelpilze Stoffe abgeben, die Bakterien töten oder in ihrer Vermehrung hemmen. Seine Forschungen bestätigten diese Annahme. Er identifizierte den Schimmelpilz in seinen Bakterienkulturen als Penicillium notatum und nannte die von ihm gebildeten antibakteriellen Substanzen Penicillin. Später beschrieb er, dass Penicillin auf bestimmte eitererregende Bakterien wachstumshemmend wirkt und somit ein Heilmittel gegen viele Infektionen wie Eiterungen, Lungen- und Hirnhautentzündung darstellt.

Herstellung Heute kennen wir neben dem Penicillin viele weitere antibakterielle Mittel, die in großem Umfang industriell produziert werden. [3] Neben den natürlichen Antibiotika, deren Wirkstoffe zum Beispiel aus Schimmelpilzen oder aus Bodenbakterien hergestellt werden, gibt es eine Reihe weiterer künstlich erzeugter Stoffe, die Bakterien bekämpfen. Ein Beispiel sind die Sulfonamide.

Wirkungsweise Antibiotika schädigen zwar die Zellen von Bakterien, nicht aber Körperzellen. Sie nutzen die Unterschiede in Bau und Funktion der Zellen aus. Unter anderem wird die Zellwand zerstört, die Erbsubstanz geschädigt, der Eiweißaufbau verhindert oder die Bewegungsfähigkeit der Geißel gehemmt.
Bei der Einnahme von Antibiotika sollte man bedenken, dass sie auch die Bakterien unserer Darmflora schädigen können.

Resistenzen Allerdings müssen solche Medikamente genau nach Vorschrift eingenommen werden. Dosiert man sie zu niedrig oder setzt man sie zu früh ab, können Resistenzen entstehen. Darunter versteht man, dass Bakterien gegen ein Antibiotikum unempfindlich werden. Dies geschieht zum Beispiel dadurch, dass die Zellwand so verändert wird, dass das Antibiotikum nicht mehr in das Zellinnere gelangen kann, oder dass das Antibiotikum in der Bakterienzelle rasch chemisch verändert und somit unwirksam gemacht wird.

Späte Anerkennung
Da es FLEMING nicht möglich war, größere Mengen von Penicillin herzustellen und anzuwenden, wurde seine Entdeckung von der Fachwelt zunächst kaum zur Kenntnis genommen. Erst während des Zweiten Weltkriegs, als eine fieberhafte Suche nach Medikamenten gegen Infektionskrankheiten begann, wurden seine Forschungsergebnisse wieder aufgegriffen. Im Jahr 1946 wurde FLEMING für seine wissenschaftliche Arbeit der Nobelpreis verliehen.

4 Nobelpreis für Flemming

Steckbrief Alternative Heilverfahren

Die klassische Medizin beruht vor allem auf naturwissenschaftlichen Erkenntnissen und der Betrachtung gestörter Organfunktionen.
Daneben gibt es zum Teil sehr alte, überlieferte Methoden zur Behandlung von Krankheiten. Sie zielen nicht auf einzelne Symptome ab, sondern stellen den ganzen Menschen als Einheit aus Körper, Geist und Seele in den Mittelpunkt. Grundlagen dieser „alternativen Heilverfahren" sind vor allem das aus Erfahrungen geschöpfte Wissen um die Wirksamkeit einer Therapie und das Vertrauen in die Selbstheilungskräfte des Körpers. Wichtige alternative Heilverfahren sind die Naturheilkunde (z. B. Wasser-, Wärmetherapie, Heilpflanzenkunde), die Homöopathie und die Verfahren der traditionellen chinesischen Medizin (z. B. Akupunktur).

5 Heilkräuter: Johanniskraut, Kamille und Schafgarbe

Heilkräuter Funde zeigen, dass Menschen bereits als Sammler und Jäger um die heilende oder lindernde Wirkung mancher Pflanzen wussten. ↑5 Dieses Wissen wurde von Generation zu Generation weitergegeben und erreichte im Mittelalter eine Blütezeit.
Heute verwenden immer mehr Menschen wieder Rezepte aus „Omas Apotheke". So wirkt beispielsweise ein aus Thymian zubereiteter Tee krampflösend auf Lunge und Bronchien. Anis und Fenchel lösen Verschleimungen. Kamille wirkt entzündungshemmend. Aber nicht nur gegen Erkältungskrankheiten gibt es wirksame Hausmittel. Zwiebeln oder Spitzwegerich lindern den Juckreiz bei Insektenstichen, Wermut wirkt verdauungsfördernd.
Aber Vorsicht! Viele Pflanzen enthalten sehr wirksame Stoffe, die einen äußerst verantwortungsvollen Umgang erfordern. Dosiert man beispielsweise das aus den Blättern des Fingerhuts ↑6 gewonnene Herzmittel um die 1,5- bis 3-fache Menge zu hoch, kann der Patient sterben!

6 Fingerhut

Homöopathie Die Grundannahme dieses Heilverfahrens besteht darin, dass der Körper in der Lage ist, sich selbst zu heilen. Begründet von dem Arzt Samuel Hahnemann (1755–1843), beruht die Homöopathie auf dem Prinzip „Ähnliches möge mit Ähnlichem geheilt werden". Die Idee ist, dass Naturstoffe, die bei einem Gesunden bestimmte Symptome hervorrufen, bei einem Kranken mit einem ähnlichen Krankheitsbild die Selbstheilungskräfte des Körpers aktivieren. ↑7 Um die Giftwirkung bestimmter Mittel abzuschwächen, verdünnte Hahnemann die Ursubstanzen in mehreren Schritten. Dies bezeichnete er als Potenzieren. Er beobachtete, dass mit einer zunehmenden Verdünnung die Wirksamkeit des Heilmittels zunehmen kann. In den hohen Potenzen lassen sich auf chemischem Weg keine Moleküle der Ausgangssubstanz mehr nachweisen. Anhänger der Homöopathie vertreten die Meinung, dass im Verdünnungsmittel Informationen in Form eines speziellen Energiemusters enthalten sind.

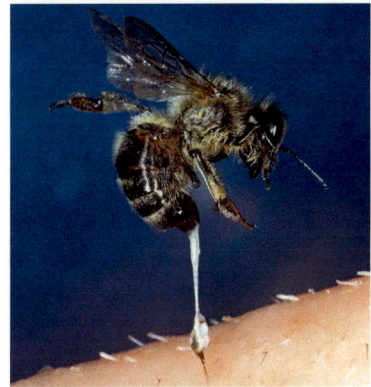

7 Bienengift – homöopathisches Mittel gegen Schwellungen und Rötungen

Akupunktur Bei dieser alten chinesischen Heilmethode werden in den Körper Nadeln vorwiedend aus Edelstahl an bestimmten Punkten eingestochen. Die Einstichpunkte liegen über den ganzen Körper verteilt auf Medianen oder Energiebahnen. Mithilfe der Akupunktur sollen Krankheiten geheilt und Schmerzen gelindert werden.

Impfen als Vorsorge gegen Krankheiten

In früheren Jahrhunderten waren die Menschen viel stärker als heute von Infektionskrankheiten bedroht, da man noch sehr wenig darüber wusste. Am Ende des 18. Jahrhunderts machte der englische Landarzt EDWARD JENNER (1749–1823) eine wichtige Beobachtung, die ihn dazu veranlasste, ein riskantes Infektionsexperiment am Menschen durchzuführen.
Was für ein Experiment führte EDWARD JENNER durch?

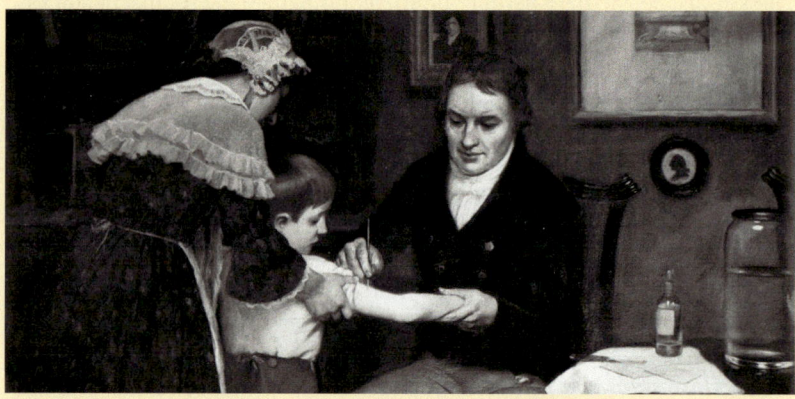

1 EDWARD JENNER führt ein gewagtes Infektionsexperiment bei James Philipps durch.

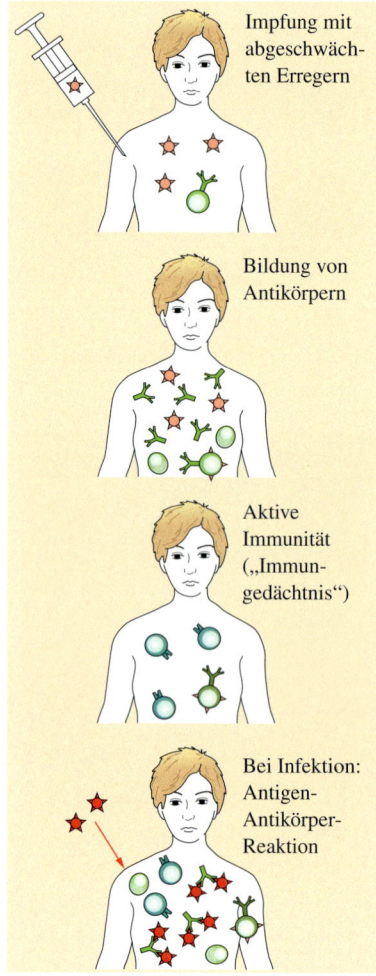

Impfung mit abgeschwächten Erregern

Bildung von Antikörpern

Aktive Immunität („Immungedächtnis")

Bei Infektion: Antigen-Antikörper-Reaktion

2 Aktive Immunisierung

GRUNDLAGEN: Aktive Immunisierung

JENNER infiziert James Philipps mit Pocken Aufgrund seiner Beobachtungen und seiner daraus abgeleiteten Hypothese wagte EDWARD JENNER am 14. Mai 1796 ein riskantes Experiment: Er öffnete ein Pustel der an Kuhpocken erkrankten Sarah Nelms und fing die Flüssigkeit darin auf. Dann übertrug er eine geringe Menge davon auf eine kleine Wunde des achtjährigen James Philipps. Dieser erkrankte wie erwartet an den weitgehend harmlosen Kuhpocken. Als die Pusteln der Kuhpocken abgeheilt waren, infizierte er den Jungen erneut. Dieses Mal allerdings mit der Flüssigkeit aus Pusteln der gefährlichen echten Pocken. Wie JENNER erhofft hatte, zeigte der Junge keine Krankeitssymptome. Er war gegen die Pocken immun.

Aktive Immunisierung Die aktive Immunisierung oder Schutzimpfung, wie sie heute erfolgt, beruht auf demselben Prinzip wie das von JENNER durchgeführte Experiment. Bei der Schutzimpfung wird ein gesunder Mensch künstlich mit einem abgeschwächten Erreger infiziert.↑2 Dadurch wird eine Immunreaktion ausgelöst und der „Eindringling" vom Immunsystem bekämpft. Da nur abgeschwächte Erreger oder Erregerbruchstücke verwendet werden, die als Antigene wirken, kann das Immunsystem normalerweise schnell Antikörper gegen die Antigene bilden. Die Geimpften zeigen dann keine typischen Symptome. Häufig kann man aber leichtes Fieber beobachten. Es ist ein Zeichen dafür, dass das Immunsystem auf den Erreger reagiert und sie bekämpft.
Durch die Immunreaktion auf den abgeschwächten Erreger werden auch Gedächtniszellen gebildet. Sie sorgen dafür, dass das Immunsystem bei einer Infektion mit dem eigentlichen Erreger schnell und wirksam reagiert, sodass die Krankheit nicht ausbrechen kann. Der Impfschutz hält je nach Erreger über mehrere Jahre oder ein Leben lang an. Für manche Erreger muss die Impfung in regelmäßigen Abständen erneuert werden.

GRUNDLAGEN: Passive Immunisierung

Bereits Erkrankte können durch die passive Immunisierung bei der Abwehr der Krankheitserreger unterstützt werden. Dazu werden dem Erkrankten direkt passende Antikörper gegen den Krankheitserreger gespritzt. Diese Antikörper reagieren dann mit den Antigenen der Erreger und bekämpfen so den Eindringling. Weil mit der Zeit die fremden Antikörper abgebaut und keine Gedächtniszellen gebildet werden, besteht bei einer passiven Immunisierung kein dauerhafter Impfschutz.

Gewinnung der Antikörper Die Antikörper für die passive Immunisierung werden hauptsächlich aus Tieren gewonnen. Dazu werden zum Beispiel Pferde wie bei der aktiven Immunisierung mit abgeschwächten Krankheitserregern infiziert. ↑3 Sie bilden dann entsprechende Abwehrstoffe, die Antikörper. Den so behandelten Tieren wird Blut abgenommen. Aus dem Blutserum können dann die Antikörper gewonnen werden. Außer aus Tieren können Heilseren auch mithilfe von Bakterien gewonnen werden. Zu diesem Zweck werden die Erbinformationen der Bakterien gentechnisch verändert, sodass sie die gewünschten Antikörper herstellen.

Schon gewusst?

Epidemie
Das Wort Epidemie kommt aus dem Griechischen und bedeutet so viel wie „im Volk verbreitet". Es bezeichnet das gehäufte Auftreten einer Infektionskrankheit in einem bestimmten Gebiet. Tritt eine Krankheit in mehreren Ländern oder Kontinenten gehäuft auf, spricht man von einer Pandemie.

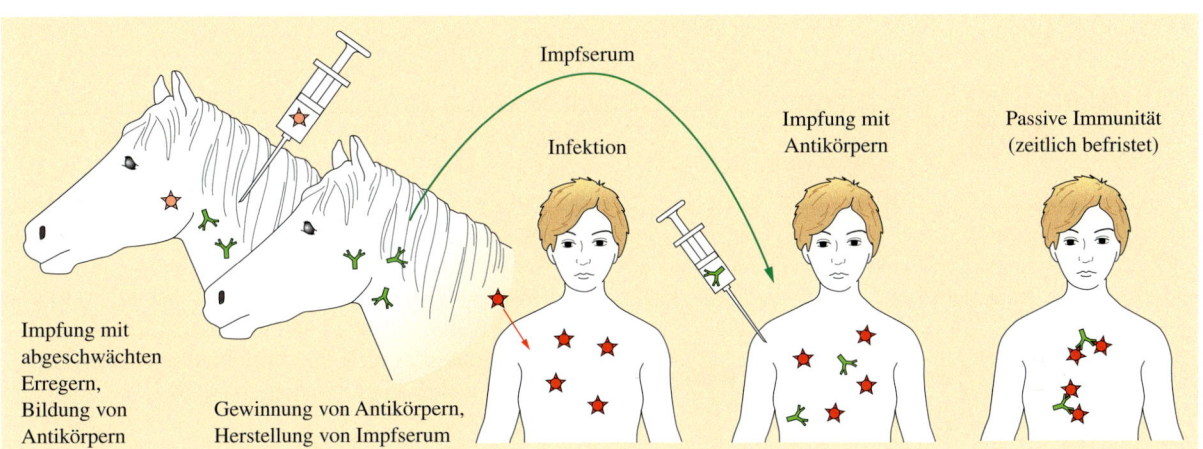

Impfserum

Impfung mit Antikörpern

Passive Immunität (zeitlich befristet)

Infektion

Impfung mit abgeschwächten Erregern, Bildung von Antikörpern

Gewinnung von Antikörpern, Herstellung von Impfserum

3 Passive Immunisierung

Kurz und knapp **Bei der aktiven Immunisierung wird ein gesunder Mensch mit abgeschwächten bzw. toten Erregern infiziert. Der Körper bildet Antikörper. Die aktive Immunisierung ist eine vorbeugende Impfung. Bei der passiven Immunisierung werden dem Körper die Abwehrstoffe (Antikörper) verabreicht. Diese Form der Impfung erfolgt nach dem Ausbruch einer Krankheit.**

Arbeitsaufträge

1 Vergleiche aktive und passive Immunisierung.
2 Die passive Immunisierung wird auch Heilimpfung genannt. Begründe.
3 Gegen welche Infektionskrankheiten bist du geimpft? Sieh ggf. in deinem Impfausweis nach.
4 Beschreibe die Bilder ↑2, 3

5 Begründe, warum man sich gegen Grippeviren jährlich neu impfen sollte.
6 Bereite einen Kurzvortrag über eine selbst gewählte Infektionskrankheit vor. Äußere dich u. a. zum Krankheitsverlauf, zur Ansteckung, zum Schutz und zur Therapie.

Allergien – das Immunsystem schlägt falschen Alarm

Manchmal wünscht sich Katrin, unter einer Käseglocke leben zu können. Denn es gibt Zeiten, da mag sie gar nicht rausgehen. Tut sie es trotzdem, so läuft ihre Nase und sie muss ständig niesen. Die Augen jucken, werden rot und schwellen an. Dabei ist Katrin gar nicht erkältet. Im Winter oder bei Regenwetter gibt es diese Probleme nicht. Da ist sie gerne draußen – ohne Beschwerden. Woran liegt das?

1 Wie könnte Katrin sich schützen?

Beobachten *Untersuchen* Experimentieren

Art	Januar	Februar	März	April	Mai	Juni	...
Hasel							
Birke							
...							
...							
...							
Pollenbelastung		gering		mäßig		stark	

2 Beispiel für einen Pollenflugkalender

Erstellen eines Pollenflugkalenders

Blütenpollen, die bei vielen Menschen unangenehme Symptome hervorrufen, treten je nach Art und Region zu unterschiedlichen Zeiten auf.

a Teilt euch in Gruppen auf und bestimmt mithilfe von Bestimmungsbüchern möglichst viele Pflanzen des Schulgeländes.

b Dann entnehmt ihr den Bestimmungsbüchern die Blütezeiten der von euch gefundenen Pflanzen.

c Nun könnt ihr einen Pollenflugkalender nach dem links angegebenen Schema erstellen.

GRUNDLAGEN: Allergien

3 Viele Nahrungsmittel können eine allergische Reaktion auslösen.

Allergieauslöser Katrin leidet unter Heuschnupfen. Bestimmte Blütenpollen lösen bei ihr eine Allergie aus. Darunter versteht man die Überreaktion des Immunsystems auf eigentlich unschädliche Stoffe. Allergieauslösende Stoffe nennt man Allergene. Es kann sich dabei um Pflanzenstoffe, Tierprodukte, Metalle oder Chemikalien handeln. ↑3

Manche Allergene wirken, wenn sie mit der Luft in die Atemwege gelangen. Andere rufen Reaktionen hervor, wenn sie mit der Nahrung das Verdauungssystem passieren. Bei Kontaktallergenen genügt eine Berührung mit der Haut.

Allergische Reaktion Bei dem häufigsten Allergietyp, zu dem auch der Heuschnupfen gehört, kann man zwei Phasen unterscheiden. ↑4 In der ersten Phase, der Sensibilisierung, bilden Plasmazellen wie bei der spezifischen Abwehr Antikörper gegen den in den Körper eingedrungenen

Fremdkörper. Diese Antikörper besetzen jedoch auch die Oberfläche von Mastzellen, eine Form weißer Blutkörperchen. Die zweite Phase, die eigentliche allergische Reaktion, beginnt bei erneutem Kontakt mit dem Allergen. Dieses wird von den Antikörpern auf der Mastzellenoberfläche gebunden. Die so aktivierte Mastzelle setzt große Mengen Histamin frei. Es ruft die typischen allergischen Symptome hervor.

Bei Allergien, die durch Kontakt eines Allergens mit der Haut auftreten, liegt eine andere Immunreaktion vor. Hier sind vor allem T-Lymphocyten und Makrophagen beteiligt. Die allergische Reaktion erfolgt frühestens nach einem Tag, meist erst Wochen nach dem Allergenkontakt.

Symptome Histamin bewirkt eine Erweiterung der Blutgefäße. Dadurch kann Flüssigkeit ins Gewebe sickern. Es kommt zu Schwellungen, Bläschenbildungen oder Rötungen. Auch Asthma ist eine mögliche Folge der Histaminausschüttung. Bei Kontaktallergenen zeigen sich häufig Hautausschläge. Andere Allergien äußern sich durch Müdigkeit, Reizbarkeit oder Verdauungsprobleme. Die Symptome können je nach Allergietyp sofort, nach Stunden oder erst nach Tagen auftreten.

Allergietest Da die Erscheinungsbilder sehr unterschiedlich sind, ist sowohl das Erkennen einer Allergie als auch die Suche nach dem Allergen sehr schwierig. Beim Pricktest werden winzige Mengen möglicher Allergene auf die Haut des Rückens oder des Unterarms aufgetragen. ↑5 Anschließend wird die Haut an diesen Stellen mithilfe einer winzigen Nadel angeritzt. Entstehen nach einer Einwirkzeit von etwa 30 Minuten an der Ritzstelle kleine rote Flecken oder eine juckende Anschwellung, besteht eine Allergie gegen den aufgetragenen Stoff. Nach wenigen Stunden ist die Hautreaktion wieder verschwunden.

Behandlung Die beste Therapie für einen Allergiker ist es, „sein" Allergen zu meiden. Bei einer Pollenallergie gelingt dies durch entsprechende Verhaltensweisen. Neben der jahreszeitlichen Begrenzung fliegen Pollen vorzugsweise zu bestimmten Tageszeiten. Daneben wird heute oft die Methode der Hyposensibilisierung angewandt. Dabei wird der Körper langsam an das Allergen gewöhnt. Zunächst werden nur sehr geringe Mengen von diesem verabreicht. Dann wird die Dosis allmählich gesteigert. Allerdings dauert eine solche Therapie in der Regel mehrere Jahre. Gute Erfolge erzielt bei manchen Allergien auch die Akupunktur.

Kurz und knapp **Eine Allergie ist die fehlgeleitete Abwehrreaktion des Körpers gegen ungefährliche Stoffe (z. B. Pollen, Medikamente). Mit einem Allergietest kann man herausfinden, wogegen jemand allergisch ist.**

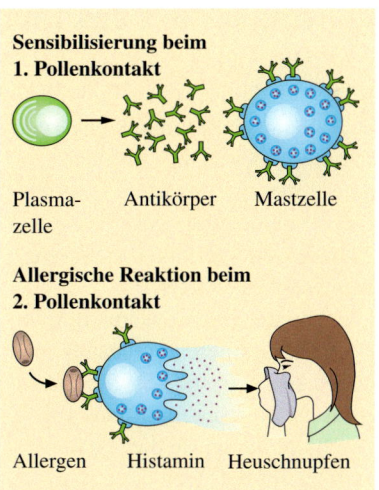

4 Allergische Reaktion am Beispiel Heuschnupfen

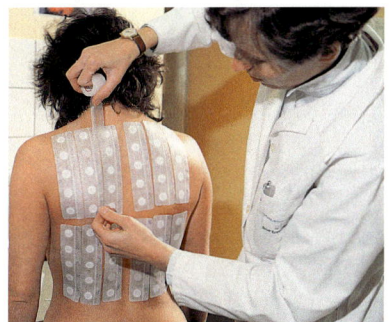

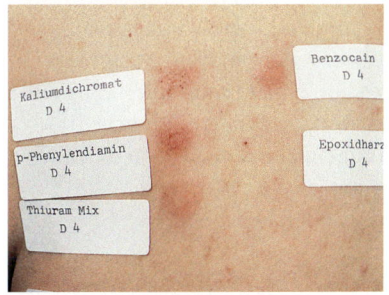

5 Läppchentest. Unter Pflastern werden verschiedene Substanzen auf die Haut gebracht. Nach zwei bis drei Tagen kann ein Allergen an der Reizung der Haut erkannt werden.

Arbeitsaufträge

1 Überlege, warum Regen in der Pollenflugzeit die Symptome des Heuschnupfens vermindert.
2 Begründe, warum eine allergische Reaktion erst beim zweiten Kontakt mit dem Allergen auftritt.
3 Allgemein nimmt die Zahl der Allergiker zu. Suche Gründe für diese Tendenz. Nutze für deine Antwort verschiedene Informationsquellen.

Kontrollverlust des Immunsystems

Die elf Spieler einer Fußball-
mannschaft müssen eng zu-
sammenarbeiten, um im Wettkampf mit einem starken Gegner
ein Tor zu erzielen. Nicht immer
wird fair gespielt und die Spielre-
geln werden verletzt.
Die Abwehrzellen unseres Immunsystems kämpfen gemeinsam
gegen körperfremde Stoffe und
entartete Körperzellen. Was aber
geschieht, wenn sie die „Spielre-
geln" nicht befolgen oder aber den
Gegner nicht mehr erkennen?

1 Oliver Neuville hilft mit der Hand nach und erzielt so das Tor zum 1:0.

Basiskonzept

System

Biologische Systeme zeichnen
sich durch ihre Fähigkeit zur
Selbstregulation aus. Sie können
auf Störungen so reagieren, dass
wieder ein stabiler Zustand hergestellt wird. Auch der Körper
des Menschen ist ein System.
Zahlreiche Regelvorgänge auf
verschiedenen Ebenen tragen dazu bei, einen bestimmten Zustand
aufrechtzuerhalten. Manche Störungen kann das System jedoch
nicht ausgleichen, es gerät aus
dem Gleichgewicht.

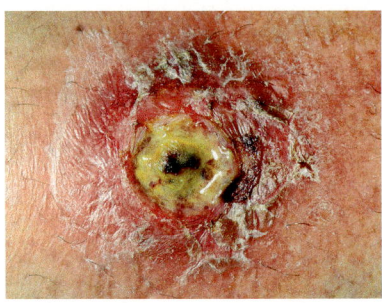

2 Wunde am Bein einer Frau mit Lu-
pus erythematodes. Bei dieser Auto-
immunerkrankung greift das Immunsystem körpereigenes Gewebe an.

GRUNDLAGEN: Autoimmunkrankheiten und Krebs

Das Immunsystem ist in der Lage, sowohl körperfremde Stoffe zu bekämpfen als auch entartete körpereigene Zellen zu zerstören. Letzteres ist
vor allem dann wichtig, wenn sich bestimmte Körperzellen plötzlich unkontrolliert vermehren. Immunzellen, die gegen gesunde körpereigene
Zellen vorgehen würden, werden aussortiert und zerstört oder nicht aktiviert. Man bezeichnet dies als Selbsttoleranz.

Autoimmunkrankheiten Ein Versagen der Selbsttoleranz führt dazu,
dass das Immunsystem Zellen des eigenen Organismus bekämpft: Es
kommt zu einer Autoimmunkrankheit. Der Angriff kann sich auf ein Organ beschränken oder den ganzen Körper betreffen. Folge sind heftige Ab-
wehrreaktionen in Form von Entzündungen und Fieber. ↑2 Betroffene
Gewebe sind in ihrer Funktion stark beeinträchtigt.
Einige Autoimmunkrankheiten treten gehäuft in bestimmten Familien auf.
Daraus schließt man, dass erbliche Veranlagungen ihre Entstehung begünstigen können. In der Regel sind jedoch äußere Faktoren Auslöser. Häufig
sind es Infektionen, die durch Viren oder Bakterien hervorgerufen wurden.
Sie können zu einer Sensibilisierung des Immunsystems gegen körpereigene Stoffe führen. So ähnelt beispielsweise der Scharlacherreger, ein
Bakterium, bestimmten Bausteinen des Herzmuskels. Nun kann es dazu
kommen, dass die gegen den Erreger gebildeten Antikörper auch den
Herzmuskel angreifen. Bei Patienten, die unter Typ-I-Diabetes, einer Form
der Zuckerkrankheit, leiden, werden in der Bauchspeicheldrüse durch das
Immunsystem die Zellen zerstört, die Insulin produzieren. Auslöser ist mit
großer Sicherheit ein Virus, das große Ähnlichkeit mit diesem Eiweißstoff
besitzt. Daneben können Stress oder Medikamente Autoimmunkrankheiten auslösen.
Autoimmunkrankheiten werden durch Medikamente behandelt, die das
Immunsystem unterdrücken.

Krebs So bezeichnet man bösartige Wucherungen abnormer Zellen, die ihre Selbstkontrolle verloren haben. Das sonst ausgewogene Gleichgewicht von Teilung, Wachstum und Zellalterung funktioniert nicht mehr. Stattdessen teilen sich die Zellen unkontrolliert und zerstören das umliegende gesunde Gewebe. Normalerweise werden solche Zellen vom Immunsystem beseitigt. Durch kleine Veränderungen an den Antigenen dieser Zellen können sie aber seiner Kontrolle entgehen. Ausgehend von einer bösartigen Wucherung verteilen sich Krebszellen über das Blut- oder Lymphsystem und bilden in anderen Organen Tochtergeschwülste (Metastasen). Aber nicht alle Gewebewucherungen, die auch als Tumoren bezeichnet werden, sind bösartig. Gutartige Tumoren zeichnen sich durch ein örtlich begrenztes Wachstum aus und werden nicht zu den Krebserkrankungen gezählt.

Man kennt heute mehr als hundert verschiedene Krebsarten. ↑3 Sie unterscheiden sich durch mögliche Ursachen, Krankheitsverläufe und auftretende Beschwerden. Wichtigste Risikofaktoren sind Rauchen, eine einseitige Ernährung, bestimmte chemische Stoffe, hohe UV-Bestrahlung, verschiedene Infektionen sowie erbliche Veranlagungen.

In Abhängigkeit von der Krebsart werden verschiedene Behandlungsarten ausgewählt. Beispiele sind die operative Tumorentfernung, Chemotherapie (Medikamentengabe zur Hemmung des Krebszellenwachstums) und Bestrahlung (Zerstörung von Tumorgewebe durch energiereiche Strahlen). Je früher eine Krebserkrankung erkannt wird, umso größer sind die Heilungschancen. Daher sind Vorsorgeuntersuchungen sehr wichtig. Die Brust von Frauen sollte bereits ab dem 20. Lebensjahr regelmäßig untersucht werden.

Schon gewusst?

Ein alltägliches Ereignis
Der Krebsforscher Prof. STEFAN MEUER, Heidelberg, betont:

„Wir gehen davon aus, dass aufgrund vielfältiger äußerer und innerer Einflüsse auf unseren Körper täglich Krebszellen entstehen. Es gibt Schätzungen, dass 8- bis 10-mal pro Tag solch ein Ereignis entsteht. Einer der Mechanismen, die dann verhindern, dass aus einer spontanen Veränderung einer Zelle in Richtung Krebszelle tatsächlich auch eine Krebserkrankung wird, ist eben die Abwehr durch das Immunsystem."

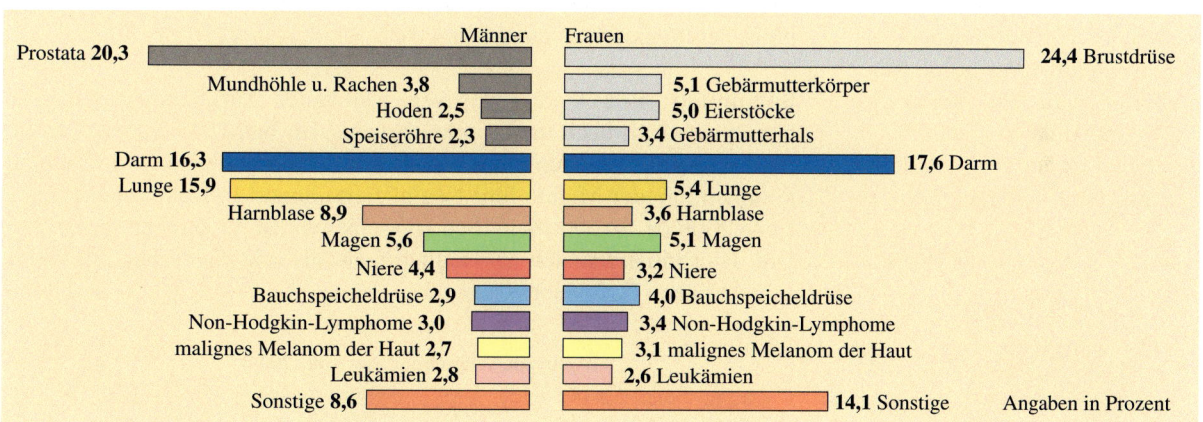

3 Prozentualer Anteil an der geschätzten Zahl der Krebserkrankungen in Deutschland (2000)

Kurz und knapp **Bei Autoimmunkrankheiten greift das Immunsystem gesunde Körperzellen an. Bei Krebs ist es nicht imstande, defekte Körperzellen erfolgreich zu bekämpfen.**

Arbeitsaufträge

1 Beschreibe, wie normalerweise verhindert wird, dass das Immunsystem körpereigenes Gewebe angreift.

2 In dem Text von Prof. MEUER wird die Entstehung von Krebszellen als alltäglich beschrieben. Warum ist die Krankheit dennoch relativ selten?

Aids

Wahrscheinlich hat jeder diese Plakate bereits einmal gesehen. Trotzdem scheint die Gefahr, die mit der Krankheit Aids verbunden ist, für viele Menschen weit weg zu sein.
Aber ist sie das wirklich?

1 Collage dreier Plakate einer Aufklärungskampagne gegen Aids

HI-Viren
HI-Viren sind winzig klein und haben einen Durchmesser von etwa 100 nm. Wie alle Viren vermehren sie sich nur in lebenden Zellen. Da das Virus nur in Körperflüssigkeiten leben kann, wird die Krankheit ausschließlich durch den Kontakt mit infizierten Flüssigkeiten weitergegeben.

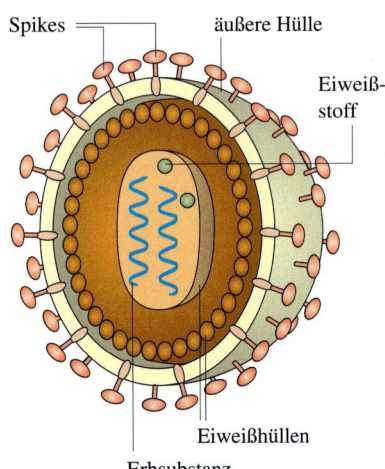

2 Schematischer Längsschnitt des HI-Virus

Spikes — äußere Hülle — Eiweißstoff — Eiweißhüllen — Erbsubstanz

GRUNDLAGEN: Aids bedroht die Menschen weltweit

Seit 1981 ist die Krankheit Aids (engl. acquired immune deficiency syndrome: erworbenes Immundefekt-Syndrom) bekannt. Seit 1983 weiß man, dass das HI-Virus (engl. human immunodeficiency virus) die Krankheit auslöst. ↑2 Man kann jahrelang mit dem HI-Virus infiziert, also HIV-positiv sein, ohne dass man etwas davon merkt. Trotzdem besteht die Gefahr, andere zu infizieren. Von Aids spricht man, wenn die Krankheit mit ihren typischen Symptomen ausbricht.

Bedrohung Aids Trotz intensiver, weltweiter Aufklärungskampagnen breitet sich Aids noch immer sehr stark aus. Im Jahr 2007 waren weltweit rund 33 Millionen Menschen mit dem HI-Virus infiziert. ↑3 Im Schnitt kommen in jeder Minute fünf Neuinfizierte hinzu! In Deutschland waren Ende 2006 ca. 56 000 Menschen HIV-positiv, fast 3000 mehr als im Vorjahr. Hier infizieren sich also täglich mehr als acht Menschen mit dieser schrecklichen Krankheit.

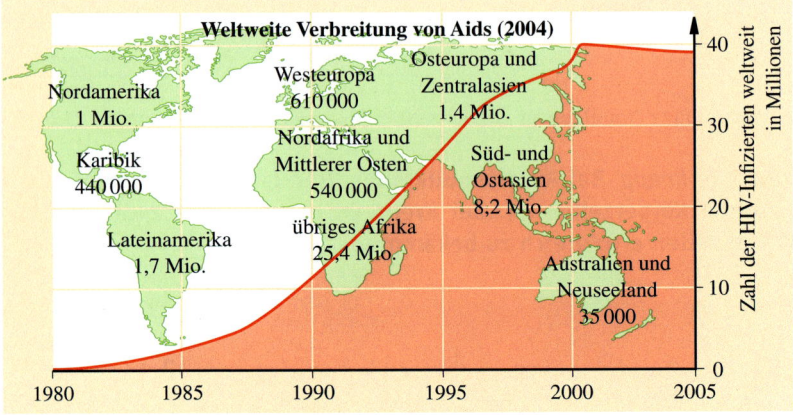

3 Die Zahl der HIV-Infektionen nimmt weiterhin zu.

Phase A	Phase B	Phase C
Unmittelbar oder wenige Wochen nach der Infektion können grippeähnliche Symptome auftreten. Nach ihrem Abklingen fühlen sich die Betroffenen gesund. Antikörper gegen das Virus sind nach 4–8 Wochen nachweisbar. Der beschwerdefreie Zustand kann sich über Jahre hinziehen. Die Virusträger können jedoch andere Menschen anstecken.	Auch in der beschwerdefreien Zeit vermehrt sich das Virus stets weiter. Schließlich ist das Immunsystem so stark geschwächt, dass erste Symptome auftreten. Lang andauernde Fieberschübe und Durchfälle, Pilzbefall von Mund- und Rachenraum, Nervenerkrankungen an Armen und Beinen sowie Gewebeveränderungen an der Mundschleimhaut sind für diese Krankheitsphase typisch.	Das Vollbild der Krankheit ist gekennzeichnet durch einen Gewichtsverlust von mehr als 10 Prozent. Tuberkulose, Lungenentzündung, Salmonellen- oder Pilzbefall der Bronchien können zum Tod des Patienten führen. Im Endstadium kann auch das Kaposisarkom auftreten, eine sonst sehr seltene Krebsform.

4 Bei einer HIV-Infektion können meist drei Krankheitsstadien unterschieden werden.

Ansteckungswege des HIV Eine Übertragung von Mensch zu Mensch ist ausschließlich durch den Kontakt von Körperflüssigkeiten möglich, in denen das HI-Virus existieren kann. Bei infizierten Personen findet man hohe Viruskonzentrationen im Blut, im Sperma und in Vaginalsekreten. Ansteckungsmöglichkeiten sind folglich der ungeschützte Geschlechtsverkehr und die gemeinsame Benutzung von Injektionsnadeln von Drogenabhängigen. HIV-infizierte Mütter können die Viren während der Schwangerschaft, bei der Geburt oder beim Stillen auf ihr Kind übertragen.

Krankheitsverlauf Man kann jahrelang mit dem HI-Virus infiziert sein, ohne dass man etwas davon merkt. Trotzdem besteht die Gefahr, andere zu infizieren. Von Aids spricht man, wenn die Krankheit mit ihren typischen Symptomen ausbricht. Die Erkrankung, die meist in drei Phasen verläuft, ist nach wie vor unheilbar und endet tödlich. ↑4

Schutz Das bislang einzige Mittel gegen die Krankheit ist, sich vor einer Infektion zu schützen. Durch geschützten Geschlechtsverkehr („Safer Sex") und die Verwendung von Gummihandschuhen bei Erste-Hilfe-Leistungen wird verhindert, dass virushaltiges Sperma, Vaginalsekret oder Blut in die eigene Blutbahn gelangen. ↑5

Therapie Bislang gibt es gegen Aids weder eine Impfung noch eine Therapie, die zur Heilung führt. Jedoch kann die Vermehrung des HI-Virus durch Medikamente gehemmt und das Immunsystem gestärkt werden. Außerdem lassen sich bei einer frühen Diagnose viele Sekundärinfektionen besser behandeln und der Verlauf der Erkrankung kann verzögert werden.

Kurz und knapp **Die Immunschwächekrankheit Aids wird durch das HI-Virus ausgelöst, welches bestimmte weiße Blutzellen (T-Helferzellen zerstört. Dadurch wird das Immunsystem geschwächt und der Betroffene erkrankt an Sekundärinfektionen, die zum Tode führen.**

Schon gewusst?

Hauptansteckungsweg von Aids ist der ungeschützte Geschlechtsverkehr. Safer Sex beinhaltet alle Praktiken, die eine Infektion mit dem HI-Virus weitgehend ausschließen, bei denen es also nicht zum Austausch von Körperflüssigkeiten kommt. Ein hohes Maß an Schutz bietet die Verwendung von Kondomen.

Dabei ist allerdings Folgendes zu beachten:
– Man muss sie im richtigen Moment zur Hand haben!
– Sie müssen richtig angewendet werden. Gemeinsam übt sich's leichter!
– Kondome müssen konsequent, also bei jedem sexuellen Kontakt, verwendet werden!

5 Gebt Aids keine Chance!

Arbeitsaufträge

1 Werte Bild ↑3 aus! Begründe die unterschiedliche Ausbreitung der Krankheit.

2 Beschreibe die Krankheitsstadien bei einer HIV-Infektion. ↑4

Gesund ist, was Spaß macht?

Gesundheit ist für die Menschen schon lange eines der wichtigsten Lebensziele. Gesundheit – das heißt heute mehr als früher vor allem körperlich leistungsfähig zu sein und gut auszusehen. Wer von sich sagen kann: „Ich bin gesund und fit!", findet Anerkennung und gehört dazu. Sozialwissenschaftler nennen das eine „soziale Norm". Sportliche Betätigung ist daher bei Jung und Alt sehr beliebt.
Trägt das regelmäßige Training tatsächlich zur Gesunderhaltung bei oder belastet es den Körper übermäßig?

1 Hilft sportliche Betätigung, den Körper gesund zu halten?

Beobachten Untersuchen Experimentieren

1 Was meinst du: Wie entsteht Gesundheit?
Bewerte die folgenden Aussagen: 4 bedeutet „trifft voll zu", 3 „trifft teilweise zu", 2 „trifft weniger zu", 1 „trifft überhaupt nicht zu".
A Wer krank wird, ist überwiegend selbst schuld.
B Wer nie krank wird, hat eben Glück.
C Wenn man auf sich achtet, bleibt man gesund.
D Man kann für seine Gesundheit nicht viel tun.
E Jeder ist für seine Gesundheit selbst verantwortlich.
F Gute Gesundheit ist überwiegend eine Sache des Zufalls.
Addiere die Zahlenwerte bei den Aussagen A, C und E zu einer Summe V und bei den Aussagen B, D und F zu einer Summe Z. Ist die Summe V größer als die Summe Z, dann glaubst du, dass du selbst für deine Gesundheit verantwortlich bist und sie aktiv beeinflussen kannst. Ist die Summe Z größer als die Summe V, dann nimmst du eher an, keinen Einfluss auf deine Gesundheit zu haben, und schreibst sie dem Zufall zu.

2 Ist Gesundheit Einstellungssache?
Bild ↑2 zeigt das Ergebnis einer Befragung von 10 000 Jugendlichen und jungen Erwachsenen im Alter von 14 bis 25 Jahren zu ihrem Gesundheits-

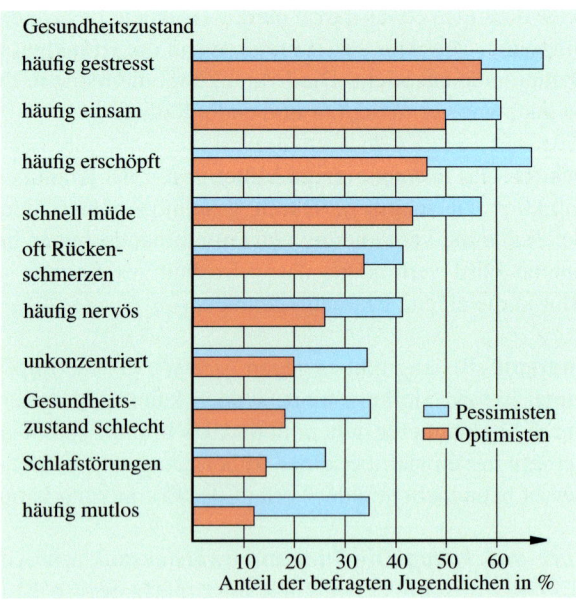

2 Der Einfluss positiver und negativer Zukunftsaussichten auf den Gesundheitszustand

zustand. Dabei wurde unterschieden, ob die Befragten die Zukunft für sich eher positiv sahen (Optimisten) oder eher negativ (Pessimisten). Wie erklärst du dir die Unterschiede?

GRUNDLAGEN: Gesundheit und Krankheit

Gesundheit ist ein Zustand des vollständigen körperlichen, geistigen und sozialen Wohlergehens und nicht nur das Fehlen von Krankheit und Gebrechen (WHO). Indem wir unser Immunsystem durch eine vitaminreiche ausgewogene Ernährung, Abhärtung, Entspannung und Schlaf sowie sportliche Tätigkeit stärken, verbessern wir unser Wohlergehen.

Risikofaktoren In den letzten 150 Jahren sind die Krankheiten, die durch Krankheitserreger hervorgerufen werden, stark zurückgegangen. Dafür haben die Zivilisationskrankheiten zugenommen. Zu ihnen gehören vor allem Herz-Kreislauf-Erkrankungen und Krebs, psychosomatische Erkrankungen wie Schlaf- und Essstörungen und psychische Erkrankungen wie Depressionen. Zum Ausbruch und zum Verlauf dieser Krankheiten tragen viele Faktoren bei: viel Stress, wenig Bewegung, Zeitdruck, falsche Ernährung, Alkoholkonsum und Rauchen.

Schutzfaktoren Jeder weiß heute um diese Risikofaktoren. Aber selbst wenn man alle meidet, gibt es keine Garantie, dass man gesund bleibt. Forschungsergebnisse belegen, dass unsere Gesundheit vor allem von Schutzfaktoren bestimmt wird, die nur wenig damit zu tun haben, ob wir uns gesund ernähren, ausreichend bewegen oder auf Alkohol und Zigaretten verzichten. Vielmehr hängt unsere Gesundheit entscheidend von positiven Erlebnissen ab: der Erfahrung zum Beispiel,
– dass wir Ereignissen nicht willkürlich ausgeliefert sind,
– dass wir mit Aufgaben weder über- noch unterfordert werden,
– dass wir Situationen beeinflussen und gestalten können.

Aus solchen Erfahrungen formt sich eine Grundhaltung gegenüber der Welt und dem eigenen Leben, die darüber entscheidet, wie gut wir mit den Belastungen des Alltags fertig werden. Leider sind solche Erfahrungen für Menschen, die unter sozial benachteiligten Umständen leben, sehr viel seltener möglich.

Kurz und knapp **Zur Stärkung unserer Gesundheit trägt ein intaktes Immunsystem bei. Eine vitaminreiche Ernährung, sportliche und geistige Aktivität, Abhärtung sowie ausreichend Erholung und Schlaf stärken das Immunsystem.**

Zur Diskussion

Wer bleibt gesund?
Eine Forschungsgruppe im Hamburger Universitätskrankenhaus Eppendorf befragte mehr als 60 Personen zwischen 30 und 60 Jahren, die längere Zeit nicht krank waren und sich körperlich und seelisch gesund fühlten. Auch sie waren von Lebenskrisen nicht verschont geblieben. Was hatten diese Gesunden getan, um nicht davon krank zu werden? Die Interviewten nannten die folgenden Handlungsmuster:
– Sich auf eigene Fähigkeiten besinnen
– Einen Neuanfang machen
– Aus der Krise lernen und das Beste daraus machen
– Sich der Herausforderung stellen
– Sich auf eine optimistische Grundhaltung stützen
– Handeln und aktiv werden
– Das Leid akzeptieren und trauern

3 Auch der Rückhalt im Freundeskreis trägt zum Wohlbefinden bei.

Arbeitsaufträge

1 Überprüfe anhand der Ergebnisse der WHO-Studie „Health Behaviour in School-aged Children", die du im Internet findest, für Deutschland:
a den gegenwärtigen Gesundheits- und Krankheitsstatus von Jugendlichen,
b das Gesundheits- und Freizeitverhalten von Jugendlichen.

2 Risiko- und Schutzfaktoren wirken sich verschieden stark auf die Gesundheit aus. Erläutere den Unterschied zwischen beiden Faktorengruppen.
3 Suche nach Gründen dafür, weshalb das Meiden der Risikofaktoren noch keine Gesundheit garantiert.
4 Schreibe auf, welche Erlebnisse deine Gesundheit positiv beeinflusst haben könnten.

1 Gleichgewicht halten

2 Halten an der Sprossenwand

EXKURS: Wie fit bist du?

Schon mit einfachen Tests kannst du feststellen, wie fit du bist. Lasst euch von eurem Sportlehrer beraten. Notiere dir zu jeder Übung die erreichte Punktzahl.

Gleichgewicht halten

Wie lange kannst du auf einem Bein stehen?
- weniger als 10 Sekunden   **1**
- weniger als 20 Sekunden   **2**
- mehr als 20 Sekunden   **3**

Standweitsprung

Spring aus dem Stand, so weit du kannst. Miss die Weite.
- weniger als 1 Meter   **1**
- 1 Meter bis 1,50 Meter   **2**
- über 1,50 Meter   **3**

Halten an der Sprossenwand

Wie lange kannst du dich mit gebeugten Armen an der Sprossenwand halten. Zähle die Sekunden.
- weniger als 5 Sekunden   **1**
- weniger als 10 Sekunden   **2**
- mehr als 10 Sekunden   **3**

An die Wand lehnen

Suche dir eine Wand. Stell dich mit dem Rücken und leicht gespreizten Beinen dagegen. Nun rutsche so weit runter, bis deine Beine einen rechten Winkel bilden. Wie lange hältst du durch?
- weniger als 15 Sekunden   **1**
- weniger als 30 Sekunden   **2**
- mehr als 30 Sekunden   **3**

Auswertung

Zähle die Punkte zusammen. Je höher die Punktzahl, desto fitter bist du. Vergleicht eure Ergebnisse.

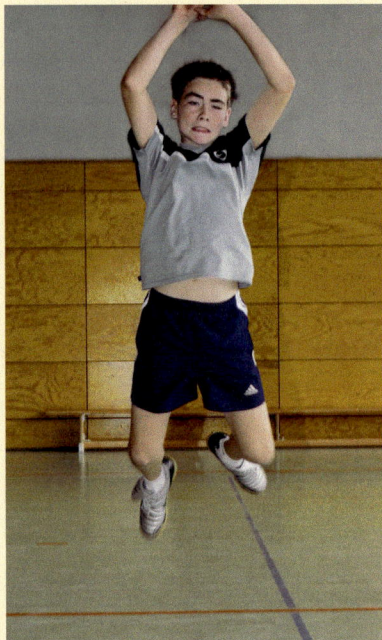

3 Standweitsprung

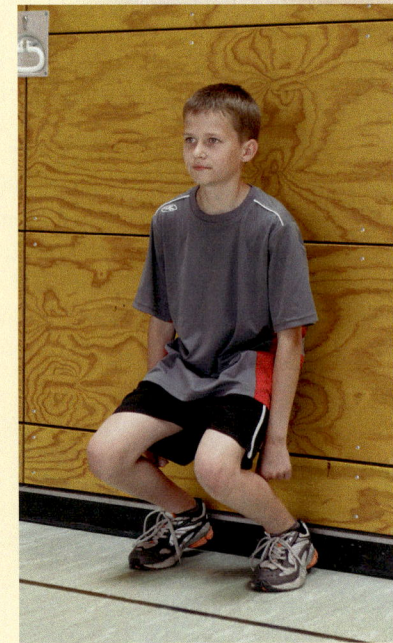

4 An die Wand lehnen

5 Den Oberschenkel dehnen.

6 Den Unterschenkel dehnen.

7 Rücken mit „Katzenbuckel" dehnen.

„Stretching" – Dehnübungen

Vor einer sportlichen Übung müssen die Muskeln gedehnt und warm werden. Sonst können sie sich verkrampfen und verletzen. Beim Stretching dehnst du die Muskeln langsam vor und wärmst sie dabei auf. „Stretching" kommt aus dem Englischen und heißt „Strecken, Dehnen". Auch nach dem Sport helfen Dehnübungen den Muskeln, sich wieder zu entspannen.

Jede Übung langsam ausführen. Die Spannung im trainierten Muskel immer für 10 Sekunden halten. ↑5–7

Haltungstraining

Hier siehst du einige Übungen, die deine Körperhaltung verbessern und Haltungsschäden vorbeugen können. Sie unterstützen deine aufrechte Haltung und machen die Wirbelsäule beweglicher. ↑8–11

8 In Bauchlage den Oberkörper heben.

9 Aus dem Kniestand seitlich hinsetzen.

10 Radfahren in der Luft

11 Bodenschaukel aus dem Hocksitz

Gesundheit

Gesundheit ist mehr als die Abwesenheit von Krankheit. Sie hängt eng mit dem eigenen Wohlbefinden zusammen. Durch ausgewogene vitaminreiche Ernährung, ausreichende Bewegung, Entspannung und Schlaf wird unser Immunsystem gestärkt und so unser Wohlbefinden verbessert.

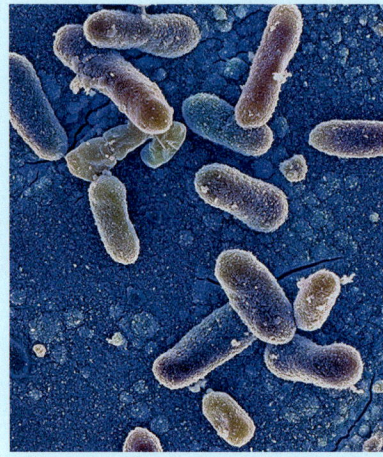

1 Salmonellen

Abwehrsystem

Zum Schutz vor Krankheitserregern verfügt der menschliche Körper über ein Abwehrsystem, welches aus Organen (z. B. Milz, Mandeln) und Abwehrzellen (z. B. verschiedene weiße Blutzellen) besteht. Unspezifische Abwehrmechanismen richten sich gegen alle eingedrungenen körperfremden Strukturen. Dazu gehören zum Beispiel die Schleimhäute und Flimmerhärchen. Im Gegensatz dazu ist die spezifische Abwehr erworben und bildet sich erst nach dem Kontakt mit einem Erreger aus. Werden fälschlicherweise gesunde Körperzellen angegriffen, führt das zu Autoimmunkrankheiten. Werden defekte Körperzellen nicht bekämpft, können solche Zellen sich unkontrolliert vermehren und dadurch Krebserkrankungen hervorrufen.

Infektionskrankheiten

Sehr viele Krankheiten werden von Bakterien, Viren, Einzellern und Pilzen verursacht. Eine Infektionskrankheit durchläuft verschiedene Phasen.

Viren

Viren sind nicht allein lebensfähig. Sie schleusen ihr Erbmaterial in die Zelle eines Lebewesens ein, welches dadurch seinen Stoffwechsel verändert und nun neue Viren produziert. Krankheiten wie Grippe, Röteln und Masern werden von Viren ausgelöst.

Bakterien

Bakterien können Krankheiten wie Scharlach, Lungenentzündung und Salmonellose auslösen. ↑1 Sie sind winzige Organismen, die sich durch schnell aufeinanderfolgende Zellteilungen rasch vermehren können. Bakterielle Infektionskrankheiten lassen sich durch Antibiotika wie Penicillin bekämpfen.

Impfung

Einen Schutz gegen Infektionskrankheiten kann eine aktive Immunisierung durch Gabe von abgeschwächten Erregern darstellen.

2 Impfausweis

Impfungen werden im Impfausweis dokumentiert. ↑2 Eine passive Immunisierung mit Antikörpern hilft den bereits Erkrankten bei der Bekämpfung der Erreger.

Allergien

Bei der Funktion des Immunsystems können auch Fehler auftreten. Reagiert es gegen Stoffe, die keine Erreger und eigentlich harmlos sind, so kommt es zur Ausbildung einer Allergie. Diese Überempfindlichkeitsreaktion wird ausgelöst durch Allergene wie z. B. Pollen, Haare von Haustieren und Schimmelpilzen.

3 Ich weiß, dass ich mich vor Aids schützen muss.

Aids

Heute sind weltweit ca. 40 Millionen Menschen daran erkrankt. Aids ist unheilbar und endet mit dem Tod. Die Krankheit wird durch HI-Viren übertragen, die spezielle weiße Blutzellen (T-Helferzellen) veranlassen neue Viren zu produzieren und gleichzeitig die Helferzellen zerstören. Ein Betroffener kann viele Jahre das Virus in sich tragen, ohne dass die Krankheit ausbricht. Man sagt dann, er ist HIV-positiv. Das HI-Virus wird vorwiegend über den Geschlechtsverkehr und die gemeinsame Benutzung von Injektionsnadeln Drogenabhängiger übertragen. Ein sicherer Schutz ist die Benutzung von Kondomen. ↑3

1 Gesundheit

a Was verstehst du unter Gesundheit?

b Erläutere, was du für den Erhalt deiner Gesundheit tun kannst.

2 Nenne jeweils drei Infektionskrankheiten, die durch Viren bzw. Bakterien verursacht werden.

3 Nenne wichtige Organe, die zu unserem Immunsystem gehören.

4 Beschreibe zwei unspezifische Abwehrmechanismen im menschlichen Körper.

5 Was ist ein Antibiotikum?

6 Beschreibe zwei alternative Heilverfahren.

7 Erläutere, was du unter aktiver und passiver Immunisierung verstehst.

8 Informiere dich, welche Tiere man zur Antikörpergewinnung nutzt.

9 Im Impfausweis wird festgehalten, wann man gegen welche Krankheit geimpft wurde. ↑2

a Stelle fest, wogegen du geimpft bist.

b Bestimme mithilfe des Impfkalenders ↑4, für welche Erreger Impfungen empfohlen werden.

c Überprüfe mithilfe dieser Informationen und deinem Impfpass deinen Impfschutz.

10 Beschreibe die Fieberkurve eines Grippekranken und erläutere den Verlauf dieser Infektionskrankheit. ↑6

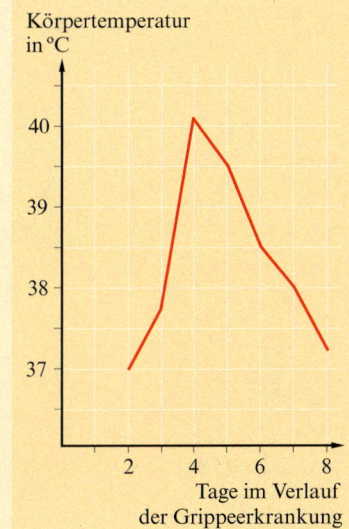

6 Fieberkurve eines Grippekranken

11 Autoimmunkrankheiten, Krebs und Allergien sind sehr unterschiedliche Krankheiten. Erkläre, warum alle drei auf Fehlfunktionen des Immunsystems beruhen. Worin besteht jeweils der Fehler?

12 Aids

a Betrachte Bild ↑5. Beige unterlegte Personen und Gegenstände sind HIV-Träger (mit HI-Viren behaftet). Diskutiere, bei welchen Vorgang sich eine Person mit dem Virus infizieren kann.

b Wie kann man sich vor der Übertragung der HI-Viren schützen?

c Stelle begründete Vermutungen auf, warum diese Krankheit in den einzelnen Ländern bzw. Kontinenten so unterschiedlich verbreitet ist.

Impfung	Alter in vollendeten Monaten					in Jahren			
	2	3	4	11–14	15–23	5–6	9–17	ab 18	ab 60
Diphtherie	1.	2.	3.	4.		A5	A5	A10	A10
Tetanus	1.	2.	3.	4.		A5	A5	A10	A10
Pertussis	1.	2.	3.	4.		A5	A5		
Haemophilus Influenza Typ b	1.	2.	3.	4.					
Poliomyelitis	1.	2.	3.	4.			A5		
Hepatitis B	1.	2.	3.	4.			G		
Masern, Mumps, Röteln				1.	2.				
Pneumokokken	1.	2.	3.	4.					S1
Meningokokken				1. ab 12. Monat					
Varizellen				1.	2.				
Influenza									S6
HPV							1. 3. (SM)		

4

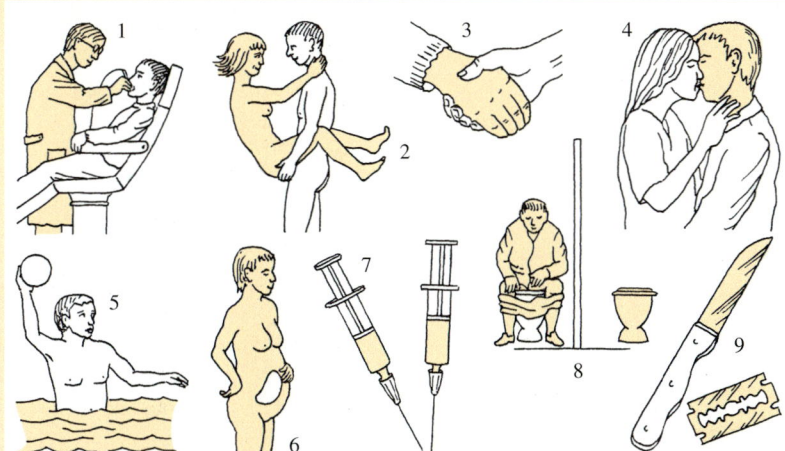

5 Möglichkeiten einer HIV-Infektion?

Biologie verstehen mit Basiskonzepten

In der Biologie gibt es einige Prinzipien, die in vielen verschiedenen Zusammenhängen eine Rolle spielen. Diese Basiskonzepte können dabei helfen, Biologie besser zu verstehen, leichter zu lernen und Zusammenhänge herzustellen.

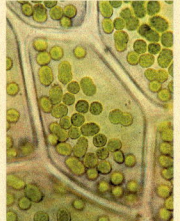
Blattzelle

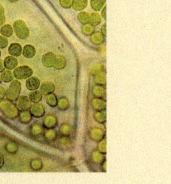
Gewebe im Blatt

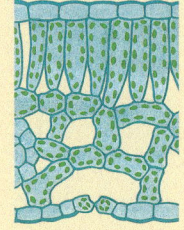
Organ Blatt

Organismus Pflanze

1 Von der Zelle zum Organismus Pflanze

Basiskonzept System

Zellen, Organe, Lebewesen und Ökosysteme sind Systeme. Systeme (griech. systema = das Zusammengestellte, das Gebilde) sind eine Zusammenstellung von Elementen, die untereinander in Wechselwirkung stehen und eine funktionelle Einheit bilden. So bilden die Organellen (Zellkern, Chloroplasten, Mitochondrien, Zellmembran usw.) das System Zelle. Verschiedene Systeme können zu höheren Systemen zusammengefasst werden. So bilden verschiedene Zellen ein Gewebe und verschiedene Gewebe ein Organ usw. ↑1, 2

Systeme sind unterschiedlich komplex und können auf Einflüsse dynamisch reagieren, d. h. durch Änderungen im System die Einflüsse kompensieren und so das System stabil halten. So kann der Körper Temperaturänderungen durch Regelmechanismen (Schwitzen, Zittern) ausgleichen oder Sauerstoffmangel im Blut durch Atmung regulieren.

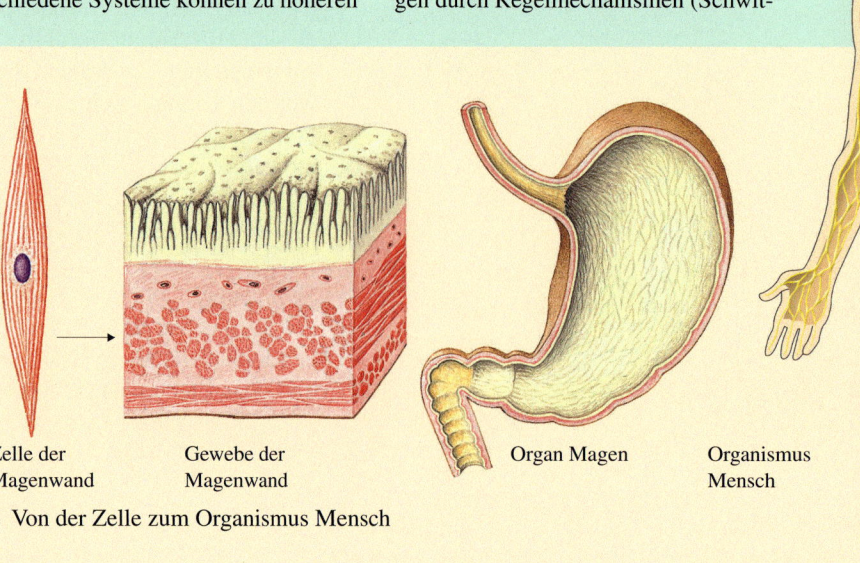
Zelle der Magenwand

Gewebe der Magenwand

Organ Magen

Organismus Mensch

2 Von der Zelle zum Organismus Mensch

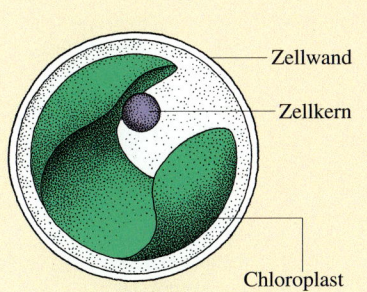

Zellwand

Zellkern

Chloroplast

3 Grünalge Chlorella

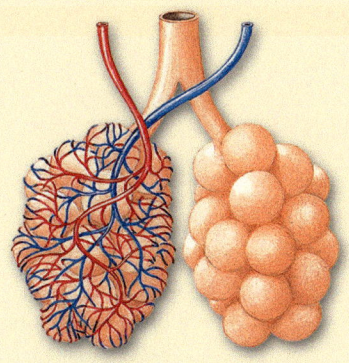

4 Lungenbläschen

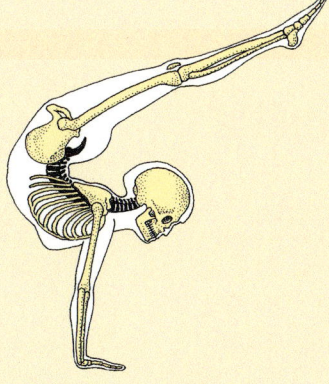

5 Wirbelsäule des Menschen

Basiskonzept Struktur und Funktion

Die Struktur (Aufbau, Zusammensetzung, Materialien) von Organen, Zellen und Lebewesen etc. hängt unmittelbar mit den Funktionen und Eigenschaften zusammen, die sie erfüllen müssen.
Pflanzliche Einzeller unterscheiden sich von tierischen durch ihre Ernäh-rung. Erkennen kann man das leicht an ihrem Aufbau. So besitzen pflanzliche Einzeller Chloroplasten, mit deren Hilfe sie die Energie des Sonnenlichts nutzen können. ↑3
Im Bau der Lungenbläschen wird durch das Prinzip der Oberflächenvergrößerung die Leistungsfähigkeit beim Gasaustausch erhöht. Je größer die Oberfläche eines Organs ist, desto größer ist auch die Menge der Stoffe, die über sie aufgenommen oder ausgetauscht werden kann. ↑4
Der Bau der Wirbelsäule macht sie zu einer beweglichen und gleichzeitig stabilen Stütze für unseren Körper. ↑5

6 Kleinkind

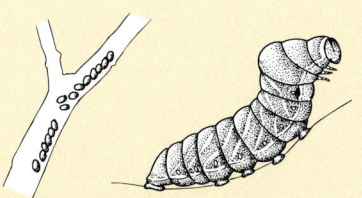

7 Metamorphose

Basiskonzept Entwicklung

Entwicklung ist ein zeitlicher Prozess, der sowohl die Veränderungen einzelner Individuen im Laufe ihres Lebens (Individualentwicklung) als auch die Veränderungen von Lebewesen in langen Zeiträumen betrifft (Evolution, lat. evolvo = sich emporschwingen). Die Entwicklung des Menschen vom Kind zum Erwachsenen ist mit vielen körperlichen und seelischen Veränderungen verbunden. ↑6 Der Gestaltwandel der Insekten (vollständige oder unvollständige Metamorphose) ist kennzeichnend für diese Tiere. ↑7 Die Entwicklung der Lebewesen erfolgte vom Einzeller über Kolonien mit undifferenzierten Zellen zum Vielzeller mit Funktionsteilung zwischen den Zellen bis zu komplexen Organismen.

Register

f. nach der Seitenzahl bedeutet „und folgende Seite", ff. „und folgende Seiten".

Bildnachweis

Die Bildstelle/Oredia Sarl: Titelbild
action press/Lehtikuva Oy: 104.1, Sunshine: 77.8; Agentur Focus/
eye of science: 62.2, Agentur Focus/SPL: 36.1, 89.4, 125.5–6,
160.1a, 167.3, 172.2, 205.6, 212.3–4, 217.3, 217.5, /SPL/Gsch-
meissner: 172.3–4, SPL/Marazzi: 224.2, /SPL/Pasieka: 213.5 (Einklinker), 213.6 (Einklinker), /SPL/Stannard: 210.1b, /SPL/Zephyr:
139.4; akg-images: 30.1, 32.2, 54.1, 108.1, 140.1a–b, 212.1–2,
218.1; alimdi.net/Schauhuber: 44.2; Angermayer, Tierbildarchiv,
Holzkirchen: 37.6, 42.1, 49.7, 56.2, 60.4, /Pfletschinger: 37.7, 39.5,
46.1, 47.7, 49.6, 50.2, 51.6, 57 o., 57 re., 65.4, 65.6; Archiv Hoyer:
38.4, 41.4, 60.6, 61.7, 62.3a–b, 75.6a; Arco Images/AUSCAPE:
28.1, /Gehlken: 208.1; argus/Schroeder: 76.2, 222.1; Arteria Photo-
graphy: 97.5; Augenklick/Rzepka: 224.1; Bellmann, H.: 36.4, 40.2,
43.4, 75.6c; Bildagentur online/Begsteiger: 210.1a; blickwinkel/
Goethel: 62.1, /Hecker/Sauer: 48.2, 55.5, 219.7; Blümel, H.: 156.3;
Boehringer: 145.3; Bretz, H., Weilburg: 56.1 vorn; Buff, W.: 8.4,
13.5, 234.1; Buhtz, A.: 66.3; Bundesanstalt für Arbeitsschutz und
Arbeitsmedizin: 177.5; Bundesverband Medizintechnologie e.V.:
139.5; BzgA: 198.1a–b, 209.7 li., 226.1, 232.3; Caro/Sorge: 158.1;
Corbis/Bettmann: 146.1, 220.1, /CDC/Phil: 213.5, /Giardino:
125.4, /N. Schaefer: 101.4, /Pelaez Inc.: 116.1a, /Prezant: 81.2 li., /
zefa: 197.3; Cornelsen Verlag: 7.3, 10.2–3, 11.5–7, 148.3, 173.6,
174.2, 176.3, 232.2; Das Fotoarchiv/Powell: 78.2 re.o., 124.2;
Deutsches Hygienemuseum: 115 Mitte; Digitalstock: 6.1, 8.1, 37.8
(Krabbe), 38.1, 52.1, 54.3, 58.3, 78.1, 101.5, 148.1, 186.1, /Möbus:
59.6; Döring, V. Hohen Neuendorf: 6.2, 10.1, 14.1, 20.2, 76.1, 78.2
li.u., 81.3, 86.1, 85.7, 104.2, 113.4, 134.2, 153.4b, 160.2, 163.3,
163.5, 164.2, 170.2, 176.1, 178.1, 178.3, 181.6, 184.5, 188.1,
192.1a, 198.2, 202.1, 208.3 li., 218.3, 228.1, 230.1–4; F1 online:
81.2 re., F1 online/Müller: 160.1b, /Poelzer: 128.1, /Schuster/Ex-
plorer: 101.6, /Watson Images: 77.6; Förster, M.: 49.8, 63.5; Foto-
lia.com/Blesinger: 169.6, /Dob's Farm: 103.4, /Gabi Moisa: 7.6 li.,
/Klaus Rein: 153.5 li., /Kurt Nägele : 50.1, /Monkey Business:
160.3, /Nico Stengert: 26.2, /Peter Atkins: 153.6, /Reena: 75.5 ,
/sframe: 99.4, /Yuri Arcurs: 192.1b; Fotostudio Mahler: 128.2; Gel-
derblom: 214.2; Getty Images/B2M Productions: 102.1, /Taxi: 78.2
re.u., 166.1 u.; Hagens, G. von, Institut für Plastination, Heidelberg: 134.1b, 135.6; Hecker, F./Sauer: 24.1; Hollatz, J.: 9.5, 79.4,
105.3, 115.4, 118.1a, 118.2a, 119.3a, 143.3, 222.3; iStockphoto.
com/Amanda Cotton: 169.5, /arlindo71: 59.5, /jacky9946: 23.9b, /
John Bell: 63.4, /Jonny Scriv: 94.2, /marcus jones: 59.7, /Mona
Makela: 23.9a, /Piero Malaer: 67.6, /Sherwood Veith: 22.1, /Syl-
vain Lapensée-Ricard: 97.3; IWF Wissen und Medien GmbH: 7.5
li., 8.2–3, 35.4; Jaenicke, J.: 38.2; Juniors Bildarchiv: 44.1; Kage,
Lauterstein: 16.1, 83.3; Keystone/Schulz: 200.1; Klepel, G.: 15.8;
Kretschmer, K.: 231.5–11; Lieder, J.: 7.6 re., 13.6, 17.6, 84.2–3,
122.2, 153.5 re.; mauritius images: 77.5, mauritius images/age fo-
tostock: 152.1, 183.3, 204.1, 204.3, /Alamy: 26.3, 63.7, 191.5, /La-
yer: 46.3, /Müller: 101.7, /Nitz: 76.3, /Nordic Photos: 205.4, /Ox-
ford Scientific: 26.1, /Palais: 144.1, /Photononstop: 98.1, /
Phototake: 28.2, 85.8, 167.4, 191.3, /Pöhlmann: 100.2, /Raith:
100.1, /Reik: 100.3, 107.3, /Ripp: 209.8, /Rosenfels: 114.1, /Sci-
ence Source 17.8, 157.7 /Science Source/Don W. Fawcett 157.6,
/Scott: 110.1, /workbookstock.com: 78.2 li.o.; mediacolors/dia:
196.1, /Firofoto: 174.1; NASA: 130.1; National; Medical Slide
Bank, UK: 85.6; Nilsson, L.: 92.1–3, 96.1; Nintendo: 167.5 o.,
167.5 u.; Okapia: 20.1, 89.3, Okapia/Bettighofer: 29.4, /Birke: 7.7,
25.4, 27.5, /Grambow: 60.5, /Kage: 16.3, 208.2, 217.4, /Kunc:
37.5, 46.2, /Meul: 36.3, /NAS: 195.3, /NAS/Faulkner: 67.6, /NAS/
Porter: 126.3, /NAS/Walker: 18.2, /Neufried: 223.5 u., /OSF/Brom-
hall: 90.1, 92.4, /Panther Media GmbH/Claudio Divizia: 15.5, /P.
Arnold Inc./Reschke: 189.3A, /Papilio/Pickett: 29.5, /Poelking:
53.6, /Reinhard: 208.3 re., 219.6, /Rose: 209.4, /SAVE/Meul: 65.5,
/Willis: 27.8; Ostkreuz/Schoenharting: 111.4; Phänomen Honigbiene Tautz / Heilmann: 53.5, 55.4; Picture Press/Wartenberg: 77.4,
229.3; picture-alliance: 182.2, picture-alliance/Bildagentur Huber:
166.1 o., /dpa: 7.4, 64.1, 94.1, 106.1, 127.6, 152.3, 182.1, /Gaugler:
232.1, /KPA: 216.1, /medicalpicture : 26.4, 31.6, /Photoshot: 183.6,
/ZB: 23.8, 191.4, 209.6; PIXELIO/Virra: 37.8 (Watt); Project Photos: 99.3, 114.1a, 114.1b, 115.6, 116.1b, 119.4, 127.4, 165.3,
169.4, 175.5, 177.4, 219.5, 235.6; Ramsauer, J.,; Organismische
Biologie, Universität Salzburg: 64.2; Reinbacher, L.: 218.2, 223.5
o.; Reinhard, H., Heiligkreuzsteinach: 18.1, 53.7, 199.3; Renault/
HP: 194.1; Robert-Koch-Institut: 215.7–10; Rühmkorf, C.: 227.5;
Schäfer, N.: 167.2; Schnelle, Dirk : 128.3; Schröder, H. : 60.1; sci-
encephotolibrary/Kinsman, Edward 17.9, /VISUALS UNLIMI-
TED, INC. \"/Â/\" CAROLINA BIOLOGICAL SUPPLY CO 17.7;
Science Source/Knauf: 59.8; Seidel, J.: 97.4; SOMSO Modell:
134.1c; Shutterstock.com/Dew_gdragon 23.5; , /Pavel L Photo and
Video: 184.1; Spörhase-Eichmann, U.: 115.5, 138.1, 138.2–3;
Starckmann, Th.: 12.1; STOCK4B/unlike by/Mammey: 205.5;
Stockhaus, J.: 153.4a, 163.4; stock.adobe.com/buero-z.de 22.2, /
sinhyu 22.3; Streble, H.: 142.1; Superbild: 77.7, 82.1, 88.1, 122.3, /
Marco Polo: 203.3, /Phania: 154.1, /Powell: 110.2, 203.4, /Sunset:
183.4; teamwork/Thoelen: 204.2; Theuerkauf, H., Gotha: 7.5 re.,
11.4, 15.6, 35.5, 38.3, 40.1, 41.5, 56.1 hinten, 156.1; Tillmann, R.,
Düsseldorf: 168.1; ullstein bild/Granger Collection: 11.8; upsolut
mv. Gmbh/Wagner: 115.3; Vario-Press/Baumgarten: 209.5; Vopel,
Volker, Oettersdorf: 54.2, 72.1–7, 72–73 Mi., 73.1–4; Wachmann,
E., Berlin: 39.6, 58.1; Widmann, Peter: 110.3, 136.1; Wikipedia/F.
Lamiot: 66.4, /Rainer Zenz: 66.1; Wildlife/Fiedler: 51.5, /Mavrika-
kis: 36.2; Willemsen, Thomas: 170.1; Wirtz, Peter: 199.4; Wort und
Bild Verlag, München (Apotheken-Umschau): 32.1; Zepf, W.:
75.6b